暨南大学高水平大学建设经费资助丛书

暨南史学丛书

嬗变之境：
晚清经济与社会研究疏稿

刘增合　著

中国社会科学出版社

图书在版编目(CIP)数据

嬗变之境：晚清经济与社会研究疏稿/刘增合著.—北京：中国社会科学出版社，2017.6
ISBN 978-7-5203-0656-0

Ⅰ.①嬗… Ⅱ.①刘… Ⅲ.①中国经济史—清后期—文集②社会发展史—中国—清后期—文集 Ⅳ.①F129.52-53②K252.07-53

中国版本图书馆CIP数据核字(2017)第134066号

出 版 人	赵剑英
责任编辑	刘　芳
责任校对	郝阳洋
责任印制	李寡寡

出　　版	中国社会科学出版社
社　　址	北京鼓楼西大街甲158号
邮　　编	100720
网　　址	http://www.csspw.cn
发 行 部	010-84083685
门 市 部	010-84029450
经　　销	新华书店及其他书店
印　　刷	北京明恒达印务有限公司
装　　订	廊坊市广阳区广增装订厂
版　　次	2017年6月第1版
印　　次	2017年6月第1次印刷
开　　本	710×1000　1/16
印　　张	22.5
插　　页	2
字　　数	358千字
定　　价	95.00元

凡购买中国社会科学出版社图书，如有质量问题请与本社营销中心联系调换
电话：010-84083683
版权所有　侵权必究

目 录

出版序言 ·· (1)

思想与观念篇

咸丰朝经世学派与近代地理观念的演进 ····················· (3)
  一 世界中心主义理念与经世学派的重兴 ················· (3)
  二 睁眼向洋第一步：世界地理的近代关注 ············· (7)
  三 制夷主题中的价值索论 ·································· (12)

咸同光三朝晚清外交观念的演进 ······························ (15)
  一 地理观念的转换：促动外交观念演进的重要因子 ··· (15)
  二 外交理念：从夷务到洋务 ······························ (17)
  三 外交战略：从商务羁縻到商战抗夷 ·················· (20)
  四 外交原则：从以夷制夷到均势、结盟理论 ········· (24)

晚清"鸦片商战"观念与近代经济民族主义的非理性 ······ (27)
  一 鸦片商战言论的萌生 ···································· (27)
  二 以土抵洋观念的形成 ···································· (31)
  三 商战的成效与恶果 ······································· (36)

近代绅商与经济伦理观念的变迁 ······························ (41)
  一 近代绅商互渗的社会学检视 ··························· (41)
  二 绅商互渗：经济伦理观念的制约与促动 ············ (45)
  三 近代经济伦理观念的演进：绅与商的价值估价 ··· (49)

儒道与治生之间:儒家经济伦理观念中的对峙与融通 …………（53）
    一 儒家经济伦理观念的梯级差序 …………………………（53）
    二 差序格局中的紧张与对峙 ……………………………（56）
    三 对峙中的融通与转换 …………………………………（61）

儒家经济伦理观念"差序格局"界论 ……………………………（68）
    一 论题因由 ………………………………………………（68）
    二 "差序格局"的范畴和语境 ……………………………（71）
    三 经济伦理观念的序化形态 ……………………………（73）
    四 差序格局的一个诠释:以日本早期文明为例 ………（78）

舆论与社群篇

大众媒介与晚清时期公共舆论的扩张 …………………………（85）
    一 公共领域·公共舆论·媒介 ……………………………（85）
    二 批判性舆论空间:大众媒介的崛起与政治疏离 ……（88）
    三 排拒与固守:公共舆论与晚清政权互动性质透视 …（94）

媒介形态与晚清公共领域研究的拓展 …………………………（98）
    一 "商会—市民社会"研究趋向的检讨 …………………（98）
    二 晚清大众媒介:规模·结构·内容转向 ……………（102）
    三 辅助媒介:近代文化和公共舆论扩展的中介因素 …（110）
    四 近代媒介文化视野中的社会与国家 …………………（114）

近代组织传媒与晚清公共舆论的扩张 ………………………（122）
    一 传播媒介:一种市民社会发育程度的分析工具 ……（122）
    二 组织传播媒介、晚清公共舆论扩张的重要酵母 ……（124）
    三 组织传播媒介视野中的社会与国家 …………………（132）

西方传教士与20世纪初期的国民性问题 ……………………（136）
    一 在两难与争论中抉择 …………………………………（136）

二　开民智播睿知的独有视界 …………………………………… (138)
　　三　在民族觉醒和社会变革中的价值攫升 ………………………… (144)

20世纪初趋新社群对国民性问题的关注 ………………………… (146)
　　一　趋新概念界定与趋新社群涌现 ………………………………… (146)
　　二　益新民智与鼓化文明：国民性问题的视界 …………………… (149)

制度与体制篇

"常"与"变"：光绪前期清理州县积亏及制度因革 ……………… (159)
　　一　清亏肇因 ………………………………………………………… (160)
　　二　整饬纲纪 ………………………………………………………… (165)
　　三　制度因革 ………………………………………………………… (170)

商务局与清末工商产业的行政整合 ……………………………… (177)
　　一　商政改革的言论 ………………………………………………… (177)
　　二　商务局的职责定位 ……………………………………………… (180)
　　三　旧制掣肘 ………………………………………………………… (185)

地方游离于中央：晚清"地方财政"形态疏证 …………………… (189)
　　一　咸同就地筹饷与地方财政的萌生 ……………………………… (190)
　　二　外销财政与地方财政规模 ……………………………………… (197)
　　三　两税划分时期的地方财政意识 ………………………………… (200)

日本税制与清季税制革新 ………………………………………… (207)
　　一　日式税制的受容 ………………………………………………… (208)
　　二　奉天税政改制之案例 …………………………………………… (211)
　　三　广东杂捐杂税改制之案例 ……………………………………… (218)

巡视督查制度与清季财政转型 …………………………………… (225)
　　一　从个案操作到制度启动 ………………………………………… (226)
　　二　巡官授权 ………………………………………………………… (234)

三　驻省督查 …………………………………………（244）
　　四　巡查成效与环境制约 ……………………………（254）

辛亥前后财政改制的环境与制度传衍 ……………………（262）
　　一　改制环境 …………………………………………（262）
　　二　制度传衍 …………………………………………（265）

清末禁烟谕旨起因论 ………………………………………（272）
　　一　唐绍仪作用的认定 ………………………………（277）
　　二　汪大燮六月初奏折的讨论 ………………………（282）
　　三　传教士杜布斯联合请愿书的影响讨论 …………（289）

清季的鸦片专卖 ……………………………………………（293）
　　一　借镜其他国家和地区 ……………………………（294）
　　二　各部态度 …………………………………………（300）
　　三　度支部梗阻 ………………………………………（305）
　　四　督抚再争 …………………………………………（315）

清末外省的鸦片专卖 ………………………………………（320）
　　一　江苏：两种专卖模式的波折 ……………………（321）
　　二　福建：绅商积极介入 ……………………………（327）
　　三　山东：筹款导向的专卖行动 ……………………（330）

征引文献 ……………………………………………………（335）

出版序言

踏入晚清史研究这个领域，一晃已是二十年了。其间经历的起伏波折不在少数：开端数年，研究选题忽东忽西，缺乏重心；研究文献受制于胶东一隅的收藏局限，不敷征引的情形十分明显；更重要的是由其他学科挤进这个新领域，专业训练欠缺导致学术先天不足，居边缘，无师承，欠资源，少对话，举步彷徨。这是初涉晚清史研究领域时不得不经历的一段摇摆旅程。这种踏足一晃数年，幸赖痴心始终如一，笨鸟先飞，由晚清理念思想层面，辗转到舆论社群领域，掠影式的研究，即席式的讨论，虽缺乏根底和深度，但却触及晚清历史发展的一些或突变或渐变的浪花，骨架虽未窥透，但肌肉大致可观，底色未足浓描，然附着色彩近真揭示出来。

本书收录的论题有三个部分，始自"思想与观念"，继之"舆论与社群"，终于"制度与体制"，主旨在于瞩目晚清社会与经济领域一种"嬗变之境"发生、衍变的走势，大致反映了本人踏入晚清史研究后，先后研究的兴致所在，其中，最后一个主题，与本人当下研究较为接榫，属于承前启后的学术思考，因未纳入相关论著，故而收进此书。以今日境界，回溯当初，幼稚当然难免，而涉足的论题却屡屡引起学界关注，抱愧之下，且有欣慰。结集出版，既反映自己初始阶段的学术旅程，砥砺未来前行的意志，又期望相关课题或有继起同侪追踪潜研，提供一种视野或见解，冀其超越吾辈，更有创获，俾能推动或拓展这些研究领域向纵深迈进。

思想与观念篇

咸丰朝经世学派与近代地理观念的演进

世界地理学观念进入中国近代早期人们的思想视野应该是从鸦片战争之后开始的，此后20年间是这一进程的重要初创时期。这种观念的价值在于首先由地理层面，然后延伸至该国的史志、政治、科技、工商、矿政等，它理应算是近代中国人西学架构中的原初因子。近代早期的世界地理关注，直接地受惠于经世学派的促动和思想支配。

一 世界中心主义理念与经世学派的重兴

19世纪早期，中国人关于世界地理的观念基本上是模糊的，大致停留在"以我为中心"的认识阶段。早在战国末年，齐人邹衍所持"九州"说即大体上表现出这种"世界中心主义"理念，《史记·邹衍传》载："儒者所谓中国者，于天下乃八十一分居其一耳。中国名曰赤县、神州，赤县、神州内自有九州，禹之序九州是也，不得为数州。中国外，如赤县神州者九，乃所谓九州也。于是有裨海环之，人民禽兽莫能相通者，如一区中者，乃为一州，如此者九。乃有大瀛海环其外，天地之际焉。"[①]

关于世界各国地理分布情况，中国古籍中言及四方邻国者较多，诸如《史记》《汉书》等均有记载，但几乎未能逾越亚洲的范围，至于西方诸国的地理人文观念几近阙如。就19世纪欧洲列强的资料而言，情

---

① 《孟子列传第十四》，韩兆奇《〈史记〉解读》，中国人民大学出版社2008年版，第163页。

势更甚。这方面的书籍多来自天主教传教士，利玛窦是第一位将16世纪的地理新发现介绍到中国的人，但他所讲的五大洲之说，却难以得到中国传统思想的认可。乾隆时修《四库全书》，总纂官纪昀撰《总目提要》，对利玛窦所述五大洲之类居然表示怀疑，因为它"为自古舆图所不载……多奇异，不可究诘，似不免多所夸饰。然天地之大，何所不有，录而存之，亦足以广异闻也"①。

其实，在那个时代，群臣大多"胸中除富贵而外，不知国计民生为何事；除私党而外，不知人才为何物"，在学术环境方面也是尚空谈，轻务实。所以，即便是有了解世界地理人文知识的机会也痛惜地放弃了。美国的赠书曾为耆英谢绝，法国的留学又让黄恩彤婉拒。俄国政府因清政府赠送藏文《大藏经》，回赠各类图书355种，共计800余册（幅），另有天文、地理仪器和工具，包括政治、军事、文化科学、技术、工艺、地理等，仅地图就有22幅，另有地图册13本。理藩院收到这批图书后，仅仅译出书名，便束之高阁，原因是"恐其书不伦，徒伤国体"②。可以说，在19世纪40年代前，由国人自己所撰的地理类书仅有3部：陈伦炯的《海国闻见录》（1730年版）、王大海的《海岛逸志》（1760年版）、谢清高的《海录》（1820年版）。难怪中英开战后，道光皇帝尚不知"英吉利"位于四大洲的哪个角落。世界自然地理观念如此匮乏，人文社情更是未能知晓。鸦片战争前后，有一个文人汪仲洋以诗作描述英国人：有鹰钩鼻子，猫眼睛，红色的络腮胡子和头发，他们的长腿不能弯曲，因而他们不能奔跑和跳跃，他们碧绿的眼睛畏怯阳光，甚至在中午不敢睁开。③ 两江总督裕谦多次明确地描述英国人不能弯曲腰身和两腿，他们如果挨打，便会立即倒下。④

在古代，依据儒家的经典，中国皇帝为"天子"，代表"天"来统治地上的一切。皇帝直接统治的区域，相对于周边的"蛮荒"之地，为"天朝上国"。"普天之下，莫非王土"，《诗经》中的这句话，经常被引用说明当时的土地制度，其实也反映出当时的中国人所能看到的世

---

① 钟叔河：《走向世界》，中华书局1985年版，第42—43、48页。
② 《郭嵩焘日记》第1册，湖南人民出版社1981年版，第187页。
③ 阿英编：《鸦片战争文学集》，中华书局1957年版，第191页。
④ 《史料旬刊》第38期，故宫博物院1930年版，第399页。

界,即"天下",长久地局限于东亚一带。中华文明长时期在东亚地区拥有无可争辩的优越性,长此以往,中国人习惯于以居高临下的姿态,环视四方。清王朝正是在这种历史积淀中,发展完备了"天朝"对外体制,即表现为"天朝上国""藩属国""化外蛮夷之邦"的三重关系。对于西方诸国,官方文书中蔑称其为"夷",并在其国名旁加"口"字旁,如英、法、美三国,分别称其为"唊夷""唎夷""咪夷"。除国名外,当时在西方的人名、船名也加"口"字旁。从某种意义上讲,"天朝"对外体制使中国成为一个世界,而不是世界的一部分。清朝傲视"四夷"的"天下"观念,部分是因为儒家文化的优越性,也由于长期以来中国社会经济水平并不低于西方。16世纪西方人初至,中国仍是世界上最发达的国家;17、18世纪之交,康熙大帝的文治武功,使中国进入了一个新的盛世;即便是在18世纪英国产业革命之前,中国的社会生产力仍不低于西方各国,生产总量则远远超过之。至于鸦片战争前夕,中国确实是落后了。但是由于傲视的惯性和文化上的巨大落差,中西通商200年后,中土的官僚士子们并未折服西方,反而坚信中华文物制度远胜于"西夷"。19世纪之前,不仅中国士人自认为中国是世界事务的中心,即便是17—18世纪来华之天主教耶稣会士在欧洲造成的印象,也认可中国人是"世界上最文明的民族"[①]。但是科技革命和工业革命带来的发展使西人自信心与日俱增。到18世纪50年代,他们只承认中国文化优于周边国家许多,却已逊于任何基督教国家了。[②] 但中国士人更强调中华文化、政治、经济的天下中心位置。这种政治、经济、文化的优越感使得他们并不特别需要了解全球,特别是被视为"蛮夷"的西方诸国的地理、人文和经济,即便是与之通商,那也是"天朝"施之于"蛮夷"的一种恩惠,是"怀柔远人"的一种策略。这就不难理解,1793年、1826年英国先后遣使马戛尔尼(George Macartney)、阿美士德(William Pitt Amherst)来华,清政府依照"天朝"制度,将其当作"咭贡使"来接待,结果不欢而散。1834

---

① Arthur O. Lovejoy, *The Chinese Origins of a Romanticism*, in idem, *Essays in the History of Ideas*, New York, 1960, pp. 99–135.

② *Chinese Repository*, III. 8, Dec. 1834, p. 379. Eliza G. Bridgman, ed., *The Life and Lobors or Elijah Coleman Bridgman*, New York, 1864, p. 216.

年英国取消东印度公司的对华贸易垄断权,派律劳卑(William John Napier)为驻华商务第一监督。负责通商事务的两广总督卢坤,未究诘其来华目的,却震怒于以"平行款式"递交的文件。①1838年英国驻华商务总监督义律投递文书的封面上无"禀"字样,两广总督邓廷桢即"原封掷还"②。尽管1834年之后,英国有了官方代表驻华商务监督(中文称为领事),但清政府并不承认其官方地位,仍将其当作东印度公司的大班来看待。③

近代初期,西学观念的懵懂状态与当时学术导向的空疏、烦琐是相关联的,无论是汉学、宋明理学,还是以桐城派为代表的词章之学,都是脱离实际、空泛无聊的学问,八股取士的标准和导向也囿于斯。"在一切都上轨道的社会中,无所作为是中国传统政治学的最高境界;而在战后中国面临西方威逼的险恶环境中,无所作为是一种最坏的政治。"④政治如此,思想形态更甚。空泛、务虚的旧有学术状态、思想现状确实走到了历史的死途,鸦片战争的隆隆炮声预示了它的末日,而一批出身中小地主阶级的士人,起而力求匡正,由此,19世纪出现了对于"经世致用"重感兴趣的现象,随即推展出近代初期学术思想阶层的经世学派。

重新受到关注的经世思潮,强调社会实践和入世的重要作用,其目标既指向中世纪理学所崇尚的玄学思辨,认为它"空";另外,它也认为考据学著作的迂腐无用。程朱理学只能"以晏安鸩毒为培元气,以养痈遗患为守旧章,以缄默固宠为保明哲",汉学脱离实际则表现为烦琐的考据、训诂,"锢天下聪明知慧,使尽出于无用之一途"。经世学派曾于17世纪名噪一时,但是主要由于乾隆帝的镇压政策,时至18世纪为经院学派所取代。⑤

学术与政局相因应。19世纪40年代启动了近代中国的大变局,经

---

① 《鸦片战争档案史料》第1册,天津古籍出版社1992年版,第146—168页。
② 同上书,第329—331页。
③ 同上书,第223页。
④ 陈旭麓:《道光是怎样一个皇帝》,《陈旭麓学术文存》,上海人民出版社1990年版,第719—722页。
⑤ 关于清代学派的材料,梁启超在《清代学术概论》中有较多的叙述。

世学风在这一时局的促动下逐渐成为显学。经世学派的运脉在于主张通经致用，反对空谈不实。开湖湘经世之先河的胡宏曾说："务圣人之道者，必先致知，及超然有所见，方力行以终之。"① 时至清道光年间，贺长龄、魏源编辑《皇朝经世文编》，对学术思想界的经世之风产生深远影响。在此书序言中，魏源等阐明了经世学派的两个基本态度，即强调现实和致用的重要性，反对"多寻空言，不究实用"的空疏心性之学，主张学术与现实密切结合。嘉道以还，陶澍、贺长龄、贺熙龄、魏源等湖南经世学派崛起，湖南成为经世学派的大本营，其地位诚如孟森先生在《明清史讲义》（下）中所说："嘉道以后，留心时政之士大夫，以湖南为最盛，政治学说亦倡于湖南。所谓首倡《经世文编》之贺长龄，亦善化人也。而（陶）澍以学问为实行，尤为当时湖南政治家之巨擘。"② 沐浴经世之风、致用之雨的经世学派，无论其个人的经历、地位、个性、智力乃至生活方式是如何相似或不相似，他们之间的思维、情感、倾向和行动，均表现出一种"心理同质性"，即面向现实和着意实效。正是这一经世务实的文化性格，使得"世界中心主义""中心王国"的地理学观念开始解析、坍塌，新的变奏也就孕育其中。从"夷务"到"洋务"，再到"时务"，由贬义的"夷"到平等的"西"，再到尊崇的"泰西"，中国近代思想界的演绎即始于斯。

二 睁眼向洋第一步：世界地理的近代关注

在19世纪最初几十年，经世学派关注的焦点是国内时局问题的务实性改革。这个时期清朝国势已逐步迈入衰弱之路，当时兴起的白莲教起义更是给颓弱的国势和清朝政权以沉重的打击。经世学派关注的问题涉及镇压起义的方法和漕运、盐税全面改革等。

但是，随着西方列强对东南沿海侵扰的增加，到19世纪40年代后期，经世学派瞩目的焦点发生了重要变化，从内政问题转为关心"夷

---

① 胡宏：《知言》第1卷，参见赵宗正、李曦等编《中国古代著名哲学家评传·续编三（唐宋元部分）》，齐鲁书社1982年版，第34页。

② 孟森：《明清史讲义》下册，商务印书馆2011年版，第747页。

国""夷人"的有关情况。著名的经世派人物包世臣早在1826年就曾有过预感,英国不久将从沿海对中国构成严重威胁,并关注海防问题的紧迫性。那时撰述的海防著作大多将注意力移向广东沿海一带。鸦片战争之前的1836年,著名的军事将领关天培曾编辑了《筹海初集》。战后,梁廷枏、俞昌会和李福祥也曾在海防问题上提出了重要的见解。①实际上,关注海防与了解擅长海战的西方国家是一个问题的两个方面,相比之下,经世派人物更注重"知夷情""通夷闻"。通晓途径便是由翻译西报来达成"知夷"目标。还在1839年时,林则徐曾在广州命令翻译外国报纸,②并上奏建议设立一个官办译局。郭嵩焘在1859年奏请设立一个教授外语的官办学堂。③除报纸外,西方的地理、历史、法律和政治方面的资料都被看作是了解夷国情势的重要途径。在如上资料和著作中,具有初始价值和影响较大的要算是经世派人物所做的对世界地理的关注,这应算是近代中国人睁眼向洋、"师夷长技以制夷"的奠基性工作。

应该说,进入19世纪以后,以经世派为代表的晚清社会有识之士已经对皇朝的闭关政策颇有微词,他们希望能够了解夷国现状,单凭古书中那些"得之传闻无可验证,文人藻绩华而鲜实"的述奇志异之作根本无法满足。1840年,"天朝大国"与"日不落帝国"开启战争,英国的大炮轰开了清王朝封闭的大门,如此,才"迫使天朝帝国与地上的世界接触"④,这种接触始自经世学派对世界地理的近代关注。

首先应该提到的声名较小但是却有着早期影响的世界地理著作,当算是谢清高的《海录》,"中国人著书谈海事,远及大西洋外,自谢清高始"⑤。谢清高为广东嘉应州(今梅县)人,18岁时,从商人走海

---

① 齐思和等编:《鸦片战争》第4册,神州国光社1954年版,第491、535页。
② 参见《澳门新闻报》《华事夷言》,载《鸦片战争》第2册。
③ 郭廷以等著:《郭嵩焘先生年谱》第1册,"中研院"近代史研究所1971年版,第132—134页。
④ 马克思:《中国革命与欧洲革命》,《马克思恩格斯选集》第1卷,人民出版社2012年版,第780页。
⑤ 《嘉应州志》卷3,吕调阳《重刻〈海录〉序》。实际上,中国人亲历泰西留下的中文记述,当以樊守义《身见录》为最早,只是由于其埋没不彰,《海录》方为史家看重,参见钟叔河《走向世界》,中华书局1985年版,第39—44页。

南，风覆其舟，为"番舶"救起，"遂随贩焉"，"遍游海中诸国"，后因双目失明，才结束海上生涯。1820年春天，杨炳南在澳门遇见谢清高，听其讲述在海外的见闻，觉得很有价值，将其记录成书，名为《海录》。地理学家李兆洛的《海国集览》《海国见闻》曾取材于《海录》所记的内容。1840年以后的几年，《海录》曾被多次翻印。1842年王蕴香辑印《域外丛书》，1843年郑光祖辑印《舟车所至》，潘士成所辑《海山仙馆丛书》，都收录了《海录》。该书原分为95则，次第记录了谢清高所述在95个国家和地区的见闻。《海山仙馆丛书》卷首有一目录，将其分为三章：自越南迄柔佛，题为"西南海"；自溜里迄妙哩士，题为"南海"；自大西洋迄开于，题为"西北海"。大体上，"西北海"为印度支那半岛和印度；"南海"主要指南洋群岛；"西南海"则是欧、美、非、大洋各洲的总称。在"西南海"一部分中，谢清高叙述比较详细的是大西洋国（葡萄牙）、嘆咭唎国（英国）和咩哩干国（美国），而尤以大西洋国内容最多。该书也涉及以上诸地区中的贸易、工艺、人民生活。在地理科学上最具价值的是《海录》对太平洋岛屿和白令海地区自然和人文地理状况的记载，这不仅在中国是空前的，在世界上也算是较早的。① 林则徐为了知晓英国情况，曾查阅过《海录》。②

1840年以后，清代文人学者逐渐开始注意世界地理问题，至1861年，已写出了22部以上的著作。③ 在林则徐的支持下，英国人慕瑞（Hugh Murray）的《地理大全》于1841年译成中文，定名为《四洲志》，有10余万字，这是在经世思潮影响下中国人最早翻译的一本世界地理文献。近代之初的经世学派人物中，关注西方，研究编辑世界地理著作的最具声名的代表人物是魏源、徐继畲和梁廷枏。

魏源本是一个学者，战前著有《默觚》《老子本义》《书古微》等学识深厚的著作。战争的炮声与经世思维的趋向牵引了他的思想视线。

---

① 钟叔河：《走向世界》，中华书局1985年版，第48页。
② "中研院"近代史研究所编：《近代中国对西方及列强认识资料汇编》，"中研院"近代史研究所1984年版，第145页。
③ 这22部著作有些收录于《小方壶斋舆地丛钞》中，有一些用单行本出版，有7部现已亡佚，仅存书名。

1841年8月与林则徐相会，收到了林氏组织翻译的《四洲志》等资料，开始了新课题的研究。1842年年底撰就《海国图志》50卷，1847年扩为60卷，1852年扩至100卷，计80万字。这是中国人自己编写的第一部介绍外部世界的地理历史著作。它所依据的资料有四个方面：（一）林则徐组织编写的《四洲志》；（二）历代史志；（三）明代以来我国士人和来华传教士地理著作；（四）西人报刊图表等，取材极为丰富。作为图志兼备的开创性巨著，它除了以国外地理内容为主外，还涵盖了科学著作、政史、历法、宗教、军事等各方面的内容。给天朝大国以重创的英国是该书着墨较多的部分（卷33—36），书中记道"绕地一周，皆有英夷市埠，则筹夷必悉地球全形"，"志西洋正所以志英吉利"。魏源曾在宁波参与审问英战俘广突德，据其供词，参考有关资料还撰写了《英吉利小记》一书，揭露英国资本主义"性贪而狡"的本性，并且，魏源已认识到英国侵略的主要手段，"不务行教，而专行贾，且佐行贾以行兵，兵贾相济，遂雄"①。在这一点上，魏源比因循守旧的天朝士子儒生们有着更深刻的认识。"天朝大国"独尊天下的世界中心主义观念由此开始崩塌。对于魏源，梁启超曾评曰："好作经世谈，而最注意边事……治域外地理者，源实为先驱。"②

在人们普遍不知"英吉利"为何物的"天朝大国"，《海国图志》的功能和价值远非今日同类地理著作可以比拟。该书之所以闻名于世，序中"师夷长技以制夷"一语的精当之论，在成书以后，曾导引出一幕一幕的反帝自救的历史壮举，诚为史界共知。

关于世界地理的另一部名著《瀛环志略》，则是由福建巡抚徐继畬所编，于1848年出版。该书与《海国图志》同样是不同凡响的探求夷情的重要著作。作者徐继畬是一名学高务实的官员，鸦片战争时期任汀漳龙道，在福建漳州地区组织防御。后历任广东盐运使、广东布政使、福建布政使，1846年升至福建巡抚。1842年以后，福建厦门是第一批正式开放的五个口岸之一，很快就发展成为"华洋杂处"的码头。

---

① 魏源：《欧罗巴洲各国总叙》，《海国图志》第24卷，岳麓书社1998年版，第267页。

② 梁启超：《清代学术概论》，复旦大学出版社1985年版，第72页。

1844年，徐继畬办理厦门对外开放，发现自己对外部知识的无知，恰遇传教士雅裨理（David Abeel），得到外国地图册等资料，开始钻研新课题。此后他广泛搜集资料，精心撰述，反复修改，终于在1848年完成了这部高品质的地理学著作，全书总计10卷。它对外部知识的介绍，比《海国图志》更详尽准确，并较少附会臆测，此书对西方诸国的史地沿革、风土人情及社会变迁等作了较多的记载，并对西方的人文制度多有褒评。

还有一部著名的地理学著作不可漠视，这就是梁廷枬的《海国四说》。梁是一位著述宏富的广东名儒，曾入祁寯、徐广缙幕。这部于1846年杀青的著作，对美国和英国介绍较详尽，并涉及基督教的问题，对宗教问题的评判足见其功力。书中关于产业革命中诞生的蒸汽机的描绘，给懵懂的中国人以清新奇异的感受。

以费正清为代表的"冲击—反应"这一研究近代中国的典范（Payadigm），在美国虽早已被费氏的弟子或再传弟子视为过时，但是不可否认，"冲击—反应"确实是一个重要的历史现象。近代中国士人面临西学击荡，被迫做出反应，从而引出一系列文化、社会、经济、政治以及思想观念的大变化，这是不以历史评论为转移的。以"制夷"为出发点的近代地理观念的演进，即是一个合乎"冲击"说的重要开端。1848年，马克思和恩格斯在《共产党宣言》中说："资产阶级……把一切民族甚至最野蛮的民族都卷到文明中来了。它的商品的低廉价格，是它用来摧毁一切万里长城、征服野蛮人最顽强的仇外心理的重炮。它迫使一切民族——假使它们不想灭亡的话——采用资产阶级的生活方式；它迫使它们在自己那里推行所谓的文明，即变成资产者。一句话，它按照自己的面貌为自己创造出一个世界。"① 半个世纪以后，万里长城内的青年鲁迅在《自题小像》的诗中以一句"灵台无计逃神矢"沉痛地应对了马、恩的话。对此，王汎森评曰：鲁迅的诗"充分道出清末民初知识分子在西方势力倾覆之下的困境"②。面对困境，鲁迅的誓言是

---

① 马克思：《共产党宣言》，《马克思恩格斯选集》第1卷上，人民出版社1995年版，第255页。

② 王汎森：《古史辨运动的兴起：一个思想史的分析》，（台湾）允晨文化出版有限公司1987年版，第1页。

"我以我血荐轩辕",此即自救中国的共同质点。无论是经世之风的劲吹,还是近代地理观念的骤兴,单从自身方面寻求原因,恐怕难以获得合理的诠释。近代经世派士人是在既憎恨又无奈,既模仿又务实的心绪下,走上了"器物—政制—文化"这一"师夷"历程的,本文论题即是这个历程的开端。

这一开端的思想心理背景,即源于当时经世派士大夫济世、务实的思想风气。此时空疏、烦琐的经文考释在民族变局的刺激下,已渐趋失去往日的学术魅力。近代世界地理的人文关注在经世思潮的浸润下,已不单是纯学术问题,更浸染上政治救亡的色泽。魏源瞩目的焦点,无论着眼于战争抑或是和谈,其中心思想是"师夷长技以制夷"。同时期的清台湾道台姚莹也对世界地理产生浓厚的兴趣,"欲吾中国童叟皆习见闻,知彼虚实,然后徐图制夷。是诚喋血饮恨而为此书,冀雪中国之耻,重边海之防,免胥沦于鬼域"①。看来,他的愿望是能够使中国无论老幼都能获得其他国家的真正知识,并且希望中国免受耻辱,他着眼于加强海防和边防的方法,使中国避免被夷人征服。

三 制夷主题中的价值索论

注重实功实效,鄙弃空谈心性,是经世派士大夫的学风标记。"言治术,则莫如综核名实";"言学术,则莫若取笃实践履之士"。"崇实黜虚"应算是经世学风与传统的汉学、理学、辞章考据的本质区别。在清朝国势日衰而传统理学之风仍旧盛行的背景下,经世思潮的辐射与务实学派的衍生,在中国近代初期便有了积极的意蕴。即便它还不是资产阶级的思想意识,而且还没有跳出儒家思想的框架,但相对于陋儒旧学,却是增添了有生命力的新式学术倾向。在这种治学倾向的熏染下,一批思想开明的经世型士大夫走上了睁眼向洋的历史征程,其初始步伐便是缘于"制夷"需求的世界地理观念的演进和传统中国中心观念的渐次抛弃。

---

① 姚莹:《东溟文后集》卷8,杨家骆主编《鸦片战争文献汇编》第4册,(台湾)鼎文书局1973年版,第10—11页。

"制夷"是封建末世和近代初期的历史主题,如何应因这种历史主题,不同思想背景的人物做出了迥然有别的抉择。冥顽守旧的旧派人物执迷于"以德服人""诚信化敌""曲加优礼",这种典型的"天朝大国"意识,既预示着他们对外部世界的茫然无知,恐怕也与他们推崇和遵从的那种劳心劳力而又无所作为的理学、汉学、训诂的文化习性不无关系。封建训蒙旧法,"始入塾,先念百家、三字经、弟子规等书;次大学,次中庸,次论孟,次诗经……四书五经读毕,问其如何讲解,茫然不知也……问以中外大势,国家之情形,则懵然不晓也;问以天文地理之事,亚欧非澳之名,漠然谟知所对也"①。清朝末世的经世人物则抉择了"知夷情、通夷语、观夷事、师夷术"并借此"制夷""御夷"的相对求实的道路。

"制夷"首先应当"知夷情",它在后来变成愈演愈烈的西学热潮。近代中国人的西学结构体系庞杂而渐变,内容和范围越来越广,由表层而入深层,由枝节而入根本。它表面上是近代中国对西学认识的嬗变,也说明了天朝帝国已从原来唯我独尊和世界中心主义的思想神坛上跌下来。这种思想理念的流变是一个过程,而近代初期世界地理观念的渐变则具有初始性和导引性价值。由世界地理而延及世界技艺、格致、矿政、工程、法律、政治以及思想等,次第深入,由此,在整个"知夷情"和西学东渐的宏大系统中,它起着引导、促动其他方面的认识拓展的重要作用。不仅如此,对世界地理的人文关注,也促使近代中国人的思想价值观念的多元化趋向,西方世界的社情民风、思想意识等文化类质也缓缓进入中国人的社会生活和思想视野中,它与传统社会产生了种种冲突、调适和糅杂交混,在这个磨合机制的推动下,社会的近代化步伐姗姗走近了。

"制夷"既是清廷政权的自我救助,也是近代中国人反对外族入侵的时代性课题。经世学派及其对世界地理观念的演变的贡献,并非仅仅是为了清廷政权的自保自救,它在客观上也为社会各阶层的反帝斗争提供了有益的思想材料,为近代中国人学习和获取西方先进的思想价值观念创造了不可或缺的先导性条件。应该说,在中世纪的状态下,中华民

---

① 《开民智法》,《大公报》1907年7月21日。

族群体意识的主要特征表现为崇权威、畏天命、讲传统、重经验、喜保守、主自强、行排外等方面,尽管在近代救亡的背景下,它仍有积极的价值,但更突出的是它在总体上已经束缚制约着反帝、改革和革命的进程。西方价值观念、行为取向等新质事物的输入和吸纳,渐次改变了这种旧式的民族群体意识,而衍生出一种新型的民族精神。作为这一过程初始的近代地理观念的价值和地位,恐怕不能作较低程度的评判。颇具声名的美国传播学家弗里特·罗杰斯在1962年出版的《创新发明的推广》一书中,将社会的变化分为内生型变化和接触型变化两类,前者变革的动力来自社会内部,后者的动力来源于外界的新思想新信息,并且确认第三世界国家多属接触型变化。① 从这个意义上看,作为"新思想新信息"的重要组成部分,近代地理观念的输入以至最终确立,对于变化民质、增强救亡变革的社会能量,对于将社会经济、文化、价值观念的中世纪状态推向近代化轨道,也就具有重要的动力源泉的意义。

原载《社会科学辑刊》1998年第1期,收入本书时有修改。

---

① 参见张隆栋《大众传播学总论》,中国人民大学出版社1993年版,第297页。

咸同光三朝晚清外交观念的演进

史界断言"弱国无外交",这是基于半殖民地半封建的近代中国背景而言。其实,晚清初年的国内士大夫阶层并未体认到"弱国"愈来愈成为现实这个历史趋向,相反,"天朝上国""天下"语词所显现出来的却是世界中心主义理念,余外皆为"蛮夷"。鸦片战争后,时局渐变,经世风起,世界中心观念渐次崩塌,对外交往的观念,尤其是对西方这一概念的理解和咀嚼也就乘着实用主义经世学风演化开来。1840—1884年是外交观念演化的重要时期,对它分析是本文的论证重点。

一 地理观念的转换:促动外交观念演进的重要因子

在古代,依据儒家经典,中国皇帝为"天子",代表天来统治地上的一切。皇帝直接统治的地域,相对于周边的"蛮荒"之地,为"天朝上国"。"普天之下,莫非王土",《诗经》中的这句话经常被引用说明当时的土地制度。推究开来,它实际也反映出当时中国人所能看到的世界,即"天下"长久地局限于东亚一带。中华文明长时期内在东亚地区拥有无可争辩的优越性,长此以往,中国人习惯于以居高临下的姿态环视四方。清王朝正是在这种历史积淀中,发展完备了"天朝"对外体制,即表现为"天朝上国""藩属国""化外蛮夷之邦"的三重关系,遥远的生疏的西方诸国后来也被其延纳进"化外蛮夷之邦"的观念结构中去。清朝傲视"四夷"的"天下"观念,部分是因为儒家文化的优越性,部分是由于长期以来中国社会经济水平并不低于西方。① 16 世纪初西人初至,中国乃是世界上最发达的国家;17、18 世纪之交,康熙大帝的文治武功,使中国进入了一个新的盛世;即便是在 18 世纪英国产业革命之前,中国的社会生产力仍不低于西方各国,生产总量则远远超过之,但至鸦片战争前夕,中国确实是落后了。但是由于傲视的惯性和文化上的巨大落差,中西通商 200 年后,中土的官僚士子们并未折服西方,反而坚信中华文物制度远胜于"西夷"。19 世纪之前,不仅中国士人自认为中国是世界事务的中心,即便是 17、18 世纪来华之天主教耶稣会士在欧洲造成的印象,也认可中国人是"世界上最文明的民族"②。但是科技革命和工业革命带来的发展使西人自信心与日俱增,到 1850 年,他们只承认中国文化优于周边国家许多,却已远逊于任何基督教国家了。③ 但中国士人更强调中华文化、政治、经济的天下中心位置。

其实,世界地理观念在鸦片战争的炮声中已经开始缓缓地演变了,关注"夷人夷情"的世界地理著作已有多部问世,中心王国理念在文人绅士的心目中逐渐消退,尽管这是一个极不情愿的缓慢过程。

晚清地理观念的变化明显地体现在对中国和世界的认识变化上,时至 1861 年,冯桂芬等人已认识到世界构成的多国因素,中国仅是其中之一。④ 即便是作为中心王国观念的关键词语——"天下"也受到挑战,郑观应认为这个名词对中国来说并不符实,中国只是多国中的一员,他引申说,这种陈旧的观念如不变更,便不具备接受新兴国际法的心理基础。⑤ 如果说在四五十年代,即便是经世派的重要人物

---

① 此处论述,参见拙著《1840—1860 年经世学派与近代地理观念的演进》,《社会科学辑刊》1998 年第 1 期。
② Arthur O. Lovejoy, *The Chinese Origins of a Romantism*, in idem, *Essays in the History of Ideas*, New York, 1960, pp. 99 - 135.
③ *Chinese Repository*, III. 8, Dec. 1834, p. 379. Eliza G. Bridgman, ed., *The Life and Lobors or Elijah Coleman Bridgman*, New York, 1864, p. 216.
④ 冯桂芬:《校邠庐抗议》卷 2,广仁堂 1885 年版,第 66 页;郑观应:《易言》卷 2,(香港)中华印务总局 1880 年版,第 12 页;马建忠:《适可斋记言》卷 2,中华书局 1960 年版,第 9 页;等等。
⑤ 郑观应:《盛世危言》卷 4,华夏出版社 2002 年版,第 8 页。

林则徐、龚自珍等士大夫在书写西方国家的名称时，一般是加兽字偏旁或加口字偏旁，但六七十年代后这种写法已很少出现，并且"夷"字使用的频率也逐步减少，与英国续订的《天津条约》甚至规定，在官方文件中禁止使用"夷"字。魏源在50年代就认为，西方人讲礼貌、正直、有知识，根本不应该称之为"夷"；黄恩彤将西方称之为"远"（遥远的国家），丁日昌称之为"外国"，恭亲王、薛福成则称之为"西洋"①。与西方有关的事务在60年代以前一般概称"夷务"，但此后则由"洋务""西学"之类的褒义型概念替换了。

两次鸦片战争遭受的重创，不但是表面上的，更反映在心理上。经世派士大夫阶层的思想倾向反映出那个时代观念变化的先导性，他们已比较实际地体认到一种新的变局的开始，并且认识到西方人对中华的重创与早先骚扰边地的外夷是根本不同的。"西风东渐"的强劲势头是难以遏制的，应因此势，晚清外交观念的演进即以此为重要的促进因子缓缓开始了。

二　外交理念：从夷务到洋务

同心圆式的等级理论比较适合于描述19世纪初中国士人和上流社会的对外观念结构。在将中国假定为世界文明中心的前提下（在晚清初年的人们看来这种假定就是现实），时人用一套金字塔式的等级制度来应对他们的外交对象——远近不同的国家，地理距离越大的外部夷国与大清皇权的关系越淡化，但即使被淡化处理，远方的"夷人"仍得臣属于大清皇朝，中国是君临一切的中心。长久以来，处理外部关系的基点在于如何"理藩"以及如何处理"朝贡"，这实际上是当时夷务的主要内容，它立足于制度和观念结构中的等级制：中国是崇高伟大的内部，"蛮夷"是藐小低贱的外部；中国的经济文化、礼仪道德是世界的中心，而"蛮夷"则处处低中国一等。在这种观

---

① 参见齐思和等编《鸦片战争》第5册，神州国光1954年版，第409页；第6册第508—509页。另参见"中研院"近代史研究所编《海防档·机器局》卷1，"中研院"近代史研究所1957年版，第4页。

念支配下,晚清初年的清廷官吏,通常将商务贸易等同于外交事务,这是他们外交观念的全部内容,时人称之为夷务。时至晚清初年,中国与外部世界的外交关系被严格限定在通商这一层面上,这不仅是制度上的而且也是观念上的。至少,当时的士大夫阶层广泛地将对外交往仅仅视为经济关系,而不含有政治成分,因而级别较高的官吏不屑于此事,他们基本上是从朝贡制度的角度看待中西关系,皆以处理夷务为不足挂齿的低微行当。军机大臣阎敬铭就认为,正人君子不屑于处理对夷事务,① 这种心态时至70年代时仍有影响。1875年郭嵩焘被任命为中国驻英公使后,其友人有许多为之沮丧,李鹤年和冯誉骥极力劝他不要到蛮夷之邦,李慈铭曾扼腕叹曰:"郭侍郎文章学问世之凤鳞,此次出山,真为可惜。"②

可以肯定,1840年以后,中国和西方的迎面相遇在广义上是一种文化冲突,华夷之辨也就具有文化上的底蕴。晚清初年的士绅长久以来对亚洲腹地的游牧民族的贪诈、反复无常记忆尤深,因而在观念上将西方人当作蛮夷;除此而外,对文明形态体认上的误解和隔膜,也促使士绅们看待"夷国"时持轻蔑态度。按照儒家传统观点,君子往往是品行端正、具有恻隐之心、是非之心和荣辱之心,这是值得高扬的人性;而禽兽是残忍无性和追求肉欲的,在这一点上,士大夫们坚信西人与禽兽无异,因为他们将基督教义和宗教领袖凌驾于自己的父母之上,据此蔑称其有犬羊的本性。③ 这种文明之间的隔膜铸就了晚清士绅在对外交往上的"夷务"观念状态。

"夷务"外交理念的演进,与19世纪以后重又出现的经世文风以及由其促动的世界地理观念的转换是紧密相连的,"崇实黜虚"的务实学风推动士绅们反观自身所处的变局时代,唤起关注"夷人夷情"的奥秘,地理观念的转换即是其关注的初始行动。对世界地理的关

---

① [美]费正清等编:《剑桥中国晚清史》下卷,中国社会科学院历史研究所编译室译,中国社会科学出版社1985年版,第216页。
② 郭廷以:《郭嵩焘先生年谱》第2册,第499、526页;闵尔昌辑:《碑传集补》卷13,燕京大学国学研究所1932年版,第15页。
③ 王炳燮:《勿自欺室文集》卷7,广仁堂1885年版,第7—9、11页;文庆等纂:《筹办夷务始末·咸丰朝》卷7,上海古籍出版社2008年版,第24页。

注，直接地促动了晚清外交观念由"夷务"状态缓慢地演成了"洋务"状态。按照清代《筹办夷务始末》（咸丰朝）第22卷的有关记述，1840年7月时，"洋务"一词首次出现，其总的含义与"夷务"是相同的，纯粹是指对外事务和对外贸易之类的事务。① 1860年以后，它仍未失去原有的含义，但增加了一些时代性内容，"洋务运动"一词便是在这样的语意层面上来使用的。关键性术语的出现和使用，说明了一个观念迁转的新征象，与西方有关的事务在60年代之前大体上以"夷务"二字来概括，但时至七八十年代则改称"洋务""西学"，外交观念已从初始的世界中心主义观念的神坛上跌落下来。冯桂芬为时局问题提出的两条原则为这种观念变更提供了最好的注解：第一是"法后王"，第二是"鉴诸国"，清廷终于决定开始屈身虚心地对待"蛮夷"了。

另外一个观念更新的征象，是时人用语心态的变迁。在四五十年代的许多著作中，一般将西方冠之以"夷"，但在七八十年代这些著作再版时都改"夷"为"洋"，即由最初的蔑视心态转到务实客观的心理状态，《中英续约》第51款虽有如下规定："嗣后各式公文，无论京内外，叙大英国官民，自不得提书'夷'字。"但此类规约估计实际上很难对学术产生多大挚制作用。郝延平先生在《由守旧到革新》一文中提到，洋务运动的最主要的倡导者曾国藩、李鸿章和恭亲王等人，当他们最初碰到西方人时，鄙视和轻蔑的心理溢于言表，而当他们对西方的了解加深时，他们的态度就变得越来越灵活和注重实际了。②

如果说晚清初期"夷务"一词的外延仅仅是通商、贸易、朝贡、"理藩"之类的活动，那么60年代以后"洋务"一词的外延，便拥有了更广泛的内容，它实际上是以一种"求师问学"的心理将西方的某些器物层面的东西，诸如工业、航运、铸币，以及兵政、商法等方面的东西，延纳进自己的内政外交结构中，在"洋务"理念的支

---

① 《筹办夷务始末·咸丰朝》卷22，第29页。
② 郝延平：《由守旧到革新》，《大陆杂志》卷20第7期（1960年4月），第26—27页。

配下，晚清外交已开始步入近代化轨道。1861年设立了处理各国事务的总理衙门，1864年翻译出版了有关国际法的教科书，1873年清帝接见外国外交官时准予免行叩拜礼，1876年以后向外国派驻了外交使团，藩属制度实际上已失去运行的条件，清廷的外交传统已让位于近代意义上的外交理论和实践。

三　外交战略：从商务羁縻到商战抗夷

历史上，中国与外部世界的关系是从通商开始的。就晚清初年的中西通商现状而言，绝大多数官僚士子普遍认为，西夷诸国对中国的丝织、茶叶和大黄等商品有着须臾不可脱离的需求。赵翼在《檐曝杂记》中言："中国陆地产茶，无足异也。而西北游牧诸部，则恃以为命，其所食膳酪甚肥腻，非此无以清荣卫也……大西洋距中国十万里，其番舶来，所需中国之物，亦惟茶是急，满船载归，则其用且极于西海以外矣。俄罗斯则又以中国之大黄为上药，病者非此不治，旧尝通贡使，许其市易，其入口处曰恰克图，后有数事渝约，上命绝其互市，禁大黄勿出口，俄罗斯遂惧而不敢生事。"① 这从他们进口贸易中的商品结构也可以看得出来，中国的物产已经使这些外商们获利三倍。这一事实导致清朝官员产生这样一种看法：外国对茶叶和大黄等产品的需求是如此之多，如果切断对其供应，"蛮夷"们将消化不良，肠胃病流行。据此，他们又一再想到了贸易制敌：以开放或关闭贸易市场的办法来控制远方的夷国。这是许久以来历代王朝行之有效、百试不爽的一种对待蛮夷的方略。

其实，这就是在朝贡制度下，长久以来即存在的商务羁縻战略。孔子说："柔远人，则四方归之。"孟子也曾讲："故善战者，服上刑。"儒家传统并不注重武力对敌的思想是历代王朝"怀柔远人"的理论依据，商务羁縻战略正是"怀柔远人"这种传统观念的一种并行不悖的选择。在清朝的对外观念中，对外关系等同于通商，通商即

---

① 转引自《茶叶大黄》，周光培编《清代笔记小说》第33册，河北教育出版社1996年版，第508页。

"怀柔远人"的重要手段,是给予蛮夷的恩惠,而对于蛮夷的抵抗,最直接的对策就是取消这种恩惠。这种不用兵戎而是采取断绝贸易的对外战略,大体上相当于今天的经济制裁,其基本策略是以通商和利润作为驾驭西方人的重要诱饵,实现安抚诸国以避免军事冲突的目标。商务羁縻所反映出来的观念有两个方面:首先是关注商务贸易的有效价值,换言之,这种战略在于充分地估计西方人的需求倾向,他们志在贸易,不以攻城略地为目标,从奕䜣、李鸿章、郭嵩焘,到左宗棠、王韬等人大都认识到了这一点,即西夷诸国不以夺取中国土地为目标,也无意推翻清政权,他们重在通商和得利,寻求市场和夺取原料。王韬的话颇具代表性:"西洋通商中国,就目前而论,其志在利不在于土地。"① 郭嵩焘坚决主张在处理夷务时,人们应力图理解外国人的动机和考虑各种现实。李鸿章、曾国藩、曾国荃等人也附和郭氏的意见,断然认定处理对外事务的最好办法是"羁縻"②。

其次,商务羁縻所反映出的观念也隐含着晚清初年对西方诸国社会文明、经济、道德的低程度估计,晚清之前,士绅阶层仍将夷狄跟各种动物类比,习惯于用狄、蛮或其他名词来称呼非中国的族类,从上述名称的汉字部首来看,这些族类与动物相通。驯服、驾驭动物的基本手段是用大棒驱赶役使,循于此,对"蛮夷"也仿照此法用肉骨头和大棒驾驭,此即"羁縻"的本来含义。商务羁縻观念所反映出来的外交意识根源于世界中心主义地理观念的局限性,它说明晚清初年中国社会对西方的漠然无知以及对自身文化道德优越性的自负虚骄心态。这种对外战略观念在鸦片战争前后显得更为充分,针对中英两国在鸦片问题上的冲突,清廷大员基本上以"天朝"的逻辑来思考应对既已出现的冲突。虎门销烟以后,道光皇帝不断收到林则徐的奏折,看到数不清的"夷务"等待其处理,深感"殊属不成事体",于是他提出一项一劳永逸的办法,"即将嘆咭唎国贸易停止",什么具结交凶、续缴鸦片等事项,统统不再与其追究下去,至于这次商务羁

---

① 王韬:《弢园尺牍》,中华书局1959年版,第37页。
② 李鸿章:《李文忠公朋僚函稿》卷10,上海古籍出版社2002年版,第27—28页;卷11,第10页。郭嵩焘:《郭侍郎奏疏》卷12,台北艺文印书馆1964年,第37—38页。曾国藩:《曾文正公书札》卷33,传忠书局同治刻本,第10页。

縻决断所引出的后果，他仅仅看到税银减少这一项，对此他也并不顾虑："区区税银，何足计论！"① 这种处理，在道光皇帝看来，犹如快刀斩乱麻，割断了中英当时唯一联系的渠道——通商贸易，此后，西夷决不会再来纠葛大清政权，再也不会有什么冲突矛盾，恰如井水河水互不侵扰。

从商务羁縻到商战抗夷的战略转向，是伴随着中国国势衰微以及民族主权日益遭受西方帝国主义侵略而出现的。因为商业贸易利润是促使西方人来到中国的重要原因，前已述及，晚清士人认为西人在华"图利而不图土"，所以他们便想到了"以牙还牙"，这既可挽回民族既失权利，又可遏制西人膨胀起来的贪欲。商务羁縻在鸦片战争期间证明已失去价值，取而代之便是采择"以贸易为武器"的新战略，这便是商战抗夷的来由。

晚清时代清王朝屡战屡败的耻辱，使得一大批新兴的官僚士子从"天朝大国"的逻辑结构中醒悟过来，睁眼向洋关注夷人夷事，终于发现了中西之间的差距裂痕扩大的原因。由最初的船坚炮利演进到商务贸易，由华夷之辨向华洋并举，从观念嬗变的角度看，这已经开始从虚骄自负走向现实恭谦。经世之风沐浴之下的士大夫群体已挣脱了商务羁縻的陈旧框框，较早涉足中西事务的某些士子官僚已酝酿并提出了"商战"思想，它是"洋务"外交理念状态下的一种新式思想，作为晚清制夷外交实践中的重要阶段，"商战抗夷"理应被视作同光新政时期最重要的外交战略。

"商战"一词较早地出现于曾国藩的书信中，随后丁日昌和薛福成也曾论证过商战问题。② "商战抗夷"演自兵战制夷，兵战不敌，主权渐被西方蚕食，"商战抗夷"这种战略才作为内政问题逐渐形成了。外交是内政的延伸，从这个角度看，与西洋周旋抗争的外交实践，也仅有"商战"一途可供采择。六七十年代，"与各国通商宜以

---

① 《鸦片战争档案史料》第1册，天津古籍出版社1992年版，第742页。
② 曾国藩：《曾文正公书札》卷17，第44页；"中研院"近代史研究所编《海防档·机器局》卷1，"中研院"近代史研究所1957年版，第4—5页；中国近代史资料丛刊《洋务运动》第1册，上海人民出版社2000年版，第165页；薛福成：《筹洋刍议》，辽宁人民出版社1994年版，第10页。

商战","分洋商之利","以商敌国","寓兵于商"等较为普遍的舆情民意反映了社会观念的新变化,它是"商战抗夷"外交新战略的民意基础和思想来源。王韬深刻地认识到这一点,他说:"彼所患者,不在我兵力而在我之商力,盖恐我国以商力与之争衡耳。"① 郑观应是"商战抗夷"思想最重要的倡议者,他对此作过较完善的论述,在其最负盛名的著作《盛世危言》中,特别地强调利用商业贸易作为制夷武器的必要性,主张兵战与商战并举,以制止军事侵略和经济蚕食。他认识到,西方国家不仅用枪炮作武器,而且也用商业作武器,其军事侵略和外交谈判都是在谋求经济利益,我们应将商战看得比兵战更有绩效。他设想,如果中国的商品能够卓有成效地与西方的商品进行竞争,洋商就不得不赔本,赚不到利润,他们自然就得回国,这是一个兵不血刃的隐性外交战略。② 时至光绪四年(1878),湖广道监察御使李潘提出"以商制敌"的两项措施:外国所需于中国者,自行贩运;中国所需于外国者自行制造。"仿照外国凑集公司,前往贸易,收回权利。"③ 此为"商战制夷"外交战略的内政化韬略,它反映出清廷大员对此思想的广泛认同。

"洞察是改变观念唯一有效的方法。"④ 同光新政前后的"商战抗夷"论的提出,也是从经世派士大夫对西洋诸国最直观的洞察开始的。例如王韬60年代在英国生活一段时间,对泰西礼仪文明、经济外交均有较深刻的体认;郭嵩焘70年代赴英也对泰西的社情民意留有极深刻的印象;以办理洋务著称的李鸿章、徐润、丁日昌、恭亲王等人无不与西洋人打交道,知之甚多。这种洞察的重要价值在于较快地促成了中国晚清社会士子儒生阶层的思想分野和裂变。

尽管"商战抗夷"外交战略影响下的同光新政并未达到其制夷的目的,但在当时"士大夫沉浸于章句小楷之积习,武夫悍卒又多粗蠢而不加细心,以致所用非所学。无事则嗤外国之利器为奇技淫巧,以

---

① 王韬:《弢园尺牍》,第124页。
② 郑观应:《盛世危言》卷2,第35—43页;《盛世危言后编》,中华书局2013年版,卷1第1页,卷2 37页,卷4第56—57页,卷7第29页,卷8第32、53页。
③ 中国近代史资料丛刊《洋务运动》第1册,第166—167页。
④ [英]爱德华·波罗:《横向思维》,金佩琳等译,东方出版社1991年版,序言。

思想与观念篇

为不必学,有事则惊外国之利器为变怪神奇,以为不能学"的社群心态下,① 仍不失合乎国势世情并且带有经世务实色彩的一种抉择。

四 外交原则:从以夷制夷到均势、结盟理论

"天子守在四夷""合纵连横"之类的思想观念仍旧影响着晚清初年的外交事务,时人进一步发挥阐释为"以夷制夷"。鸦片战争时期,这一外交原则曾经在官员中流行开来,禁烟过程中,林则徐曾主张,除去英国,允许其他国家与中国通商,作为制服英国的方法;阮元建议利用美国来钳制英国;战争结束后所引发的讨论中,魏源建议中国在陆地上应与俄国结盟,以威胁印度,甚至威胁越南、缅甸和尼泊尔,在海上则应与法国和美国结盟,以造成对英国的联合攻势。② 这种政策的底蕴,在于清朝政权凭借它给予各个联络伙伴以通商的有利条件作为诱饵,使其立场上靠拢清政府,遏制敌国。甲午之前,这种"以夷制夷"的陈旧观念仍为清廷大员所钟爱。李鸿章曾断言:"倘遇一国有侵占无礼之事,尽可邀集有约各国公议其非,鸣鼓而攻,庶日本不致悍然无忌。"③ 这种外交方针的荒唐之处,在于没有认识到晚清日趋颓弱的国势并不能操纵列强纷争,而且对帝国主义的本质也是雾里看花,模糊其中,因而其实际上的运作,往往不及封建盛世时代那样得心应手,成效显著。

"以夷制夷"的外交原则的进一步发展便是均势和结盟原则的倡导。80年代前后,均势与结盟原则在封建士大夫阶层中开始流行。出使法兰西的马建忠较早地涉足这个问题,1878年他详细地阐述了西方外交中的均势理论原则,并较早地使用了"均势"一词。④ 均势理论原则的倡导和实行与李鸿章、张之洞、曾纪泽等人的身体力行是分不开的。李鸿章在70年代时即有此种见解,他将日本的崛起和对

---

① 文庆等纂辑:《筹办夷务始末·同治朝》卷25,中华书局1964年版,第8页。
② 《筹办夷务始末·道光朝》卷21,第21—22页;卷24,第36—37页。另参见魏源《海国图志》卷2,第1页。
③ 《中日战争》第2册,上海人民出版社、上海书店2000年版,第34页。
④ 马建忠:《适可斋记言》卷2,第10—11页。

中国的利益要求看作牵制和遏制西方诸国在华纷争和势力膨胀的一种力量,并且处心积虑地欲使西方各派势力在华保持某种暂时的平衡。①他所依据的成功实例是古代春秋时期,燕国作为小国能够在大国环境下生存下来的成功经验以及当时土耳其、比利时和丹麦等小国在国际政治方面的成功经历。

曾纪泽的有关言论为李鸿章的观点作了较好的注解。他完全同意李鸿章的主张。1883年他曾建议清廷在其所属的安南采取均势政策,坚持安南应向西方贸易势力开放门户,这种"门户"政策能够使得西方纷争的各派势力保持一种均衡,如此运作下去,不但安南能够高枕无忧,即便是中国边疆也得其益处。他曾形象地看待这种均势政策:犹如群虎争羊羔,屠弱的小羊羔完全可以在一群强大的老虎争斗下获得安生。

从70年代开始,郑观应、薛福成等人先后觉察到世界已进入一个新的时代。即由各国相互隔绝的时代变为互相"连属"的时代。西方各国得益于工商而使国势陡增,并使得这个世界成为各国激烈竞争、弱肉强食的世界。郑观应以"鲸吞蚕食,虎踞狼贪"来描绘这个竞争局面的残酷,可谓痛切而形象。西方各国"动以智勇相倾,富强相尚"的残酷现实,迫使中国经世派士绅反观到本国的劣势,由此产生了结盟合作的想法。马建忠首创此议,在其出使法兰西的过程中,对西方大大小小的国家能够以结盟和均势来维持和睦相处的局面怀有惊异的观感,由此他推论,中国是否应效法西方从而获得和平呢?对此,马建忠作了肯定的表示,70年代末,他主张结盟、合作是中国处理对外关系最有效的政策。同一时期的郑观应和张焕纶也分别关注到这一问题,他们各自将美国和英国列为中国应结盟的首选对象。② 坂野正高在其《留法时期的马建忠——对外交和外交官制度的两份意见书》一文中对此作过较详细的考察和论证。③ 无论是均势论

---

① 李鸿章:《李文忠公朋僚函稿》卷6,第42页。
② 马建忠:《适可斋记言》卷2,第13—14页;郑观应:《易言》卷2,第13页;张焕纶的建议见之于曾纪泽的《曾惠敏公使西日记》卷1,江南制造总局光绪十九年刻本,第8页。
③ 载《国家学会杂志》卷84,第5—6期(1971年),第257—293页。

还是结盟理论在80年代的中法战争和90年代的中日战争期间都曾被经世派官僚尝试过,尽管其实际命运并不乐观,但在晚清外交理论和实践中曾占据着重要的地位。

概而言之,晚清外交观念是在时势变化中不断生成的。由于两次鸦片战争对清廷的冲击,使得外交观念和理论的更替速度加快了。缘于天朝意识的陈腐外交理念、战略和原则渐次让位于更务实的观念,经世致用的学风和对西方的加深了解是外交观念嬗变的双重因子。从一定程度上也可认定,这种对外观念上的变化体现和印证了近代社会越来越强劲的观念走势:从儒家理想主义趋向经世务实主义,这就是结论。

原载《社会科学战线》1998年第1期,收入本书时有修改。

晚清"鸦片商战"观念与近代经济民族主义的非理性

鸦片贸易合法化以后，国内种植鸦片日趋兴盛，这是清代晚期种植经济的转轨性表现，其基本动力来自烟农对种植比较利益的自然追求。在近代经济民族主义背景下，这一经济转型反映在观念上就是朝野人士和近代媒介所张扬的"鸦片商战"言论，虽属无可奈何，但不乏"进步"意味。于是，中国对抗西方的手段，不但有兵战、商战和学战，还有颇具讽刺意味的"鸦片商战"。近代鸦片泛滥的成因甚多，观念因素是一个值得探讨的重要问题。本文借梳理"鸦片商战"观念萌生、发展的脉络，试图揭示晚清人士关于鸦片禁政观念的实态；由这一侧面，还可以解释近代国人在维护民族利益中的非理性面相。

一 鸦片商战言论的萌生

晚清经济民族主义有丰富的内涵，"以土抵洋"是其中的一个要项。它有广义和狭义两种含义。广义上的"以土抵洋"，大致是指以民族产品抵御外国经济入侵；狭义上的"以土抵洋"，则是依靠"鸦片商战"，发展和扩张土产鸦片，排挤进口和走私的外来鸦片在国内市场的影响力。其中的"土"（土药）是民族利权的象征，"洋"（洋药）则成为外来势力经济入侵的重要工具。这一认识与当时士绅之间流行的商战思潮有关。郑观应1894年阐论"商战"理论时首次使用"鸦片战"的说法，将其列为对西方进行"商业之战"的首策，

"弛令广种烟土"，以进行"鸦片战"①。与这类观念相呼应，廷臣与疆吏则采取了"寓禁于征""以征为禁"的政策。

弛禁土药以抵洋药的观点曾被道光皇帝所封杀，以许乃济的弛禁论被申斥最为典型。②此后，被公卿宿儒所敬重的蒋湘南仍坚持弛禁鸦片，以土抵洋，"以中国之鸦片抵夷人之鸦片，夷人为利而来，必至折本而去，久之自不复贩"③。鸦片战争后的较长时期内，或弛或禁的言论较少出现，即或有之，亦多主禁政为不急之务，担心禁绝之法徒增苛扰，并且忧虑民间生计受到威胁。④咸同之世，变乱频仍，清廷财库空虚，洋药纳税准进，土药名虽厉禁，而地方间或偷植，州县官吏或禁或弛，久无定法。1873年，辽东一带即因官吏升黜调迁，禁政糜烂一时；⑤浙江台州官府对罂粟种植干脆息事宁人，以防烟民暴乱；⑥更有甚者，地方官吏纵容属地广植罂粟以牟暴利，"蒙古的亲王伯五，因见北京附近广植罂粟，乃下令所属地区拔除所有其他作物，改植罂粟"⑦。鉴于全国性禁政推行已不再可能，无奈之下，士大夫群体中萌生的"鸦片战"虽系自欺欺人，却不失为一种消极的抵制手段。

鸦片商战在道光后期尚属被清廷封杀的危险之论，而咸同后期，特别是光绪一朝却为越来越多的人所信奉，公开的言论多讲以土抵洋："近日英夷就抚而鸦片之禁渐弛，漏卮之弊愈不可稽，于是留心国计者佥议请令各直省普种罂粟花，使中原之鸦片益蕃，则外洋自无可居奇之货，且罂粟浆之成鸦片，其毒究不如乌土、白皮之甚，则吸烟者之害亦不甚深，可以逐渐挽救。"⑧主张与英国进行"鸦片战"

---

① 郑观应：《盛世危言》，文瑞楼清光绪二十年石印本，第19页。
② 文庆等：《筹办夷务始末》，中华书局1964年版，第9页。
③ 蒋湘南：《七经楼文钞》，西安1920年铅印本，第35页。
④ [日]岸本（中山）美绪：《"租籾"市场论的经济思想史的位置》，《中国近代史研讨会》，第2集，东京，1982年版。
⑤ 林满红：《财经安稳与国民健康之间：晚清的土产鸦片议论（1833—1905）》，《财政与近代历史》，"中研院"近代史所1999年版，第6页。
⑥ 同上书，第72页。
⑦ 同上书，第19页。
⑧ 梁章钜：《浪迹丛谈、续谈、三谈》，中华书局1981年版，第75页。

的郑观应早在同治元年（1862年）即有以土抵洋的想法，建议民众多食川土，少食洋土，且视之为固国卫民的途径。① 光绪中叶，郑氏又列出对待鸦片的三个策略："上策"是严定期限，一体戒除，主要途径是实行鸦片专卖；"中策"是广种土药，阴抵洋药，并暗收利权；"下策"则是"既不能禁洋药之来，又加征土药以自塞销路，吸者、种者、洋药、土药，一任其自生自灭，自去自来，惟图多收税厘，稍济燃眉之急用"②。按照他的看法，鸦片专卖属于"上策"，而"鸦片战"当属"中策"一类；"上策"涉及外交，较难办理，而"中策"虽然消极，却较有希望。与郑观应相比，有人提出了更具体的鸦片战方案，简称"一纲四目"：一纲是指"宜择地以广种植也"，四目包括"择种地以编清册""开井塘以溥水利""轻税厘以保利权""一行价以抑洋药"等。③ 论者的观点是主张鸦片弛禁，但论著的标题却是"禁栽罂粟策"，遮掩之间仍是提倡务实的以土抵洋方针。

　　光绪中叶，曾纪泽承命对英国交涉鸦片税厘并征，他也倾向于采取郑观应提出的鸦片"商战"策略。张焕纶建议他与英国谈判鸦片征税问题，张氏谓"中土禁烟，久无长策，操之促则生变，持之缓则渐弛，况海岸辽阔，岛屿纷歧，藏匿必多，拦截匪易"，"此事转机，匪伊岁月，稍尽人力，冀挽天心，此使臣之责也"。曾纪泽对此既赞同又无可如何，断言"未易急切图功"④。清廷内部以土抵洋的言词更为强硬，袁世凯的叔父袁保恒——刑部左侍郎在光绪初年干脆扬言进行鸦片抵洋。他告知总税务司赫德：他和其他人将要保护本国的鸦片种植，直到能够制止外人输入鸦片，那时本国才可停止种植鸦片。赫德认为这是"骑虎难下"之论，⑤ 尽管如此，他还是建议英国令印度搞好自己的财政。

　　实际上，赫德的愿望极难实现。英属印度依赖鸦片为岁入大宗，

---

① 夏东元：《郑观应集》上册，上海人民出版社1982年版，第19页。
② 同上书，第400—404页。
③ 杨毓辉：《禁种罂粟策》，载陈忠倚辑《皇朝经世文三编》卷35，文海出版社1969年版，第538—540页。
④ 喻岳衡编：《曾纪泽遗集·日记》，岳麓书社1993年版，第346页。
⑤ 中国第二历史档案馆、中国社科院近代史所编：《中国海关密档——赫德、金登干函电汇编（1874—1907）》第7卷，中华书局1995年版，第1009页。

孟加拉地方生产的鸦片直接属于印度所有，而各土邦生产的鸦片在孟买出口上船，并由印度政府征收过境税。早在1871—1872年，孟加拉和土邦生产的两种鸦片每年收入共计八百万英镑，相当于印度政府当年度岁入的七分之一。① 由此，英国政府批评中国仅仅从卫生和道德层面看待鸦片问题，这是不够全面的，英人强调的是商业利益，"即使所说洋药的毒害作用是确实的，只要中国准许栽种罂粟而且在大规模地进行，禁止鸦片进口并不能影响吸食。我们必须把这件事当作一个纯粹的商业问题来看"。由于英国在鸦片贸易立场上毫不退让，总理衙门措辞强硬地照会阿礼国（Rutherfold Alcock）：如果英国不愿停止鸦片贸易，中国最后一着将是取消栽种罂粟的禁令。② 阿礼国深觉事态严重，1871年，他提醒英国国会说：大量的罂粟种植在中国蔓延，中国政府正打着如意算盘，如果中国不能与英国政府言归于好或共同协商的话，中国就会无节制地种植罂粟，使鸦片价格下跌，他们这样做是以为他们能用自己的鸦片挤走进口鸦片。③ 但是，英国政府不太相信土药的竞争能力。的确，1863年，赫德曾向各海关发放过一份问卷，询问中国鸦片能否取代外来鸦片，结果，除厦门海关外，牛庄、天津、九江、镇江、上海、汕头、广东各海关税务人员均称：中国鸦片对外国鸦片的进口没有妨碍，或称土药无取代洋药之可能，原因是土药味淡而涩，且失重率大。④ 税务人员的观察是仔细的，并且一语中的，土药的竞争力长期以来远远逊色于洋药，根本的原因在于其质量较差。

印度官方对中国越来越强劲的"鸦片商战"也不以为然，19世纪80年代中期，印度财政部长贝令（Sir John Bowring）对于马建忠发出的"以土抵洋"的信号仍抱有怀疑，对印度鸦片的竞争力信心十足，如下对话微妙地反映了双方对"鸦片战"所持有的不同立场，

---

① 王彦威编：《清季外交史料（光绪朝）》第24卷，清季外交史料编纂处1931年版，第10页。
② 王绳祖：《中英关系史论丛》，人民出版社1981年版，第151—155页。
③ ［美］马丁·布思：《鸦片史》，任华梨译，海南出版社1999年版，第168页。
④ 林满红：《清末本土鸦片之代替进口鸦片（1858—1906）》，"中研院"《近代史研究所集刊》1980年第9期。

且概见鸦片所具有的财政和税收价值：

> 马建忠：吾国之加厘金亦即暗寓渐禁之意，至度支自有正项，假使由鸦片筹饷，则开内地罂粟之禁，由官抽税，自行收买，一如贵制之例，每岁进项又岂止五六百万金镑。此法一行，则印度出口鸦片日减，而岁入之税亦日减矣。故我国现议开禁种烟者颇不乏人，惟我中堂心维大局，以为与贵国和好已久，事有关乎印度度支巨款，特遣本道来此访一两全之策，如专为筹税起见，则有开禁种烟之法在。
>
> 贝令：印度鸦片味厚，中国土烟味薄，华人多舍薄取厚，贵国罂粟之禁虽开，其销售未必能广，而印度鸦片之畅销自若也。
>
> 马建忠：中烟销售不广者，良以栽种罂粟有干例禁，民间偷种不多，只销本土；至味薄之故，皆因民间偷种，未敢公然设立厂局讲求制法，倘例禁一开，销售既广，行见烟制日精，烟味日厚，安见终让印度也！今则我国计不出此，但愿外来之鸦片日减，内地之罂粟日稀，使吾民不受吸鸦片之巨祸，并使贵国可免卖鸦片之物议，所谓一举而两得也。①

印度财长绝对不会相信马建忠的说辞，大宗进款所关，印度岂能放弃。即便是中国确定禁烟政策之后，印度总督额尔金仍声称："英政府果为此举（令印度减种罂粟、减运鸦片——引者注），是实侵犯个人之自由，舍弃浩大之军饷，而使谋利者不满于英廷，虽得禁止，印人之私有土地亦何不可私自营运耶？"② 逻辑思维的立足点迥然有别，显示出中外人士在本国"利权"层面上不同的取向。

二 以土抵洋观念的形成

与印度财政部长贝令的意愿正好相反，在赫德调查"以土抵洋"

---

① 《马道建忠在印度西末喇谒晤黎督贝问答节略》，载顾廷龙主编《李鸿章全集》第33册，安徽教育出版社2008年版，第64—67页。

② 佚名：《论中国禁烟》，《外交报》1907年1月18日。

之后，民间罂粟种植悄然扩张。仅事隔十年，英国驻上海的领事麦华陀（Sir Walter Henry Medhurst，1823—1885年）的观察别具天地："目前中国生产鸦片的数量如此之大，进口鸦片遭到的竞争如此严重，以致任何有关这个问题的报告如果不考虑到这种竞争就会显得不够完整……所以我们完全可以看到的结果必将是：当中国学会怎样种植与配制鸦片使之达到与印度鸦片同等的水平时，英国在鸦片贸易中所占的份额将逐步下降以至消灭。"① 再过十年，英国驻上海领事许士（Hughes Patrick J.）说，麻洼鸦片的价格下跌与四川鸦片的竞争有关，四川鸦片的经销网络已经深入上海、湖南、湖北、江西和安徽等省，华北和西北居民则大多吸食本地所产的鸦片。1894年，英国领事哲美森（Jamireson Ceorg）对上海地区印度鸦片需求量的估计更沮丧，称其为"呆滞的，而且是趋于衰退的"，而土产鸦片1894年比前一年涌入上海的总量则增加了100%以上。②

外人的报告与中国媒介的报道亦可参较。1897年，《集成报》转载《苏报》消息说："前时嗜鸦片者皆吸食印土，自中国弛禁后，略有吸云南土者。彼时栽种未得其法，滋味略薄，今已直追印土之浓，故北海近年云土畅销，而公班进口颇为减色云。"③ 该消息只是描述了国内局部地区鸦片战的明显效果。1898年，该报又援引《官书局报》译自《彼得堡时报》的同类消息说："印度鸦片销于中国，营转运者多英国人。据伦敦来信云：一千八百九十五年鸦片之由印度运入中国者不下三万余箱，九十六年贩入中国者仅一万五千余箱，本年运入中国之数尚未得悉。按年比较，则去岁少于前年将及一半。说者谓近年以来，印度鸦片运入中国日觉减少，此皆由中国本地所产罂粟日盛，则中国财流出外国者当不至如从前之多矣。"④

该消息所言问题与上述消息相似，唯两者所及区域不同，后者对全国情形加以关注，而前者仅注意个别区域。另外，在版面栏目的安

---

① 李必樟编译：《上海近代贸易发展概况：1854—1898年英国驻上海领事贸易报告汇编》，上海社会科学院出版社1993年版，第304—305页。
② 同上书，第863页。
③ 《集成报》第14册，中华书局1991年版，第797页。
④ 《集成报》第26册，中华书局1991年版，第1485页。

排上，前者置于《商事》一栏，而后者则属《西国近事》，《商事》多为内稿转载，由国内访员访求所得，因探求区域之事，相对较真；后者多为外电翻译，就本消息来说，信源来自彼得堡媒介驻英访员，却言印度鸦片入华事，未必近真，所言趋势属实，只是引述数字多有舛误，举证如下：根据上海、广州等全国三十三个海关机构所报告的鸦片进口数量和《海关十年报告》等资料汇总分析，1895—1896年，外国鸦片输入中国分别为五万一千余担和四万九千担左右，① 其中，印度鸦片占有绝大多数，波斯和土耳其鸦片则为数极少，至多不会超出数千担。另外，根据《海关十年报告》的材料等，该两年中，仅输入上海一地的印度鸦片（白皮土、公班土和喇庄土）分别计有二万八千余担和三万担左右。该项数字与上述消息所报道数字相差较大，这是值得注意的。当然，作为一种走势和状态描述，这份报道仍有参考之价值。

  长期以来，清廷名义上压制鸦片弛禁言论、禁止鸦片的传统观念虽还有发生作用的空间，但中西时局随世巨变，这类传统的禁政观念已开始调整。前述主张鸦片战的言论多为求异思变、经世时流中个别人的言论，这些言论的提出与发表有较长的时间差，况且其面世的载体多为个人出版品（例如言论结集、书札和日记等），因其出版形式、发表时间的局限，有关言论的受众相对较狭，对社会的影响力较小。同治末年诞生的近代报刊开始发表此类言论，鸦片商战观念相互感染的途径陡增，舆论或观念生成的概率也随之增大。创刊不久的《申报》对民间鸦片商战言论有所回应，主张推行"不禁之禁"的办法。其主要论点有三：其一，既然国人喜食鸦片，就应放松对土产鸦片的禁控，政府一可征税，二可使两千数百万两白银留在国内，免致巨额银漏；其二，加强鸦片制作方法的改进，仿行印度办法，以适合国内消费者的口味，政府不但有巨额税收，农民亦可增加收入；其三，凭借征税而使鸦片售卖价格增高，贫者戒吸而富者渐减，不禁而

---

① 这是对各个海关两年所报数字的整理；另外还参考了《上海近代社会经济发展概况》（1882—1931）（徐雪筠编译，上海社会科学院出版社1985年版，第367页），唯该数字的整理采用约略计算，百数位作四舍五入处理。

自禁。① 该主张持论于"弛禁之间",与郑观应提出的鸦片战相类似。察其所论,反叛传统的观念自不待言,更能引人注目的是,所论所言均以公开的形式直面社会,不隐讳亦不掩饰,在当时确属罕见。

媒体介入这一问题的讨论,不仅有《申报》这一类世俗的报刊,即便是与宗教宣传有关的《万国公报》亦瞩目此一问题。1892年复刊后的《万国公报》成为广学会的言论机关,广学会的成员涵盖了外交官、税务司、洋行代表、传教士和律师等,该会常务工作多由担任协理的传教士,特别是书记(总干事)控制。② 在书记或总干事成员中,不管是林乐知、慕维廉还是李提摩太,其广为人知的身份是传教士,该刊的作者群体也主要是一些传教士。③ 人所共知,基督教与鸦片是格格不入的,长期以来基督教徒矢志不渝地反对鸦片,对英国的鸦片贸易政策颇有微词,而且,反鸦片问题曾一度成为1888年上海基督教传教大会的讨论主题之一。就是这样一个为基督教徒所关注的媒体,在1892年复刊后不久,即刊发署名古吴钧叟的文章,论者称自己对待鸦片的态度是"实事求是","直抒胸臆",称自己的建议为"创论",他对传统禁止鸦片的观念持反对态度,称单纯的禁止罂粟的言论是"蹈常袭故""陈陈相因"之论,断言其"愚亦甚",属于不察时势巨变,未观中西大势,作茧自缚的愚蠢之策。作者主张推行"不禁自禁"的办法,"有种烟一法尤为至善之法。夫西人售烟专中国之利,中国种烟夺西人之利;西烟道远价贵,中烟产近价贱,吸者畏贵喜贱,则中烟将争购,西烟将不售,则银亦不入西国矣","且西人烟售中国已矣,既禁之不能,拒之不可,莫妙于中国种烟而使西烟不售,此策之至善者也。如更听民种烟,则外国之烟不能种,于中国则贩烟者将折耗而不来,殆至外国之贩烟不来,而后中国之种烟斯可议禁矣,斯时也而后禁种焉"④。

---

① 《拟弛自种鸦片烟土禁论》,《申报》1873年6月28日。
② 朱维铮:《求索真文明——晚清学术史论》,上海古籍出版社1996年版,第72页。
③ 同上书,第75页。
④ 《万国公报》,华文书局1968年影印本,第12774—12775页。除了古吴钧叟以外,求异思变的国人中尚有多人坚持以土抵洋说法,称道光朝以来的禁烟之议为"老生常谈"。例如,有人撰文专门谈论夺取洋药之利的具体办法。

论者在陈述自己的观点之后,尚有意寻求同调支持,一是引证广东友人待鹤斋主人(郑观应)的观点说:"近观粤友待鹤斋主人所著《救时揭要》一书中,有'自禁鸦片烟论',竟所见略同。其言曰,鸦片烟为害,曷若不禁而自禁。今洋土多而川土少,土味淡而洋味浓,浓者吸之瘾重病深,淡者吸之瘾轻病浅;洋土多则府库日虚,川土多则漏卮可免,若洋土能仿外国之例税倍于价,而川土则照税则之例轻收其税以助国用,□人多购川少购洋土,岂非固国卫民之一道乎?"二是发现美国宗教人士林乐知也主张开禁鸦片,古吴钓叟称:"林进士乐知"所著《中西关系略论》主张开土药种贩吸之禁、以保利权,是对待鸦片问题的权宜之计,也是两害相权取其轻,系不得已之选择。① 古吴钓叟对外人这一看法深有感慨,"林君美国人也,乃能见及此而进忠言,而华人反见不及此而置之不论,岂旁观者清而当局者迷耶?何不思之甚也!"叹息国人的禁政观念不能与时俱变。

林乐知对中国鸦片问题的态度,除了古吴钓叟所提到的《中西关系略论》以外,1893年,他还撰写有关鸦片问题的专论,仍阐释他原来的观点,将其刊于《万国公报》,以广影响。林乐知坚持主张"不善之中立一善法",由于中国"国帑缺民生困"与洋药大量准进有关,他的看法就是以土药抵御洋药,曲线救国,最后鸦片之害可绝。② 中法战争之后,国内"自改革"的倾向日趋明显,"外须和戎,内须变法"成为多数时贤共识,过去僵硬的鸦片禁政处置方式确需反思,既然禁之不能,拒之不可,那么鸦片商战的言论随处流播便不足为奇。

民间的言论走势亦有流变。同治末年,北方的辽东半岛在形式上尚禁止鸦片的种吸,③ 但西南省份则不知禁令为何物,"民不知非,

---

① 《万国公报》,第12776—12777页。林乐知来华前的学历,仅止于四年制学院毕业(参见姚崧龄《影响我国维新的几个外国人》,台北传记杂志社1971年版,第58—59页)。林乐知自署"美国进士",或因京师同文馆学生资格,除满汉举人贡生外,还兼收进士出身的官员,遂以大学毕业同于清朝中进士。

② 《万国公报》,第13866—13867页。

③ 林满红:《财经安稳与国民健康之间:晚清的土产鸦片议论(1833—1905)》,《财政与近代历史》,"中研院"近代史所1999年版,第3页。

视同禾稼"①。南北不同步，东西有差异，历来如此，观念的生成和变动亦概莫能外。光绪初年，留心时务者曾在给书院学生的策试考题中提出："洋药一项每岁金钱出口甚巨。中国吸烟者多，而罂粟之禁，虑妨民食，势必土浆日少洋药居多，宜用何策杜塞漏卮无害谷产论？"②学生的答题和书院山长王韬的眉批多持开禁鸦片之议。③ 禁烟名士许珏在给赵尔巽的信函中也说："珏两年来疏陈请加洋土药税，未敢遽言禁者，因言禁则众皆以为迂图，势将置之不问；言加税则尚有裨财政，或冀采用其说。"许珏此言所指现象在在皆有，即便是孙中山这位受人尊崇的伟人在19世纪90年代也主张，"劝种罂粟，实禁鸦片之权舆"，非欲徒托空言之可比拟。④ 大致说来，经世之风与民族主义思潮对鸦片禁弛观念影响巨大，刊诸媒介的言论多数主张对外来鸦片实行商战，以牙还牙，传统的速禁或断禁主张未能成为舆论的主流。

三 商战的成效与恶果

与士人群体坚持的鸦片商战观点相对应，清廷内部多数官员主张"以征为禁""寓禁于征"。"禁"与"征"当然冰炭对立，无可调和，但在鸦片贸易合法化之前，这一对矛盾政策却被地方官员付诸实施，名义上是禁止鸦片，实际上却侧重征税。1855年8月，上海道台便对允许上岸的外国鸦片征收税款，每箱25元，但却遭到鸦片商的拒绝；翌年，两江总督何桂清"始自江苏之上海，定以每箱24两，以20两归入军需交拨，4两作办公经费"⑤。这些私自征收鸦片税的

---

① 李文治等：《中国近代农业史资料》第1册，生活·读书·新知三联书店1957年版，第459页。
② 渔隐编：《时务经济策论统宗》第12卷，上海文贤阁1908年版，第25页。
③ 林满红：《财经安稳与国民健康之间：晚清的土产鸦片议论（1833—1905）》，第35页。
④ 许珏言论见第一历史档案馆藏《赵尔巽全宗》第26卷，档案编号160；孙中山所言参见《孙中山全集》第1卷，中华书局1981年版，第17—18页。
⑤ 齐思和编：《第二次鸦片战争》（四），上海人民出版社1978年版，第61页；另据1856年10月25日《北华捷报》云，每箱征收20元，约等于纹银20两。

举动，总是标榜"以征为禁"。清廷对此宽严不一，对待福建省的私自征税，上谕的态度颇可玩味："鸦片烟例禁森严。前有人奏请弛禁，迭经大学士九卿等议驳在案。该员叶永元等何得变易名目，擅行抽税。即或因防剿需费，姑为一时权宜之计，也不应张贴告示，骇人听闻，且妄称奏明，更属荒谬。"① 谕旨的真实含义，即全局名义上仍行禁政，若因局部防剿需费，姑以暂时征税为权宜之计，推行"以征促禁"。此后几十年中，多数地方大员心领神会，暗暗贯彻了这一意图，与"鸦片战"观念相互默契。清光绪三年（1877年），放英使臣郭嵩焘连上两疏，请求朝廷主持禁烟。② 然而，朝廷内部对此却看法不一，公开言论且不具论，私下之表态尤为重要，刘坤一的观点即大体反映了各方对鸦片税厘的倚重。是年十二月初，他在私人信函中说：

> 郭筠仙侍郎禁烟之议，万不能行。即以广东而论，海关司局每年所收洋药税厘约百万有奇，讵有既经禁烟仍收税厘之理！此项巨款为接济京、协各饷及地方一切需要，从何设法弥缝？……顾据实直陈，必触忌讳，不如暂缓置议，想朝廷不再垂询。③

这种朝野默契不难达成。此后，鸦片税厘并征谈判时期，类似的言论即不再遮掩，为了追逐鸦片税收而放言无忌，丝毫不再顾及国体。

"以征为禁"的重心在"征"，即凭借税率之低昂来达到操纵的目的。因而，如何确定恰当的土药税率成为一个长期争论不休的问题。若以筹措经费、排挤洋药为目的，则主张低税率；如强调推行禁政，则主高税率。结果最终以李鸿章的低税率主张左右了鸦片税政的实施。李氏的目的极为明显，排斥印度鸦片入华，以保中国利权不外泄。对鸦片实施低税率政策实际上就是采取"鸦片战"的策略，这

---

① 贾桢等纂：《文宗实录》第236卷，中华书局1986—1987年版，第11—12页。
② 杨坚校补：《郭嵩焘奏稿》，岳麓书社1983年版，第368—369页。
③ 刘坤一：《复刘仲良函》，《刘坤一遗集》，中华书局1959年版，第1831页。

种状态一直持续到 20 世纪初，成效极为明显。在低税率政策影响下，19 世纪下半叶是洋土药价格变动的关键时期，根据各口岸领事的有关报告可以看出：1863 年，厦门、镇江地区的土药价格为洋药价格的一半左右；20 余年后，在汉口等一些较大的城市地区，这一比例降至三分之一。① 1870 年后，土药产量总体上已经超过洋药进口量，市场份额逐步扩大，鸦片战的目标已初步实现。但是，随着土药规模日益扩大，鸦片产业逐步壮大，鸦片之祸尤为严重。更为棘手的是，中央与地方的财政体系中已深深地嵌入了鸦片税厘这一支柱，百政需款尤赖此一饷源，断之不可，禁之犹难，陷入了赫德所称的"骑虎难下"的窘境。这是鸦片商战策略所带来的主要负面影响。

鸦片战推行后，土药种植规模急剧扩大，鸦片对社会毒害的程度加深。1887 年，推行洋药税厘并征之前，除台湾和海南外，各地都大量生产鸦片烟土，其中的川、滇两省为重灾区，约略统计，云南三分之一的农田转产罂粟，四川省估计有 70% 的男人是鸦片吸食者。"中国内陆教会"的创始人哈德逊·泰罗（Revd J. Hudson Taylor）1893 年时证实了鸦片在中土流播之速、普及之广："当我 1854 年第一次到中国时，鸦片上瘾的人相对较少，但近二十年鸦片迅速蔓延，近十年更快，现在吸食鸦片猖狂得惊人。"这是他访问中国 10 个省份后得出的结论。② 报刊言论说得更具体、深刻："鸦片之为害我国，其蔓延已四五百年，而范围所及，实兼心理、政治、社会、生计、外交诸问题，莫不被其影响，自非根本之地改弦更张，合君民上下以全力注之，未易扫数百年之积习。"③ 此时的鸦片越来越成为"问题"，而且是一个牵制民族命运的"大问题"。

"鸦片问题"的范围比较宽泛，既有外来鸦片的大量准入，又有土产鸦片的强劲替代，以致形成了鸦片泛滥这一蠹国病民的社会问题。丰富的中外鸦片资源的供应，民族文化、国民根性、娱乐样态和社会风气的相互感染，遂形成"准全民"吸食的颓废精神状态，盗

---

① 林满红：《清末本土鸦片之代替进口鸦片（1858—1906）》，"中研院"《近代史研究所集刊》1980 年第 9 期。
② ［美］马丁·布思：《鸦片史》，任华梨译，海南出版社 1999 年版，第 169 页。
③ 《论英使照复限制印土入口事》，《外交报》1907 年 10 月 2 日。

匪、娼妓、自杀等伴随其中，并与这一颓废精神状态相呼应，加剧了王朝末代特有的价值混乱和伦理失衡，此处姑视为鸦片之精神文化问题。社会经济的推演有特定的规律，鸦片经济的崛起，打破了原有经济样态的守恒，将追逐暴利的经验和观念植于民众头脑，种植经济的改型换代日益催生出明显的鸦片经济产业，其不但涵盖了鸦片种植、加工、内外贸易、运输、保卫等行业，并且产生了经纪、批发零售甚至鸦片吸食之附属产品的研制与开发等，此类态势不断递加和推演，以致孕生出争论不休但客观上却是日益壮大的鸦片经济问题。国体相关，禁政推行必不可免，但英国等恃为国用和军费大宗，岂肯相容相让？清廷重臣、总理衙门以至于20世纪初的外务部多为此交涉所累，故又衍生出不绝如缕的鸦片外交问题。最当措意的是在朝野纷争中，渐趋增强的国用财政对鸦片税厘的倚重甚至是依赖。由此，鸦片问题又演变成为鸦片财政问题。且不论上述鸦片问题的影响的深入和广泛，仅就吸食鸦片者本人所遭受的鸦片毒害而论，称其"伐性酖骨"，意甚妥帖。1897年1月，《万国公报》对国外毒品吸食者的丧才失德深感忧虑，专门刊文描述吸食者的心理和行为，颇具感染力。晚近以来，西人常以睡狮比喻中国现状，国人则多以"狮而云睡，终有一醒"自豪，汪穰卿反而认为，此睡狮实际上是特指哺乳大的驯狮，被饵以鸦片，使终日昏昏，俯首帖耳，取义殆至长睡，永无醒时，因呼国人憬然悟之。①

鸦片商战的负面影响已经使整个民族背上一个沉重的包袱，国人在庆幸以土抵洋的成功之后，面对的却是土药泛滥和流毒横溢，庆幸转而变成忧虑。以土抵洋作为近代经济民族主义的重要观念，涵盖的领域十分广泛，"鸦片商战"仅是其中之一。无论商业之战，军事之战，还是更广阔的文化竞争之战，正面的影响相当大，唯独鸦片商战给中国带来的负面影响大大抵消了它的正面作用。晚清国人在鸦片禁政上的非理性观念当然事出有因，攘外安内的思维趋向与利权不可外溢的务实言论适应了时势的需要，不可视之为纯粹的"非理性"思维，但在社会风气、民众身心、道德文化以至于清廷财政上，均产生

---

① 汪康年：《汪穰卿笔记》，上海书店1997年版，出版说明。

了非同寻常的恶劣影响。晚清禁烟名士许珏内心主张禁绝鸦片，而又担心被一般人士视为迂腐之论的现象，颇值得琢磨。这种长期非理性的经济民族主义尽管最终将会带来严重的恶果，但在当时却不可否认地含有"政治正确"的意味。时过境迁，对它的评价自然又另当别论。观念问题的复杂性绝非一般时论所坚持的非此即彼式的单向度论断所能概括。鸦片禁政观念由非理性到理性的转变，要等到清末新政时期才得以启动和萌生，最终以禁政与新政相契合，限时禁绝鸦片取而代之。

原载《河北学刊》2005年第3期，收入本书时有删改。

近代绅商与经济伦理观念的变迁

近代中国社会是一个由静态乡村型社会逐步转为开放的动态城市社会的过渡时代,其在社会学上的重要特征是人口身份变动的凸显性。其中,绅商对流以及绅商合流的社会现象乃是近代人口变迁中较为显著的景观。一方面,理性化取向的近代经济伦理观念渐次取代传统的"政治—伦理"型观念;另一方面,泛道德主义这一人文因素又极大地支配着近代转型社会中的绅商互渗这一社会现象,而绅与商作为两种异质的伦理主体,在经济伦理的转承调适中显然成为主导性的推动力。

一 近代绅商互渗的社会学检视

社会流动是一个社会学概念,"流动"既指社会主体流向的地理区域层面,也专指流向的职业、身份、角色的变动性问题。本文使用其后一种含义。

中国历史上的社会流动是一个持续不断的历史过程,规模较大的结构性流动也多次出现,但大多属于战争、瘟疫等社会和自然变故。清代晚期是中国社会新旧嬗替的转型期,人口流动的起因则较多地归结于商品经济发展和西学东渐所促成的观念意识的转轨继替,其中,绅商互渗以至于绅商合流作为社会结构性流动中最为显著的景观,其流转变迁的观念性动因,莫不是种种传统观念意识转化调适的结果。

绅商对流作为晚清的一种社会凸现,实际上是绅士、商人两个阶层的人沿着不同的流动渠道各自向对方阶层"渗透",甚至达到"合流"的程度。这一过程预示着绅士阶层和商人阶层各自寻求自己最佳社会地位,以更多地摄取有价值的声誉资源和经济资源。关于这一问题,张仲礼先生有深入的研究。他考察19世纪中国绅士阶层时发现有两点明显的变化:首先是新绅士人数不断增长,在19世纪的100年中,新绅士占绅士总人数的比例,由前50年的32%上升到后50年的37%;其次是绅士阶层的收入结构发生了明显的变化,商业性收入稳步上升。① 绅士收入结构中商业性数字的增长,表明绅士阶层有向商人阶层流动的趋势。

实际上,作为一种社会流动,绅商互渗不仅出现在近代,早在宋元时期已渐露端倪,但是直到晚清时期才迅速地产生了规模较大的结构性流动,正是在这个意义上我们称之为社会凸显。既然是"对流",那么也就蕴含着两种不同的流转形式,即包括了"由绅趋商"和"由商趋绅"两种不同的对流过程。

其一,"由绅趋商"流转问题。随着唐代以来重商意识时起时伏以及各地商品经济发展的推动,"由绅趋商"的流转机制早已启动,但因传统经济、政治、文化、伦理观念的规约,这一进程是相当缓慢的。到清季末期,随着中国近代新式商业的涌现和近代社会生活的变迁,传统的功名身份固然重要,但已不再是唯一的价值资源,实业价值的提升浸润了传统的士绅阶层,以至于"同光以来,人心好利益甚,有在官而兼营商业者,有罢官而改营商业者",士绅阶层对商贾群体心态转变,促使实业价值陡然攀升。连一向抑商困商的清政府也做出转轨性表态:"向来官场出资经商者颇不乏人,惟狃于积习,往往耻言贸易,或改换姓名,或寄托他人经理,以至官商终多隔阂。现在朝廷重视商政,亟宜破除成见,使官商不分畛域。"② 实业价值的提升与科举制的废止也不无关联。科举制本是传统中国社会一项使政教相连的政治传统和耕读仕进的社会变动落在实处的关键性建制。科举制废止后,耕读之路走不通,终于使最后一代居于四民之首的绅士

---

① Chung-li Chang, *The Income of the Chinese Gentry*, Seattle: Washington University Press, 1955, pp. 215, 217.
② 汪敬虞:《中国近代工业史资料》第2辑上册,科学出版社1957年版,第641页。

被动地走下了等级社会的首席,四民社会结构的解析也就趋于显性化了。故此,原来"由绅趋商"流转的早期形态已跃进至近代意义上的社会流动形态,突出的表现是绅士投资观念中愈益器重新式企业和近代公司。按张之洞的说法,"湖南诸绅现已设立宝善公司,集有多股,筹设各种机器制造土货之法,规模颇盛"①。在近代新兴的纺织企业中,由绅士创设的工厂数目占到68.42%,资本数额则占到73.27%;金属采冶行业中,由绅士投资创办者可占20%左右。② 王先明先生对绅士阶层的社会流动趋向颇有研究,他曾就由绅趋商的社会流动提供了一个典型材料,按其说法,甲午战后中国商界规模的扩大,较大型工厂企业和农牧垦殖公司大多是由绅士们创办的,在近代11个资本企业集团中,除祝大椿、曾铸等人外,大多数是由绅趋商的典型。这些典型的资本集团其资本总额已占到1895—1913年商办企业投资额的10.7%。③ 时至1907年,清廷颁行《改订奖励公司章程》规定:"集股二千万元者,拟准作为本部头等顾问官,加头品顶戴,并请仿宝星式样特赐双龙金牌,准其子孙世袭臣部四等顾问官,至三代为止。"④ 巨大的声誉和利益资源使得实业更呈"显业","反映出实业活动实际上已成为仕途之外另一条可以为人们所接受的出路"⑤。以研究近代中国资产阶级早期形态著称的马敏先生曾称这种近代的"由绅趋商"流转已不单纯是偶发的逐利或赶时髦,而已经汇成一股潮流,蕴含了某种新的社会意义。⑥ 此为确然之论,至于其"新的社会意义"究竟何在,笔者嗣后将稍作经济伦理观念的关注和考证。

其二,"由商趋绅"的社会流转问题。自古以来,"重农抑商"

---

① 何良栋辑:《皇朝经世文四编》,卷18《户政》,文海出版社1972年版。
② 据汪敬虞《中国近代工业史资料》第2辑下册(中华书局1962年版)第870—877、924页各表测算。
③ 汪敬虞:《中国近代工业史资料》第2辑下册,第1069、1091—1096页;王先明:《中国近代绅士阶层的社会流动》,《历史研究》1993年第2期。
④ 《改订奖励公司章程》,见《大清光绪新法令》第16册,商务印书馆清末刻本。
⑤ [美]陈锦江:《清末现代企业与官商关系》,中国社会科学出版社2010年版,第39页。
⑥ 马敏:《过渡形态:中国早期资产阶级构成之谜》,中国社会科学出版社1994年版,第142页。

的传统治术和观念一直制约着商人社会地位的擢升。但即便如此,商人入仕为官仍有不绝之势,只是限于禁令规模一直不大,并且常遭物议。① 9世纪以后,商人入仕途径渐趋开阔:科举途径、经济谋职、军功谋职等,这的确为商贾阶层流向士绅阶层提供了机会,此后商贾入仕为绅的实例才多见于史乘。

  传统的中国社会是一个主要以功名、官位和文采取定威望与地位高下的社会,这种价值取向常常使得那些因经商而囊丰筐盈的商人被诗书举子所藐视。因而,以财富来弥补社会地位和个人声望的心理冲动,便构成了"由商趋绅"社会流转的潜在动因。这种社会流转的主体渠道便是始于汉代的捐纳制度。时至清代,尤其是咸丰朝以后,清政府亟须敛财以弥补财政亏空,因而卖官之事愈盛。由此,清季绅士群体的相当部分是来源于资力雄厚的商贾群体。据张仲礼先生研究,19世纪一大批盐商、广东行商及山西票号商人都是经过捐纳或捐输而混进绅士阶层的。当时的面粉业资本家荣宗敬、汉口巨商宋炜臣、上海商人曾铸以及地域商帮中的诸多人士,基本上通过捐纳等途径,取得大量官衔、封荫及官职。据对苏州商会"组织沿革"档案的分析,在73名绅士中,经由捐纳途径而入此群体者占到84.93%,捐纳花费之巨非一般人所能承受,绝大部分非商人莫属。商人加入绅士群体,造成绅士阶层已不纯粹是原来意义上的绅士阶层,这在人们观念上反映出来的变化就是"绅商"这样一种并列称谓,有时甚至将"绅商"视为一个独立成型的群体,例如"该绅商"之类的称谓。②

  相对于"由绅趋商"的流动,"由商趋绅"这一社会流动历时久远,而且规模巨大,两条对流路线和对流方向相比较,各自反映出不同的观念趋向,尽管两个社会阶层都属于晚清社会流动中的显要部分,但支配其参与流动的人文观念和价值取向则有着异质的差别。这种异向流动和支配流动的观念差异一直是有关学者关注的问题,笔者拟从经济伦理的转承调适这一视角来观照其脉络背后的观念底蕴。

---

① 《隋书》卷56《卢恺传》;《旧唐书》卷72《颜籀传》。
② 参见《商务官报》中有关对呈报创办公司、企业的官方批复。

二 绅商互渗：经济伦理观念的制约与促动

对一种社会历史现象做出"经济伦理"的关怀和揭示始于德国著名学者马克斯·韦伯，他在 21 世纪初将"宗教经济伦理"与"西方独有的资本主义精神"作了关联性研究，并尝试着对"宗教经济伦理"作了一个并不完整的界说：是"在宗教的心理和实用的脉络之下促成行动的实际动机"①。这一界说是模糊的，后来国内外学者在沿用这一概念时也格外小心、犹豫。时至今日，国内外学者对其完整含义、评判规约的范围、学科构架和作用力度等都未能做出一个完整科学合理的界论。即便如此，它作为一种研究历史现象的参考观照体系，能够充当考察社会历史运作规律的中介工具，理应不可漠视。

绅商对流首先是一种社会行为，这种社会行为的产生按照列温（K. Lewin）的"动力场"理论来说，不外乎是参与社会流动的绅士、商人两类人士的文化心理因素和社会环境冲击制约的作用。实际上，主体文化心理和社会环境是紧密相连的。主体文化心理既具有一定的稳定性，但也随着社会环境的嬗变而发生结构性改变。就绅商对流的宏观环境而言，中国传统的"伦理—政治"型文化深刻地影响到绅、商社会行为的方方面面。这种文化模式的主要特征是以伦理取向来看待历史，并规范现实和未来。中国文化传统中的泛道德主义源远流长，其滥觞则为注重德行心灵修养的内圣之学，至宋明时期，理学诸子将"内圣"推为一切文化、行为的出发点和立足点，诚所谓"学莫大于知本末始终。致知格物，所谓本也，始也；治天下国家，所谓末也，终也。治天下国家，必本诸身。其身不正，而能治天下国家者，无之"。这无疑是泛道德主义的典型语言。这种文化根性深刻地影响着历代绅士、商人和士大夫阶层，使他们在看待社会生活、政治和经济等诸类事物时莫不以"本末""始终""体用"等思想来权衡酌量，诸如"末修则民淫，本修则民悫"，"舍本逐末，贤者所非"这既是传统伦理观念的主体内容，也是调节社会性行为（如社会流

---

① 张鸿翼：《儒家经济伦理》，湖南教育出版社 1989 年版，第 3 页。

动）和经济行为（如务农、经商）的经济伦理的重要范畴，"重本抑末""存天理，灭人欲"这种典型的经济伦理即作为传统的经济行为调节器，构成了影响人的一切行为倾向的重要环境因素。历代反对与民争利，反对抑商轻商，主张"农末俱利"的观点，都没有突破"农本工商末"这样的经济伦理划分。绅商对流的初始过程极为缓慢，尤其是由绅趋商的流程至为迟缓，直到晚清时期才达到一个流转高峰，这种传统的经济伦理观念恐怕是绅士主体行为的基本制约因素。

宋明理学将"伦理—政治"型文化模式及礼仪至上的传统经济伦理观念发展到极端，使伦理纲常与社会经济进步的趋向割裂并相互对立，从而偏离了儒学伦理道德中与现实人生相协调的实用精神，致使传统经济伦理走上物极而敝、隙漏毕现的境地。因而，就在理学经济伦理盛行之时，反传统的近代经济伦理思想也就逐步出现。特别是明季中叶以后，社会承平日久，城镇商业经济发展，市民阶层扩大，世俗生活繁荣，市井流行着崇财逞欲的生活方式（这在当时大量的小说笔记中有充分的反映），与此相对应，谈心性者更加脱离实际，并走向空疏和虚伪。当时的一些有识之士基于现实生活的感触，起而抨击理学伦理思想，公然张扬"人欲""日用""私""利"，与传统的"存天理，灭人欲"的经济伦理形成对峙。如王艮主张"圣人之道无异于百姓日用"，"人欲即是天理"①；李贽提出"吃饭穿衣即是人伦物理"，直至明清之际的黄宗羲、顾炎武、王夫之、颜元等提出"私欲之中，大理所寓"②，主张"工商皆本"，这些惊人之语实际上揭开了经济伦理近代化的序幕。

时至洋务新政时期，弘扬和实践"尚富强"的经济伦理成为洋务运动的灵魂，这是一种以西方经济伦理为参照系的开放性思维的产物，也是一种基于现实利害的理性趋向的选择，它指向的是俗世的功利性价值目标，在很大程度上是对西方世界工业化经济伦理观念的认

---

① 吕思勉：《理学纲要》，江苏文艺出版社2008年版，第84页。
② 李贽：《藏书·世纪列传总目前论》，中华书局1959年版；王夫之：《四书训义》卷26，岳麓书社2011年版。

同,标志着以近代理性为取向的经济伦理观念开始孕育发展。尽管如此,它在整体上尚未达到马克斯·韦伯理论视野中的清教伦理的程度,其俗世化的路程将相当漫长,洋务运动以后的经济伦理在总体上尚处于一种过渡形态。经济伦理的过渡形态首先表明其演化嬗变的不彻底性,传统经济伦理与理性化取向的近代经济伦理杂糅相处,这就导致它调节伦理主体行为的功能是不完善的,诸如绅、商主体行为在其他环境因素的综合作用下,显现出逆向且不同步对流的特征。按桑巴特(W. Sombort)的观点,中世纪时期,人们是由社会权力获取财富,而在资本主义社会中,人们则是由财富获得权力。这是对两种社会形态中典型的社会对流的集中概括。但如果用这种参照理论来分析中国近代社会中的绅商对流的观念动因,我们却会感到十分困惑:在近代社会中,人们理应将工商社会作为社会流动的主要趋向,譬如由绅趋商的社会流转,但根据上述分析,近代社会恰恰存在着由商趋绅这样一个不容忽视的社会现象,直至民国初年,这一势头仍不算弱。如此便涉及一个经济伦理中主体价值认可的问题。

过渡型经济伦理非纯粹性的主要表现是主体价值取向中,传统的功名成分与尚富求利、张扬私欲成分混杂渗透。众所周知,近代商人仍未放弃对传统绅士社会价值的认同,"绅为一邑之望"的巨大声誉、徭役豁免权以及"家有举贡士,敢把钱粮蚀;孝肃与忠介,所以疾巨室"①的境界,仍在吸纳富商大贾流向绅士阶层。经济伦理观念中的这种价值取向恐怕可以作为我们解释由商趋绅流转现象的主要依据。当然,这并不是说,支配商人社会性行为的经济伦理观念仅此而已,事实上,对商人来说,过渡型经济伦理中也不乏近代理性的成分,崇尚务实以及对商人价值的自我认可仍然支配着其经济行为。余英时先生在其《中国近世宗教伦理与商人精神》中较多地谈到这种情况,他将此谓为商人的"超越性动机"②,是"良贾何负于闳儒"心理的一种表现。

---

① 钱麟书:《潜皖偶录》卷9,宣统元年铅印本,第158页。
② 余英时:《中国近世宗教伦理与商人精神》,《士与中国文化》,上海人民出版社1987年版。

将桑巴特的社会流动理论用来解释绅士阶层的社会流动特征，我们依然遇到不可思议的理论难点，因为绅士阶层的社会流动在近代社会中仍旧是处于一种"多维向流动"的过渡形态，且大多数绅士仍局限于本等级范围内的流动。现代心理学研究表明，人的行为是由动机支配的，动机则是由需要引起的，人们的行为都是在某种动机的规约下以便达到某个目标，因此，需要、动机、行为、目标就构成了心理与行为的一般互动结构。实际上，在这一互动结构中，就绅商对流这一社会现象来说，"动机"基本上相当于调节人们社会经济行为的经济伦理，经济伦理的过渡性、复杂性也就预示着"动机"形态的复杂性，近代经济伦理中关于价值取向"传统与近代并立"的格局在很大程度上使得"动机"所反映的"需要"充满了不同质的功利成分，既要功名、地位，又追求物欲享受，这就是绅士阶层的"需要"结构系统，在这个系统中，"功名""身份"成为主导系统，"物欲享受"和"崇富求强"仅为从属系统。近代绅士阶层经济伦理观念的转承调适也就是这一结构系统在经济变迁和时局变幻中的矛盾运作。但是，近代中国社会是一个变动剧烈的社会，西方经济方式和思想观念的冲击，社会经济生活的多元化趋向，都使得绅士的价值认同结构系统发生新的变化，这种变化的基本趋向就是对物欲私利的刻意追求。民国初年有人对此作过描述："自西洋物质文化输入以后，吾社会全体，对于物质界之欲望顿增。故衣食居住之模仿欧风，日用品物之流行洋货，其势若决江河，沛然莫御。生活程度之高，乃倍蓰于曩日。"① 此描述固然是泛指社会各个阶层，但绅士作为当时社会的"望族"绝不可能置身其外，况且这种世风变化也促使以"本""末"等标准划分的"四民"社会格局发生局部性改观，"通都大邑，贸易繁盛，商人渐有势力……商与官近至以'官商'并称，通常言保护商民，殆渐已打破从来之习惯，而以商居四民之首"②，"士农工商，

---

① 伧父：《论社会变动之趋势与吾人处世之方针》，《东方杂志》第9卷第10号，1913年4月1日。
② 政协广东省文史资料委员会：《孙中山与辛亥革命史料专辑》，广东人民出版社1981年版，第112页。

四大营业者,皆平等也,无轻重贵贱之殊"①,社会价值指标的变化也就从容地推动着绅士阶层的经济伦理观念孕育滋生着近代化成分,他们即在这种近代理性取向的经济伦理观念的支配下参与晚清以至民国初年的"多维向流动"中去,厕身于实业、教育、法政、文化等各个领域,变成各种自由职业者了。②

三 近代经济伦理观念的演进：绅与商的价值估价

下面我们将考察近代经济伦理演化的推进机制中绅士群体和商人群体的价值地位问题。

很久以来,史学界在探讨近代思想观念转型时无不推重享有巨大声誉的趋新社会群体中的杰出人士,诸如王韬、马建忠、薛福成、郑观应、陈虬、何启、胡礼垣等。不用说,这些近代趋新社群的佼佼者确实给窒息的中国思想界注入了新鲜的血液,就本文所论及的经济伦理观念的变更来说,这些趋新人士的卓见也曾给中国传统的经济伦理以深刻的冲击。但是,经济伦理的嬗变是一个十分复杂的过程,不但专指思想理论上进行建设性转换,更重要的是新型伦理观念在较大规模上的认同和轰轰烈烈的实践,这自然是基于经济伦理的调节功能而言,这种调节功能的实现需要以思想认同为前提,然后才是实践层次的问题。故此,笔者在此关注的是思想认同、扩散以及实践层次的问题。

近代新型的过渡形态的伦理观念必须经过思想较为敏感的社会群体的接收,产生思想共振,然后付诸实践。就近代中国的社会结构系统而论,这样的社会群体主要便是绅士和商人两大群体,尽管他们所起的作用不能等量齐观,但也是各具千秋。

---

① 《贵业贱业说》,《大公报》1902年11月20日。
② 据王先明先生研究,经过科举制的废除和辛亥革命,在结构性社会流动中,传统的绅士阶层趋于消亡。在民国时期,虽然还有"绅"的称谓,诸如缙绅、豪绅、开明士绅之类,但它与传统的绅士阶层不同,不再是以"功名"身份获取社会地位,而且它是否能构成一个社会阶层也是一个需要研究的问题。

其一，绅士阶层在传播倡导新型伦理观念上的主导性价值。在传统的封建社会中，社会结构系统由官、绅、民三个子系统构成，绅居"中等社会"，它基本上由三种成分构成：（1）具有举贡生员以上功名者，这是绅士阶层的主体成员；（2）乡居退职官员或具有官衔身份者；（3）具有武科功名出身者。由此看来，这是一个知识阶层。选定这样一个阶层作为考察对象，除了基于中国近代社会的结构特征的考虑而外，主要看其在社会实际生活中发挥的独特作用。首先，近代社会风气的进化，新式思想的传播和扩散必须途经的一个阶层就是绅士阶层。"下等社会之视听，全恃上中等社会为之提倡"①，绅士阶层作为"四民之首"理所当然地在倡导新观念方面极具优越性，即绅士阶层基本具备了接受、传播新的伦理观念的条件。从绅士阶层的实际活动来看，他们大约也是发挥了倡导、传播、实践新观念的作用。一方面，甲午战后，绅士们积极地介入新式教育和传播事业活动中，"各省地方绅士热心教育开会研究者，不乏其人"②，主持地方旧式学务的绅士受到新潮流的推动，成为新学创建、投资的承担者，他们不断接纳着来自各种途径的新思想新观念，经过认同、梳理，然后传播给角色不一的听众和读者，起到了思想疏导的中介作用。在介入新式教育和传播事业的过程中，绅士阶层无论是作为信息的发出者，还是信息的接受者，无一例外地感受到新学说新观念的浸染。据吉林省和浙江省的地方自治机构的史料披露，当时绅士们已大致了解到近代西方社会科学中基本的学科知识，诸如经济通论、法学通论、财政学、政治学、国家原理等，这些新的知识体系已深刻地影响了近代绅士阶层，而他们又作为信息源将各种新的价值观念（包括近代经济伦理观念）依凭各种途径传播扩散开来。另一方面，绅士也是实业创办的倡导者。中国"实业不振，首在提倡"，1903年商部设立后，即在其有关文书中对绅士的实业倡导作用寄予希望。绅士阶层张謇当之无愧成为实业倡导的先锋人物，他"半生精力耗于实业"，至民国元年他所创办的有影响的企业已有29个，而且行业门类极为广泛，这在

---

① 《吉林全省地方自治筹办处第一次报告书》中卷，吉林省图书馆藏。
② 《学部奏酌拟教育会章程》，《东方杂志》第3卷第9号，1906年10月12日。

当时传统经济领域"本末"之争依旧存在的环境下，确实起到了开创风气，张扬"求富求强"等近代经济伦理的重要作用。

其二，商人阶层在突破传统经济伦理观念的束缚、实践新型经济伦理原则方面的独有价值。实际上商人阶层对传统经济伦理观念在近代的转承调适中所起的作用是一个极为复杂的问题，在论及这一问题时采用历史考察角度和结构分析角度都是必要的。就历史考察角度看，商人社会群体的价值地位评判应与其实际社会地位结合起来。从理论上讲，商人恰好处于上层文化与通俗文化的接榫之处，似乎理所当然地对经济伦理的转承调适会产生主要的影响，但是实际上，商人由于其在社会中居于末位，他们在伦理观念变更中所起的历史作用便不能夸大。晚清民国之交，尽管专制政治仍旧控制着中国社会的各种资源，但是西学东渐引发的改革潮流，新的生产方式导致的观念冲击，加上晚清政权的两次新政（同光及清末），越来越催生出一个独立于官僚阶层而与资本主义生产方式紧密相连的工商社群，他们在很大程度上已能够独立地发表自己的见解，包括大胆地鼓吹利润、私欲以及工商立国这类经济伦理信条。更重要的是他们通过组织商会，较有成效地积聚着自身的能量，并依凭自治性机构和各种传媒不断向社会张扬着自己的价值理念。也只有在这个时候，商人阶层的独有价值才得以充分地展示。

商人阶层对经济伦理的建设性转换的主体贡献是对伦理规范系统的实践以及其在实践中的发展。韦伯在论及新教伦理时特别推重"德""勤"两大要目，其实，这也是中国传统经济伦理中具有重要调节作用的规范，它在明清时期商人身上体现得更充分。勤俭应是明清商人基本的伦理规范，而占据中心地位的伦理规范当是"诚信不欺"，即言行一致，表里相应，遇事坦然有余地的道德信条。诚信规范，既具有屏卫儒教仁、义、礼之道的现实功能，又对人们的商品观念及其商品经济行为具有规范和制约的功能。明清商人的诚信事例史乘多有记载，如果将商人群体看成只知"孜孜为利"的俗物，这与历史事实是大相径庭的。除此而外，研究明清商业集团的学者还举出一些行之有效的伦理规范，如以义为利、仁心为质，薄利多销、精思创物，灵活应变、顾客至上等。对这一伦理规范的实践价值的评估似乎有两点需要注意：一是商贾凭此拓殖自己的事业并尽快积累起雄厚的财富，这更加促成了他们实践这些伦理规范的自觉性，并有可能发展和充实它的内涵结构；二是凭此赢得的产业振兴也以巨大的典范效应辐射到其他的社会阶层，进而弘扬自己的价值观念，以推动全社会各阶层实践这种伦理规范。与绅士阶层相比较，这两点评价正好体现了商人阶层在经济伦理演化发展中的独有价值。自然，时至晚清，商人群体的独有价值不限于这两点，具体到伦理观念转型，伦理规范的近代化方面，随着商人集团的日益独立和强大，他们更以今非昔比的影响力推动着经济伦理向近代理性迈进。

原载《社会科学研究》1999年第2期，收入本书时有删改。

儒道与治生之间：儒家经济伦理观念中的对峙与融通

厘清某一特定社会成员的经济理性及其与社会制度之间的关系是经济人类学的一个重要视点。以此为起点，学术界形成了一种不容忽视的倾向，即强调不同社会有不同的制度和价值体系，直接规范其经济行为和经济理性，这就是以韦伯（Max Weber）为代表的"实质论派"的研究取向。目前这类分析范式已为知识界所重视。本文旨在将经济伦理观念放置在传统中国社会的治生货殖之类的社会性行为中进行分析，试图探讨耕读业贾等"治生"行为与儒家经济伦理观念变迁的正相关形态。

一　儒家经济伦理观念的梯级差序

在传统中国，儒学不仅制度化为官方之学，而且与帝国官僚体系结合成一体，特别是通过科举制度落实为一种普遍的社会与文化价值标准。但这个标准所产生的作用，与其说是儒家伦理或道德意识的普及，倒不如说是通过科举入仕的手段把儒家伦理制度化地抬高成为传统中国人的最高社会价值，将儒家文化标准移入社会经济生活中，也就形成具有导控作用的儒家经济伦理观念。

儒家经济伦理观念的"梯级差序"实际上来源于儒家制度性伦理和宗法社会结构的重要特征——等级差序格局。"差序格局"这一概念最初是费孝通先生在研究传统中国的乡土社会时所使用的一个极富概括力的描述性概念。按费老的观点，中国乡土性的基层社会与西方社会的团体格局相比，社会关系是沿循着亲疏远近的差序性原则来建构的，因之他称之为"差序格局"。在这种格局中,乡土性的"社会关系是逐渐从一个一个人推出去的,是私人联系的增加,社会范围是一根根私人联系所构成的网络",因而,"传统社会里所有的社会道德也只有在私人联系中发生意义"①。费老对乡土中国社会的研究以及所提出的"差序格局"概念,对后来有关课题的研究产生了相当深远的影响,后来对于中国人的观念与行为的一系列研究,都受到该观点的启发。对于本文所设定追问的儒家经济伦理观念的格局特征,这种社会学意义上的"差序格局"更显示出其描述性价值,本文使用此概念进行经济伦理概念的研究,当然也倾向于它所具有的描述性功能。

众所周知,伦理学即是研究"人伦之理"的学问。何为"人伦"?《孟子·滕文公上》即作了诠释:"使契为司徒,教以人伦:父子有亲,君臣有义,夫妇有别,长幼有序,朋友有信。"这"五伦"大致包括了社会上最常见的人际关系。由儒家伦理视角来解释中国人伦"关系"的差序性是基本的分析方法,儒家人文观念中的伦理准则是反映传统社会建构的最基本的理念。其基点在于对人的设计,这里的"伦"也就是儒家制度性伦理观念所框范的社会个体之间的"等级差序",它有两个方面的含义:一是个体之间等级区分的种类,诸如儒家早期经典中关于等级差序伦理定义的描述,像《祭统》中的鬼神、君臣、父子、贵贱、亲疏、爵赏、夫妇、政事、长幼、上下这"十伦";《礼运》中也有"十义"的关系规范,即父慈、子孝、兄良、弟悌、夫义、妇听、长惠、幼顺、君仁、臣忠。二是社会个体应建立的关系的种类,诸如君臣、父子、夫妇、兄弟、朋友等。根据人类学的研究,这种分类的观念,正是传统中国社会结构的构成原则。由此观之,儒家那套规范人与人相处之道的伦理,实际上也就是儒家体制性"约束"对社会个体进行角色定位,并借此来形塑社会结构与秩序的基本原则。

传统经济伦理观念"差序格局"的话语情景和范畴主要表现在历代典籍、文录、撰述中蕴含的"体—用""本—末""道—器""义—利""理—欲""主—辅""贵—贱"等"形而上"与"形而下"这

---

① 费孝通:《乡土中国》,生活·读书·新知三联书店2013年版,第29页。

两种思维定式。较早的儒家典籍《大学》上即有"物有本末，事有终始，知所先后，则近道矣"，"德者本也，财者末也；外本内末，争民施夺"。这种世界观和方法论构成了中国传统文化的主导观念之一，也正是这些以差序性为特征的语汇和范畴调控着经济主体的一系列行为，进而给社会经济的发展施加多方面的影响。这类语汇和范畴的确切含义和延伸意境，哲学家和伦理学家们多有论列。一般情况下，人们用这类语汇揭示经济生活中的道德评价的善恶之分、贵贱之别、主次分明，勾勒出经济伦理观念和精神结构中的序化形态。正如儒家身份伦理（Status ethics）的等级差序形态一样，"本末""义理"等话语折射出儒家制度文化对社会主体不同经济行为的促动或制约作用，蕴含着张扬与鞭挞、褒奖与惩罚这种道德情感上的两极性，导致传统社会中的一切经济成分和生产方式无不受制于这一两极性价值的规约。这种伦理价值和情感始终与"仁"的伦理境界相关涉，可以说儒家的"仁"是以"严等差，贵秩序"为基本架构的，孔子所说的"道之以德，齐之以礼，有耻且格"，虽然是专就一般的人伦关系而言，但它泛化至经济伦理观念时，也就将所有的经济性动机、诸业人士都置于由人格善恶、身份差序以及荣辱贵贱心理所构筑的"格式"中。

事实上，在传统社会中，人们的货殖贸易、耕织仕读等经济和社会行为，大都与儒家社会中梯级式的人伦关系密切相关，低下匮乏的社会经济水平，萎缩不展的社会分工现状以及专制高压的"寻租政体"的强化统治，都极其有力地将儒家经济伦理与宗法社会结构纠缠在一起，从而将社会经济生活纳入它所创制的"差序格局"之中。"本末""理欲""义利"等则是反映这种差序格局的重要语境。

这些以梯级差序为主要特征的伦理话语，因其调节的对象和涵括的范围不同，大致又可以分为两类：一类是阐释主体与部分、主干与枝节等逻辑层次的范畴，诸如体用论、道器论、本末论、主辅论等，自然经济社会中的耕织为本，工商为末，重农抑商，崇本贱末的经济伦理观念即反映了产业经济、社会分工方面的伦理梯级形态；另一类旨在申明经济动机和社会行为的善恶、贵贱这种两极性逻辑的范畴，诸如义利论、理欲论、贵贱论等。宋代以后的儒家士子、社稷重臣中占主流地位的伦理观念是重义轻利、贵谷贱金以及"天理人欲不容并立"甚至是"存天理，灭人欲"。这类崇义重理、抑利泯欲的价值评判标准，其功能就在于将各种经济成分、经济行为的运作加以伦理意义上的规范，使得各业行为和社会分工也呈现出一种差序尊卑格局。依此而论，近代社会转型之前，身份地位在伦理观念上的典型程式也就只能是"士—农—工—商"的排序方式。上述两类经济伦理范畴之间虽然有着一定的差别，但却存在着不可揆离的关联性。就经济生活中的产业观念和职业分类的评判价值而言，首先，儒家伦理所阐扬的"本""体""主""道"等范畴直接对应着"义""理"这些肯定性的伦理语汇，并获得后者的学理支持和价值提升，情感上的评价是积极的，是产业行为和职业抉择中褒奖性的伦理因子，如业儒、入士、务农等即与此相关。在这一层面上，"义""理"之类的伦理范畴直接地影响着"本""体"的对象确定和内容排序；其次，儒家经济伦理语境中的"末""用""器"等备受鄙视和压抑的范畴则对应着"利""欲"之类的伦理语境，并且由后者规约了前者的低贱性，诸如为工、经商这类崇欲重利的"末业"即被视为"贱业"，贬斥它、抑制它的发展扩张便是应该的、理所当然的。

概而言之，近代社会转型之前，经济伦理观念的主要范畴所反映出来的"差序格局"，集中地体现在产业行为、职业观念和价值的梯级形态。经济伦理价值和情感中善恶、尊卑的评价取向在泛道德主义的影响下，极其深刻地规约着社会经济主体的行为选择，并牵制着对社会地位的认知判断。

二 差序格局中的紧张与对峙

在传统的农耕文明时代，"一夫不耕，或受之饥，一女不织，或受之寒"是一种根深蒂固的观念，受其影响，社会经济生活中农耕的地位始终很突出，历代朝廷都极力强调农业的"本业"地位，与此相联系，古代社会的商业、手工业则被视为"末业"，"重本"与"抑末"向来被可悲地联系在一起，安邦定国以务本重农为主，而丧国亡朝则缘于末业兴，游业起。据此，儒家社会中的经济伦理观念在较大程度上是基于对产业经济发展的序列排定,在这个意义上,它的序化形态不但外化为本业与末业之分,经济发展的体、用之别,经济形态的统、属之辨,而且更重要的是对这种序化形态也进行着极为浓烈的伦理价值和情感的评价,即以"理—欲""义—利"等层级式的价值判断来内化经济主体的观念动机,进而调控其经济行为。由此造成了伦理观念差序格局中的对峙状态。

向来文献在论及传统中国社会的职业组成时,大多以"士农工商"四民来概括,并较多地强调这四种职业的高低贵贱,人为地划分等级,其中便隐含着经济伦理中梯级性的价值情感成分。在这种伦理情感中,较为明显地透露出一种紧张和对峙的倾向。比如,崇儒抑商就是一种典型的经济伦理观念的对峙,在儒家经济伦理的规约下,"儒"不仅具有职业治生的含义,而且包含了伦理价值在内,虽然儒的伦理价值不见得与商贾之术有绝对的矛盾,但作为职业的儒或仕就与商贾不相容了,因此产生了一个先入为主的观念,即从事商贾者似乎叛离了儒家经济伦理的标准轨道,由此构成了经济伦理观念中的紧张和对峙。业儒为先,商事次等,商人极力趋向儒道,以至于"以贾为儒",便明显地透示出这种伦理情感上的紧张性。这在明清社会史研究方面,特别是在关注徽商研究时这一现象更是屡见不鲜。兹举述如下:

人物	观点或行为倾向	材料出处
张履祥	强调"治生以稼穑为先,舍稼穑无所谓治生者",将商贾之术斥为"儒者羞为"之业,故"知交子弟有去为商贾者,有流于医药卜筮者,较之农桑,自是绝远"。	苏惇元:《张扬园先生年谱》;《与严颖生》,《张扬园先生全集》卷4。
张英	著《恒产琐言》,认为"大约田产出息最微,较之商贾,不及三四。天下惟山右新安人善于贸易。彼性至悭啬,能坚守,他处人断断不能,然亦多覆蹶之事。若田产之息,月计不足,岁计有余;岁计不足,世计有余。尝见人家子弟,厌田产之生息微而缓,羡贸易之生息速而饶,至鬻产而从事,断未有不军尽没者""典质贸易权子母,断无久而不弊之理,始虽乍获厚利,终必化为子虚。惟田产房屋二者可持以久远。"	张英:《恒产琐言》,转引自陈其南《明清徽州商人的职业观与家族主义》,《江淮论坛》1992年第2期。

续表

人物	观点或行为倾向	材料出处
吴烈夫	曾"挟妻奁以服贾，累金巨万，拓产数顷"，而后来却认为"商贾末业，君子所耻，耆耄贪得，先圣所戒"，于是，"遂归老于家，开圃数十亩"。	吴吉祜：《存节公状》，《丰南志》第5册。
程德鲁	虽服贾，其操行出入诸儒。	张海鹏、王廷元：《明清徽商资料选编》，黄山书社1985年版，第870条。
黄玑芳	平生自无妄语，与人交悃忠信……足智好议论者服其诚，而好备礼者亦钦其德。若公者，商名儒行，非耶？	同上书，第1347条。
郑孔曼	虽游于贾，然峨冠长剑，褒然儒服。	同上书，第1350条。
汪坦	其遇物也咸率其直而济之以文雅，此其商而儒者欤。	同上书，第1356条。
黄长寿	以儒术饬贾事……虽游于贾人，实贾服而儒行。商齐鲁间……性喜蓄书，每令诸子讲习加订正，尤嗜考古迹，藏墨妙。	同上书，第1377、1387条。
许思恭	治贾不暇给，而恂恂如儒生。	同上书，第1377条。
金鼎和	躬属服贾，精治经史，有儒者风。	同上书，第1383条。
汪起凤	少好读书，从父四峰公命，以儒服贾。而虞仲（即起凤）廉洁谦让，犹然贾之儒者。	同上书，第875条。
凌顺福	雅嗜经史，尝置别业，暇则批览于其中，教诸子读书为首务。	同上书，第1375条。
许海	独子也故去儒即商……即商游乃心好儒术，隆师课子。	同上书，第266条。
章策	虽不为帖括之学，然积书至万卷，暇辄手一编，尤喜先儒语录。	同上书，第1378条。
汪志德	虽寄迹于商，尤潜心于学问无虚日。琴棋书画不离左右，尤熟于史鉴。	同上书，第1386条。
胡际瑶	自曾祖业商江西，代传至际瑶弗坠。然好读书，能诗画，精音律，有七行。	同上书，第1406条。

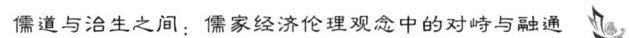

续表

人物	观点或行为倾向	材料出处
施德栾	终身服贾三十余年……劳暇则寄情诗酒,著《北山诗稿》。	张海鹏、王廷元:《明清徽商资料选编》,第1414条。
汪应浩	家素事盐策,值开中法更,乃鼓箧闽越,远服贾,业以日拓……虽游于贾人乎,好读书其天性,雅善诗史。	同上书,第1392条。
席本久	"暇则廉阁据几,手缮写诸大儒语录至数十卷。又尝训释《孝经》,而尤精研覃思于《易》",其堂侄席启图也是"好读书贮书累万卷……晚年得病,更闭门著此书,犹谓'吾病濒死,惟以书未成为恨',担心无以见先贤于地下。"	汪琬:《乡饮宾席翁墓志铭》《席全人墓志铭》,《尧峰文钞》卷15。
鲍廷博	力购前人之书,"既久而所得书益多且精,遂蔚然为大藏书家",曾向乾隆四库馆献藏书六百余种,且多系珍本,著《知不足斋丛书》。	严桂夫主编:《徽州历史档案总目提要》,黄山书社1996年版,第24页。
许文林	儒雅喜吟……其志不在贾也。	张海鹏、王廷元:《明清徽商资料选编》,第1423条。
江世鸾	恂恂雅饰,贾而儒者也。	同上书,第1369条。
杨纪年	遵父命以儒事贾。	同上书,第1417条。
孙大峦	虽不服儒服、冠儒冠,翩翩有士君之风焉。	同上书,第1381条。
程执中	虽营商业者,亦有儒风。	同上书,第1384条。
许晴川	进而为儒,若闻义者,以文名等辈;退而为商,若闻诗、闻礼、闻韶、闻善,奋迹江湖,亦循循雅饰若儒生。	同上书,第1425条。
汪昂	初业儒,已而治鹾于江淮荆襄间……愤己弗终儒业,命其仲子廷浩治书……日以望其显名于时,以缵其先世遗烈。	同上书,第1420条。
汪铿	曾于海上业贾,常叹"不能卒举子业"或"为儒不卒"。	同上书,第1435条。
吴炳	身为盐商,"犹不忘举子业,往往昼筹盐策,夜究简编"。	同上书,第1398条。

续表

人物	观点或行为倾向	材料出处
方同卿	年轻时从父兄为商,"请改业而为儒,同卿之兄不许,强而后可"。	张海鹏、王廷元:《明清徽商资料选编》,第1399条。
王廷宾	虽为行商,但喜好诗文,有人告其母:"业不两成,汝子耽于咏吟,恐将不利于商也。"其母则叹曰:"吾家世承商贾,吾子能以诗起家,得从士游,幸矣。商之不利何足道耶?"	同上书,第1388条。

应该注意到,徽商在事业经营和日常生活中处处显露出"改贾向儒",以至于"弃商业儒",在传统农耕文明中并不仅仅是个案性质的,而是具有普遍性和广泛性,只不过,徽商在这方面最具代表性而已。儒家经济伦理中的"商—儒"对峙由来已久,这种伦理情感的两极性和紧张性早在春秋战国时代就已成形,后来历代封建政权又加以强化,因而它是儒家经济伦理观念"差序格局"中占主流地位并且是制度化了的一种情感,并以极其韧强的力度规约着为儒、业贾的各种思想和行为。

除此而外,对峙性的经济伦理情感还表现在"农—商"方面。商鞅是最早明确地对产业经济进行价值排序、认定"重本抑末,崇农贱商"观点的政治家。他认为:"民之内事,莫善于农,故轻治不可以使之,奚为轻治?其农贫而商富,技巧之利而游食者众之谓也。苟能令商贾技巧之人无繁,则欲国之无富,不可得也"。同时还强行规定:"事末利及怠而贫者,举以为农。"荀况的学生韩非子甚至视商人为"五蠹之一",从而"使其商工游食之民少而名卑,以寡趣本务而趋末作"。看起来,这种看重本末、贵贱的伦理差序从农耕文明的起始时期即已俨然明晰。众所周知,中国作为建立在农耕经济基础之上的农业文明之国,以农立国是其最显著的特征,其经济伦理的序化形态正是创制、繁衍于这一社会经济土壤之上。历史上农业一旦废弛,或遭受巨大的自然灾害,或农业之外的百工崛起,社会矛盾便处于碰撞激荡状态,由此,每一新王朝的立国之君以及各级官吏莫不以农业恢复发展作为基础,经济伦理观念上崇尚"本业"自有其合理的社会经济背景。而从理论上讲，"崇本"与"抑末"并不一定是对立的，但历代制度性伦理大都将两者相对而置。时至明朝初立，朱元璋于洪武十八年（1385）仍旧张扬这种传统经济伦理，他曾谕户部臣曰，"人皆言农桑衣食之本，然弃本逐末鲜有救其治者。先王之世，野无不耕之民，室无不蚕之女，水旱无虞，饥寒不至。自什一之涂开，奇巧之技作，而后农桑之业废"，"朕思足食在于禁末作，足衣在于禁华靡"①。"商—农"伦理观念的对峙除了历代封建政权的制度性强化以外，更主要的是基于对这两种产业所做的价值比较。这种伦理观念的基点，在于它认为农、渔、林、畜牧、养蚕、纺织等行业是"生物""生财"的领域，而商贾却是"耗物""费财"的行当，它导致社会陷入奢侈欺诈而不能自拔，因而是一个使"仁""义"丧尽的行业。在这个意义上，制度性的儒家经济伦理观念也就只能把农业、手工业限制在"小小营生"状态，"严示衣食用度不可逾越所规"②。退一步说，工商业的危险性也较大，而且获得金钱也容易很快花掉，"听其倏来忽去而已"，"通都大邑之富，辄易世而亡"③，"世有十世之农，而无三世之贾"④，农家地产"能传十数代，不使子孙有饥寒"，而"商贾之家百年间无不破产者"⑤。这些虚妄的比较仅仅是经济观念中的表层反映，更深刻的原因在于工商业尽使人为"利"，欺诈、取巧之风会将"仁义礼智信"吹荡殆尽。时至近代前期，人们仍将西艺西技视为"奇技淫巧"，此种语境仍旧折射出浓厚的伦理评判色彩。

三　对峙中的融通与转换

对近世商人文化素有研究的唐力行先生曾以徽商为例，探讨了明清时期的商人阶层对朱子理学的改铸问题，他认为："众多的徽商从

---

① 《明太祖实录》卷175，转引自李国祥、杨昶主编《明实录类纂》，武汉出版社1993年版，第41页。
② 刘锡鸿：《录辛未杂著二十二则寄答丁雨生中丞见询》，《刘光禄（锡鸿）遗稿》卷2，文海出版社1988年版。
③ 同上。
④ 谢阶树：《约书》，《保富》卷8。
⑤ 方浚颐：《梦园丛说》，《内篇》卷8。

不同的侧面，环绕着理欲之辩这个中心问题，以群体的力量改铸着理学，将其整合成为徽商的经济利益服务，并能体现其价值观、审美情趣的徽州商人文化。"① 的确，将历代制度性的经济伦理中的对峙性观念积极地予以疏解，尤其是对朱熹"存天理，灭人欲"中的"人欲"成分作了有利于商人利益、有利于自身合法合理存在的解释，从而有效地消解了经济伦理观念中的对峙和紧张，这是徽商文化的重要特色。

货殖贸易作为颇具争议的治生问题，在儒家经济伦理观念中向来是处于被贱视和框范的地位。人为地将它与仕宦加以对峙的格局严重地阻滞了商业贸易的发展，也压抑着商人文化的发育。因此，近世徽商崛起之后，即将"理—欲"相通说引入儒商关系的解释框架中，形成了儒商相互融通、贾宦互相为用的新观念。按唐先生的研究，徽商将对峙性的伦理观念作了如下融通：（1）名与利的相通。在近世商人群体的视界中，"儒为名高，贾为厚利"在实质上是一致的。（2）义与利的相通。士商职业虽异，但商人以义为利，以儒道行商，这不仅有利于自身的商业利益，而且在人格上也取得了与重义的士子平等的地位。（3）为贾为宦在事道上相通。习贾有利于为政，习儒有利于为贾，此不悖论。（4）士商求取功名，与实现"大振家声"的目的相通。士与商在渴求千秋功名上尽管手段与形式不同，但目的是一致的。（5）两种功名可以相互转化。光大门楣不必囿于入仕一途，为商尽可以"亢宗"和"光显先德"，士商两种功名是可以相代践的。（6）徽商刻意将入仕、业贾两种功名集于一体，即使不儒服儒冠，货殖贸易之中也要尽显儒风，"虽商也，而实非商也"。"向儒而贾""以儒为贾"在嘉靖万历年间文坛"后五子"之一的汪道昆所著《太涵集》中有较多的记载，张海鹏、王廷元所著《明清徽商资料选编》中这一类的事例也俯拾即是。

因此，明代以来，常有"士商异术而同志"之论。② 概言之，士

---

① 唐力行：《商人与中国近世社会》，中华书局（香港）有限公司1995年版，第111页。
② 张海鹏、王廷元主编：《明清徽商资料选编》，黄山书社1985年版，第1344条。

商作为治生之术虽然有所不同,但在伦理价值和人生态度层面却是可以相通的。明归有光在其文集中曾谈到新安商人的一种现象:"古者四民异业,至于后世而士与农商常相混……子孙繁衍,散居海宁,黟、歙间,无虑数千家,并以读书为业,君岂非所谓士而商者欤。"①这类现象显示出两方面的意义:其一,世人在观念上仍以儒为先,贾居次等,对峙性的经济伦理情感依然根深蒂固;其二,商界人士本身无法通过科举仕宦来取得世俗所崇尚的社会地位和实现道德理想,便只好退而求其次,一方面仍然坚守贾术,一方面则以儒行为饰,并致力于协调儒道与治生之间的对峙与紧张,黏合二者的嫌隙,将商贾的治生之术和儒家的社会价值理想结合起来。

时至晚清时代,儒家经济伦理中的对峙性观念又发生了历史性的变化,它大大地超越了徽商对理学改铸的传统框架,在一定程度上实现了近代意义上的转换。

时至洋务新政时期,洋务运动的灵魂即是弘扬和实践"尚富强"的经济伦理,这是一种以西方经济伦理为参照系的开放性思维的产物,也是一种基于现实利害的理性趋向的选择,它指向的是俗世的功利性的价值目标,在很大程度上是对西方世界工业化经济伦理观念的认同,标志着以近代理性为取向的经济伦理观念开始孕育发展。清季末期,随着中国近代新式商业的涌现和近代社会生活的变迁,传统的功名身份固然重要,但已不再是唯一的价值资源,实业价值的提升也浸润了传统的士绅阶层,"同光以来,人心好利益甚,有在官而兼营商业者,有罢官而改营商业者",士绅阶层对商贾群体的改容相向,促使实业价值陡然攀升,况且连一向抑商困商的清政府也做出转轨性表态:"向来官场出资经商者颇不乏人,惟狃于积习,往往耻言贸易,或改换姓名,或寄托他人经理,以至官商终多隔阂。现在朝廷重视商政,亟宜破除成见,使官商不分畛域。"② 实业价值的提升与科举制的废除也不无关联,科举制本是传统中国社会一项使政教相连的政治传统和耕读仕进的社会变动落在实处的关键性建制,其废除不啻给予

---

① 归有光:《震川先生集》卷13,上海古籍出版社1981年版。
② 台北故宫博物院编:《商务官报》第2册,第19期,台北故宫博物院1982年版。

其相关的所有成员的未来生路设置了障碍。耕读之路走不通以后，士绅怎么办？年轻的或可以进新学堂甚而出洋游学，但那些已到中年不宜再进学堂而又无力出洋游学者又怎样应因这一社会变动呢？如此，有人叹曰，"嗟乎！士为四民之首，坐失其业，谋生无术，生当此时，将如之何？"清季民初世事变化的沧海桑田，终于使最后一代四民之望族的绅士被动地走下了等级社会的首席，四民社会结构的解析也就趋于显性化了。突出的表现是绅士投资观念中愈益器重新式企业和近代公司，按张之洞的说法，"湖南诸绅现已设立宝善公司，集有多股，筹设各种机器制造土货之法，规模颇盛"①，在近代新兴的纺织企业中，由绅士创设的工厂占到68.42%，资本数额高达73.27%，金属采冶行业中，由绅士投资创办者可占20%左右，燃料开采占8%左右。②王先明先生对绅士阶层的社会流动趋向颇有研究，他曾就由绅趋商的社会流动提供了一个典型材料，按其说法，甲午战后中国商界规模的扩大，较大型工厂企业和农牧垦殖公司大多是由绅士们创办的，在近代11个资本企业集团中，除祝大椿、曾铸等人外，大多数是由绅趋商的典型。这些典型的资本集团其资本总额已占到1895—1913年商办企业投资额的10.7%。③1907年，清廷颁行"改订奖励公司章程"规定："集股二千万元者，拟准作为本部头等顾问官，加头品顶戴，并请仿宝星式样特赐双龙金牌，准其子孙世袭臣部四等顾问官，至三代为止。"④巨大的声誉和利益资源使得实业更呈"显业"，"反映出实业活动实际上已成为仕途之外另一条可以为人们所接受的出路"⑤。时局的变幻，商品经济的发展以及国家政制的调整都使得儒家经济伦理观念中的对峙性、两极性成分发生了近代意义上的转化，而且这种转化得到全社会的整体性的认同，这与徽商对理学改铸这种相对孤立行为形成了较大的反差。可以说，经济伦理"差序

---

① 何良栋辑：《皇朝经世文四编》，卷18《户政》，文海出版社1972年版。
② 据《中国近代工业史资料》第2辑下册，第870—877、924页各表测算，又参见《中国近代工业史资料》第2辑下册，第1069、1091—1096页。
③ 参见王先明《中国近代绅士阶层的社会流动》，《历史研究》1993年第2期。
④ 《改订奖励公司章程》，《大清光绪新法令》第16册，商务印书馆1909年版。
⑤ [美]陈锦江：《清末现代企业与官商关系》，中国社会科学出版社2010年版，第39页。

格局"中的对峙与紧张时至晚清时期已大大地消解了，而这恰恰是传统的儒家经济伦理向近代经济伦理转型的起始阶段。

经济伦理作为经济理性主义的一个重要领域，在其由儒家经济伦理转轨到近代经济伦理的过程中，理性成分应该是逐步增加的，直到实现人的自由和经济的自由；操作层面的伦理规范也应以"核算""富有远见""小心谨慎"等韦伯式的（Weberian）理性指标为取向，尽快达到与"人的自由"和"经济自由"相适应的境界。这实际上也就是经济伦理的"资本主义化"。关于这一问题，史学界有学者对其作了界说，认为"资本主义的经济伦理，就是确立工商业的国民经济主导地位，确认民众个人和经济单元的利益不可侵犯的地位，并鼓励民众个人和经济单元追求自我利益，提倡发展私人企业"[①]。应该说，这种界说大致是不错的，但缺少了对资本主义经济伦理有关结构特征的揭示。不管怎么说，对于中国由传统的静态乡村式社会形态转轨为开放的被种种资讯手段紧密联系起来的动态城市社会这样一个过渡时代来说，经济伦理转承调适的目标应该是一个"资本主义化"的问题，换言之，儒家经济伦理要有一个理性化的过程，需要将传统的与自然经济、封建皇权相适应的旧式经济伦理进行创造性转换，这种创造性转换的旗帜和灵魂就是经济理性主义。

那么，经济伦理观念在近代转承调适的目标达到了吗？按照经济理性主义这一评判标准来衡量，答案似乎并不乐观，不论其理论形态、实践操作，还是效果测度，近代中国社会所创造转换的经济伦理至多是一个处在儒家经济伦理与资本主义经济伦理两个端点中的一个中介形态，也即走向经济理性主义过程中的一个"过渡形态"。所谓"过渡形态"，由哲学层而界说，是"非此即彼"二值逻辑判断的悖论，是指对立双方之间"亦此亦彼"的中介环节。这一中介环节的产生，尽管消弭了两极对立的鸿沟，但却蕴含着新旧两种时代性质使得事物呈现出某种程度的不确定性和模糊性特征。近代中国经济伦理观念过渡形态的基本表现，就是在转承调适过程中既达到了一定的理

[①] 虞和平：《清末民初经济伦理的资本主义化与经济社团的发展》，《近代史研究》1996年第4期。

性程度，使伦理观念中含有资本主义的理性成分，但也裹挟着传统儒家经济伦理观念的杂质，呈现出异质同构的复杂形态。经济伦理理性化的一个重要标准是实现个人和经济单元的自由、自主、自为，过渡形态的经济伦理观念在这一问题上并没有彻底达到这种目标。尽管工商阶层已经意识到这一点，诸如"有独立自治之功则可，无独立自治之力而徒欲依赖政府，以搏头等顾问官之荣名，则吾犹见其害而不见其利也"①，"商管银钱帐项买卖，绅管学习机器教训学徒，官主保护而不侵利权。即有事涉衙门，有绅承当，不累商民，无可疑惧"②，并且也积极参加了谋求独立自主的地方自治运动，显示出工商阶层强烈的独立意识，但它最终还是没有成为一个独立、自为的社会阶层，整体上仍处于政府的从属地位，不但晚清时期是这样，即便是北洋军阀时期、南京政府时期，总的来说，都还没有脱离被支配的处境，不得不在外国资本和官僚资本的夹缝中惨淡经营。

中央集权专制政体的规约、循规蹈矩的行为方式和"本末""体用"纠缠不清的惰性观念，都顽固地扼制着个人主义和各种利益集团的成熟化发展，大大减少了个人或社团追求多种多样的利益机会的可能。诺曼·丹科尔森指出："由少数人设计的用以最大化控制和寻租活动的政体，不可能为个人提供因要努力解决他们自己的经济问题及因要更大地提高效率和增长所带来的个人机会而进行制度实验的尝试。简言之，宪法秩序可能大大阻止了拉坦所寻找的'制度创新'。"③丹科尔森所说的"最大化控制和寻租活动的政体"与经济伦理观念演进中的惰性因素是相辅相成的，观念变动中的理性取向不得不一再妥协，奴性人格跟自主人格的对峙与互渗，即是一个显例。自由、自主、自为这种经济人格的失缺，最终也就导致后来改造国民性思潮中不得不再次树起反奴性主义的旗帜，全力追求人格独立、人格平等以及政治经济的自由自主。陈独秀作为针砭国民性的猛将，曾经

---

① 《论商会依赖政府》，《东方杂志》第1卷第5号，1904年7月8日。
② 《陕西集股创用机器织布说略》，引自章开沅《论张謇的矛盾性格》，《历史研究》1963年第3期。
③ [美] V. 奥斯特罗姆等编：《制度分析与发展的反思》，王诚译，商务印书馆1992年版，第29页。

提出了伦理道德观念的理想标准：自主的而非奴隶的，进步的而非保守的，进取的而非退隐的，世界的而非锁国的，实利的而非虚文的，科学的而非想象的。李大钊进而提出"心物两面的改造，灵肉一致的改造"[①]。历时长久的改造国民性思潮在一定意义上是一场伦理观念的启蒙运动，也完全可以看作是经济伦理观念在近代社会转承调适不彻底性的一场反思，在它的旗帜上仍旧显示着四个字：理性主义。

原载《史学集刊》1999年第3期，收入本书时有修改。

---

① 李大钊：《阶级竞争与互助》，载杨琥编《中国近代思想家文库李大钊卷》，中国人民大学出版社2015年版，第252页。

儒家经济伦理观念"差序格局"界论

"差序格局"这一概念最初是费孝通先生在研究传统中国的乡土社会时所使用的一个极富概括力的描述性概念。按费老的观点,中国乡土性的基层社会与西方社会的团体格局相比,社会关系是沿循着亲疏远近的差序性原则来建构的,因此他称之为"差序格局"。本文借用这一社会学概念喻指传统儒家社会经济伦理观念的梯级差序形态。对社会整体而言,它构成了中国传统社会最深层的价值评判基础;对社会个体而言,它又表现为制约或促动私人经济和社会行为的最深刻的内驱力。

一　论题因由

传统儒家社会的超稳态结构是中外诸多学术课题追逐的焦点问题,求解的视点不同以及分析工具的差异,自然导致了不同的结论。就国外研究的情况来看,从马克斯·韦伯(Max Weber)到李文森(Joseph R. Levenson),从费正清(John King Fairbank)到费维恺(Albert Feuerwerker),西方20世纪五六十年代占主流的观点几乎都着力突出传统中国社会孕育的惰性人文因素。李文森的《儒教中国及其近代命运》、芮玛丽(Mary Clabaugh Wright)的《中国保守主义的最后防线》等饮誉中外的严谨著作都持有一个共同观点,即儒家与近代社会基本上水火不相容,"阻碍(中国)成功地适应近代世界的并不是帝国主义侵略,清朝的统治,官员的愚昧,或者一些历史的偶然事件，而恰恰是儒教体制自身的各个组成部分"①。尽管这一论点曾经受到有关论者的批评，但它确实在较大程度上关注到传统中国社会惰性结构的体制性负面影响。不用说，我国学术界也有较多的人作过类似的考证。这种考证的重要结论之一是发现维系和导控这一惰性结构的中枢系统便是根深蒂固的"伦理中心主义倾向"，伦理本位主义、泛道德主义、政治伦理化等话语成为涵括传统中国社会发展的极有分量的分析语言。儒家的伦理、政治学说始终是统一封建帝国的意识形态，它成为调控人们言语、行为，矫正人们心态的官方话语系统。从这个意义上看，这种伦理观念实际上是一种制度性或体制性的伦理，换言之，在传统的人文、经济制度内部蕴含着儒家色彩的伦理追求、道德审核和价值判断。这种制度性的伦理观念是相对于儒家社会中的个体道德而言的，在社会转型之前，它表现为儒家政治、经济等系统赖以运作的权利、义务和规范体系，它们基本上是经由社会关系、政策、法规、条例等成文或不成文的制度性因素表现出来。事实上，制度伦理、体制伦理这种分析范式来源于经济学研究中新制度主义对伦理现象研究的启发。诺贝尔经济学奖获得者道格拉斯·C. 诺斯将"制度"界定为"为人类设计的、构造着政治、经济和社会相互关系的一系列约束"，它由"非正式约束（道德约束力、禁忌、习惯、传统和行为准则）和正式的法规（宪法、法令、产权）所组成"②。因之，制度伦理观念也基本上来源于各种成文或不成文的"约束"。这种缘于制度经济学的制度伦理分析范式，对于我们疏解儒家伦理形态和特征是非常合适的，它可以弥补仅仅用个体伦理来观照传统中国伦理性状的缺憾，更重要的是它可以较好地解释儒家伦理作为整体性的强韧力量来控制社会中的每一个个体所具有的强效果力度。

儒家经济伦理观念的"差序格局"实际上来源于儒家制度性伦理和宗法社会结构的重要特征——等级差序格局。众所周知，伦理

---

① Mary Clabaugh Wright, *The Last Stand of Chinese Conservatism: The T'ung-Chih Restoration, 1862–1874*, New York: Atheneum, 1965, pp. 9–10. 又见第300页。作者说，"同治中兴的失败异常清楚地证明，即使在最有利的情况下，也无法把真正近代国家嫁接到儒教社会身上"。

② 方军：《制度伦理与制度创新》，《中国社会科学》1997年第3期。

学即是研究"人伦之理"的学问。何为"人伦"?《孟子·滕文公上》即作了诠释:"使契为司徒,教以人伦:父子有亲,君臣有义,夫妇有别,长幼有序,朋友有信。"这"五伦"大致包括了社会上最常见的人际关系。由儒家伦理视角来解释中国人伦"关系"的差序性是基本的分析方法,儒家人文观念中的伦理准则是反映传统社会建构的最基本的理念。其基点在于对人的设计,这里的"伦"也就是儒家制度性伦理观念所规范的社会个体之间的"等级差序",它有两个方面的含义:一是个体之间等级区分的种类,诸如儒家早期经典中关于等级差序伦理定义的描述,像《祭统》中的鬼神、君臣、父子、贵贱、亲疏、爵赏、夫妇、政事、长幼、上下这"十伦";《礼运》中也有"十义"的关系规范,即父慈、子孝、兄良、弟悌、夫义、妇听、长惠、幼顺、君仁、臣忠。二是社会个体应建立的关系的种类,诸如君臣、父子、夫妇、兄弟、朋友等。根据人类学的研究,这种分类的观念,正是传统中国社会结构的构成原则。由此观之,儒家那套规范人与人相处之道的伦理,实际上也就是儒家体制性"约束"对社会个体进行角色定位,并借此来形塑社会结构与秩序的基本原则。

就儒家制度性伦理对社会整体的控制而言,"伦理本位"强调的正是中国社会最深层的价值基础和建构原则;就对社会个体的框范而言,它又表现为日常生活中具体的以道德形式出现的差序性权利和义务的关系。可以说,传统儒家社会中的人际关系和行为取向,已被这一制度性的伦理重新加以定位,从而呈现出极其明显的梯级差序形态。正是在这种学理背景下,费孝通先生才提出了社会学意义上的"差序格局"概念,认为乡土性的"社会关系是逐渐从一个一个人推出去的,是私人联系的增加,社会范围是一根根私人联系所构成的网络",因而,"传统社会里所有的社会道德也只有在私人联系中发生意义"[①]。费老对乡土中国社会的研究以及所提出的"差序格局"这一社会学概念,对后来有关课题的研究产生了相当深远的影响,此后对于中国人的观念与行为的一系列研究,都受到该观点的启发。对于

---

① 费孝通:《乡村中国》,生活·读书·新知三联书店1947年版,第29页。

本文所设定追问的儒家经济伦理观念的格局特征，这种社会学意义上的"差序格局"更显示出其描述性价值，对此进行跨学科研究是完全可以成立的。本文使用此概念进行经济伦理概念的研究，当然也倾向于它所具有的描述性功能。

二 "差序格局"的范畴和语境

研究中国历史和文化传统可以发现，中世纪社会结构在很大程度上是由建立在农业文明和封建宗法制度基础上的伦理观念来加以维系的。高度重视伦理道德学说，将伦理道德观念渗透甚至是泛化到各个领域，如由伦理推及政治，使得政治呈现出伦理化形态；文学强调"教化"功能，使得文学成为张扬伦理的重要工具；史学以"寓褒贬，别善恶"竟使其品评标准极具伦理意味。儒家伦理功能的扩张，自然不能不涉及经济，中世纪社会经济发展过程中的潮涨潮落以及人们经济行为的背后动机无不渗透着一定的经济伦理观念，其渊数正是传统的儒家伦理观念。儒家伦理观念的差序性也就理所当然地导引出经济伦理观念的"差序格局"。

传统经济伦理观念"差序格局"的话语情景和范畴主要表现在历代典籍、文录和撰述中蕴含的"体—用""本—末""道—器""义—利""理—欲""主—辅""贵—贱"等"形而上"与"形而下"这两种思维定式。较早的儒家典籍《大学》上即有"物有本末，事有终始，知所先后，则近道矣"，"德者本也，财者末也；外本内末，争民施夺"。这种世界观和方法论构成了中国传统文化的主导观念之一，也正是这些以差序性为特征的语汇和范畴调控着经济主体的一系列行为，进而给社会经济的发展施加多方面的影响。它们的确切含义和延伸意境，哲学家和伦理学家们多有论列。它所暴露的思维定式在于确认经济生活中道德评价的善恶之分、贵贱之别、主次分明，最主要的是它们勾勒出经济伦理观念和精神结构中的序化形态。正如儒家身份伦理（Statusethics）的等级差序形态一样，"本末""义理"等话语折射出儒家制度文化对社会主体不同经济行为的促动或制约作用，蕴含着张扬与鞭挞、褒奖与惩罚这种道德情感上的两极性，导致传统社会中的一切经济成分和生产方式无不受制于这一两极性价值的规约。这种伦理价值和情感始终与"仁"的伦理境界相关涉，可以说儒家的"仁"是以"严等差，贵秩序"为基本架构的，孔子所说的"道之以德，齐之以礼，有耻且格"，虽然是专就一般的人伦关系而言，但它泛化至经济伦理观念时，也就将所有的经济性动机、诸业人士都置于由人格善恶、身份差序以及荣辱贵贱心理所构筑的"格式"中。

事实上，在传统社会中，人们的货殖贸易、耕织仕读等经济和社会行为，大都与儒家社会中梯级式的人伦关系密切相关，低下匮乏的社会经济水平，萎缩不展的社会分工现状以及专制高压的"寻租政体"的强化统治，极其有力地将儒教经济伦理与宗法社会结构纠缠在一起，从而将社会经济生活纳入它所创制的"差序格局"之中。"本末""理欲"等则是反映这种差序格局的重要语境。

这些以梯级差序为主要特征的伦理话语，因其调节的对象和涵括的范围不同，大致又可以分为两类：一类是阐释主体与部分、主干与枝节等逻辑层次的范畴，诸如体用论、道器论、本末论、主辅论等，自然经济社会中的耕织为本，工商为末，重农抑商，崇本贱末的经济伦理观念即反映了产业经济、社会分工方面的伦理梯级形态；另一类旨在申明经济动机和社会行为的善恶、贵贱这种两极性逻辑的范畴，诸如义利论、理欲论、贵贱论等。宋代以后的儒家士子、社稷重臣中占主流地位的伦理观念是重义轻利、贵谷贱金以及"天理人欲不容并立"，甚至是"存天理，灭人欲"。这类崇义重理、抑利泯欲的价值评判标准，其功能就在于将各种经济成分、经济行为的运作加以伦理意义上的框范，使得各业行为和社会分工也呈现出一种差序尊卑的格局。依此而论，近代社会转型之前，身份地位在伦理观念上的典型程式也就只能是"士—农—工—商"的排序方式。上述两类经济伦理范畴之间虽然有着一定的差别，但却存在着不可揆离的关联性。就经济生活中的产业观念和职业分类的评判价值而言，首先，儒家伦理所阐扬的"本""体""主""道"等范畴直接对应着"义""理"这些肯定性的伦理语汇，并获得后者的学理支持和价值提升，情感上的评价当然也是积极的，是产业行为和职业抉择中褒奖性的伦理因子，如业儒、为士、务农等即与此相关。在这一层面上，"义""理"这之类的伦理范畴直接地影响着"本""体"的对象确定和内容排序。其次，儒教经济伦理语境中的"末""用""器"等备受鄙视和压抑的范畴则对应着"利""欲"之类的伦理语境，并且由后者规约了前者的低贱性，诸如为工、经商这类崇欲重利的"末业"即被视为"贱业"，贬斥它、抑制它的发展扩张便是应该的、理所当然的。

概而言之，近代社会转型之前，经济伦理观念的主要范畴所反映出来的"差序格局"，集中地体现在产业行为、职业观念和价值的梯级形态。经济伦理价值和情感中善恶、尊卑的评价取向在泛道德主义的影响下，极其深刻地规约着社会经济主体的行为选择，并牵制着对社会地位的认知判断。

三 经济伦理观念的序化形态

在人类历史的长河中，农业经济的崛起使得人类实现了由攫取性经济向生产性经济的重大转轨。就中国来说，夏商以降，小农经济日益发达，耕织合一的自然经济形态渐趋成熟。这种生产方式倚重于种植业，而轻于畜牧业和商业贸易。在"一夫不耕，或受之饥，一女不织，或受之寒"这种根深蒂固观念的支配下，社会经济生活中农耕的地位始终很突出，历代朝廷都极力强调农业的"本业"地位，与此相联系，古代社会的商业、手工业则被视为"末业"，"重本"与"抑末"向来可悲地联系在一起，安邦定国以务本重农为主，而丧国亡朝则缘于末业兴，游业起。据此，儒家社会中的经济伦理观念在较大程度上是基于对产业经济发展的序列排定，在这个意义上，它的序化形态不但外化为本业与末业之分，经济发展的体、用之别，经济形态的统、属之辨，而且更重要的是对这种序化形态也进行着极为浓烈的伦理价值和情感的评价，即以"理—欲""义—利"等层级式的价值判断来内化经济主体的观念动机，进而调控其经济行为。

应该说，诸业衍生，百工涌现是社会经济自然发展的产物，作为一个客观的物质性过程，它并不以人们的意志为转移。但历代王侯将相、经生儒士莫不对其进行伦理意义上的选择剔梳和规范匡正，由此形成了儒家经济伦理观念上的差序梯级形态。即便是较为开明的桑弘羊"本末并举"的理论，也还没有脱离本末、义利这一类伦理窠臼。他认为："古之立国家者，开本末之途，通有无之用……故工不出，则农用乏，商不出，则宝货绝。农用乏，则谷不殖；宝货绝，则财用匮。"（《盐铁论·本议》）在对农业进行伦理价值提升的同时，桑弘羊也对商业的地位作了较高的评价，"富国非一道"，"富国何必用本农，足民何必井田也"（《盐铁论·力耕》）。史学界较为肯定东汉时期王符开明的经济思想，但在他的有关论著中实际上也是以伦理观念来定位产业次序，诸如："除去仁恩，且以计利言之。国以民为基，贵以贱为本。愿察开辟以来，民危而国安者谁也？下贫而上富者谁也？"（《潜夫论·边议》）针对东汉时期"举世舍农桑趋商贾"的现象，王符主要从批评奢侈性工商业恶性发展的角度，阐发了他的"重农务本"的经济伦理思想，他认为，农、工、商三者虽然皆能富民，但三者之中有本末之分："夫富民者，以农桑为本，以游业为末；百工者，以致用为本，以巧饰为末；商贾者，以通货为本，以鬻奇为末。"所以他强调："故为政者，明督工商，勿使淫伪；困辱游业，勿使擅利，宽假本农，而崇遂学士，则民富而国平矣。"（《潜夫论·务本》）他们在有关著述中所显现出来的经济伦理的本末观，在漫长的农耕时代自然不占主流，相反的情况是制度层面的伦理观念严格地将社会诸业进行高低贵贱的伦理定位。可以说，"本"与"末"、"统"与"属"、"体"与"用"等从来就是一切经济观念矛盾中对立的不可调和的两个端点。

商鞅是最早明确地对产业经济进行价值排序，认定"重本抑末，崇农贱商"观点的政治家。他认为，"民之内事，莫苦于农，故轻治不可以使之。奚为轻治？其农贫而商富——故其食贱者钱重，食贱则农贫，钱重则商富；末事不禁，则技巧之利，而游食者众之谓也"，"苟能令商贾技巧之人无繁，则欲国之无富，不可得也"（《商君书·付内》）。荀况的学生韩非子甚至视商人为"五蠹之一"，从而"使其商工游食之民少而名卑，以寡趣本务而趋末作"（《韩非子·五蠹》）看起来，这种看重本末、贵贱的伦理差序从农耕文明的起始时期即已明晰。众所周知，中国作为建立在农耕经济基础之上的农业文明之国，以农立国是其最显著的特征，其经济伦理的序化形态正是创制、繁衍于这一社会经济土壤之上。历史上农业一旦废弛，或遭受巨大的自然灾害，或农业之外的百工崛起，社会矛盾便处于碰撞激荡状态。由此，每一新王朝的立国之君以及各级官吏莫不以农业的恢复和发展作为基础，经济伦理观念上崇尚"本业"自有其合理的社会经济背景。而从理论上讲，"崇本"与"抑末"并不一定是对立的，但历代制度性伦理大都将两者相对而置。时至明朝初立，朱元璋于洪武十八年（1385）仍旧张扬这种传统经济伦理，他曾谕户部臣曰："人皆言农桑衣食之本，然弃本逐末鲜有救其弊者。先王之世，野无不耕之民，室无不蚕之女，水旱无虞，饥寒不至。自什一之涂开，奇巧之技作，而后农桑之业废"，"朕思足食在于禁末作，足衣在于禁华靡"。

进一步研究可以发现，儒家经济伦理的主导价值目标在于实现对其中心观念——"仁"的追求。学者会注意到，儒家对人的伦理关注根源于人的存在，因之可以说是本体论的。所谓伦理的关注就是如何使人这个社会存在活得充满价值与智慧。人具有向上追求的精神需要，也有向上提升的精神能力，自觉自主地实现这一价值和欲望也就是儒家观念中"仁"的自觉。孔子谓之曰："君子去仁，恶乎成名？君子无终食之间违仁，造次必于是，颠沛必于是。"（《论语·里仁》）所以说，具有仁的自觉的人就能行于社会，带来社会的安宁与和谐，可以成为社群的模范和集体的表率。在这一意义上，"仁"之为德，可视之为一种工具理性。时至孔子时代，"仁"又成为一个人内涵的能力，而且是任何人应该坚持的做人原则，如此，"仁"的价值泛化为使人与社会得到"安"与"和"。儒教这种以"仁"为主体的价值观念后来更衍化成一套文物制度以及行为规范，儒家经济伦理的价值追求与调控导向也就顺理成章地与上述主导观念联系起来。正如日本的现代化问题专家依田憙家所言："中国的统治者总是强调'重本抑末'（重农抑商）、'重食轻货'、'贵义贱利'等等，经济性行为被视作'言利'（即讲

'利')之举而遭受道德上的非难。"①

历史地看,儒家经济伦理极其有效地规约着士、农、工、商等不同的经济和社会行为,这种规约的范围是极其宽泛的,从衣着服饰到饮宴宅第,从娱乐方式到行为趋向,无不显示出等级差序的基本格局。其规约方式较多地体现在以公众舆论形态出现的伦理褒扬或歧视。譬如,秦始皇统一中国后,宣布"上农除末",有所谓"谪戍"政策,将商贾及其子孙一类的"尚利之徒"视为罪犯。西汉规定"贾人不得衣丝乘车,重租税以困辱之……然市井之子孙不得仕宦为吏"(《史记·平准书》),"贾人有市籍者及其家属,皆无得籍名田,以便农。敢犯令,没入田僮"。魏晋南北朝时,晋令曰:"侩卖者,皆当着巾白帖,额题所侩卖者及姓名,一足着白履,一足着黑履。"(《太平御览》卷828)唐代有"工商杂类,不得预于士伍"(《旧唐书·食货志上》)等规定。直到明代对商人的服饰仍有限制,明洪武十四年令:"农民之家许穿绸纱绢布,商贾之家,止穿绢布,如农民之家但有一人为商贾,亦不准穿绸纱。"(胡侍《真珠船》卷二)这些不准商人入仕,限制商人生活水平,贬黜其社会地位,甚至对其进行人身侮辱的抑商法令,恰好与儒家经济伦理观念中耻于言利、义先于利的道德律令相吻合,再加上人们对商人获利时所用的欺诈手段的厌恶情绪,自然也就形成了整个上层建筑中的贱商道德观念。

为了规范诸业中的经济行为,历代封建政府以"伦理+法令"的规约力量来促进耕织结合,抑制社会分工的倾向在前近代社会是非常明显的。耕织结合通常被视作"亚细亚生产方式"的基本特征,实际上,这也是儒家经济伦理观念追求的主要内容,将这两种生产方式弥合为一体,是它的重要调控目标。自明太祖始,力促耕织结合的伦理和政策倾向更趋明显,"不分地域,指定农家植棉亩数,将棉花列为常赋对象,不论自然条件是否适于种棉,人民必须种棉纳棉,不种棉也得纳布"②,这样,专业化生产受到严重压抑,地区之间和地区

---

① [日]依田憙家:《日中两国现代化比较研究》,北京大学出版社1997年版,第237页。
② 严中平:《中国棉纺织工业史稿》,科学出版社1955年版,第18—19页。

内部的社会分工反而萎缩。明季初年，工商业最为发达的松江府，"各地赋则每亩不过斗升"，但苏、松、嘉、湖地区有"每亩课至七斗五升的……以弘治十五年松江府纳粮百万余石，多于金闽八府一州五十七县之输将；嘉靖间松江府纳粮一百二十余万石，举北直隶八府十八州一百十七县之粮，庶几近之"①。结果，农业生产不足以应付赋税，还必须通过手工业生产来补充，这从另一方面加深了耕织结合的程度，致使商业资本转向生产反而无利可图。可以看出，此种经济伦理的政治化倾向增加了对社会经济主体的调控力度。

对儒家经济伦理观念差序形态的进一步研究也可以窥见当时世人的某些虚妄心态。这种伦理观念的基点，在于它认为农、渔、林、畜牧、养蚕、纺织等行业是"生物""生财"的领域，而商贾却是"耗物""费财"的行当，它导致社会陷入奢侈欺诈而不能自拔，因而是一个使"仁""义"丧尽的行业。在这个意义上，制度性的儒家经济伦理观念也就只能把农业、手工业限制在"小小营生"状态，"严示衣食用度不可逾越所规"。退一步说，工商业的危险性也较大，而且获得金钱也容易很快花掉，"听其倏来忽去而已"，"通都大邑之富，辄易世而亡"②，"世有十世之农，而无三世之贾"③，农家地产"能传十数代，不使子孙有饥寒"，而"商贾之家百年间无不破产者"④。这些虚妄的比较，仅仅是经济观念中的表层反映，更深刻的原因在于工商业尽使人为"利"，欺诈、取巧之风会将"仁义礼智信"吹荡殆尽。时至近代前期，人们仍将西艺西技视为"奇技淫巧"，此种语境仍旧折射出浓厚的伦理评判色彩。

作为儒家经济伦理观念序化形态的外在表现，业儒、务农、经商等社会性的经济行为呈现梯级格局，这仅仅是经济伦理"差序格局"的一个方面，形塑这种格局的是义利、理欲、尊卑等情感性的伦理范畴，对于儒家经济伦理来说，这是最具制约力的中枢因素。中国历史

---

① 严中平：《中国棉纺织工业史稿》，科学出版社1955年版，第18—19页。
② 刘锡鸿：《录辛未杂著二十二则寄答丁雨生中垂见询》，《刘光禄（锡鸿）遗稿》卷2。
③ 谢阶树：《约书》，《保富》卷8。
④ 《梦园丛说》，《内篇》卷8。

上德性主义经济伦理思想,① 在道德和利益的关系上,尽管认可"以义取利",反对不讲仁义的谋利行为,但在较长的时间内,对道德和经济利益一直是从"本末""体用""主辅"层面上来诠释和理解的。在这种观念定势的牵制下,"义利之辨"成为一个永恒的伦理话语,似乎无义即无从谈利,徒言利即小人之利。从实际情况来看,儒家德性主义经济伦理观念的主导趋向是"恶利贱金"与"崇义尚理"。尽管传统社会中也不乏功利主义经济伦理思想的观点涌现,诸如王安石、李觏等人提出过"义者利之和,义固所以为利也","聚天下之人,不可以无财,理天下之财,不可以无义",以及讲仁义就是为了"利"的思想,但从全局看,利从义,欲制于理,则是主流观念。儒家经济伦理也就是以此来规约诸业行为,观照百业分工,因之,必然会凸显错落有致的差序格局。

四 差序格局的一个诠释:以日本早期文明为例

就文明历史的整个"抛入状态"而言,一种伦理形态的存在必然不是孤立的。借助文化人类学提出的"中心文化"和"边缘文化"的研究范式可以更方便地俯瞰本文所关注的儒家经济伦理观念的形态。

20世纪初,文化人类学家C. 威斯罗尔在《美国的印第安人》中提出"区域与年代"学说,其中特别使用"文化中心"这一全新概念,原指一个文化区域特有的文化类质最集中的部分,而且也涵指这一部分文化的辐射力量和外向动态意义。在所设定的文化区域内,一组文化类质接近的民族群落中,必有某一民族处于中心地位,起一种得风气之先的文明牵引作用,从而在此区域内承担着凝聚和支撑的角色。"边缘文化"(Mavginal Culture)显然在"文化中心"的对称意义上得以形成,M. J. 荷尔柯维兹将其定义为"边缘文化是一种可以

---

① 中国历史上有影响的经济伦理思想,据王小锡先生研究,主要有"德性主义经济伦理思想""功利主义经济伦理思想""理想主义经济伦理思想"和"自然主义经济伦理思想"等,而影响广泛、持续时间较长的应该是"德性主义经济伦理思想"。

辨别其文化元素从邻区进入的文化"①。依理而论,任何意义上的"中心"都不是固定不变的,其地位必然随着历史发展中各民族生存格局的变化而升落起伏,显然,"中心"的存在必须以时空限定作为前提。换言之,"中心"和"边缘"的位置在文明裂变和聚散过程中,常常可能发生角色转换,这就是文化人类学中所谓的"文化萎缩"(decuitu ration)和"文化取代"(cultural substitution)。近代社会转型之前,东亚文明区域即是典型的文化人类学理想的一个设定地域。

"东亚儒家文化圈"是时下知识界经常进入的一种语境。它对于本论题的启发意义在于我们能够循着"文化中心"和"边缘文化"的思路,将处于"文化中心"的中国儒家经济伦理形态与当时处于"边缘文化"方位的日本等国家进行比较,以此来证明或推断经济伦理观念差序形态的共时性特征。

应该加以说明的是在"东亚儒家文化圈"内,中国传统文化中占主导地位的儒家文化较早地存在着对日本、朝鲜和东南亚等周边地区持久的文化吸附现象。关于这一点,日本的学者也多有论断,林屋辰三郎在对谈《历史夜话》中说:"日本人对外国人、外国文化本来就没有偏见。明治的文明开化的情况也是如此。不过,这种素质早从3世纪就有了,从那时就一直接触以中国为中心的世界,比较自然地接受和学习了中国文化。"②既存的文化吸收现象是本文能够比较的依据。

尽管文化接纳的过程中,必然会发生边缘民族对文化因子转换的情况,但梳理日本早期文明的典籍时,依然可以看到中国儒家经济伦理观念在日本民族早期变迁中的巨大影响力,也清晰地折射出他们经济伦理中的差序格局的征象。尚农论、俭约论、重本抑末论以及贵谷贱金论等经济伦理趋势非常明显。

农业文明时代最主要的特征之一,是人文观念建立在农业经济基

---

① M. J. Herskovits, *Man and His Work*,译文转引自《云五社会科学大辞典》第10册,(台湾)商务印书馆1971年版,第311页。
② [日]依田憙家:《日中两国现代化比较研究》,北京大学出版社1997年版,第179、239—241页。

础之上，经济伦理观念表现在产业经济行为上就是人为地对产业序列和社会分工施加伦理影响。日本在明治前后也大体表现出类似的倾向。元禄十六年（1703），贝原益轩在其所著的《君子训》中明确地表达了日本中世纪时期的经济伦理特征："古之明王重农而抑工商，贵五谷而贱金玉，行俭约而禁华美，乃为以重本抑末之道而治国安民之政也。"在大致相同的时代，荻生祖徕在其《政谈》中也以类似的伦理标准来裁判社会诸业中的经济行为，他说："重本抑末者，古圣人之法也。本，农也；末，工商也。"其门下太宰春台的经济伦理观念也具有差序性特征，他认为，"民之业有本末之分。农为本业，工商贾为末业。四民者国之宝也，缺一而不成其国。然农民少则国乏衣食，是故先王之治尤在重农"，"治天下者，贵谷贱货，古之善政也。谷者，民之食也，一日不可或缺之物也；货者，金银钱也，金银至宝人每思之，然啜一碗之粥可以免死，金银堆积如山，居于其中而不暖，有一布被则可免病寒。是故金银非救人饥寒之物也"①。可以看出，对于社会诸业百工的经济性行为，中世纪的日本也分门别类给予相应的伦理定位，传统的耕织产业获得了最有力的伦理、法规和情感上的支持，从而使其成为一种"显业""本业"，比邻相依的工商业则是伦理观念中备遭鄙视的产业。最典型的是藤田东湖（1806—1855）在幕末所著的《封年》中反映出来的伦理倾向，他对商贾之辈的伦理情感与韩非子毫无二致，将其视为"国之大蠹"，厌恶鄙薄之情溢于言表："商贾之职，不过彼此贸易（这里指从事商业买卖之意），以通有无而已。今之富商大贾则与此相异，贷出金钱以收利息，坐营素封之业。锦衣玉食，王侯难比；天下无事则乘诸侯之拙以牟大利，天下有事则不肯养一卒出一马以赴邦家之急，此岂非国之大蠹，贫我士民，资彼辈之富，何似割赤子之肉，以饱豺狼无异也！"② 日本中世纪时代伦理观念的差序形态尽管没有中国儒家经济伦理那样典型、完备，但的确已经形成一种以儒家伦理来规约产业经济行为的总体倾向，这一论断大致是不错的。

---

① ［日］依田憙家：《日中两国现代化比较研究》，第179、239—241页。
② 同上。

应该说，西欧诸国的中世纪时代也程度不同地存在经济伦理评价的梯级状态，这恐怕是中世纪农业文明时代的共时性现象。但日本的儒家型文化既与中国有别，也与西欧诸国在伦理语境上有着迥异之分。仔细推究开来，文化中心区域对边缘文化区域的文明扩散、辐射所产生的同化作用应该值得重视。尽管我们承认近代社会转型以来，中国和日本两个文化区域在"中心"与"边缘"区位上已发生较大的变化，但在传统的儒家时期，儒家文化作为强有力的信息扩散中心，一直持续不断地将器物、精神和观念文化传导给周边的日本等地；况且，日本民族在文化的吸附类型上属于"全面摄取型"。如果要比较中国"文化中心"与日本"边缘文化"有什么不同的话，设若从经济伦理的角度看，这两类区域受儒家观念的导控力度、影响时限和作用范围上存在着差别，日本较早地冲破了这种传统的经济伦理差序框架的束缚，较中国更迅速、顺利地实现了经济伦理观念的近代化转型；而中国的转型则艰难得多，儒家伦理的韧性强度，世界中心主义，华夷之辨，文化吸附中的本末、体用之辨等思维定式极其顽强地阻遏了儒家经济伦理观念的理性化进程。

时至近代社会，伦理观念的理性化进程也不容乐观。史家皆知，经济理性主义是马克斯·韦伯在研究新教伦理与资本主义精神时经常谈到的一个问题，而经济伦理是经济理性主义的一个重要领域，如果按照韦伯所界定的经济理性主义这一评判标准来看，近代中国社会所创造转换的经济伦理至多是一个处在儒家经济伦理与资本主义经济伦理两个端点中的一个中介形态，即是走向经济理性主义过程中的一个"过渡形态"。所谓"过渡形态"由哲学层面界说，是"非此即彼"二值逻辑判断的悖论，它尽管消弭了两极对立的鸿沟，但却蕴含着新旧两种时代性素质，使得事物呈现出某种程度的不确定性和模糊性特征。

近代中国经济伦理观念的过渡形态，就是在转承调适过程中既达到了一定的理性程度，使伦理观念中含有资本主义的理性成分，但也裹挟着传统儒家经济伦理观念的杂质，呈现出异质同构的复杂形态，它直接导致了近代社会伦理调节功能的紊乱和矛盾色彩。一个明显的例证就是"通官商之邮"的张謇在举办工商业中所产生的困惑，"謇不幸而生中国，不幸而生今之时代，尤不幸而抱欲为中国伸眉、书生吐气之志愿，致以皭然在待自身，混秽浊不伦之俗"。平心而论，这种困惑感来自多方面的原因，传统文化根性的延续，政府经济现代化导向功能的模糊，经营管理中的"非理性"操作等，但是，经济伦理对整个社会工商产业界的调节功能的模糊性和矛盾性却是不容忽视的。由此可以确信，鸦片战争以后，经济伦理观念变迁中的理性主义倾向虽已较快地孕育发展，但至多也是一种亦中亦西的过渡型的经济伦理状态，儒家伦理所特有"差序梯级"色彩依然清晰可见。

原载《孔子研究》2000 年第 2 期，收入本书时有修改。

舆论与社群篇

大众媒介与晚清时期
公共舆论的扩张

公共舆论是指公民团体正式或非正式地对以国家形式组织起来的统治机构及其意识形态进行批评和监督。从现代意义上看，这是市民社会或公共领域研究的重要课题。作为一个有争议的历史论题，对晚清时期的公共领域的研究，在我国史学界正处于起步阶段，以商会、绅士自治、市政建设管理等为代表的实证研究已经取得较快的发展。但正如有学者评论的那样，这种单向度的研究范围极其容易导致片面的学术成果。① 在公共领域中占据重要地位的公共舆论尚未得到应有的重视。本文拟由晚清大众媒介问题介入这一论题的讨论，以修正和拓展对该课题的研究。

一 公共领域·公共舆论·媒介

"市民社会"与"公共领域"作为一种学术话语由来已久，但将其运用于中国史的研究，则是近年来西方学者把握近代中国政治与社会变迁的一个有力的分析范式。1989 年，伯格（Thomas Burger）把当代德国最有影响的思想家 J. 哈贝马斯的名著《公共领域的结构转换》（1962）译成英文，"公共领域"等概念才较快地进入英语世界的中国晚清史研究视野。作为一个极为抽象并且是容易引起争议的理论模式，东西方学术界在运用它研究晚清历史问题时，尽管遭受到各

---

① 参见张志东《中国学者关于近代中国市民社会问题的研究：现状与思考》，《近代史研究》1998 年第 2 期。

种非议，但由于它所具有的分析价值和启发性意义，一直受到有关学者的重视。就国内近代史学界来说，已经形成了占主流地位的"商会派"研究和"文化思辨派"研究并立的格局。

在以往的研究中，国内史学界主要是涉及商会、绅商自治、地方精英对治理权限的控制、慈善和社会救济事业的崛起、市政建设与管理等。国外尤其是美国学者也较多地关注到自晚明以来就越来越明显的民间与国家对峙的上述领域的研究。兰金（Mary Backus Rankin）的研究颇具代表性，他认为，在清代，"公共领域"与国家权威相对峙的规模主要有三大表现：（1）晚明中央集权的松弛和里甲制的崩溃，精英处理地方事务将受到新的评价，并可以增强他在地方上的地位；（2）识字率的提高拓宽了科举外的就业渠道；（3）绅商精英的出现等。① 显然，作为公共领域原来意义上的舆论和意见空间的研究却意外地被忽视了。罗威廉（William T. Rowe）也涉及过这个问题，但在其研究框架中仅仅占了较小的比例。② 事实上，公共领域作为一种涵括性用语，最初是在疏离性的"对话场所"和"媒介空间"这一意义上使用的。意共前领导人葛兰西在审视以往的市民社会研究问题时认为，市民社会主要是各种私人或民间机构的总称，包括教会、学校、新闻舆论机关、文化学术团体、工会以及政党等，在葛氏视野中，市民社会即是一个"文化—意识形态关系"的领域，是统治阶级实现"文化领导权"和革命阶级建立对立的权力系统的主要领域。③ 20世纪中后期，J. 哈贝马斯在其《公共领域的结构转换》等著作中，探讨了欧洲的商会、俱乐部、咖啡馆、出版社、报纸和杂志以及其他发表公众意见场所的历史。他认为，随着资本经济因素的出现及其所导致的个人解放，由这些公众意见"场所"（即"对话场所"）所构成的公共空间日益扩展，它既是瓦解中世纪社会的基础性因素，也成为现代意义上的公共空

---

① Mary Backus Rankin, "Some Observations on a Chinese Public Sphere", *Modern China*, Vol. 19, No. 2, April 1993, p. 159.
② ［美］罗威廉：《晚清"市民社会"问题》，《国外中国近代史研究》第27辑。
③ 参见［意］安东尼奥·葛兰西《狱中札记》，葆煦译，人民出版社1983年版；何增科《市民社会概念的演变》，《中国社会科学》1994年第5期。

间的雏形。哈贝马斯指出,他最初关于欧洲"公共领域"(或"市民社会")出现的论点,主要来源于新文学流派的发现。例如《观众》(*The Spectator*)等符合大众口味的小说和杂志以及新的商业报刊所体现的"新闻和信息的商品化"。他所定义的"公共领域"有两个特征,它既是公共舆论表达的场所,这种表达又不受高压政策的强制。70年代以来,有些研究欧洲(特别是法国)早期历史的学者,娜塔莉·泽蒙·戴维斯(Natalie Zemon Davis)、罗伯特·达恩顿(Robert Darnton)和罗杰·恰提尔(Roger Chartier),相当细致地考察了文学和不断发展的出版业,以广泛多样的形式重塑公众意识的情况,发现它们已远远超出了"政治出版物就等于政治化了的公众舆论"的简单公式。[①] 在兰金对中国史的研究中也初步揭示出这一点的基本的倾向,他认为,只是在太平天国革命以后,随着商业性报刊的出现,"公论""公议""民心""舆论"等才开始超出直接的地方利益争端,也才被看作抽象理智的具体化。这种考证已经印证了哈贝马斯提出的一种观念:普遍的真理必然要通过理性的公共讨论才会出现。这就迫使我们考虑:如果关注清季末年的大众沟通,是否能够借此梳理公共领域在意识和精神方面的公共特性,进而把握民间社会与政治国家之间互动关系的性质呢?这一假设是本文引入大众媒介进行考证的基本因由。

媒介这个曾经主要是艺术家、细菌学家和大众传播学家才使用的词汇在近代社会风靡一时,将媒介学与社会历史研究联袂一体的尝试始于西方传播学界,他们甚至得出了"口头媒介社会""机械媒介社会""媒介文化""媒介事件",以至于"媒介帝国主义"这样的专门术语。但是,将媒介学移入近代历史课题的研究,东西方史学界则仅仅是处于探索、观望阶段。从麦克卢汉那一引起争议的"媒介就是信息",到丹尼尔·杰·切特罗姆的"每一种传播媒介都是制度发展、公众反映和文化内容的渊源",这些观点尽管有的论者不以为然,认为它浸淫了技术决定论的因素,但上述观点至少申明了媒介在社会

[①] [美] N. Z. 戴维斯:《近代法国早期的社会与文化》,斯坦福大学出版社1975年版,第189—227页;[法] 菲利普·阿里耶斯、[法] 乔治·杜比编:《私人生活史》第3卷,哈佛大学出版社1989年版,第111—159页。

变迁中的重要作用。据此来考证爬梳晚清媒介结构和发展形态及其与公共领域的相关问题便不是多余的。

二 批判性舆论空间：大众媒介的崛起与政治疏离

知识界比较注重清末大众传媒的崛起及其所带来的社会嬗变的效果，但明确地从公共领域与大众传媒的关联性影响来观视媒介功能的论著并不多见。的确，我国大众传媒崛起的历史并不长，它是伴随着中世纪精神在近代社会的急剧陨落而逐步出现的。明清以降，封建皇权摄控社会的力度逐渐松弛下来，西方政治、文化和资本的强劲侵入，更使得诸如市场、民族资本、文化民族主义等封建国家的异己力量走到历史的前台，作为"舆论之母"的民间传媒，在营塑公共舆论方面理所当然地承担起趋新意识和思想传承导控的职责。

公共领域的形成和发展，首先要求营造一种游离于皇权国家之外的"舆论环境"和"对话场所"。按照信息传递的标准来看，晚清社会基本上属于一种"前信息社会"，语义信息流转的速度较慢，信息识别的能力较低，受众文化层次不一。故此，大众媒介数量上的规模化和结构上的适当化是公共舆论"对话场所"形成的先决条件。媒介规模化的进程严格地说是从戊戌时期开始的。1895年是一个重要的年份，它是近代民间媒介兴起的开端时期，至民国元年前，短短十几年时间，中文报刊曾产生七八百种之多，媒介主体计有三类：商办、官办和外资。其中，商办相对数量更呈现篆缘登进的态势，比例变动的情况见表1。①

表1

年份	1895	1896	1897	1898	1899	1900	1901	1902	1903	1904	1905	1906	1907	1908
商办	1	1	3	26	4	7	11	22	22	37	20	40	31	41
比例	33%	11%	30%	76%	40%	67%	50%	76%	73%	64%	56%	90%	74%	85%

① 据《大公报》1905年5月11—25日《报界最近调查表》，《东方杂志》1904—1908年各期《各省报界汇志》；《清议报》1901年第100册《中国各报存佚表》等资料统计测算。

实际上，1905年至民国初年，大众传播媒介民间化的态势更加迅猛，全国先后共发行报刊计600余种，其中为清廷所控制的尚不足10%。从地域分布方面看，趋新的大众传媒主要分布于中国南部地区，尤其是当时最大的贸易口岸上海更处于龙头地位，早在1865—1895年，当时全国共计有中文报刊86种，外文报刊91种，其中上海就占据中文报刊总数的52%，外文报刊总数的45%。① 1895年以后其数量规模和牵引效应更居各地之首。晚清书籍的编撰、出版和发行之权也主要操之于民间，从1896年至1904年，中译西书533种，其中社会人文科学部类401种；从1896年至1911年，中译日书（含转译西书）958种，其中社会人文部类786种。②

值得注意的是晚清报章结构中，面向市民的白话报刊出人意料地崛起，在整个大众媒介中占据着显眼的位置，约计140种，兹按年序排列如表2：③

表2

年份	1876	1895	1897	1898	1901	1902	1903	1904	1905	1906	1907	1908	1909	1910	1911
数量	1	1	4	4	4	6	12	16	10	8	12	12	8	10	5

另外，尚不能断定创刊确切时间的有近20种。资料显示，晚清逾百种白话报刊的出版地遍及香港、广东、湖南、湖北、山东、山西、江西、东北、天津、伊犁、蒙古以及海外的东京等地，但以长江流域的江苏、浙江和安徽三省最盛行。除此而外，白话教科书大量印行，尤其令人瞩目的是清季末年尚刊行了1500多种白话小说。④ 作为

---

① 据秦绍德《上海近代报刊史论》有关资料测算，复旦大学出版社1993年版，第17页。
② 顾燮光：《译书经眼录》，张静庐辑注《中国近代出版史料》第2编，中华书局1957年版，第100页；谭汝谦：《中国译日本书综合目录》，香港中文大学出版社1980年版，第41页。
③ 据陈万雄《五四新文化的源流》提供的资料测算，生活·读书·新知三联书店1997年版，第135—159页。
④ 谭彼岸：《晚清的白话文运动》，湖北人民出版社1956年版。

近代报刊媒介的副产品，晚清白话小说的舆论能量日益受到知识界的重视。中国第一篇关于小说政治功用的宣言，是严复与夏穗卿在《国闻报》第一期刊载的《本馆附印说部缘起》。该文强调，"夫说部之兴，其入人之深，行世之远，几几出于经、史之上，而天下之人心风俗，遂不免为说部之所恃"，"往往每一书出，而全国之议论为一变。彼美、英、德、法、奥、日本各国政界之日进，则政治小说为功最高焉"。晚清的"谴责小说"更使得这种舆论媒介显其身价。鲁迅先生曾评曰："揭发伏藏，显其弊恶，而于时政，严加纠弹，或更扩充并及风俗。"除去白话小说之外，其他白话形式的媒介尚有白话历史书籍以及浅说画报，[①] 以及文白相杂的报刊，等等。综合如上资料，可以粗略地断言：清季末年脱离国家直接控制的民间大众媒介确已初成规模。尽管如此，能否孕育出公共领域的舆论空间还要看媒介信息的内容走向。

封建时代的传媒起源于唐朝的邸报，其信息主体为皇帝的诏书、王朝的法令、皇室动态、政府官员的升黜、任免等内容。时至晚清，国势衰微日甚一日，中世纪意识形态和封建政权的腐败已不堪负载民族近代化与救亡求强的历史重任，加之西方工业化及政治近代化的冲撞，公共领域中的大众媒介所加载的信息内容已脱离邸报导引的轨道，缓慢地形塑出民间化的舆论形态，进而铸就了晚清特色的公共舆论空间。为了及时刊载国内新闻，准确把握舆论走势，各报刊媒介以公开独立的姿态征求文稿。《申报》创刊后，多次刊登告白："立志欲将中国境内各紧要消息采录无遗。"[②] 1872年它曾刊载《邸报别于新报论》，在对比两种媒介的特征时指出：《邸报》只录朝廷政事，而新报则要兼及闾里琐闻，要为农工商贾们喜爱，"邸报之作成于上，而新报之作成于下。"[③]

但是，最能说明媒介信息内容转向的证据莫过于其本身的创办宗旨和内容倾向上，它可以更明确地显露出本身的离异倾向、独立色彩

---

① 张若谷：《纪元前五年上海北京画报之一瞥》，《大公报》1902年8月12日，载上海通社编辑《上海研究资料续集》，上海书店1992年版，第328—329页。
② 《搜访新闻告白》，《申报》1875年7月8日。
③ 《邸报别于新报论》，《申报》1872年7月13日。

和公共品格。兹以白话媒介举述如表3：①

表3

年份	报刊	宗旨或倾向
1897	《演义白话报》	在第1号《白话报小引》中宣称，因国运危殆，"中国人想要奋发立志，不吃人亏，必须讲究外洋情形，天下大势。要想讲求外洋情形，天下大势，必须看报"。
1897	《蒙学报》	遵循蒙学公会的宗旨："连天下心志，使归于群，宣明圣教，开通固蔽。立法广说新天下之耳目。"
1898	《无锡白话报》	其重要宗旨之一为"取中外之近事，取西政西艺，取外人议论之足以药石我者"，"俾商者、农者、工者，及童塾子弟，力足以购报者，略能通知中外古今及西政西学之足以利天下，为广开民智之助"。
1901	《启蒙通俗报》	声称："为中下等人说法，文义浅显，兼列白话。"
1901	《苏州白话报》	声称以"开通人家的智识"为宗旨。
1903	《童子世界》	宗旨："以爱国之思想曲述将来的凄苦，呕吾心血而养成夫童子之自爱爱国之精神"，"浚导文明，发达其国家思想，倡冒险进取之精神"。
1903	《智群白话报》	目的在于"开通下等社会，以新理新事又重衍，庶几扫除腐败社会恶习，于改良风俗或有补焉"。
1903	《宁波白话报》	立场是反对外国侵略、官僚腐败，主张实业救国，倡导文明、移风易俗。
1903	《绍兴白话报》	声称以"唤起民众爱国和开通地方风气"为宗旨。
1903	《中国白话报》	以"开明民智"为宗旨。
1904	《白话日报》	旨趣在提倡新精神，要"把政治思想爱国感情渐渐的灌入不通文理的脑中，这也是普遍智识的意思"。

---

① 据陈万雄《五四新文化的源流》第135—159页提供的资料测算。

续表

年份	报刊	宗旨或倾向
1904	《吴郡白话报》	宗旨:"把各种粗浅的道理学问,现在的时势,慢慢的讲给你们知道。"
1904	《福建白话报》	"鉴于各国比年以来,下等社会受白话文教育者既已著有明效",发"本省对乡土之心,以为地方自治之基础"。
1905	《直隶白话报》	宗旨:"开通民智,提倡学术"。
1905	《有所谓报》	《发刊词》称:"以言论寒异族独夫之胆,以批评而褫一般民贼之魄,芟政界之荆榛,培民权之萌蘖。"
1906	《预备立宪官话报》	声称"专以开化风俗改良社会"为宗旨。
1906	《竞业旬报》	宗旨:"一振兴教育,二提倡民气,三改良社会,四主张自治。"
1907	《西藏白话报》	宣称"以爱国尚武,开通民智"为宗旨。
1907	《竞立社小说月报》	以"保存国粹""革除陋习""扩张民权"为宗旨。
1908	《岭南白话报》	以"讲公理,正言论,改良风俗"为宗旨。
1908	《滇话》	宗旨在于"普及教育,改良社会,统一语言……纯用汉语体演出,虽妇孺亦能读"。
1909	《白话新报》	宣称以"唤起我同胞爱国之思想,振发其独立之精神"为宗旨。

信息内容和形式的转向,意味着晚清大众媒介已演成一种相对独立、冷眼观政、贴近下层市民社会的公共品格,其更广远的目标在于强化国民意识,支撑市民社会的舆论框架,以臻中国于近代化宏图,故此可以理解"开通民智""浚导文明""改良风俗"几乎成为各种报刊媒介的主流意识。时至1899年,陈子褒在《论报章宜改用浅说》中即主张:"地球各国之衰旺强弱,恒以报纸之多少为准。……民智之开闭民气之通塞,每根由于此。"① 至于白话文媒介的遽然崛起,

---

① 蒉成文:《清末白话文运动资料》,《近代史资料》第 2 期,中华书局 1963 年版,第 131 页。

是与清季末年民间社会价值的凸现有着密切的关系。中国近代化何以要"启牖民智"?"启牖民智"何以要突出白话媒介?其中理由,前者着眼在中下层社会,要焕发全体民力,是目的;后者用其方便,是方法。唯其如此,媒介人士对那些不肯变通的文言文媒体啧有不满,认为这是对不晓文言文的"农、工、商、贾、妇人、孺子"置于"不议不论"的地位,是"直弃其国民矣"①。媒介公共精神的产生是在逐步摆脱对皇权道统的依附状态和向心运动中进行的,封建传统意识"全能全控"的缺口已被冲决,大众媒介林立并存也就形成了数种风格的舆论圈,在这一独立色彩较浓厚的舆论领域中,"个人之思想,以言论表之,社会之思想,以报表之。有一种社会,各有其表之报。社会有若干阶级,而报之阶级随之矣","及有一大问题出,为各种社会所注意,则必占各报之主要部分,而词旨之冲突,于是烈矣"②。交流、冲突、关注、切磋,清末的公众"对话空间"由此而生。就学理而言,公众舆论代表着一个复杂的观念世界,由微观视之,它包含了态度取向和意见倾向各有差异的众多群体。晚清媒介主控下的公共舆论已呈现较为明显的疏离特征。晚清风行一时的军国民思想潮流、趋新社团竞立南北以及学堂风潮兀然而生,无不与这种自主、抗争、独立的公共舆论扩张的疏离强度紧密相连,公共价值评判系统成为维系晚清市民社会的精神命脉,公共舆论空间也借此日渐强固和扩大。在这期间,各种媒体赖以运转的趋新型"媒介人"——报刊记者愈益将公共媒介的历史功能推延至极点。本来,19世纪70—90年代,报业人士的社会地位是较为低下的,以《申报》为例,当时供职《申报》的多为不得意的文人,在人们的心目中,卖文为生者,实在是穷极无聊的表现。诚如姚公鹤所说:"盖社会普遍心理,认报纸为朝报之变相,发行报纸为卖朝报之一类(卖朝报为塘驿杂役之业,就邸抄另印,以出售于人。售时必以锣随行,其举动颇猥鄙,而所传消息亦不尽可信,故社会轻之,今乡僻尚有此等人),故每一报社之主笔、访员,均为不名誉之职业,不仅官场仇视之,即社会亦

---

① 翦成文:《清末白话文运动资料》,《近代史资料》第2期,第131页。
② 《论报战》,《中国日报》1904年3月23日。

以搬弄是非轻薄之……昔日之报馆主笔，不仅社会上认为不名誉，即该主笔亦不敢以此自鸣于世"。① 戊戌以后，这种风气大为改观，举人、进士办报已是常见的事情。传统报人也就演变为新式报人。他们"由平民之趋势迤逦而来，以平民之志望组织而成，对待贵族而为其监督，专以代表平民为职志"，"故记者既据最高之地位，代表国民，国民而亦即承认为其代表者，一纸既出，可以收全国之视听，一议之发，可以挽全国之倾势"②。过往论者在探讨晚清市民社会问题时，过多地将目光注视着近代商人阶层，应该说堪可注意的是在近代公共舆论上扬时期，被称为"第四种族"的媒介人更有资格受到重视。

三 排拒与固守：公共舆论与晚清政权互动性质透视

学术界基本认定，对邦国（The state）和社会对立以至于分离进行理论求证，一直是西方国家知识界重要的学术话语。但是市民社会的孕生与良性发展亟须具备一种前提，按照托克维尔（A. de Tocqueville）的意见，应该增强与发展民间具有公共性格的"社会"（涵指民间的组织、社团等），这实际上就是倡扬建构那种独立于邦国之外的民营企业、私立学校、独立媒体、自治工会、社团等所构成的公共领域。这一过程在晚清时期即是将中国固有的传统意义上的民间社会（私性社会）实现近代意义上的转换，③ 促其游离于邦国。这一过程是复杂的，它涉及了物质与精神、经济与政治，以至于文化等多个领域。近代市民社会、公共领域是一个庞大复杂的体系，其中的公共精神体系、公共舆论状态展示着公共领域的公共精神品格和意识形态基础，它的运作具有自身的规律性，与政治国家互动关系的性质也有

---

① 姚公鹤：《上海闲话》，上海古籍出版社1989年版，第128、131页。
② 《国民日日报》1903年8月7日。
③ 按林毓生先生的观点，传统中所谓民间社会，用英语来翻译，大概应作：private society，那是以家长式结构所组成的、"私"的性格很强的民间组织，如行会、帮会、寺庙等，不能与现代的civil society相提并论。参见林毓生《热烈与冷静》，上海文艺出版社1998年版，第248页。

别于商会、绅商自治、市政建设管理之类。它针对的是中世纪的精神和文化形态,在这个意义上,双方的互动关系呈现出排拒与固守、挣脱与控制的性质。

严格说来,支持和依附于封建政治国家的精神系统、文化系统是任何封建朝廷(也包括晚清政权)固守、经营的最后一道屏障。因之可以理解,扼杀"异端"思想、文化以及潜在的"腐蚀性"舆论是历代封建王朝始终如一、不容更化的政治观念。清代的文字狱、洋务运动中的"中学为体",都表明了这种固守封建文化系统的强韧和坚定。士人结社植党曾被历代统治者视为"朋党干政""异端之源",坚决禁绝。时至20世纪初年,仍强调新政学堂的立学宗旨为"均以忠孝为本,以中国经史之学为基,俾学生心术壹归于纯正,而后以西学瀹其智识,练其艺能",目的在于"造就通才"和"慎防流弊",念念不忘儒学"圭臬",借此"以化末俗浇漓之习",否则,单纯学习西学,"非以图强,适以召乱耳"①。如此,"士"作为封建文化载体的角色已被牢牢锁定。对民间舆论媒介的控制也是晚清政权处心积虑的重要事项。戊戌之前,清廷严禁报章传播,蛮横地封锁大众舆论;新政期间,限于大众媒介的压力,虽然改变了以往严厉禁报的态度,允许"庶政公诸舆论",承认大众媒介的合法性,但是以法规相压制。在清末预备立宪期间,清廷相继制定了五个管理报刊的法规,即《大清印刷物专律》(1906年)、《报章应守规则》(1906年)、《报馆暂行条规》(1907年)、《大清报律》(1908年)和《钦定报律》(1911年),试图整饬舆论领域的失范现象。相比之下,受"商战"思潮促动,也迫于时局困顿,新政初期作为商人自治团体的"商会"首先获得合法地位,并得到国家政权的扶持与保护。可以说,相对于绅商自治、商会、义仓之类,公众文化精神游离于封建文化樊笼的艰难性自然要大得多,游离过程中的政治疏离和批判精神理所当然地多于对封建政权及其道统体系的依赖和支持。这方面关键性的例证均表明这种趋向。晚清大众媒介以进化竞争、自由、民主、科

---

① 《奏定学堂章程》,商务印书馆1904年刻本,第2—6页;《学部奏请宣示教育宗旨折》,《大清教育新法令》第1册第2编,商务印书馆清末铅印本,第1—4页。

学、平等、个性、实用等近代西方资本主义的文化价值观作基准,无一不在销蚀着封建传统的文化资源。早在戊戌期间守旧党与维新党阵线分明的对垒中,70种由中国人主办的报刊媒介"没有一家拥护前者的观点","几乎全部以中国的启蒙和改革为宗旨"①。"监督政府""向导国民""扶导民党"成为众多媒介的运转宗旨,《警钟日报》公开告白:"以监督政府、扶导民党为己任,明目张胆披露天下,神奸鬼丑难逃镜中。"②《大公报》将宗旨确定为"力祛政界之蠹害为第一要义","斥官吏贪残","考求利弊之所在"。晚清崛起的白话报刊不但在语言形式上抛弃了官方样式,而且在内容上常常是"表面普及常识,暗中鼓吹革命工作","晚清创刊的一百多份白话报中,倾向维新和革命立场的占了绝大部分,尤其是革命立场的占了大比例"③。它们或不经登记即出版发行,或使用假名,"神出鬼没,使官吏知有其纸出,而不知其发行印刷之所而无从封禁"④,有的干脆依托外人或租界,以摆脱报律的束缚;在报刊内容上,一如既往地揭露弊政,抨击外交得失,革命性报刊大胆倡言革命,立宪倾向的媒介则"无日不与政府宣战"⑤。民间多数媒介一般采取旁敲侧击的隐讳手法,"正言若反,寓言曲笔",以欺瞒清廷耳目。⑥由此可以推论,从大众媒介形态入手来分析的清末公共领域中,公共舆论与封建政权之间并非是一种良性互动关系,二者之间冲突多于弥合,制衡多于依赖,排拒与固守的互动特性是极为明显的。后来辛亥时期"国体丕变"中的文字"鼓吹之功",新文化运动时期的"全盘反思""打倒孔家店"等,均属公共舆论空间批判精神的一脉相传。

尽管"公共是作为恰巧与政府对峙的公共舆论的一部分而出现

---

① 徐雪筠等:《上海近代社会经济发展概况》,上海社会科学院出版社1985年版,第95页。
② 《铁良与警钟报》,《警钟日报》1904年11月24日。
③ 据陈万雄《五四新文化的源流》第135—159页提供的资料测算。
④ 《喜、喜、秘密活版报将出现于羊城》,香港《有所谓报》1906年7月7日。
⑤ 梁启超:《在北京报界欢迎会之演说词》,杨光辉等《中国近代报刊发展概况》,新华出版社1986年版,第26页。
⑥ 于右任:《本人从前办报的经过》,傅德华编《于右任辛亥文集》,复旦大学出版社1986年版,第259页。

的"（哈贝马斯语），但在晚清，这一"对峙"是过程性的，舆论的流变受国家环境和世界大势的影响而存在着阶段性，前期和后期的舆论群体、舆论内容有较大的变化，政治疏离的强度也就呈现出过程性和变动性的特征。学术界已经认定，近代社会是一个过渡性极为明显的社会，那么，运作于其中的公共舆论也就不能不呈现出这种过渡的倾向。公共领域中的社会性因素和文化意识因素既具有交感性特征，又具有不同步发展的特性，但共同的基础是近代公共理性。罗尔斯在发展其"新自由主义"理论时提出的"交叠共识"（Overlapping consensus）观点，对我们的分析视野极富启发意义。他认为，共同处于一个社会的人，由于具有不同的人生观和世界观，不同的宗教信仰和哲学信念，对于人生价值和政治标准不可能有完全相同的看法，同时，对于建立公共社会秩序而言，也不必要求人们观点一致，但必须要求有一种公共理性的基础。如此，便可以理解近代中国的公共领域，尽管其构件各具特性，与晚清国家的互动关系也不尽相同，但却聚合粘连在一起，从各自的领域侵蚀着封建国家所固守的空间，共同扩张着市民社会的基础。

原载《江海学刊》1999 年第 2 期，收入本书时有修改。

媒介形态与晚清公共领域研究的拓展

将歧义丛生的"市民社会"和"公共领域"应用于近代中国诸课题的研究,最初是西方学者根据西方经验的框架来解释中国历史发展进程的一种尝试。罗威廉(William T. Rowe)、兰金(Mary B. Rankin)、大卫·斯特朗德(David Strand)等学者从近代中国社会史的诸多个案研究中发现,清代和民国时期,存在着某些与市民社会相关联(但不是完全相同)的现象,他们将其称为"公共领域"(public sphere)。[①] 近年来,国内学者也关注到这一问题,并借用这一极具启发性的分析范式,提出了一些具有创见性的观点,但也因此引起了较多的争议。本文拟从晚清媒介形态问题入手来剖析近代文化系统的扩张问题,旨在拓展晚清公共领域问题的研究深度。

一 "商会—市民社会"研究趋向的检讨

正如有学者指出的那样,国内史学界介入近代市民社会和公共领域问题的研究大致呈现出两种路径:文化思辨和商会研究,前者侧重于辨析市民社会、公共领域在近代中西方之间的差异,得的结论也较悲观;后者代表了目前史学界研究的主流,致力于近代商会组织建立和运作等问题的实证性研究,由此提出了独具创见的结论——"在野

[①] William T. Rowe, *Hankow: Conflict and Community in a Chinese City, 1796 – 1895*, Stanford, 1989. Mary B. Rankin, *Elite Activism and Political Transformation in China: Zhejiang Province, 1865 – 1911*, Stanford, 1986. David Strand, *Rickshaw Beijing: City People and Politics in 1920s*, Berkeley, 1990.

市政权力网络—市民社会雏形"说。目前，在近代史研究诸课题中，商会和区域性社会变迁等问题的研究较多地介入"公共领域"问题的探讨，学者们的视点主要集中在社会经济领域中的自治性组织，诸如商会、公所、义仓、市政管理等，相应地，关于近代中国公共领域问题上的一些基本结论均由此产生。

市民社会及其各种要素是西方现代国家形成过程中以其对立物而缓慢出现的，对它的内涵和外延的界定也仅仅具有西方人文历史的背景，非西方社会的经历并不是上述描述的简单翻版，以化约的心态作简单的理论比附无助于历史研究的深化。但仔细推究清末民间社会的流变趋势，我们又不得不承认，采用"公共领域"这样一种研究视角是极具启发意义的。章开沅先生曾有一个评论："'第三领域'也好，'公共领域'也好，无非是探索这块不算大也不算小的空间，探索在这块空间中活动的人和事。"[①] 现在看起来，国内开展的大部分相关问题的研究，在选择研究对象方面过于狭窄，这就是注重商会或其他自治性组织较多，而对晚清时期文化系统的关注则几近阙如。实际上，清末是社会变革的剧烈时期，由传统社会转向近代社会过程中的许多重要变化都纷至沓来，经济系统、社会系统和文化系统的变动都处于一种活跃状态，在"公共领域"的框架下，各个系统的运作状态及其与封建朝廷的互动关系形态皆有不同的表现，仅囿于经济或社会系统的个案性研究是不足以涵括晚清市民社会、公共领域这一庞大体系的。已有学者对这种单向度的研究趋势提出批评，认为这很容易导致"片面的学术成果"，因而，"不能因为对商会的研究而忽视市民社会其他环节的研究，要避免近代中国市民社会研究中可能出现的'商会中心主义'倾向"[②]。

应该说，历史的发展既包括政治、经济、社会的发展，也促使文化、观念、社会舆论等因素以不同的方式和规律得以演进，封建文化的机体上完全可以衍生出近代文化。这种情况在西方社会科学界对市

[①] 刘家峰：《朱英著〈转型时期的社会与国家——以近代中国商会为主体的历史透视〉》，《历史研究》1998年第5期。

[②] 张志东：《中国学者关于近代中国市民社会问题的研究：现状与思考》，《近代史研究》1998年第2期。

民社会问题的研讨中得到较多的反映，而且占主流的观点也肯定了近代公共领域的产生缘于文化系统的演进。在西方社会科学界，对"公共领域"的内涵界说是随着市民社会问题研究的变迁而逐步深化的。一般而言，现代市民社会理论体系是对近代欧洲政治国家和市民社会相分离的历史过程的理论反映，它是由黑格尔在吸收众多思想家理论成果的基础上提出并经马克思予以完善发展的理论体系。20世纪以来，随着人类社会的发展变化和西方市民社会研究重心的转移，市民社会的理论界限以及公共领域的内涵界定成为葛兰西、哈贝马斯、柯亨和阿拉托等学者关注的重要课题。针对那种将市民社会与经济关系领域等同起来，把经济因素视为决定历史发展的唯一因素的倾向，意共前领导人葛兰西从文化传播的角度审视了市民社会的构成，他认为，市民社会主要是各种私人或民间机构的总称，包括教会、学校、新闻舆论机关、文化学术团体、工会以及政党等，在葛氏视野中，市民社会即是一个"文化—意识形态关系"的领域，是统治阶级实现"文化领导权"和革命阶级建立对立的权力系统的主要领域。[①] 这种理论倾向既有早先于他的洛克一派的理论支持，也有后来哈贝马斯等人的发展和完善。早在18世纪，洛克这一派市民社会理论就包含了至少与经济因素同等重要的另一因素，即一个自主的、有自己"意见"的公共空间。20世纪中后期，当代德国最有影响的思想家J.哈贝马斯在其《公共领域的结构转换》（1962年）等著作中，探讨了欧洲的商会、俱乐部、咖啡馆、出版社、报纸和杂志以及其他发表公众意见场所的历史。他认为，随着资本经济因素的出现及其所导致的个人解放，由这些公众意见"场所"（或谓"对话场所"）所构成的公共空间日益扩展，它既是瓦解中世纪社会的基础性因素，也成为现代意义上的公共空间的雏形。据此，哈氏认定，市民社会是一种独立于政治国家之外的"私人自治领域"，它涵括了私人领域和公共领域，他将私人领域界定为由市场对生产过程加以调节的经济子系统，而将公共领域界定为由各种非官方的组织和机构——实际上是指社会文化

[①] [意] 安东尼奥·葛兰西：《狱中札记》，葆煦译，人民出版社1983年版；参阅何增科《市民社会概念的演变》（《中国社会科学》1994年第5期）对其理论观点的分析。

生活领域，它为人们提供了讨论有关公众利益事务的论坛，有利于公共舆论的产生。这里的公共舆论主要是指一个公民团体正式或非正式地对以国家形式组织起来的统治机构进行批评和监督。时至1989年，美国政治学家柯亨和阿拉托在《市民社会与政治理论》一书中断言，市民社会是"介于经济和国家之间的社会相互作用的一个领域，由私人的领域（特别是家庭）、团体的领域（特别是自愿性的社团）、社会运动及大众沟通形式组成"①，大概可以说，西方学术界较为一致的看法是近代文化和舆论空间是构成近代公共领域的重要系统。它对于我们的启发意义在于研究晚清公共领域问题时，是否能够以一种更宏远的心态来扩展对此问题的"研究空间"，将清末的文化系统的演进也纳入公共领域问题的研究框架中。笔者认为这一想法并无不妥。

传播是社会得以形成的工具，传播行为的实现却要依赖于媒介（media）的运作，因而可以说媒介网络着社会，影响着社会的变迁与发展。"媒介"这个曾经主要是艺术家、细菌学家和大众传播学家才使用的词汇在近代社会风靡一时。将媒介学移入近代历史课题的研究，东西方史学界仅仅处于探索阶段。西方社会科学领域，诸如葛兰西、哈贝马斯等人在探求西方近现代市民社会—公共领域课题时，就已经关注到欧洲的商会、俱乐部、咖啡馆、出版社、报纸、杂志、党派、沙龙等公共舆论媒介，这一尝试最起码给我们以这样的暗示：公共舆论媒介是观察文化和意识形态系统的重要窗口。根据丹尼斯·麦奎尔的看法，"大众传媒由一些机构和技术所构成，专业化群体凭借这些机构和技术，通过技术手段（如报刊、广播、电影等）向为数众多、各不相同而又分布广泛的受众传播符号的内容"②。麦氏这一界说，仅仅着眼于现代大众传播媒介的特征，未涉及媒介的历史概貌，因而是不完整的。就历史发展的角度看，媒介最起码经历了口语、书面、印刷和电子传感四个阶段。正是在这个意义上，美国传播学界的重要奠基人威尔伯·施拉姆即主张：必须把大众媒介出现之前

---

① 转引自何增科《市民社会概念的演变》，《中国社会科学》1994年第5期。
② ［英］丹尼斯·麦奎尔、［瑞典］斯文·温德尔：《大众传播模式论》，祝建华、武伟译，上海译文出版社1987年版，第7页。

就已经存在的能够表达意思的鼓声、烽火以至于宣讲人和集市都归于媒介一类,因为它们都扩大了人类进行交流的能力。① 这种界定已经涉及媒介的广义层次,笔者准备在这一层面上解释晚清媒介的形态、结构和功能,并借此观照文化系统在清末的近代化演进趋向。

二 晚清大众媒介:规模·结构·内容转向

晚清媒介的总体形态基本上呈现出类型较多而又相互粘连的特征,大众媒介与辅助媒介交相网织、互为渗透的格局已渐次形成。大众媒介中的报纸杂志在清末新政(1898年百日维新)前虽经历了短暂的辉煌,但因政变很快即遭查封。新政推行之后才逐步演成"黑血革命"的"舆论之母",其运作、增长的势头为史学界所瞩目。辅助媒介(或称边缘媒介)主要是指清末兴起的学堂生群体和职能性社团等信息传导的中介组织。从清末公共领域的生成机制上看,它们又基本上相当于哈贝马斯关注的"咖啡馆、沙龙、党派"等文化观念和公共舆论的媒介,作为公共文化系统的基本载体,它们实际上是一个个趋新性的舆论圈,由其内部向外围世界传承域内信息,增强界内人士对社会的渗透和影响力度,由此形成晚清公共领域重要的内驱力因素。

史学界比较注重清末大众传媒的崛起及其所带来的社会嬗变的效果,但明确地从公共领域与大众传媒的关联性影响来探讨媒介功能的论著并不多见。的确,我国大众传媒崛起的历史并不长。晚清以降,封建皇权控制社会的力度逐渐松弛下来,西方政治、文化和资本的强劲侵入,更使得诸如市场、民族资本、文化民族主义等封建国家的异己力量走到历史的前台,形成了针对千年不衰的封建国家的强大腐蚀性因素。作为"舆论之母"和文化载体的民间传媒,在形塑公共舆论方面理所当然地承担起传承导控的职责。

公共领域的形成和发展,首先要求营造一种游离于皇权国家之外的"舆论环境"和"对话场所"。按照信息传递的标准来看,晚清社会基

---

① [美]威尔伯·施拉姆、[美]威廉·波特:《传播学概论》,何道宽译,中国人民大学出版社2010年版,第121页。

本上属于一种"前信息社会",语义信息流转的速度较慢,信息识别的能力较低,受众文化层次不一。故此,大众媒介数量上的规模化和结构上的适当化是公共舆论与"对话场所"形成的先决条件。第二次鸦片战争以后,国内报刊数量已形成较大规模,1865—1895年,全国共新办中文报刊86种,外文报刊91种,[①] 但大多属于宗教性、商业型和格致类的报刊,关注社会实际、谋求进化民众思想的近代性报刊还极少,敢于"讽清廷以改革",呼吁"言时事,言恶行"的政论性报刊更是鲜有所见。史学界常提到的《循环日报》《万国公报》等知名报刊或因创于香港,或因宗教原因,其早期影响不能遍及国内大众。媒介规模化的进程严格地说是从戊戌时期开始的。1895年是一个重要的年份,它不但是封建国家日趋衰败的一个时间界碑,而且也是近代民间媒介兴起的开端时期,至民国元年前,短短十几年时间,中文报刊曾产生过七八百种之多,媒介主体计有三类:商办、官办和外资。其中,商办相对数量更呈现逐年攀升的态势,其比例变动的情况见表1:[②]

表1

年份	商办数量	比例(％)	年份	商办数量	比例(％)
1895	1	33	1902	22	76
1896	1	11	1903	22	73
1897	3	30	1904	37	64
1898	26	76	1905	20	56
1899	4	40	1906	40	90
1900	7	67	1907	31	74
1901	11	50	1908	41	85

1905年至民国初年,全国先后发行报刊计600余种,其中为清廷所控制者尚不足10％。从地域分布方面看,趋新的大众传媒主要分

---

① 李倬宇、钱培荣:《晚清报刊的发展历程》,《杭州大学学报》1996年第4期。
② 据《大公报》1905年5月11—25日"报界最近调查表"、《东方杂志》1904—1908年各期"各省报界汇志"、《清议报》1901年第100册"中国各报存佚表"等资料统计测算。

布于中国南部地区，当时最大的贸易口岸上海更处于龙头地位，早在1865—1895年，创办于上海的报刊就占据全国中文报刊总数的52%、外文报刊总数的45%。① 1895年以后其数量规模和牵引效应更居各地之首。晚清书籍的编撰、出版和发行之权也主要操之于民间。从1901年至1904年，中译西书533种，其中人文社会科学部类401种；② 从1896年至1911年，中译日书（含转译西书）958种，其中总类8种，哲学32种，宗教6种，政法194种，军事45种，经济44种，社会7种，教育76种，史地238种，语文133种，艺术3种，科学249种，技术243种。③

值得注意的是，晚清报刊结构中面向市民的白话报刊出人意料地崛起，在整个大众媒介中占据着显眼的位置。尽管1887年《申报》发行的《民报》是近代较早的白话报刊，但其时未成气候，直到20世纪初年，白话媒介才骤然兴起，并左右了晚清大众媒介的存在形态。这期间的白话报刊约计140种，兹按年序排列表2：④

表2

创刊时间	数量	创刊时间	数量
1876	1	1905	10
1895	1	1906	8
1897	4	1907	12
1898	4	1908	12
1901	4	1909	8
1902	6	1910	10

---

① 据秦绍德《上海近代报刊史论》（复旦大学出版社1993年版，第17页）有关资料测算。

② 顾燮光：《译书经眼录》，《中国近代出版史料》第2编，中华书局1957年版，第100页。

③ 谭汝谦：《中国译日本书综合目录》，香港中文大学出版社1980年版，第41页。当然，这个数字也并非绝对准确，据陈永年核对，仍有遗漏，他认为这一时期实际所译"当达一千种以上"，见北京市中日文化交流史研究室编《中日文化交流史论文集》，人民出版社1982年版，第268—269页。

④ 据陈万雄《五四新文化的源流》第135—159页提供的资料测算。

续表

创刊时间	数量	创刊时间	数量
1903	12	1911	5
1904	16		

另外,尚不能断定创刊确切时间的有近20种。① 资料显示,晚清逾百份白话报刊的出版地遍及香港、广东、湖南、湖北、山东、山西、江西、东北、天津、伊犁、蒙古以及海外的东京等地,但以长江流域的江苏、浙江和安徽三省最盛行。除此而外,白话教科书大量印行;尤其令人瞩目的是清末尚刊行了1500多种白话小说。② 作为近代报刊媒介的副产品,晚清白话小说的舆论能量日益受到知识界的重视。梁启超对西方历史中的政治小说与社会政治变迁的关系深有感触,他认为,在西方国家变革之始,"其魁儒硕学,仁人志士,往往以其身之所经历,及胸中所怀,政治之议论,一寄之于小说","往往每一书出,而全国之议论为一变。彼美、英、德、法、奥、意、日本各国政界之日进,则政治小说为功最高焉"③。就中国来说,晚清的"谴责小说"更使得这种舆论媒介显其身价,鲁迅先生曾评曰:"揭发伏藏,显其弊恶,而于时政,严加纠弹,或更扩充并及风俗。"④ 除去

---

① 如《河北白话报》(月刊)创于保定,《预备立宪官话报》(月刊)、《爱国白话报》等创于上海,《正宗白话报》《劝业白话报》《京津白话报》《京话简字报》《京话实报》《正宗爱国报》《白话北京月报》等创于北京,《江西新白话报》创于江西,《芜湖白话报》创于芜湖,《通俗报》创于武昌,《晨钟白话报》创于天津,《蒙养学报》创于长沙,《福建俗话报》创于福州,《官话报》创于桂林等,参见陈万雄《五四新文化的源流》,第135—159页。

② 谭彼岸:《晚清的白话文运动》,湖北人民出版社1956年版。据陈万雄先生评价,谭氏一书是至今唯一系统研究晚清白话文运动的著作,内中所发掘的材料和论证,相当有贡献,可惜现今看来尚有三点不足:第一,该书批评胡适辞气浮露,反有碍于学术论证的说服力;第二,清末白话文运动的白话材料发掘不全;第三,将整个白话文运动归功于改良派,或者以改良派包摄整个清末白话文运动,而未能区别和剔抉出代表革命派方面的贡献。

③ 梁启超:《译印政治小说序》,《饮冰室合集》文集之三,中华书局1989年版,第34—35页。

④ 鲁迅:《中国小说史略·清末之谴责小说》,《鲁迅全集》第9卷,人民文学出版社1982年版,第282页。

白话小说之外，其他白话形式的媒介尚有白话历史书籍以及浅说画报，① 以及文白相杂的报刊，诸如《知新报》《上海晚报》《中国时报》(香港)、《拒约报》《国民日日报》《俄事警闻》《警钟日报》和《大公报》等。综合以上资料，可以粗略地断言：清季脱离国家直接控制的民间大众媒介确已初成规模。相对而言，南方的媒介密度高于北方，沿海沿江地区的媒介辐射力度甚于内陆和边远地域。尽管如此，能否孕育出公共领域的舆论空间还要看媒介信息的内容趋向。

封建时代的传媒起源于唐朝的邸报，其信息主体为皇帝的诏书、起居言行，王朝的法令、公报，皇室动态，政府官员的升黜、任免等内容。时至晚清，国势衰微日甚一日，封建政权及其意识形态已不堪负载民族近代化与救亡求强的历史重任，加之西方工业化及政治近代化的冲撞，公共领域中的大众文化和公共舆论系统已经偏离封建文化的导向，正如近代民族资本挣脱封建政治的樊笼一样，近代的文化系统和舆论空间也在大众媒介的导引下缓慢地形成了封建文化的异己力量，在不断销蚀着封建社会机体的过程中首先营造出民间化的舆论形态，进而铸就了晚清的公共舆论空间和近代文化形态。媒介是文化的载体，为了及时刊载国内新闻，准确把握舆论走势，各报刊媒介以公开独立的姿态征求文稿。《申报》创刊后，多次刊登告白："立志欲将中国境内各紧要消息采录无遗。"② 1872年它曾刊载《邸报别于新报论》，在对比"邸报"和"新报"两种媒介的特征时指出："邸报"只录朝廷政事，而新报则要兼及闾里琐闻，要为农工商贾们喜爱，"邸报之作成于上，而新报之作成于下"③。《上海新报》在1862年曾刊出告示，"华人如有切要时事，或得自传闻，或得自目击，但取其有益于华人，有益于同好者"，均可刊登，"分文不取"④。

但是，最能说明媒介信息内容转向的证据莫过于其本身的创办宗旨和内容倾向，它可以更明确地显露出本身的离异倾向、独立色彩和

---

① 《大公报》1902年8月12日；张若谷：《纪元前五年上海北京画报之一瞥》，上海通社编《上海研究资料续集》，上海书店1992年版，第328—329页。
② 《搜访新闻告白》，《申报》1875年7月8日。
③ 《邸报别于新报论》，《申报》1872年7月13日。
④ 《上海新报》1862年5月7日。

公共品格。兹以白话媒介举述见表3：①

表3

报刊名称	刊行年份	宗旨或内容倾向
《民报》	1876	"专为民间所设，故字句俱如常谈话。"
《俗话报》	1897	旨在改良风俗。
《演义白话报》	1897	在第1号《白话报小引》中宣称，因国运危殆，"中国人想要奋发立志，不吃人亏，必须讲究外洋情形，天下大势。要想讲求外洋情形，天下大势，必须看报。"
《蒙学报》	1897	遵循蒙学公会的宗旨："连天下心志，使归于群，宣明圣教，开通固蔽。立法广说新天下之耳目。"
《无锡白话报》	1898	其重要宗旨之一为"取中外之近事，取西政西艺，取外人议论之足以药石我者"，"俾商者、农者、工者，及童塾子弟，力足以购报者，略能通知中外古今及西政西学之足以利天下，为广开民智之助"。
《启蒙通俗报》	1901	"为中下等人说法，文义浅显，兼列白话。"
《苏州白话报》	1901	声称以"开通人家的智识"为宗旨。
《童子世界》	1903	宗旨："以爱国之思想曲述将来的凄苦，呕吾心血而养成夫童子之自爱爱国之精神"，"浚导文明，发达其国家思想，倡冒险进取之精神"。
《智群白话报》	1903	目的在于"开通下等社会，以新理新事又重衍，庶几扫除腐败社会恶习，于改良风俗或有补焉。"
《宁波白话报》	1903	立场是反对外国侵略、官僚腐败，主张实业救国，倡导文明、移风易俗。
《绍兴白话报》	1903	声称以"唤起民众爱国和开通地方风气"为宗旨。
《中国白话报》	1903	以"开明民智"为宗旨。
《白话日报》	1904	旨趣在提倡新精神，要"把政治思想爱国感情渐渐的灌入不通文理的脑中，这也是普遍智识的意思"。
《吴郡白话报》	1904	宗旨："把各种粗浅的道理学问，现在的时势，慢慢的讲给你们知道。"
《福建白话报》	1904	"鉴于各国比年以来，下等社会受白话文教育者既已著有明效"，发"本省对乡土之心，以为地方自治之基础"。

① 据陈万雄《五四新文化的源流》第135—155页相关资料整理。

续表

报刊名称	刊行年份	宗旨或内容倾向
《直隶白话报》	1905	宗旨:"开通民智,提倡学术。"
《有所谓报》	1905	《发刊词》称:以言论寒异族独夫之胆,以批评而递一般民贼之魄,芟政界之荆榛,培民权之萌蘖。
《预备立宪官话报》	1906	声称"专以开化风俗改良社会"为宗旨。
《竞业旬报》	1906	宗旨:一振兴教育,二提倡民气,三改良社会,四主张自治。
《西藏白话报》	1907	宣称"以爱国尚武,开通民智"为宗旨。
《竞立社小说月报》	1907	以"保存国粹""革除陋习""扩张民权"为宗旨。
《岭南白话报》	1908	以"讲公理,正言论,改良风俗"为宗旨。
《滇话》	1908	宗旨在于"普及教育,改良社会,统一语言……纯用汉语体演出,虽妇孺亦能读"。
《白话新报》	1909	宣称以"唤起我同胞爱国之思想,振发其独立之精神"为宗旨。

信息内容和形式的转向,意味着晚清大众媒介已演变出一种相对独立、贴近下层市民社会的公共品格,其更广远的目标在于强化国民意识,因此"开通民智""浚导文明""改良风俗"几乎成为各种报刊媒介的主流意识。1899 年,陈子褒在《论报章宜改用浅说》中即主张:"地球各国之衰旺强弱,恒以报纸之多少为准。其报纸愈多者国愈强,报纸愈少者国愈弱,理势之必然者也。日本区区三岛,其地之广与中国四川省同,其人数乃中国十分之一耳。乃合计全国报馆,闻有八百余所,即佛门之报亦十余家。大阪朝日报,每日出纸十万有多。而我国报馆不及日本十分之一,上海某报,闻每日出纸八九千之间,自以为雄视一方矣,亦不及大阪朝日报十分之一。噫!民智之开闭民气之通塞,每根由于此。"其时国内报刊"多用文言,此报纸不广大之根由",故此他断言,"大抵今日变法,以开民智为先,开民智莫如改文言"[①]。更有甚者,有人将白话文媒介与文明普及及中国

---

① 蒋成文:《清末白话文运动资料》,《近代史资料》第 2 期,中华书局 1963 年版,第 131 页。

文化形态的演进联系起来。① 白话文媒介的遽然崛起，与清季民间社会价值的凸显有着密切的关系。中国近代化何以要"启牖民智"？"启牖民智"何以要突出白话媒介？其中理由，前者着眼在中下层社会，要焕发全体民力，是目的；后者用其方便，是方法。唯其如此，媒介人士对那些不肯变通的文言文媒体颇有不满，认为这是将不晓文言文的"农、工、商、贾、妇人、孺子"置于"不议不论"的地位，是"直弃其国民矣"②，以至于要求"言文一致"、创立国语的言论直到民国初年仍呼声不绝。

媒介公共精神的产生是在逐步摆脱对皇权道统的依附状态和向心运动中进行的，封建传统意识"全能全控"的缺口已被冲开，大众媒介的林立也就形成了数种风格的舆论圈，在这个独立色彩浓厚的舆论领域中，"个人之思想，以言论表之，社会之思想，以报表之。有一种社会，各有其表之报。社会有若干阶级，而报之阶级随之矣"，"及有一大问题出，为各种社会所注意，则必占各报之主要部分，而词旨之冲突，于是烈矣"③。交流、冲突、关注、切磋，清末的公众"对话环境"由此而生。就学理而言，公众舆论代表着一个复杂的观念世界和文化倾向，由微观视之，它包含了态度取向和意见倾向各有差异的受众群体。从各种资料爬梳考证可以看出，晚清媒介主控下的公共舆论已呈现较为明显的疏离特征。它突出地表现在国家观念和国民意识的凸显，强调国家"乃国民公共之机捩"，"国者民之国，天下之国即为天下之民之国"，号召人们对国事"莫不当分任其责，而无一人置身于事外"；国民意识的核心在于摒弃奴性，珍视国民价值，尤其强调参政之权，参政权与爱国心往往"相为广狭"，"参政权及于少数，爱国之人亦少数，及于多数，爱国之人亦多数"④；同时也反映在自我意识的增强和自主观念的确立，媒介惯以中西对比，并随之张扬崇私、自立、自为的价值观念。晚清风行一时的军国民思想潮

---

① 《警钟日报》甲辰三月初十、十一日（1904年4月25日、26日）。
② 蒯成文：《清末白话文运动资料》，《近代史资料》第2期。
③ 《论报战》，《中国日报》1904年3月23日。
④ 《致南海夫子大人书》，《梁启超年谱长编》，上海人民出版社1983年版，第236—237页。

流、趋新社团竞立南北以及学堂风潮兀然而生，无不与这种自主、抗争、独立的公共舆论扩张的强度紧密相连。由此，近代文化孕育中的公共价值评判系统成为维系晚清市民社会走向的重要精神支柱，公共空间也借此日渐强固和扩大。在这期间，各种媒体赖以运转的趋新型"媒介人"——报刊记者也愈益将公共媒介的历史功能推演至极点，他们"由平民之趋势迤逦而来，以平民之志望组织而成，对待贵族而为其监督，专以代表平民为职志"，"故记者既据最高之地位，代表国民，国民而亦即承认为其代表者，一纸既出，可以收全国之视听，一议之发，可以挽全国之倾势"①。本来，在19世纪70—90年代，报业人士的社会地位是较为低下的，以《申报》为例，当时供职该报的多为不得意的文人，在人们的心目中，卖文为生者，实在是穷极无聊的表现。诚如姚公鹤所说："盖社会普遍心理，认报纸为朝报之变相，发行报纸为卖朝报之一类（卖朝报为塘驿杂役之业，就邸抄另印，以出售于人。售时必以锣随行，其举动颇猥鄙，而所传消息亦不尽可信，故社会轻之，今乡僻尚有此等人），故每一报社之主笔、访员，均为不名誉之职业，不仅官场仇视之，即社会亦以搬弄是非轻薄之……昔日之报馆主笔，不仅社会上认为不名誉，即该主笔亦不敢以此自鸣于世。"②戊戌以后，这种风气大为改观，举人、进士办报已不足为奇。传统报人也就演变为新式媒介的职业人士，并且成为晚清时期独立性的社会群体，他们作为近代文化系统演进的重要推动力量也就日益显示出其巨大的思想辐射力度和舆论扩张能量。过往论者在探讨晚清市民社会问题时，过多地将目光投射于近代商人阶层，应该注意的是，大众传播媒介的从业人员亦应给予足够的重视。

三 辅助媒介：近代文化和公共舆论扩展的中介因素

按照广义媒介定义，从晚清公共领域中近代文化系统实际生成和

---

① 《国民日日报发刊词》，《国民日日报》1903年8月7日。
② 徐铸成：《报海旧闻》，生活·读书·新知三联书店2010年版，第230页。

扩展的范围来看，近代社会崛起的学堂生群体和各种职能性社团等社会有机组织曾以辅助媒介形态填补了大众媒介的某些不足，事实上也成为清末公共空间中公共舆论的激活性因素，并且承当了市民社会中近代文化系统的创制主体和传感载体，对近代市民意识形态由省垣市镇到乡村的辐射和蔓延发挥了传承中介的作用，有学者喻之为"天然媒介"或"辅助传播网"①，笔者干脆视之为辅助媒介，以对应于大众传播中的主流媒介。

传播学界曾经提出过"两级传播论"和"中介因素"理论的著名假说，它对我们研究课题的启发意义在于必须重视清末位于大众传媒和民间社会之间的传播中介机构。大众传媒面对的是两种类型的受众："受众 I"是那些已经接触书刊报章等传媒而且有能力感知其中的信息含义，并能够做出自己反应的人们，这一群体大约是近代社会中的士、绅等受过较多教育的社会主体；"受众 II"则是一个庞大的无缘接触媒介或缺乏接受信息内容并做出反应能力的人们，这大约是指下等社会阶层或边远地区的人群。相比之下，后者的人口、地域和范围要远远大于前者，因而探讨晚清公共领域的发展规模时必须关注这一事实。我们在考察大众媒介结构形态时曾经注意到，它主要是以文字印刷形式传输辐射的，这种传播形态要求有相应的大量的文化受众，但是清末社会民众的低程度文化水平现状显然是不能够胜任的，②况且较低级的传播技术和信息网络，也日益显示出"舆论中介机构"的重要性。晚清渐次崛起的学堂生群体和各种职能性社团正处于大众媒介的边缘，称其为辅助媒介或边缘媒介实不为过。

---

① 桑兵：《晚清学堂学生与社会变迁》，学林出版社 1995 年版，第 13、400 页。
② 美国著名的现代化理论专家吉尔伯特·罗兹曼认为，清代中国的识字率接近德川时期的日本，他引述饶懿伦的研究结论说："18 和 19 世纪的识字率也许'比以前的推测要高。男女间识字率是不平衡的，大约有 30%—45% 的男性和只有 2%—10% 的女性具有某种程度的读写能力'。"（参见［美］吉尔伯特·罗兹曼主编《中国的现代化》，江苏人民出版社 1995 年版，第 246 页）《万国公报》曾撰文指出："四万万人中，其能识字者，殆不满五千万人也。此五千万人中，其能通文意、阅书报者，殆不满二千万人也。此二千万人中，其能解文法、执笔成文者，殆不满五百万人也。此五百万人中，其能读经史、略知中国古今之事故者，殆不满十万人也。"参见古黔孙鉴清《论中国积弱在于无国脑》，《万国公报》第 183 册，1904 年 4 月（光绪三十年三月）。

本文关注晚清学堂生群体的视点有二：其一，学堂在1904—1909年得到长足发展，学堂生的规模也就急剧膨胀，由1905年之前的258873人跃升至1909年的1638884人（不含军事、教会学校的学堂生），① 总计辛亥前后国内学生总数在300万人左右。这一群体是构成近代市民社会的一个重要阶层，作为公共领域中能量较大的群类，他们对同处于该空间中的商人阶层、绅士群体等更具有牵引、制约的互动效应，由此规约着市民社会文化形态的发展走向，故此不应忽略对它的研究。其二，就本文关注的晚清媒介形态的视点而言，这一阶层又加强了大众传媒的辐射影响，作为辅助媒介它直接地扩展着公共舆论空间，承担起哈贝马斯关注的"沙龙、咖啡馆、俱乐部"等"对话场所"的角色。"废科举，兴学堂"是中国教育史上的重大转折，晚清政权将其视为新政的重要举措，并寄予厚望，"广学育才，化民成俗，内定国势，外服强邻，转危为安，胥基于此"②。但实际运作的结果却背离了清末统治者的初衷，两种从内容到形式根本对立的教育制度，适逢晚清的重大变局，期望与结果实难契合。依据清政府的规划，专门学堂一般集中于通都大邑，府、县及乡镇依次为中学、高小、初小及蒙学，这样便形成一种阶梯式的学堂布局形态，它在信息传导方面的重要意义在于上下互动、双向传感机制的确立，进而演成"学堂—家庭—社会"信息传输的逻辑链条。

甲午战后，"学者不在斗室蓬庐，而在梯山航海"，"尽吾力，竭吾能，焦吾唇，敝吾舌，洒吾血泪，拼吾头颅，以唤醒国民也"成为多数学生的主流意识。③ 各地学生在感知大众传媒的信息后，"无不广演其说"④，上海、安庆、保定、杭州、武昌、南京、长沙、南昌等地的学堂生群体以"演说会"为主要传播形式，致力于对下层民众进行启蒙宣传。上海补余学堂的文学会"专以开通下等社会，激发

---

① 《学部之教育统计》，《民立报》1911年2月28日。
② 《光绪政要》第27册，崇义堂1909年刊，第57—59页。
③ 《曹君梁厦致同里李某书》（续第10号），《童子世界》第15号，1903年4月20日。
④ 绿意轩稿：《民权问答编》，《东浙杂志》第4期，甲辰（1904年）十二月。

他的爱国心，使他晓得国耻国仇，力图恢复"作为宗旨，①并制作了《明耻图》，极受下层群众的欢迎，一月之内便销出数千张。许多学生在假期中，也通过"演说会"的方式以"唤起国民思想，开通下流社会"。爱国学社、南京水师学堂、南洋公学、浙江大学堂的学生群体联袂演讲，"入座听讲者，上自士林，下至贩夫走卒，每日有五六七百人，座为之不容"②。固定场所演讲与巡回演说相结合，颇受民众的欢迎，"演说到慷慨悲愤之处，四座拍掌之声如雷"③。此外，学堂生模仿大众传播媒体形式，积极编辑新式书报，广为发行，以求新知识的广泛播撒。晚清众多的大众传媒也以趋新学堂为发行代办点，例如《中国白话报》发刊后，湖南学生集资订购数百份，"以分送其乡人"④；成都学生"创设学会，撰报译书著论，通行于四乡，推及于全省"⑤。这样，学堂生群体所承当的星罗棋布的信息扩散机构便成为晚清公共舆论传导的基层网络，越来越强劲地侵蚀着僵化封闭的封建文化，孕育着近代意义上的国民公众。无怪乎当时开明之士慨然赞叹："今吾国各省之同胞，幸各能汲汲以播布文明于其乡土为己任，故亦渐觉日上，城野改观。而其进步之速者，则已见教学之校相望于郊畿，阅报之人遍于妇孺，有藏书之楼，有俱乐之部，有体操之场，有演说之坛，有议政之会。"⑥这种情况的确反映了清末公共空间舆论传导和信息交汇的客观形态。

职能性社团是时下史学界对晚清文化领域渐次创设的各种"学会""会""社""公会""学社"和"会馆"等知识启蒙、政教宣传、风俗改良和公共服务等方面职能组织的一种概括性称呼。职能性社团的产生似乎可以从晚清文化领域的觉醒、合群意识的增强等层面来理解，他们借此扩展群体意识，强化界内活动能量，凸显挣脱封建

---

① 《文明绍介·各种结会》，《中国白话报》第8期，1903年3月31日。
② 《论常州武阳两县令之荒谬》，《苏报》1903年5月30日。
③ 《纪常州演说会事》，《苏报》1903年3月23日。
④ 《〈中国白话报〉广告》，《警钟日报》1904年4月8日。
⑤ 李德夫人：《成都天足会近状》，《万国公报》第186册，1904年7月（光绪三十年六月）。
⑥ 《福建之现势》，见黄藻编《黄帝魂》，中国国民党中央委员会党史史料编纂委员会1979年影印本，第201页。

皇权的公共意识，这从另外一个侧面显示出民间社会与晚清政权开始疏离的总体倾向，作为晚清公共领域研究的重要课题，似乎更应该受到重视。作为清末公共领域中的激活因素，职能社团初始于戊戌时期的政治性学会，此后逐渐扩展领域，越来越显示出社会化、职能化特征，在清廷厉行党禁的背景下，这些社团大多带有疏离、抗争和批判朝政的倾向，正如费正清所说的那样，他们"不一定都是政府的革命派劲敌，然而他们的基本态度是与政府离心离德和对它抱有批判的意识"[1]。应该看到，晚清时代崛起的职能社团已经成为张扬趋新舆论、价值观念和科学生活方式的重要社会载体，它们急于以各种方式表达自我，牵引域外视听，改变旧时代沿袭下来的观念形态，这也正体现出媒介"告知、劝服和信息共享"的内在特征。近代中国城乡人口流动性较大，求学、仕进、经商、办学等活动更加剧了沿海、沿江等经济发达地区的信息流动。各种职能社团即背靠城市，辐射四方，既介入公共事业的创办，又以倡导新观念、新生活为己任，许多社团兼办报刊或阅书看报机构，试图以各种方式变化民质，改良社会。在这一点上，晚清社团组织通常与大众媒介、学堂生群体相互交织、互为倚重，它们在公共舆论和价值观念的扩张方式上呈现出各具千秋，彼此补偿的态势。本文区分大众媒介与辅助媒介，仅仅是遵从传播学的理论要求，并且也考虑到清末公共领域生成过程中的诸多制约因素。媒介形态的剖析，笔者认为是一种值得注意的参照角度和分析范式。当然，更为重要的是以此为视点，更客观全面地概括和修正关于公共领域与晚清政权的互动关系形态。

四 近代媒介文化视野中的社会与国家

晚清市民社会研究已经成为近年来史学界令人瞩目的一个重要课题，在研究过程中产生了两个焦点问题：一是晚清时期是否存在一个"市民社会"，其特征究竟如何？二是如果晚清时期确实存在"市民社会"，那么，它与晚清政权之间的互动关系如何？对这两个问题，

---

[1] [美] 费正清等编：《剑桥中国晚清史》下卷，中国社会科学院历史研究所编译室译，第391页。

西方学者与国内学术界均有涉及。对前一个问题，以萧邦齐（R. Keith Schoppa）、罗威廉、兰金等人为代表的西方学者将主要精力集中在19世纪末会馆、公所、书院、善堂、义仓和地方士绅的自治活动等课题的研究上，据此得出了中国在清末民初已经出现了类似欧洲市民社会或公共领域特征的结论。当然，这种观点也遭到了以孔斐力（Philip Kuhn）等人的反对。国内介入这一问题的学者较多，他们较集中地围绕着西方学者所忽略的商会问题而展开了研究，这些为数众多的个案性、实证性研究形成了史学界占主流的观点，在研究的过程中极力突出商会问题对市民社会研究的重要性，或者认为晚清社会已形成"市民社会"雏形，或者认为中国式的早期"市民社会"实质上是一个"绅商社会"。对第二个问题，国内史学界基于对商会、绅商自治、公所等课题的研究，大多认为晚清时期的"市民社会"与晚清封建政权之间是一种良性的互动关系，晚清市民社会雏形与封建国家之间形成一种既互相依赖，又互相矛盾、摩擦的复杂关系，其中，依赖的一面又占据着主导地位。除此而外，学者对晚清国家政权在市民社会形成中的作用和地位也作了探讨。

的确，近代时期政治国家对社会的控制相对松弛，传统的国家与社会重叠整合的局面被打破，伴随公共领域在各地区不同程度的扩张，市民社会因子由少到多、由弱趋强地滋生开来，以至于形成一种被学术界称为"市民社会雏形"的社会景况，这是较为可信的。占主流的学术观点均已考证并认定这一事实，但这种考证与认定几乎没有越出经济和社会分支系统的框架，诸如会馆、商会、公所、义仓、善堂以及地方绅士的自治活动之类，而且据此提出了政治国家与近代民间社会之间的良性互动关系说，可以断言，在经济—社会系统内，这种观点大概也不会有错。

多数学者基本上认定，对邦国（the State）和社会对立以至于分离进行理论考证，一直是西方史学界重要的研究课题。但是市民社会的孕生与良性发展亟须具备一个前提，按照托克维尔的意见，那就是应该增强与发展民间具有公共性格的"社会"（涵指民间的组织、社团等），这实际上就是倡扬建构那种独立于邦国之外的民营企业、私立学校、独立文化媒体、自治工会、社团等所构成的公共领域。这一过程在晚清时期即是将中国固有的传统意义上的民间社会（私性社会）实现近代意义上的转换,① 促其游离于邦国。这一过程是复杂的，涉及物质与精神、经济与政治，以至于文化等多个领域。前已述及，近代市民社会、公共领域是一个庞大复杂的体系，其中的公共精神体系、公共舆论状态这类文化系统从一个侧面展示着公共领域的公共精神品格和意识形态基础，它的运作具有自身的规律性，与政治国家互动关系的性质也有别于商会、义仓之类的经济—社会系统，这也是本文关注的焦点。

中国社会不同于世界各国的一个突出特征，就是氏族血缘关系的影响异常久远而且深刻，由此产生"家国一体"的邦国社会结合结构，它呈现日久弥坚，牢不可破的运作态势。这种情形至20世纪初年依然延伸下来。② 维系这种家国结合的重要纽带是封建社会的文化思想和意识形态。严格说来，支持封建政治国家的精神系统、文化系统是任何封建朝廷（也包括晚清政府）固守、经营的最后一道屏障。因之可以理解，扼杀"异端"思想、文化以及潜在的"腐蚀性"舆论是历代封建王朝自始至终的政治观念。清代的文字狱、洋务运动中的"中学为体"，都表明了这种固守封建文化系统的强韧和顽固。士人结社植党曾被历代统治者视为"朋党干政""异端之源"，坚决禁绝。清顺治朝的礼部曾制定学宫条款，严禁诸生"纠党多人，立盟结社，把持官府，武断乡曲"，至顺治十七年更有严禁结社的上谕："士习不端，结订社盟，把持衙门，关说公事，相煽成风，深为可恶，著严行禁止。"③ 时至20世纪初年，对学堂学生仍采取禁锢封闭的政策，清末制定的"学堂禁令"共有12节，其中前七节规定："第一节，学生在学堂以专业学习为主，凡不干己事，一概不准预闻；第二

---

① 按林毓生先生的观点，传统中所谓民间社会，用英文来翻译，大概应作 private society，那是以家长式结构所组成的、"私"的性质很强的民间组织，如行会、帮会、寺庙等，不能与现代的 civil society 相提并论。参见林毓生《热烈与冷静》，上海文艺出版社1998年版，第248页。

② 20世纪初，梁启超尚作如下评价："吾中国社会之组织，以家族为单位，不以个人为单位，所谓家齐而后国治是也。周代宗法之制，在今日其形式虽废，其精神犹存也。"参见梁启超《新大陆游记》，《梁启超选集》，上海人民出版社1984年版，第432页。

③ 谢国桢：《明清之际党社运动考》，商务印书馆1967年版，第251—253页。

节，各学堂学生不准干预国家政治及本学堂事务，妄上条陈；第三节，各学堂学生不准离经畔（叛）道，妄发狂言怪论，以及著书妄谈刊布报章；第四节，各学堂学生不得私充报馆主笔及访事人；第五节，各学堂学生不准私自购阅稗官小说、谬报逆书，凡非学科内应用之参考书，均不准携带入堂；第六节，各学堂学生凡有向学堂陈诉事情，应告知星期值日学生，代禀本学堂应管官长，不准聚众要求藉端挟制、停课罢学等事；第七节，各学堂学生不准联盟纠众、立会演说，及潜附他人党会。"① 如此，"士"作为封建文化载体的角色已被牢牢锁定。近代大众媒介崛起后清廷仍厉行严控，意图自然也是将各种类型的媒介约束在封建文化统治秩序之中。针对国民舆论和意识形态给晚清封建道统观念和文化秩序造成的腐蚀倾向，清廷自始至终采取了固守这块文化领地的态度，在主观上从未产生过让渡其文化舆论空间的想法。即便是在1906年清政府宣布"预备立宪"这样相对宽舒的政治环境下，朝廷依然加强对媒介文化的控制。清廷上谕曾宣称，"裁决舆论，仍自朝廷主之。民间集会、结社暨一切言论、著作，莫不有法律为之范围"，据此提出除了"妥速议订"报律外，还应拟订政事结社条规，"迅速奏请颁行"，"倘有好事之徒，纠集煽惑，构酿巨患，国法具在，断难姑容，必须从严禁办"②。《大清报律》即规定："诋毁宫廷之语，淆乱政体之语"，"报纸不得揭载"。行政手段与立法手段是清廷控制民间舆论和媒介趋向的两种主要工具。

相比之下，受"商战"思潮促动，也迫于时局困顿，新政初期以"民治"辅助"官治"的"商会"首先获得合法地位，得到国家政权的扶持与保护。可以说，相对于绅商自治、商会、义仓之类的社会经济系统，文化系统游离于封建政治—文化樊笼的艰难性自然要大得多，游离过程中的政治疏离和批判精神理所当然地多于对封建政权及其道统体系的依赖和支持。晚清大众媒介倾向于以进化、竞争、自由、民主、科学、平等、个性、实用等近代西方资本主义的文化价值

---

① 张之洞：《奏定学堂章程·各学堂管理通则》，沈云龙主编《近代中国史料丛刊》(723)，文海出版社1973年版，第89—90页。
② 《德宗景皇帝实录》卷583，《清实录》第59册，中华书局1987年影印本，第707—708页。

观作基准，无一不在销蚀着封建传统的文化资源，发展成为封建国家政权的批判力量，以至于形成颠覆晚清政权的"黑血革命"工具，①孙中山曾对此加以评论："此次民国成立，舆论之势力与军队之势力相辅相成，故曾不数月，遂竟全功。"② 这种情况与近代崛起的商会、公所、市政管理阶层等社会和经济系统有着较大的差异，从理论上看，尽管近代资本力量和近代文化力量同属于颠覆封建政权的最终因素，但发生作用的方式和运作规律的差异，完全可能使得它们与晚清政权之间的互动关系呈现不同的性质。社会矛盾运动是复杂的，社会历史学说也就不可能简单，揆诸晚清史实，近代媒介文化视野中的社会与国家关系很难断定为良性互动关系，从颠覆晚清政权这一角度来看，上述两个市民社会的分支系统恰好处于不同的地位。

多数学者注意到，近代长江中下游城市是公共空间发展比较成形的地区，无论是商会力量、市政管理阶层，还是近代文化系统，在这一地区都呈现迅猛发展的态势。就近代媒介的发展来说，湖北地区的情况更引人注目，③该省自1866年始创报刊至1913年辛亥革命失败的48年间，共创办报刊144家，其中外国人办29家，官办23家，民办92家。在这期间，1866—1902年是近代媒介的初创时期，总计创办15家，其中外国人办11家，官办3家，民办仅1家，民办媒介只占0.7%；而1903—1913年则是该地区近代媒介的全盛期，共创办129家，其中外国人办18家，官办20家，民办91家，民间媒介上升到78.3%，后期为前期的91倍。在这些媒介中，既有科普格致之类的报章杂志，也有改良风俗、变化民质的立宪型报刊，当然也有鼓吹种族革命的革命派媒介，诸类媒介在晚清民族危机与种族危机交加的背景下，互相呼应，终于演成颠覆封建政权的文化力量，时人在总

---

① 梁启超：《鄙人对于言论界之过去及将来》，《庸言》第1卷第1号，1912年12月1日。
② 孙中山：《致武汉报界联合会函》，《孙中山全集》第2卷，中华书局1982年版，第336页。
③ 以下报刊的创办数字参见刘望龄《湖北的舆论导向与武昌起义的成败》，中华书局编辑部《辛亥革命与近代中国——纪念辛亥革命八十周年国际学术讨论会文集》下册，中华书局1994年版。

结历史经验时无不认为："辛亥革命是报馆鼓吹出来的。"① 实际上，媒介的批判倾向可以再向前追溯，早在戊戌期间守旧党与维新党阵线分明的对垒中，70种由中国人主办的报刊媒介"没有一家拥护前者的观点"，"几乎全部以中国的启蒙和改革为宗旨"②。"监督政府""向导国民""扶导民党"成为众多媒介的宗旨，《警钟日报》公开告白："以监督政府、扶导民党为己任，明目张胆披露天下，神奸鬼丑难逃镜中。"③《大公报》以"力祛政界之蠹害为第一要义"，"斥官吏贪残"，"考求利弊之所在"。1904年《印送〈警世钟〉缘起》中曾有评论："欲人人有国民思想，舍教育不为功。顾教育之为效也，远之百年，近亦十年，患已切肤，其何能待？""救急之方，其必自多刻通俗之书始也。"晚清崛起的白话报刊不但在语言形式上抛弃了官方样式，而且在内容上常常是"表面普及常识，暗中鼓吹革命工作"，晚清创刊的"一百多份白话报中，倾向维新和革命立场的占了绝大部分，尤其具革命立场的占了大比例"④。即便是晚清新政的产儿——学堂生群体，它与职能性社团中的多数组织一样，也成为反清情绪扩散的重要渊薮。1908年年初《中国日报》的评论极富证明力，"党势之潜伏于隐微，而或为秘密之运动，或为笔舌之招徕者，其势力较之刀锋炮子为尤烈"，"目下中国内地之青年学子，悬重金以购民族书报者实繁有徒，此等人之在清国境内，不啻劲敌之埋伏暗陬，有足制满人之死命者。无怪清政府之禁开会演说及禁民族书报，如临大敌，方之派兵剿乱为尤汲汲不遑也"⑤。由此可以推论，从广义媒介形态入手来分析的清末公共领域中，文化系统与封建政权之间并非一种良性互动关系，二者之间冲突多于弥合，制衡多于依赖。后来辛亥时期"国体丕变"中的文字"鼓吹之功"，新文化运动时期的"全盘反思""打倒孔家店"等，均属公共舆论空间批判精神的一脉相传。

---

① 秋虫：《武汉新闻史》，第22页，转引自刘望龄《湖北的舆论导向与武昌起义的成败》。
② 徐雪筠等：《上海近代社会经济发展概况》，第95页。
③ 《铁良与警钟报》，《警钟日报》1904年11月24日。
④ 陈万雄：《五四新文化的源流》，第160页。
⑤ 《今年以来之党势》，《中国日报》1908年1月25日。

这里的疑点在于为何同处在公共领域之内，经济—社会系统（诸如商会之类）与封建国家政权基本上呈现良性互动关系，而文化系统则正好相反？有学者认为研究晚清时期国家与社会的互动关系，应关注两个方面，既要从国家的面向看，也要从社会的面向看，由此梳解两者之间互动关系的性质。① 的确，这种分析方法能够合理地排比处理关键的材料，以解释上述疑点。与商会等组织相比，广义媒介所创构的文化系统，其孕育、发展过程中远没有得到政府支持和奖掖的荣耀。如果说封建政权也对文化系统产生过影响的话，那仅仅是清末新政所带来的相对宽松的客观环境及无可奈何的失控状态，在主观上封建国家并未让渡其最后的阵地。清末有限的公共舆论空间是媒介力量"趁清政府的社会控制相对松动之机，顽强地自我生长，争取生存和发展的空间"②的结果。也可以说，在主观上，民间媒介较少所谓的"以民治辅助官治"动机，相反，其侵蚀封建国家文化和意识形态的一面占据了主导地位。自然，研究晚清的市民社会问题不得不注意民间文化阶层与封建政权的对峙问题，这种"对峙"是过程性的，舆论的流变受国家环境和世界大势的影响而存在着阶段性，前期和后期的舆论走向和舆论内容有较大的变化，政治疏离的强度也就呈现出过程性和变动性的特征。近代社会是一个过渡性极为明显的社会，那么，运作于其中的公共舆论和近代文化形态也就不能不呈现出这种过渡化的倾向。

尤其不应忽视的是商会一类经济社会系统与媒介文化系统尽管同构于公共领域，但两者存在着重大的差异，这是理解晚清公共领域中不同阶层和力量与封建国家互动关系的关键问题。桑兵先生在有关课题的研究中也曾关注这一现象，并作过精彩的对比。首先，"由以士为主的开明士绅和学生组成的社团"媒介侧重于自由平等的理想追求，以输入文明、培育国民为主要目标，大都从事宣教活动，很少介入权力竞争；而"得到官方承认或鼓励，以绅商或绅为主体的社团"

---

① 朱英：《关于晚清市民社会研究的思考》，《历史研究》1996年第4期。
② 桑兵：《清末新知识界的社团与活动》，生活·读书·新知三联书店1995年版，第289页。

则侧重于实际经济利益与社会权力的争夺控制，试图通过结社达到分享权力的目的，不仅继续保持对基层社会权力的垄断，而且借兴民权之名扩展绅权，参与地方乃至中央政权。其次，前者努力成为全体国民的代表，较少群体私见，反对皇权官权，争取民权，对上要求民主，对下代表民意，社团内部也实行民主制；后者则首先表达和维护本群体的意愿，甚至不惜牺牲其他群体的利益以实现其目标，对上主分权，对下主集权，担心实行普遍民权反而会威胁其既得利益，其权力来源更多地决定于地位、声望、财富及社交因素，而并非组织成员意见的向背。最后，前者明显具有反抗官府离异朝廷的意向，后者与官府朝廷则是一种既互相依存又明争暗斗的关系。"两类社团的差异，表明近代中国的士与绅，或投靠文教事业的士绅与从事其他利权事业的士绅（或绅商）在发展趋向上有所不同。"① 两个系统对封建国家的政治疏离程度、发展趋向和内部运作的规律等方面的差异是明显的，这直接制约着它们与政治国家之间各自不同的互动关系状态。"良性互动关系"学说仅仅反映了以近代商会为中心的经济—社会系统的基本情况，它实在不足以涵括晚清时期市民社会或公共领域的整体概貌。在晚清市民社会研究问题上，必须考虑到地域性、行业性以及市民社会中各个系统的差别，它们都足以使公共领域的"公共性格"异彩纷呈。晚清市民社会尽管处于"雏形"阶段，但这并不意味着它是单一社会经济系统的组构；公共领域尽管是"公共的"，但决不可以简单化约。

原载《近代史研究》2000 年第 2 期，收入本书时有修改。

---

① 桑兵：《清末新知识界的社团与活动》，第 290 页。

近代组织传媒与晚清
公共舆论的扩张

公共舆论的孕育与发展是中国晚清时期社会近代化的一项重要指标，它主要是指一个公民团体正式或非正式地对以国家形式组织起来的统治机构进行批评和监督，这也是晚清国家与社会研究的重要课题。公共舆论的形成需要具备一个前提，即它必须以一种拥有理性能力的媒介群体的崛起作为先决条件。晚清媒介的总体形态基本上呈现出层次较多而又相互粘连的特征，大众媒介与组织媒介交相网织的格局已渐次形成。关于大众媒介的论题学术界已有较深入的研究，本文拟从晚清时期的组织传播媒介切入，以观照这一时期公共舆论与媒介形态的正相关形态。

一 传播媒介：一种市民社会发育程度的分析工具

传播是社会得以形成的工具。传播（Communication）一词与社区（Community）一词有共同的词根，这绝非偶然——没有传播，社区无从产生。传播行为的实现却要依赖于媒介（Media）的运作，因而可以说"媒介"网络着社会，营构着社会的变迁与发展。20世纪以来，西方社会科学界一些有影响的专家学者从传播角度探讨了"社会"与"国家"分离的问题。意共前领导人葛兰西专门从文化传播的角度审视了市民社会的构成，他认为，市民社会主要是各种私人或民间机构的总称，包括教会、学校、新闻舆论机关、文化学术团体、工会以及政党等，在葛氏视野中，市民社会即是一个"文化—意识形态关系"的领域,是统治阶级实现"文化领导权"和革命阶级建立对立的权力系统的主要领域。① 20世纪中后期,当代德国最有影响的思想家J.哈贝马斯在其《公共领域的结构转换》(1962年)等著作中,探讨了欧洲的商会、俱乐部、咖啡馆、出版社、报纸和杂志以及其他发表公众意见场所的历史。他认为,随着资本经济因素的出现及其所导致的个人解放,由这些公众意见"场所"(即"对话场所")所构成的公共空间日益扩展,它既是瓦解中世纪社会的基础性因素,也成为现代意义上的公共空间的雏形。哈贝马斯指出,他最初关于欧洲"公共领域"(或"市民社会")出现的论点,主要来源于新文学流派的发现,例如《观众》(The Spectator)等符合大众口味的小说和杂志,以及新的商业报刊所体现的"新闻和信息的商品化"。他所定义的"公共领域"有两个特征,它既是公共舆论表达的场所,这种表达又不受高压政策的强制。70年代以来,有些研究欧洲(特别是法国)早期历史的学者,如戴维斯(Natalie Zemon Davis)、达恩顿(Robert Darnton)和恰提尔(Roger Chartier),相当细致地考察了文学和不断发展的出版业以广泛多样的形式重塑公众舆论的情况,发现它们已远远超出了"政治出版物就等于政治化了的公众舆论"的简单公式。② 在兰金对中国的研究中也初步揭示出这一基本的倾向,他认为,只是在太平天国革命以后,随着商业性报刊的出现,"公论""公议""民心""舆论"等才开始超出直接的地方利益争端,也才被看作抽象理智的具体化。因而可以说由传播媒介角度来探讨社会形态发育程度的尝试由来已久,但是将其运用于东方民间社会形态的研究则是刚刚起步。

从麦克卢汉那一引起争议的"媒介就是信息"到丹尼尔·杰·切

---

① [意]安东尼奥·葛兰西:《狱中札记》,葆煦译,人民出版社1983年版。另参阅何增科《市民社会概念的演变》(《中国社会科学》1994年第5期)对其理论观点的分析。

② [美]娜塔莉·泽蒙·戴维斯:《近代法国早期的社会与文化》,斯坦福大学出版社1975年版,第189—227页;[法]罗杰·恰提尔:《写作的实际影响》,见菲利普·阿里耶斯和乔治·杜比编《私人生活史》第3卷《文艺复兴时期的情感》,哈佛大学出版社1989年版,第111—159页;[法]罗杰·恰提尔:《法国革命的文化动因》,北卡罗来纳州杜克大学出版社1991年版。

特罗姆的"每一种传播媒介都是制度发展、公众反映和文化内容的渊源"①，这些观点尽管有的论者不以为然，认为它浸淫了技术决定论的因素，但上述观点至少申明了媒介在社会变迁中的重要作用。据此来考证爬梳晚清媒介结构和发展形态及其与公共领域中的公共舆论问题便不是多余的。

根据丹尼斯·麦奎尔的看法，"大众传媒由一些机构和技术所构成，专业化群体凭借这些机构和技术，通过技术手段（如报刊、广播、电影等）向为数众多、各不相同而又分布广泛的受众传播符号的内容"②。麦氏这一界说，仅仅着眼于现代大众传播媒介的特征，未涉及媒介的历史概貌，因而是不完整的。就历史发展的角度看，媒介最起码经历了口语、书面、印刷和电子传感四个阶段。正是在这个意义上，美国传播学界的重要奠基人威尔伯·施拉姆即主张：必须把大众媒介出现之前就已经存在的能够表达意思的鼓声、烽火，以至于宣讲人和集市都归于媒介一类，因为它们都扩大了人类进行交流的能力。③这种界定已经关涉到媒介的广义层次，笔者准备在这一层面上解释晚清媒介的形态、结构和功能。

二 组织传播媒介、晚清公共舆论扩张的重要酵母

本文关注的组织媒介主要是指清末兴起的学堂生群体和功能性社团等信息传导的中介组织。从清季末年公共领域的生成机制上看，它们又基本上相当于哈贝马斯关注的"咖啡馆、沙龙、党派"等舆论媒介。作为公共舆论的最基本单位，它们实际上是一个个趋新性的舆论圈，由其内部向外围世界传承域内信息，增强界内人士对社会的渗

---

① 分别见于麦克卢汉与昆廷·菲奥尔于1967年出版的一本书的标题，它反映出麦氏对媒介重要作用的看法，参见［美］丹尼尔·杰·切特罗姆《传播媒介与美国人的思想》，曹静生、黄艾禾译，中国广播电视出版社1991年版，第199页。
② ［英］丹尼斯·麦奎尔、［瑞典］斯文·温德尔：《大众传播模式论》，祝建华、武伟译，上海译文出版社1987年版，第7页。
③ ［美］威尔伯·施拉姆、［美］威廉·波特：《传播学概论》，何道宽译，中国人民大学出版社2010年版，第121页。

透和影响力度，由此形成晚清公共领域重要的内驱力因素。按照威尔伯·施拉姆对媒介类型和含义的论述，从晚清公共空间实际生成和扩展的范围来看，近代社会次第登台的学堂生群体和各种功能性社团等社会有机组织，曾以辅助媒介形态填补了大众媒介的某些不足，事实上也成为清末公共空间中公共舆论的激活性因素，在近代市民意识形态由省垣市镇到乡村的辐射和蔓延中发挥了传承中介的作用，有学者喻之为"天然媒介"或"辅助传播网"①，笔者干脆视之为组织传播媒介，以对应于大众传播媒介。

传播学界曾经提出过一种"两级传播论"或"N级传播论"假说，注重传播效果和过程中的中介因素（Mediating factors）的存在价值。根据拉扎斯菲尔德的两级传播论假说以及克拉珀的中介因素理论，晚清社会的实际传播程式应该是如图1这样的：

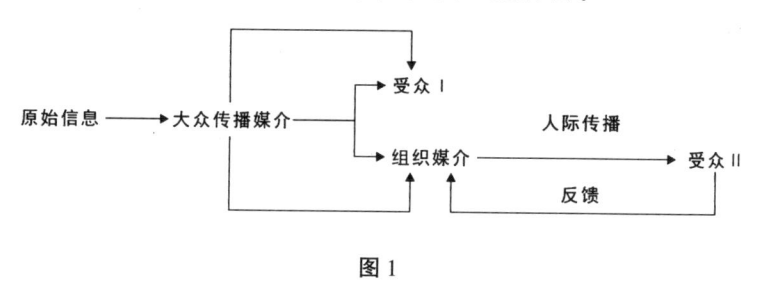

```
                        ┌──────────→ 受众Ⅰ
原始信息 ──→ 大众传播媒介 ┤                    人际传播
                        └──────────→ 组织媒介 ──────────→ 受众Ⅱ
                              ↑         反馈
                              └─────────────
```

图1

此程式在清末的运作，有一点需要说明，即大众传媒面对的是两种类型的受众："受众Ⅰ"表明那些已经接触书刊报章等传媒而且有能力感知其中的信息含义，并有能力做出自己反应的人们，这一群体大约是近代社会中的士、绅等受过较多教育的社会主体；"受众Ⅱ"则是一个庞大的无缘接触媒介或缺乏接受信息内容并做出反应能力的人们，这大约是指下等社会阶层或边远地区的人群。相比之下，后者的人口、地域和范围要远远地大于前者，因而探讨晚清公共领域的发展程度或规模时必须关注这一事实前提。研究大众媒介的结构形态时人们曾经注意到，它主要是以文字印刷形式传输辐射的，这种形态要求有相应的文化受众群体的大量提供，但是清末社会民众的低程度文

---

① 桑兵：《晚清学堂学生与社会变迁》，学林出版社1995年版，第13、400页。

化水平现状显然是不能够胜任的,①况且传播技术和网络的低程度现状,日益显示出"舆论中介机构"的极端重要性。晚清渐次崛起的学堂生群体和各种功能性社团正处于大众媒介的边缘,并且多以组织形态来运作,因之称其为组织传播媒介实不为过。

废科举、兴学堂是中国教育史上的重大转折,晚清政权将其视为新政的重要举措,并寄予厚望,"广学育才,化民成俗,内定国势,外服强邻,转危为安,胥基于此"②。但实际运作的结果却背离了清末统治者的初衷,两种从内容到形式根本对立的教育制度,适逢晚清的重大变局,效应与结果实难契合。本文关注晚清学堂生群体的视点有二:其一,学堂在1904—1909年得到长足发展,学堂生的规模也就急剧膨胀,由1905年之前的258873人跃升至1909年的1638884人(不含军事、教会的学堂生),③总计辛亥时期国内学生总数在300万人左右。这一群体是构成近代市民社会的一个重要阶层,作为公共领域中的能量较大的群类,对同处于该空间中的商人阶层、绅士群体等都具有牵引、制约的互动效应,由此规约着市民社会的发展走向,故此不应忽略对它的研究。其二,就本文关注的晚清媒介形态的视点而言,这一阶层又加强了大众传媒的辐射影响,作为组织媒介它直接地扩展着公共舆论空间,承当起哈贝马斯关注的"沙龙、咖啡馆、俱乐部"等"对话场所"的角色。依据清政府的规划,专门学堂一般集中于通都大邑,府、县及乡镇依次为中学、高小、初小及蒙学,这样便形成一种阶梯式的学堂布局形态,它在信息传导方面的重要意义在于上下互动、双向传感机制的确立,进而演成"学堂—家庭—社

---

① 20世纪30年代,巴克曾对中国22个省的308个县进行了抽样调查,发现有30%的男性和1%的女性只具备读懂一封简单家信的文化程度;晚清时期的景况不会比这个水平更理想。《万国公报》曾撰文指出:"四万万人中,其能识字者,殆不满五千万人也。此五千万人中,其能通文意、阅书报者,殆不满二千万人也。此二千万人中,其能解文法、执笔成文者,殆不满五百万人也。此五百万人中,其能读经史、略知中国古今之事故者,殆不满十万人也。"参见古黔孙鉴清《论中国积弱在于无国脑》,《万国公报》第183册,1904年4月。

② 张勇主编:《中国思想史参考资料集·晚清至民国卷》上编,清华大学出版社2005年版,第189页。

③ 《学部之教育统计》,《民立报》1911年2月28日。

会"信息传输的逻辑链条。

甲午战后,"学者不在斗室蓬庐,而在梯山航海","尽吾力,竭吾能,焦吾唇,敝吾舌,洒吾血泪,拼吾头颅,以唤醒国民"成为多数学生的主流意识。① 各地学生在感知大众传媒的信息后,"无不广演其说"②,上海、安庆、保定、杭州、武昌、南京、长沙、南昌等地的学堂生群体以演说会为主要传播形式,致力于对下层民众进行启蒙宣传。上海补余学堂的文学会"专以开通下等社会,激发他的爱国心,使他晓得国耻国仇,力图恢复"作为宗旨,③ 并制作了《明耻图》,极受下层群众的欢迎,一月之内便销出数千张。许多学生在假期中,也通过"演说会"的方式以"唤起国民思想,开通下流社会",爱国学社、南京水师学堂、南洋公学、浙江大学堂的学生群体联袂演讲,"入座听讲者,上自士林,下至贩夫走卒,每日有五、六、七百人,座为之不容"④。固定场所演讲与巡回演说相结合,颇受民众的欢迎,"演说到慷慨悲愤之处,四座拍掌之声如雷"⑤。除此而外,学堂生模仿大众传播媒体形式,积极编辑新式书报,广为发行,以求新知识的广泛播撒。晚清众多的大众传媒也以趋新学堂为发行代办点,例如《中国白话报》发刊后,湖南学生集资订购数百份,"以分送其乡人"⑥;成都学生"创设学会,撰报译书著论,通行于四乡,推及于全省"⑦。风气闭塞的集镇乡村,有子弟在城市读书的家庭往往成为当地新知识、新舆论的扩散中心,由这样无数个星罗棋布的信息承转点联结成晚清公共舆论传导的基层网络,打破了千百年来田园生活的宁静,使人们越来越强地感受到外部世界日新月异的变化,无怪乎当时开明之士慨然赞叹:"今吾国各省之同胞,幸各能汲汲以播布文明于其乡土为己任,故亦渐觉骎骎日上,城野改观。而其进步之

---

① 《曹君梁厦致同里李某书(续第十号)》,《童子世界》1903年4月20日,总第15号。
② 绿意轩稿:《民权问答编》,《东浙杂志》第4期,甲辰(1904年)十二月。
③ 《文明绍介·各种结会》,《中国白话报》1904年3月第8期。
④ 《论常州武阳两县令之荒谬》,《苏报》1903年5月30日。
⑤ 《纪常州演说会事》,《苏报》1903年3月23日。
⑥ 《〈中国白话报〉广告》,《警钟日报》1904年4月8日。
⑦ 李德夫人:《成都天足会近状》,《万国公报》第186册,1904年7月。

速者，则已见教学之校相望于郊畿，阅报之人遍于妇孺，有藏书之楼，有俱乐之部，有体操之场，有演说之坛，有议政之会"①，这的确是反映了清季末年公共空间舆论传导和信息交汇的客观形态。功能性社团是时下知识界对晚清文化领域渐次创设的各种"学会""会""社""公会""学社"和"会馆"等知识启蒙、政教宣传、风俗改良和公共服务等方面职能组织的一种涵括性称谓。

功能性社团产生的动因似乎可以从晚清文化领域的觉醒、合群意识的增强等层面来理解，他们借此扩展群体意识，强化界内活动能量，凸显挣脱封建皇权的公共意识，这从另外一个侧面显示出民间社会与清末政权开始疏离的总体倾向，作为晚清公共领域研究的重要课题，似乎更应该受到重视。本文着重从媒介学意义上来检视其特有的舆论信息的传导和中介功能。

作为清末公共领域中的激活因素，功能社团初始于戊戌时期的政治性学会，此后逐渐扩展领域，越来越显示出职能化、功能化特征，并且大多带有疏离、抗争和批判朝政的倾向，正如费正清所说的那样，他们"不一定都是政府的革命派劲敌，然而他们的基本态度是与政府离心离德和对它抱有批判的意识"②。根据前人研究，戊戌时期是功能社团竞起的高峰，时间也相对集中，仅1897年、1898年两年计有近60个社团组织产生，③其间横跨了政治、经济、算学、地理、农业、戒烟、女学、格致等十几个类。据张玉法先生统计归纳，此期间社团介于学术与政治之间的达23个，占总体的38%；介于学术与文化之间者计7个，占10%；介于学术与教育之间者为11个，占16%；介于学术与农业之间者4个，约占6%；纯粹以研究新学为目的者计13个，占19%；目的不详者共8个。④戊戌政变后，这些组织大多陷入停顿。20世纪初，受晚清新政的影响，趋新性社团再度

---

① 《福建之现势》，见黄藻编《黄帝魂》，第201页。
② ［美］费正清等：《剑桥中国晚清史》下卷，中国社会科学院历史研究所编译室译，第391页。
③ 据闵杰《戊戌学会考》（《近代史研究》1995年第3期）所列资料统计。
④ 张玉法：《清季的立宪团体》，"中研院"近代史研究所1985年版，第179—184、210—212、216页。

崛起，类型和规模也较戊戌时期为多，并且相对成熟。①

近代中国城乡人口流动性较大，求学、致仕、经商、办学等活动更加剧了沿海、沿江等经济发达地区的信息流动。各种功能社团背靠城市，辐射四方，既介入公共事业的创办，又以倡导新观念、新生活为己任，许多社团兼办报刊或阅书看报机构，试图以各种方式变化民质，改良社会。绍兴教育会的创办即充分考虑到作为媒介因素对外界的影响力度，从而将创设地点作了调整，"初府中人士之有志者冀于府中建设公众学堂，以不集众力不足以成事，乃于府中组织一会"②，然而考虑到"力之不厚"和"非所以振动全郡"，故而"众议速设绍府教育会于沪上"，这也正是基于"上海全国交通之毂辐也，内之可以输进文化，外之可以联络声气，非于此设一教育会以媒介之尤不可。且上海者，欧化输入之第一步，无论士商□□必多见闻，工比例，视内地各省为开通者也"③。就媒介传播的效应而言，上海这样的"风气较各省为先"而且处于"交通毂辐"的位置，自然使较多的趋新社团创设于此。据统计，戊戌时期的功能社团约计24%设于上海，④1901—1904年的新知识界社团也达42个之多。

传播媒介的文化意义在于：人类可以将某一时空下的文化信息、舆论形态变为一个群体乃至全人类共享的财富，人类社会形态的递嬗与传播媒介形态的结构性演变呈正向相关，不可揆离。晚清时代崛起的功能社团堪称张扬趋新舆论、价值观念和科学生活方式的重要社会载体，它们急于以各种方式表达自我，牵引域外视听，改变市民的既成观念形态，这也正体现出媒介"告知、劝服和信息共享"的内在

---

① 据桑兵先生统计，1901—1904年，国内先后建立各种新式社团271个（不含分会），其中教育会21个，不缠足会34个，演说会25个，体育会17个，学生会26个，爱国团体1个，科学研究会18个，文学、戏曲、写真等艺术团体16个，妇女团体16个，实业团体17个，卫生及风俗改良组织8个，师范研究会5个，宗教性团体1个，其余为混合型。参见桑兵《清末新知识界的社团与活动》，生活·读书·新知三联书店1995年版，第274—276页。

② 杜士珍：《论沪上建设绍兴教育会事》，《新世界学报》第11期，1903年2月27日。

③ 《蔡君民友演说绍兴教育会之关系》，《苏报》1903年3月12日。

④ 据闵杰《戊戌学会考》（《近代史研究》1995年第3期）提供的资料计算。

特征。作为清末公共空间的黏合剂,近代知识界社团的媒介性功能既反映在其创设宗旨方面,也渗透在它的各种活动中。戊戌时期兀然而现的近代社团备受人们关注,兹以此为例,粗略观照其"传播媒介—公共意识"的舆论中介倾向见表1。①

表1

名称	创设年份	宗旨或思想倾向
新学会	1895年或更早	"振兴教学","切磋人才","讲求天算、政法、兵学、医学、格物各种学术,总其名曰新学",1897年办《新学报》
明通学会	1896	"考求当世之务","联络英俊,广集思益"
群萌学会	1897	以辅仁益智为宗旨,广为藏书,供会友阅览,期望"群学可由此而萌"
积益学会	1897	讲求有用之学,以现设经济科6门为主。集同志相互磋励,故名积益。以讲学为入手之方
知耻学会	1897	知耻"莫如为学",主张"购集图书,私相讲习","通耻以倡于天下"
质学会	1897	"斯会大旨,意在劝学,务崇质实",倡导"中体西用"
化学公会	1897	"欲自图强,在兴格致;欲兴格致,先兴化学"
译书公会	1897	"本公会志在开民智、广见闻,故以广译东西切用书籍、报章为主,辅以同人论说"
蒙学公会	1897	"务欲童幼男女,均治教化为主","公议先以书报为起点,而以学会为归宿"
苏学会	1897	多购书籍以增智慧,定期讲习,以证见闻,不开标榜之门,力屏门户之见,远师亭林有耻博文之宗旨,近法校邻采西益中之通论
医学善会	1897年筹组	开医会以通海内海外之见闻,刊医报以甄中法西法之美善,立医学堂选高才之士以究其精微,设医院,循博施之义以济贫乏

---

① 据汤志钧《戊戌变法史》(人民出版社1984年版)第198—208页、闵杰《戊戌学会考》、张玉法《清季的立宪团体》第199—206页等资料择编而成。

续表

名称	创设年份	宗旨或思想倾向
致用学会	1898	以延算学师教授本会同仁子弟为主旨,并广购中外有益之报,供同志阅览。除教学外,以每旬初一为集会之日
任学会	1898	立志在宏毅,以能力任艰巨为主,以练习学问、物色英才为入手之方。讲求德行、言语、政事、文学。拟办报章、立学堂、派游历、设书室、刻印时务书籍。每年大会一次,两月小会一次
学战会	1898	以联通群力、振兴新学为主,取兵战不如商战,商战不如学战之义
公法学会	1898	专讲公法之学,凡各国互立新旧约章,须切实讲求,会中置中外书报,并讲学,每旬聚会两次,互相讨论
白话学会	1898	提倡白话文,认白话文为维新之本,办《无锡白话报》《中国官音白话报》,设白话书局
废时文会	1898	以废除时文,改革科举为宗旨
奋志学社	1898	讲求吏治,研讨时务
工商学会	1898	创《工商学报》
蚕学会	1898	以考求养蚕新法,推广于民间为宗旨
镇江学会	1898	鸠集同志,以朋友讲习……群多士之智识,以互易聪明
皖学会	1898	崇圣教,联乡谊,讲经济,开风气

相比而言,20世纪初期的功能社团较之戊戌时期的社群团体,在组织建制和理念追求上更趋向西方近代民主的形式和内涵。就媒介的影响力来说,无论在鼓化文明、启牖民智方面,还是在扩张群体意识公共精神方面,前者要大于后者,这一点从社团组织创设布局的比较密度上可资证明。戊戌时期的学会、学社大都创于省垣通衢之处,而20世纪初则由大城市嬗递到中上城镇,城乡之间的信息流动更趋增强。尤其是江南发达地区更是走在其他省份的前列。常熟到1903年时已先后设立过开智会、音乐会、体操会、师范讲习会、教育会支部、明理会、体育会、通学会等;① 松江地区则创有幼童会、书报会

---

① 《常昭调查一斑》,《江苏》第11、12期合刊,1904年5月15日。

各两处,体操会三处、化学研究会、音乐讲习会、师范讲习会等;① 温州瑞安则创体育会六七处,以及演说会、学生会等;② 广东西洋堡则有教育会、演说会、阅报会和女学会等。③ 一定地域内相对集中地布设了多种功能团体,既反映了它们作为创新媒介活动能量增强的趋势,又有力地证明了近代公共空间地域性的扩张。

晚清社团组织,通常是与大众媒介、学堂生群体相互交织、互为倚重,它们在公共舆论和价值观念的扩张功能上呈现出各具千秋,彼此补偿的态势。本文区分大众媒介与组织传播媒介,仅仅是遵从传播学的理论要求,并且也关涉到清末公共领域游离过程中的诸多制约因素。媒介形态的剖析,笔者认为是一种值得注意的参照角度和分析范式。当然,更为重要的是以此为视点,更客观全面地概括和修正关于晚清封建政权与公共舆论的互动关系形态。

三 组织传播媒介视野中的社会与国家

学术界有一个基本的倾向,认为社会与"邦国"的分离是近代市民社会研究的重要课题,这一分离过程是复杂的,涉及物质与精神、经济与政治,以至于文化等多个领域。占主流的学术观点业已考证并认定这一事实,但这种考证与认定几乎没有越出对经济和社会分支系统内的历史关怀,诸如会馆、商会、公所、义仓、善堂以及地方绅士的自治活动之类,而且据此提出了政治国家与近代民间社会之间所保持的良性互动关系说,可以断言,在经济—社会系统内,这种观点大概不会有错。近代市民社会、公共领域是一个庞大复杂的体系,其中的公共精神体系、公共舆论状态这类文化系统展示着公共领域的公共精神品格和意识形态基础,它的运作具有自身的规律性,与政治国家互动关系的性质也有别于商会、义仓之类的经济—社会系统,由组织传播媒介角度来观视这一现象是本文关注的焦点。

---

① 《学界汇闻》,《警钟日报》1904年8月14日。
② 《国民日日报》1903年9月24日、27日,此参见桑兵《清末新知识界的社团与活动》,生活·读书·新知三联书店1995年版,第280页。
③ 《记女学会》,《女子世界》第8期,1904年8月11日。

严格说来,支持依附于封建政治国家的精神系统、文化系统是任何封建朝廷(也包括晚清政权)固守、经营的最后一道屏障。因之可以理解,扼杀"异端"思想、文化以及潜在的"腐蚀性"舆论是历代封建王朝始终如一、不容更化的政治观念。清代的文字狱、洋务运动中的"中学为体",都表明了这种固守封建文化系统的强韧和坚定。士人结社植党曾被历代统治者视为"朋党干政""异端之源",坚决禁绝。清顺治朝的礼部曾制定学宫条款,严禁诸生"纠党多人,立盟结社,把持官府,武断乡曲",至顺治十七年更有严禁结社的上谕:"士习不端,结订社盟,把持衙门,关说公事,相煽成风,深为可恶,著严行禁止。"[1] 时至20世纪初年,仍强调新政学堂的立学宗旨为"均以忠孝为本,以中国经史之学为基,俾学生心术壹归于纯正,而后以西学瀹其智识,练其艺能",目的在于"造就通才"和"慎防流弊",念念不忘儒学"圭臬",借此"以化末俗浇漓之习",否则,单纯学习西学,"非以图强,适以召乱耳"[2]。如此,"士"作为封建文化载体的角色已被牢牢锁定。相比之下,受"商战"思潮促动,也迫于时局困顿,新政初期作为商人自治团体的"商会"首先获得合法地位,并得到国家政权的扶持与保护,而对士人结社仍予禁止。相对于绅商自治、商会、义仓之类,组织传播媒介所体现的文化系统游离于封建政治、文化樊笼的艰难性自然要大得多,游离过程中的政治疏离和批判精神理所当然地多于对封建政权及其道统体系的依赖和支持。

这里的疑点在于为何同处在公共领域之内,经济—社会系统(诸如商会之类)与封建国家政权基本上呈现良性互动关系,而文化系统则正好相反?有学者提出过一种极有价值的分析方法,认为研究晚清时期国家与社会的互动关系,应关注两个方面,既要从国家的面向看,也要从社会的面向看,由此梳解两者之间互动关系的性质。[3] 的确,这种分析方法是能够合理地排比处理关键的材料,以解释上述疑

---

[1] 谢国桢:《明清之际党社运动考》,台湾商务印书馆1967年版,第251—253页。
[2] 《学部奏请宣示教育宗旨折》,《大清教育新法令》第1册第2编,第1—4页。
[3] 朱英:《关于晚清市民社会研究的思考》,《历史研究》1996年第4期。

点。与商会等组织相比,文化类型的组织媒介参与创构的文化系统,其孕育、发展过程中远没有前者曾获得过的政府支持和奖掖的荣耀。如果说封建政权也对近代媒介产生过积极影响的话,那仅仅是清末新政所带来的相对宽松的客观环境及无可奈何的失控状态,封建国家并未让渡其最后的阵地。清末有限的公共舆论空间是媒介力量"趁清政府的社会控制相对松动之机,顽强地自我生长,争取生存和发展的空间"①。

尤其不应忽视的是商会一类经济社会系统与媒介文化系统尽管同构于公共领域,但两者存在着重大的差异。桑兵先生在有关课题的研究中也曾关注这一现象,并作过精彩的对比。在此有必要加以引证说明。首先,"由以士为主的开明士绅和学生组成的社团"侧重于自由平等的理想追求,以输入文明、培育国民为主要目标,大都从事宣教活动,很少介入权力竞争;而"得到官方承认或鼓励,以绅商或绅为主体的社团"则侧重于实际利益与权力的争夺控制,试图通过结社达到分享权力的目的,不仅继续保持对基层社会权力的垄断,而且借兴民机之名扩展绅权,参与地方乃至中央政权。其次,前者努力成为全体国民的代表,较少群体私见,反对皇权官权,争取民权,对上要求民主,对下代表民意,社团内部也实行民主制;后者则首先表达和维护本群体的意愿,甚至不惜牺牲其他群体的利益以实现其目标,对上主分权,对下主集权,担心实行普遍民权反而会威胁其既得利益,其权力来源更多地决定于地位、声望、财富及社交因素,并非组织成员意见的向背。最后,前者明显具有反抗官府、离异朝廷的意向,后者则与官府朝廷有着既互相依存又明争暗斗的关系。"两类社团的差异,表明近代中国的士与绅,或投靠文教事业的士绅与从事其他利权事业的士绅(或绅商)在发展趋向上有所不同。"②两个系统的政治疏离程度、发展趋向等方面的差异直接制约着它们与政治国家之间各自不同的互动关系状态。"良性互动关系"学说仅仅是反映了以近代商会为中心的经济—社会系统的基本情况,它实在不足以涵括晚清时期市

---

① 桑兵:《清末新知识界的社团与活动》,第289—290页。
② 同上。

民社会或公共领域的基本概貌。率先对中国晚清时期公共领域问题展开研究的美国学者 M. 兰金（Mary B. Rankin）也主张：公共领域并没有一个全国统一的模式。① 地域性、行业性以及政治环境的差别，都足以使公共领域的"公共舆论性格"异彩纷呈！

原载《新闻与传播研究》1999 年第 1 期，收入本书时有修改。

---

① Mary B. Rankin, "The Origins of a Chinese Public Spbere: Local Elites and Community Affairs in the Late Imperial Period", *Etudes Chinoises*, Vol. 9, 1990, p. 54. 西方著名的社会科学家罗尔斯在发展其"新自由主义"理论时曾提出一个"交叠共识"（Overlapping consensus）的观点，对我们的分析视野极富启发意义。他认为，共同处于一个社会的人，由于具有不同的人生观和世界观，不同的宗教信仰和哲学信念，对于人生价值和政治标准不可能有完全相同的看法，同时，对于建立公共社会秩序而言，也不必要求人们观点一律，但必须要求有一种公共理性的基础。

西方传教士与20世纪初期的
国民性问题

国民性问题的关注，是特指近代中国社会先行觉悟者对国人的心理状态、知识结构、价值取向和行为方式的一种批判性体认。在近代中国，基于民族劫难的思想重压，这种思想体认持续时间之长、波及面之广是罕见的。其流程状态、价值评判已由学术界作过较多的研究。但同时代中，伴随着中国海禁初开，蜂拥而入的西方传教士群体对近代中国国民性问题的关注和参与，他们在国民性改造问题研究中的独有价值和地位却较少为人所论。此文专就该问题略作考察，以求抛砖之效。

一 在两难与争论中抉择

近代中国海禁初开之后，次第来华的西方传教者中，有一批强毅力行的传教士，他们不同于逐利营生的资本家，也与那些孜孜矻矻地传播教义的同行们略有差别，他们在华的生活和工作大都逾越了宗教的门槛，较多地进行着世俗新知的传播，将西学之风吹向茫然不觉的中国城乡，随之，中国士大夫与民众的生活、求知、行为观念也随之节节变迁。

应该说，从事宗教传播的西方传教士，其使命在于宣讲宗教教义而非移心于宗教之外的关怀，诸如传播西学、举办近代学校、创办近代报刊和医院等，正如美国公理会传教士通州潞河书院的倡导者谢卫楼原来所持的观点：讲授知识有时会干扰宗教信仰的传播，因为知识本身"不仅不会引导人更接近耶稣"，而且"经过西方科学教育的异教徒比一般异教徒更难接受福音"①。稍后的广学会（初称同文书会）督办韦廉臣也注重宗教宣传，他认为"科学和上帝分离，将是中国的灾难"，因之，该机构的初期运作专注于宗教宣传。可以说，在实际操作中，精于布道与专心世俗成为来华传教士长期面临的两难选择，如何调处这一矛盾，常常成为传教者争论与关注的重点。

19世纪80年代以后，西方传教者的传教环境有了缓慢的变化，单独专注于布道、施教已较难奏效，教徒发展速度之慢使他们改变了既有的策略，越来越移情于布道之外的替代性手段——教育。1877年第一届全国传教士大会上，狄考文提出了著名的"基督教会和教育的关系"理论，较明智地分析了教义宣讲与创办教育的问题，该理论认为：基督教和教育之间有"强烈的天然的亲和力，这使它们紧密地联系在一起"，"凡是教会为推翻异教信仰所需的一切都是他的工作"，经过教育可以使基督教的信仰和伦理道德渗透到整个社会中去，因而，传教的基本目标——"使中国基督教化"也就较易达到。②

1892年，李提摩太接任了基督教新教在近代中国设立的最大的出版机构——同文书会（后称广学会）的督办，他的思想深刻地影响了这一重要机构的运作。他主张宗教宣传与世俗知识的推广要并驾齐驱，对于当时的中国来说，世俗知识的传播和灌输甚至更为重要，他认为这是"以百万计地感化"中国人的有效手段，③"别的方法可以使成千的人改变头脑，而文字宣传可以使成百万的人改变头脑"。李氏推理的依据是，当时中国人口有4亿，而新教传入头一百年所收的信徒人数竟不到25万人，而当时中国每年人口增长约400万人，按此速度，中华帝国的皈依将遥遥无期，因此他主张"迅速地感化全中国人民"④。在此，教育和文化传播成为他"感化全中国人民"的首选途径。1900年在纽约举行的基督教普世宗教大会上，李提摩太坚持了这一立场，他认为，把事物严格区分为"神圣的"和"世俗的"

---

① *Recdords of Cenera Conferenct of Protestant Missonaries of China Shanghai*, 1877, p. 203.
② Ibid., pp. 75–180.
③ 林治平：《近代中国与基督教论文集》，宇宙光出版社1981年版，第246—247页。
④ 江文汉：《广学会是一个怎样的机构》，《文史资料选辑》第43辑，中国文史出版社2011年版，第7—8页。

是非常错误的,"要知道从摩西和伟大的犹太先知时代直到现在,政治和真正的宗教就是无法分开的"。针对有人批评教会出版的非宗教性书刊太多时,李氏反驳说:"对一般性书籍比纯粹宗教性书籍出版更多的趋向所提出的任何批评,我们并不回避,因为究竟什么是神圣的,什么是世俗的,这种细致的差别,我们并不重视。对上帝来说,一切服务工作都具有同等地位。只要我们所灌输的知识是正确的,谁能说这不符合基督教的实质呢?"

传教者从事非宗教的人文关怀也遵从着这样一种观点,即科学知识是人们感觉和认识上帝存在的一种手段,传播知识也就是在实现信仰确立,两者是目的与手段的关系。曾于1907年被评为基督教最佳著作的《天道溯原》的作者,著名的传教士丁韪良曾谈论过探求科学知识和对上帝的信仰之间的关系:"大凡要致知的必然先去格物;要明理的,必然先去究根。我们西国人讲究火的用处,做出火轮船、火轮车来;想明白天文的奥秘,做出千里镜来。因风做气球,因闪电做电报,万物的理,没有不用心追求的。何况那造物的主宰,人生的始终,焉有不更讲究真确的呢。"①

正是依从上述抉择,来华传教者便有诸多强毅力行的人士投身于宗教以外的"世俗化"领域,成为西风东渐的强有力因子。此一过程正好吻合了其时兴盛的国民性反思潮流,他们以独有的视角,关注和参与了这场旨在开启民智、传播文明、铸就新型国民的国民性改造大潮中。

二 开民智播睿知的独有视界

清季的国民性反思潮流,其主导动因源自西方列强的外力压迫,并以确立近代国家和民族主义为归依。无论是国民劣根性的剜割,抑或是新民人格的呼唤,其关注的焦点无不与民族振兴、力挽颓弱国势的时代主旋律相呼应。在国民性反思大潮跌宕起伏的演化过程中,西

---

① 《天道溯原直解》,中国基督教圣教书会印行,第4页。原书藏于中国基督教协进会图书馆。

方传教者中的强毅力行者,诸如李提摩太、丁韪良、李佳白、林乐知等人,扮演着不同于国内先知先觉者的角色。基于基督教普世性的观点和传教士身份、信念,他们在积极拓展宗教涵盖地域和阶层的同时,也在认识中国官民那种不同于西方的人文属性和心理、人格特征。发表于《万国公报》第501期的《推原贫富强弱论》一文曾对此感触极深。该文就中英两国的国民性进行了比较,认为英国在相对于中国更小的地域和更糟糕的自然条件下,创造了较中国更强的国力,是因为英人尚俭,华人尚奢。"英人冬不裘夏不葛,毡衣、布裳安之如素,即有富可敌国者,其服不过如此";而华人"夏则纱毂轻鲜,羽扇宫执,所费不赀;冬则重裘华服,炫耀人目"。中英国民性的区别,该文认为尚有疏懒和勤敏之别,"英人之为事,限以时刻,必躬必亲。即或有假手于人者,必亲自督率不敢一息苟安。而详慎周至,算无遗策,虽事之小,亦未尝忽焉"。相比之下,中国人"晓起则九点十点钟,犹且搔首伸欠不已,天时偶热,则畏暑不敢出也;稍寒则又畏寒不敢出也,甘于误事,而不肯振作自奋,甚且事事假手于人。无论为官为商为绅为士,莫不相习成风,因循坐误"①。凭此根性,富强之言终归南柯一梦。在此前后,许多来华的传教士都对中国民众的民族性格进行过研究,诸如威妥玛的《新议略论》、林乐知的《中西关系论》、明恩溥的《中华民族性》、斯密斯的《中国人的气质》等著作都涉及国民性问题。

应当承认,宗教信仰和宗教热忱非常容易转化为文化优越感,"己之所欲,必施予人"。来华传教士们怀着满腔热忱,抱着为上帝传播福音的真诚却遇到了异域人文的心理隔膜,天朝大国的天朝意识、华夷之辨以及保守、循旧的民族根性阻止了福音传播的预料进程。出于更有效地拓展宗教势力的考虑,"西儒"们采择了迂回的策略,将西方的意识形态、人文景观和学术观点以普及、通俗的形式,凭借出版、办学等方式传递给中国民众,此即改造国民性中的"开智"一环,即欲以西艺、西知、西政等沟通中西。

其一,基于传教意图的实现,他们走着"西艺—西知—西政"的

---

① 王树槐:《外人与戊戌变法》,上海书店1998年版,第16页。

"开知"路线，视"开民智"为宗教传播的开路先导。西艺、西知、西政三者并非均等处之，在洋务官僚的掣肘下，西艺、西知获准较多的介绍，而西政则多在后来维新背景下得以介绍。这从当时影响最大的江南制造局翻译馆的译介书目中可以显示出来。据徐维则《东西学书录》统计，该机构到1899年共译126种西书，1909年译员陈洙编《江南制造局译书提要》，共收160种，其中兵法、工艺、兵制、医学、矿学为最多，史志和政书较少。如果说上述西学的结构特点因洋务因素杂居其中，不足以说明传教者的开智路线，那么1877年11月1日上海成立的基督教新教传教士在近代中国设立的最大的出版机构——广学会（初名"同文书会"），其西学典籍译介宗旨和方针则充分说明了这一特点，李提摩太接任该机构督办后，曾倡言：中国自海关大开、东西接触以来，虽然略有进步，但自身多灾多难，其根本原因在于暗昧无知。故应尽力介绍西国之所以兴、而中国之可以兴而不遽兴者，他列举五端：交涉之益、商贾之益、运货之法、格致及工程之学、行善之实际工作等，因而他力主该类措施应尽早施行，以增进中国福利。① 该机构所出版的典籍也多为格物、法律、地理之类，该机构所办的重要期刊《教会新报》（后称《万国公报》）只是在1895年以后才较多地涉及新政。

教会的教育事业是基督教传教者传播西学、开化民智的一条重要渠道，它是作为宣教的辅助手段为传教的总体目标服务的工具。教会学校新的课程结构、管理运作机制对中国新式教育的产生带来了极大的促进作用。余日章先生曾认为："中国新世纪教育，学校之创立，精神形式，悉由基督教会梯山航海转运而来。基督教对于中国教育之一途，为今日新教育规矩，早为国民公认。"② 作为开民智、播睿知的重要手段，教会学校的课程设置可以显示出传教士为启迪民智而采择西学的趋向。例如，山东文会馆正斋的主要西学课程有：代数备旨、形学备旨、圆锥曲线、万国通鉴、八线备旨、测绘学、格物代形合参、物理算学、化

---

① 林治平：《近代中国与基督教论文集》，宇宙光出版社1981年版，第246—247页。
② 余日章：《基督教育之高等教育之特色》，《中华基督教会年鉴》1914年第1期，第75—76页。

学、动植物学、微积学、化学辨质、天文揭要、富国策等。这一西学课程安排（除去宗教性课程和儒家学说）也显示了"西艺—西知—西政"的开智路线。"西政"开智的做法较集中地出现在19世纪70年代以后。1870年，林乐知办的《教会新报》第113期开始刊载评价中国官僚体制、介绍西方政治学说的文章。1878年起英国传教士慕维廉主持《万国公报》，该报调动社论力量，对中国官场的腐败进行揭露，并对泰西诸国的政治制度作了较多的介绍，其中对英国君主立宪制倍加推崇，"君主下有诸相治理内外"，"国有议员，凡国事均于议院议之，无论上下人等，均可入院听议"，议员"既不受国家俸禄，又不受庶民贿赂，自愿勤劳"。该文作者评价说："此事实有益于朝廷，上下无隔阂，惜中国不行此法，而实颇有裨益也。"90年代后，广学会及其机关报《万国公报》侧重于对西方社会科学的介绍以及对泰西诸国政教新闻的报道，在用西方文明启发国人的政治意识方面较为显著。据广学会第8届年报统计，1893年该会售卖译书收入仅800多元，1898年则达18000余元，"5年中陡增20倍不止"。到1903年，据日人矢野一《近代支那治》记载，该项收入已至25000元。当时一位士人李董寿论及广学会，"兴复万国公报，每月出书，详载泰西各国近政，以及我华庶务……足以警四万万人心"；"刊印各种教民养民之书，廉价发售，流传遐迩，益人神智，增人见识，令人浏览一过，即欣羡西国政教之美，而爽然自失"，"自阅万国公报以来，风气一新，开旬报之先声，继轨而起，四方风动"。

从传教者的初衷来看，西艺—西知—西政的开智路线首先被定位于宗教传播的开路先锋角色，恰如美国传教士丁韪良所言："到中国来的传教士，就如同到其他国家去的一样，其最初动作是引导人民接受基督教，而他们工作的偶然结果是推广了世俗的知识。这对世界已带来了充分的无可估量的好处，对中国则尤其如此。"[①] 林乐知也持同样的看法，他认为，基督教的传播必须有良好的外在环境，办学堂、译西书、发报刊可减轻社会上对教会的误解和敌意："阐释耶教、介绍西学，决难囿于讲坛，徒恃口舌，必须利用文字、凭藉印刷，方

---

① W. A. P. Martin, *The Awakening of China*, New York, 1707, p. 281.

能广布深入传之久远。"① 但事实证明，传教士"开民智"的初衷只是部分地有益于其传教意图的实现，其最大的后果则是为近代国人打开了了解西方的窗口，为改造国民性提供了较先进的精神工具——西方科学知识和价值观念。正是在这个意义上，现代学者王尔敏说："西洋教士来华传教，对中国最大贡献，实在于知识之传播，思想之启发，两者表现于兴办教育与译印书籍，发行报刊。自19世纪以来，凡承西洋教士直接熏陶与文字启示之中国官绅，多能感悟领会而酝酿醒觉思想。"②

这种"醒觉思想"，表现为当时国人对于西方科技知识有了一定的兴趣，在一定程度上弥补了国人近代科技知识的贫乏，使当时国人对西方科学的概貌有了相当程度的了解，并且也使沉湎于封建政治文化的中国社会获知来自泰西诸国近代政治的理念，并进而对本国君主专制进行反思。尤其是某些教会学校中按西方教育模式培育近代意义上的人才，推出了一代具有反叛圣道、追求人格独立和民族独立的青年知识阶层。"开民智、播睿知"的国民性改造效用，在山东文会馆的教会教育中体现得更为充分。1886年，校方在学生中设立"摘藻"辩论会，这一学生组织的宗旨是"交换知识，练习口辩，造就共和国民资格"。该组织又称"学生共和会"，其直接目的是营造一个"学生共和之实验场所"。该校学生在教会人士的指导之下，又陆续组成传道会、勉励会、戒烟酒会、赞扬福音会、新闻会、青年会、中国自立学塾会等。③ 这些新型组织宣传了近代民主理念，在外患频仍的时代背景下，这种教会教育对国民性问题的关注已与国内趋新组织倡导的"新民"理念相辅相成，成为近代中国国民性反思潮流中的重要推动力量。

其二，关于"由上而下"开智路线的评论。"由上而下"首先是宗教传播的策略考虑，它照搬了明末利玛窦的传教游戏规则。在利玛窦看来传教活动绝不等于大规模地接触民众，相反，他考虑的是依凭

---

① 姚松龄：《影响我国维新的几个外国人》，传记文学杂志社1971年版，第67页。
② 王尔敏："序言"，载林治平《近代中国与基督教论文集》，第3页。
③ 张江文：《一所早期的教会学校——登州文会馆》，《文史资料选辑》1978年第2辑，第129—130页。

外交手段接近中国的知识阶层,强迫自己熟习中国的繁文缛节、经典著作,并用中国的词汇观念来传递上帝的福音。换言之,也就是首先为基督教赢得中国的上层人士,这种方法称为从上层入手的传教策略。19世纪80年代以后,以李提摩太、丁韪良、李佳白、林乐知为代表的传教士即承袭了这种传教策略,"从官绅入手,是自上而下,威力及人,或更容易,比如水自上下流,较比使水上流,为势自顺,所以决定要先引领上等人入道"①。

"由上而下"的传教策略的实施,却因19世纪末期的政治、社会、文化环境而演成"开智"策略。"成中国之巨祸"的甲午战争促使了国人民族意识的觉醒,"俄北瞰,英西睒,法南瞵,日东眈,处四强邻之中而为中国"的严峻形势,② 使原来孕育的救亡变革意识更趋激烈,传统儒家文化与西方基督教文化的差异更为突出,传教不得不恃"开智"以促之,如此,由上而下的传教策略在事实上已较大程度地演成"开智"策略。"由上而下"的开智策略的切入点是开官智、开绅智、开士智。官、绅、士属于传教士心目中的"好人""上等人""有教养、讲礼貌的高等阶级",他们是儒家文化的代表者,"只要得到了上等人,就可以得到其余的一切"③。士农工商之智均可由其开化。依此构想,李提摩太等人结交的人物既有恭亲王、文祥、李鸿章、曾国荃、张之洞、孙家鼐、翁同龢等显贵高官,也有康有为、梁启超、谭嗣同等维新力量,并图谋通过官绅这一中介环节影响和接近光绪帝。出于改善传教环境、方便启迪民智的考虑,传教者以极大的热情关注和支持了中国的戊戌变法。传教士认为,"中国最大的需要,是道德的或精神的复兴,智力的复兴次之。只有智力的开发而不伴随着道德和精神的成就,决不能满足中国永久的需要,甚至也不能帮助她从容地应付目前的危急"④。那么道德和精神的需要来自何处?答案很明确:"只有耶稣基督才能供给中国所需要的这个新道

---

① 苏惠廉:《李提摩太传》第6册,上海广学会1924年版,第14页。
② 汤志钧:《康有为政论集》(上),中华书局1981年版,第165—166页。
③ Timothy Richard, *Conversion by the Millions in China Shanghai*, Vol. 1, 1907, p. 81.
④ 顾长声:《从马礼逊到司徒雷登》,上海人民出版社1985年版,第245页。

德的动力。"① "新道德"指导和影响下的维新改革的具体操作更是传教士关注的焦点,力图以自己作为"特选的教师"的身份指导维新事业。在"寻找上等人"的过程中,他们屡屡建言"养民富国"的改革思路,并从民生主义的立场提出"教民、养民、安民、新民"的政治改革方案,除此以外,李提摩太等人还极力陈言在经济、教育、外交等方面进行改革的必要性。

应当指出,传教者采择的"由上而下"的开智策略并不意味着将自己的开智视野仅仅局限于官、绅、士阶层,在"野皆愚民,库皆愚士,朝皆愚吏"的民智状态下,传教士并不赞同那种"唯上智与下愚不移"的思维模式,而是将所谓的"上等社会"视为开民智的突破口,以西学和新法充实其辐射能力,以达到"首教官员,次教富绅,三教儒士,四教平民"②。当时的开民智工作体现在林乐知等人创办的《教会新报》所进行的舆论宣传和引导上。该报于1784年更名为《万国公报》之后成为广学会的宣传刊物,多刊载时事新闻及重大政治法令,在甲午战争和戊戌变法期间,其发行量由23000份增至38400份。1890年7月李提摩太应李鸿章之邀,担任《时报》主笔,李氏将此作为宣传西洋文化的重要讲坛,任职一年中,有200多篇社论出自他的手笔,极力畅言改革、开智。这一时期传教士发表和出版的《中西关系略论》《列国变通兴衰记》《中东战纪本末》《天下五大洲各国志要》《公报弃言》《文学兴国策》《新政策》等政论性著作都是极具社会影响的开民智著作,充分显示出西方传教士在开民智、播睿知潮流中的独特作用。

三 在民族觉醒和社会变革中的价值攀升

马士在《中华帝国对外关系史》一书中曾经断言:"传教士是一个酵母菌,传来了对于人权、对于裁判不公正的愤慨,以及对于

---

① N. S. Vay, *A Volume Connenorating the Coldem Jubilec of Chritian Literature Society in China, 1887–1937*, Shanghai, 1938, p. 99.
② 王树槐:《外人与戊戌变法》,第28—29页。

帝国官吏腐败的憎恨等思想。这种发酵思想，是使广大群众对于亚洲式的服从和盲目接受权威的信念发生动摇的一种力量。"① 这一观点长期以来被史学界所漠视，学术界即便是在国民性改造问题上的宏观研究和微观考证也较少关注到这一群体的独特价值。今天，当我们重新回顾给中国社会带来深刻变化的那段历史时，来华传教士的地位、价值理应给予提升和认可。尤其从思想史发展视角探讨这一问题更有必要。

毋庸讳言，来华传教者受主观和客观因素的掣制，在国民性关注和改造这个问题上，主要侧重于开民智的一面，而对国民劣根性的病源则鲜有涉及；关于改造途径的论述更不够。即便如此，我们还是应当抱着实事求是的态度来评判其思想史价值。梁启超在《清代学术概论》中曾就传教士播睿知、开民智的先导性价值作过评判："惟制造局中尚译有科学书二三十种，李善兰、华蘅芳、赵仲涵等任笔授，其人皆学有根柢，对于所译之书，责任心与兴味皆极浓重，故其成绩略可比明之徐、李。而教会之在中国者，亦颇有译书。光绪间所谓'新学家'者，欲求知识于域外，则以此为枕中鸿秘"。改造国民性思潮对近代中国产生了极其深刻的影响，其中来华传教士的作用功不可没。他们开官智、绅智、士智、民智的种种努力，尽管其意图是着眼于传教本身，但在客观上具有警醒国人的效用。其所著书、译文，"使中国之为政者读之，可晓然于治国临民之本，以宏其帝德王道之新模；中国之为师者读之，可恍然于辅世育德之源，以扩其守先待后之新学；中国之为士者读之，可穆然于尽人合天之诣，以求其黜伪崇真之新道；中国之为民者读之，可洞然于经营制造之端，以得其农工商贾之新法，其裨益于吾华之国计民生者岂浅鲜哉？"②

原载《烟台师范学院学报》2000年第1期，收入本书时有删改。

---

① [美]马士：《中华帝国对外关系史》第2卷，张江文译，商务印书馆1963年版，第243页。
② 中国近代史资料丛刊《戊戌变法》（三），上海人民出版社1957年版，第214—215页。

20世纪初趋新社群对国民性问题的关注

晚清西学东渐和时代救亡之重压并行催生的趋新社群，是近代社会阶层重构组合的产物。它对"启迪民智""鼓化文明"的时代性主题的关注，是近年来国民性研究中往往被忽略的角落，重新检视这一特殊社群在国民性问题上的所作所为，是把握和梳理世纪之交的文化、伦理与价值观念不可缺失的问题。

一 趋新概念界定与趋新社群涌现

趋新，作为一个动态性极强的史学概念，在古代中国走入近代中国征途上，具有交替变奏的特征，兵战时代、商战时代和学战时代皆有不同的趋新内涵。仅囿于某个阶段的新式思想脉搏，是很难涵盖"趋新"这一动态性史学概念的完整性的。本文称谓的"趋新"，是与世纪初年"大局日非，优莽将起"的国势社情相联系的，是戊戌精神的衍化和变迁，也是与当时结党自救倾向相适应的更具近代化的文化、伦理走向。

由昔日的道统信仰主义转向近代理性主义，由脱离世俗的"圣化"，远离经济的政治化以及脱离实际的虚文化势态转向世俗化、经济化和务实化，并借西学价值和思想内化为自身的思想观念，这是趋新意识孕育生成的基本运作旅程。世纪之初的趋新意识并非晚清社会自然发展、瓜熟蒂落的结果，列强的侵略行为撞击着中国社会的自然运作和分化，也促使中国文化、思想和意识改变了原有的恒定态势，在中外文化和心理冲突中，展示着自身的分化和变异，"师夷长技以制夷"，成为中国思想意识变迁的重要动因，风貌各异的趋新意识也就是在这种情况下屡屡改型换代，时至世纪初年，趋新这一动态性概念又发展到独立意识、叛逆意识和皈依西学这一层面上，在操作上则表现为抗衡对垒旧道德，输入文明进化之风气，强健孱弱之体魄，全面改造国民性，铲除那种延续恒久的恶习陋俗。趋新概念的交替变迁与近代中国的变幻风云呈现出桴鼓相应、步趋相承的重要特征。

1901年，清政府施行新政，对维新事业的各种禁令大多不宣而废。其后以各种形式出现的社会功能性组织，渐次构成了一个独特的趋新社群。西学价值理念的源源输入和近代中国社会结构的变迁，是促成这一社会群体孕生的两大动因。西学东渐、西俗东迁的历程冲撞着旧有士林、官绅等阶层的知识和心理结构。留学生群体、国内学堂学生群体、文化传播阶层、开明士绅等群体，在西学价值理念的熏染下，走上了与清廷决裂、与传统士林的人生道路相左的新征途。这些趋新社群从昔日的"信而好古""述而作"转变为面向现实，勇于思考和创造，逐步从儒学价值行为的樊篱中挣脱出来，其新知识、新思想、新学说主要是受惠于欧美、日本的近代文化思想的洗涤，尽管他们经由报刊、译书、学校教育及留学途径所了解的西方近代文化还很不完整，彼此之间又有较大差异，乃至异常悬殊，但他们治学方向、思维方式和行为模式的改变都与西学的源源输入息息相关。积重难返的孱弱国势迫使他们不得不将"师夷长技以制夷"，作为其维系思想和价值理念的主要精神动力。

各种新式社群组织的涌现，也显示出清末中国社会经济诸因素的重新分化和组合。这一过程包括了两个方面的变迁：其一，随着社会分工的细化，各种社会群体的分界日趋明朗，小群体意识得以强化。人们认识到不同群众具有不同的利益要求，因而觉得以社团形式可以更有效地表达和维护共同的利益欲求；其二，由不同群众分化出来的趋新分子希望按照新的形式相互联系聚合，以增强自身能量，提高社会地位，扩大社会影响，在地方和国家事务中扮演更为重要的角色。这种以政团、社团为形式的趋新社群已渐次取代了旧有的血缘、地缘等旧式纽带，而演变成一种新式的群体黏合形式。

值得注意的是，趋新社群组织的崛起规模和数量多寡，与地域经济文化发展水平和趋新势力的活跃程度是相吻合的。江浙地区不仅经济文化较为发达，与外部联系紧密，并且自戊戌以来国内各埠诸多开明趋新人士汇聚涌入上海，企求以政团、社团组织的形式吸引聚合更多的趋新分子。加之1901年后清廷复行新政的大气候，使得各种趋新社群由秘密转为公开，原来功能单一化的政团组织，也渐次演变成多样化的功能团体。据《苏报》《国民日日报》《俄事警闻》《中外日报》《大公报》《警钟日报》《申报》《岭东日报》《东方杂志》等几十种报刊传媒的报道统计，1901—1904年，江苏、浙江、福建、广东、江西、湖北、湖南、安徽、山东、直隶、河南、奉天、四川、云南、广西等地，先后建立了功能多样的趋新社群组织271个。这些社群组织较多地集散于省会、商埠等地，但在江浙等地也开始向府州县镇等基层社区延伸扩展。沿海与内地、都市与乡镇间趋新社群的聚合，也呈现出双向互动的征象。

事实上，世纪初年，由于中国基层社区开明趋新的势力，往往受经济、文化和传播等因素的作用，因而就显得渺小单薄，少数开通之士即使有趋新的意识和倾向，但因势单力薄，无法聚合成整体能量，不得不求助于聚居在大都市、商埠的本籍人士，而后者则有志于输入进化文明之风气，扶助家乡的革新事业，居于都市社区的趋新组织也有向内地府州县扩散的意向。诸种因素的综合运作，有力地促成了城乡趋新分子的结合，使分散的趋新能量逐渐凝聚为统一的整体。社会阶层这一排列组合的嬗变走势，大大增强了趋新社群的活动力量和影响力度。经济文化较发达开放的浙江绍兴的某些社群组织的创奠即是一个明显的事例，"初府中人士之有志者冀于府中建设公众学堂，以不集众力不足于成事，乃于府中组织一会，筹办其事。今春之交，议有端绪矣，然力之不厚，非所以终其事，且非所以振动全郡也。以沪上为人士荟萃之区，乃公举何君豫材至沪议此事，由蔡君鹤卿邀集同人设会于徐园"，"乃众议速设绍府教育会于沪上"[1]。绍籍旅沪人士经元善、杜亚泉等50余人参与其事。蔡元培的演说也说明此种情形，

---

[1] 杜士珍：《论沪上建设绍兴教育会事》，《新世界学报》第11期，1903年2月27日。

"上海全国交通之毂辐也，内之可以输进文化，外之可以联络声气，非于此设一教育会以媒介之尤不可。且上海者欧化输入之第一步，无论士商，必多见闻，工比例，视内地各省为开通者也"①。

因之，在城乡趋新势力合力推促下，不仅上海等大都市同时活跃着各种趋新社群组织，诸多中小城镇也出现若干小群体并存发展的新景象。江苏常熟一带时至1903年即已创设了开智会、教育会分部、明理会、体育会、通学会、师范讲习会、体操会、音乐会等组织。② 浙江温州瑞安有体育会六七处，另有学生会、演说会。③ 广东西洋堡则有教育会、演说会、阅报会、女学会等。④ 都市趋新组织与基层社区趋新势力互为沟通、依托，从而促动趋新思想以能量辐射方式由都市而乡镇，由上层而下层传播开来，成为清末社会阶层嬗变的重要驱动因子。

趋新社群阶层的主体是开明士绅、学生和媒介人士等。维系这一主体的精神命脉是清末的反叛意识、独立意识和平等自由意识。他们在反对官权、皇权、绅权，改造国民之自由、独立、自治意识的基础上聚结在一起，虽然显得结构松散，并且变动频繁，但已属近代中国社会较为成熟定型的社群组织，它的出现，促使孱弱的基层社区拥有了自己的精神旗帜，对封建时代运作长久的官绅民的恒定关系，产生了较大的冲击和剥蚀作用。

二 益新民智与鼓化文明：国民性问题的视界

在近代中国，随着民族危机日益深化，西学逐渐移入中国，西方人伦、风俗和价值观念强烈地刺激着国民人格道德现状，凸显在国人面前的是民族心理、民族精神的消极落后成分，即所谓"国性""国民性""国民劣根性"。趋新人士更是以敏感的心理体验着民族心灵创伤的苦痛。基于此，世纪初年崛起的趋新社群，皆以开民智、鼓文

---

① 《蔡君民友演说绍兴教育会之关系》，《苏报》1903年3月12日。
② 《常昭调查一斑》，《江苏》第11、12期合刊，1904年5月15日。
③ 《国民日日报》1903年9月24日、27日。
④ 《记女学会》，《女子世界》第8期，1904年8月11日。

明、进民德、健体魄作为改造国民性的切入点，将主奴根性、旁观冷漠、狭隘散漫、自欺欺人、虚伪圆滑等国民性弱点一一曝光。"千淘万漉虽辛苦，吹尽狂沙始到金"，批判是一种扬弃，也是转换传统的必要步骤，趋新社群竞相通过各种方式的活动，表达了对国民性问题的关注。1903年福州益闻社周年纪念庆典时，来宾的赠联表达了传播新知、开通风气、启迪民智、进化民德的宏大愿望："集全地球言论思想，益新学界智慧见闻"，"中外采见闻辍读宁无经世志，宾朋罗杂沓纵谈同具感时心"，"开震旦普通风气，鼓文明进行潮流"①。

20世纪初叶的趋新社群因其功能性差异，对国民性的视界也就各不相同，其视点或以青少年学子为主要对象，开新知、育新人是其致力拓展的方向；或"以灌输文明思想，开通下等社会为目的"②，将各阶层民众纳入其教化宣传的对象；有的则更进一步全力从事改造国民性工作，他们对中国"一则曰老成，再则曰持重，以酿成腐败之世界"持有痛切的感触，因而主张由朴实、劳动着手，养成尚武锐进之精神，③并以"改造教育，发达人才"为宗旨，"提倡国民独立之精神，结集合群之诣力，推演进化高尚之思想"，"目的在文明普及，务使学界男女青年各具完全国民之资格"④。

（一）适应学战时代的需要，兴学育人，转换国民的知识结构

封建科举制度、传统教育机制是禁锢民智，摧残民力，滋愚滋弱的重要病根，它只能"禁锢士人之心思才力"，"败坏天下之人才"⑤，"汩其性灵，虚费时日，率天下而入于无用之地，坠坏志节于冥昧之中，长人虚骄，昏人神智，上不足以辅国家，下不足以资事畜；破坏人才，国遂贫弱"⑥。就国民知识结构的养成来说，中国训蒙旧法"始入塾，先念百家姓、三字经、弟子等书，次大学、次中庸、次论

---

① 《福州益闻社祝典》，《苏报》1903年5月4日。
② 《戏剧改良会开办简章》，《警钟日报》1904年8月7日。
③ 金松岑：《同里教育支部体育会演说》，《苏报》1903年3月17日。
④ 《教育会支部研究会序》，《苏报》1903年5月20日。
⑤ 冯桂芬：《改科举议》，舒新城编《中国近代教育史资料》下册，人民教育出版社1979年版，第891页。
⑥ 严复：《救亡决论》，天津《直报》1895年5月1日。

孟、次诗经、次书经、次易经、次礼记、次左传、四书五经。读毕，问其如何讲解，茫然不知也……问中外之大势，家国之情形，则懵然不晓也；问以天文地理之事，亚欧非澳之名，漠然莫知所对也，如此教法，又何怪民智之不开乎？"① 因而，趋新组织大都着力介入国民教育领域，以培养人才，为国奠基作为时务要旨，"世界当二十世纪初，由兵战尚战之时代，一变而为学战之时代。生乎此时，立于此国，入于此社会，人人为造就人才之人，即人人负造就人才之责"②，他们视教育为培育养成明进化之理、持国家观念、具权利思想的近代国民的必由途径，并进而扭转民众萎靡、国势颓败的局面。在趋新势力中，不仅专门的教育组织专注于学堂教育的推进，其他类型的组织也将国民教育训导列为其重要的活动。当时许多地方成立了游学会，依靠民间力量沟通联系海外，推进留学教育发展潮流。

（二）涉足和创立传媒机构，推进阅报读书活动的开展

1904年前，江苏、江西、广东、福建、四川、浙江等省的趋新势力，或设立出版机构，开办印书局，或组织阅书看报场所，传播新知识、新思想、新观念。类似这种形式的读书机构，1904年前，在全国主要的省份已达116处。③ 这种以传媒育民的实践，其主旨在于开导国民，感化国人，改造国民心理，最终达到"睿牖民智，熏陶民德，发扬民力，务使养成共和法制国民之资格"的新民目标。④

（三）演说育民

各种趋新社群组织皆将演说作为传播新知识，培育新国民的重要手段。其演说内容包括评说时政大事，鼓吹自立自强，推崇商务至上，鄙弃陈规陋习等，以达到"吾国民皆有科学之智识"的目标。在政治上，极力推崇民主共和，开创了中国民主思想传播的新阶段。上海中国教育会、济南教育研究公所、浙江嵊县的练习演说会、江西

---

① 《开民智法》，《大公报》1907年7月21日。
② 《扬州师范学会启》，《苏报》1903年3月18日。
③ 桑兵：《清末新知识界的社团与活动》，第282页。
④ 梁启超：《饮冰室文集》卷29，广智书局1902年刻本。

德育会、衢州江山演讲会等,都将演说作为唤起国民思想,开通下流社会,广开民智的主要形式。各组织举办演说的形式也异彩纷呈,或固定时间场所,每次更换主题,或事先排定主讲人,或临时聘请社会名流,或由来宾自由登台宣讲,或延请名望较著的新学名士及归国留学生做特别演说,关注时政热点,传达最新信息,布撒西学观念,因而听众往往多达数百。

(四) 开办科学研究机构,培育国民的近代科学意识

江浙等经济文化发达的地域,出现了综合普及型的科学研究会,并专门创设地学、医学、农学、蚕学、理化、算学、化学等专科性学会。在这些组织的运作影响下,众多从教者的知识结构和科学意识突破了儒学经义的范围,偏向知识、技术、制度、实践层次,由卫道型国民趋向知识型国民,由昔日的道统信仰主义转向近代理性主义。尽管这一影响是缓慢的,但却是一步步走近这一目标。此外,趋新社群也重视尚武好勇之风的养成,在军国民主义潮流的激荡下,体育健体与军训练体成为当时社团着力实践的内容。

改造国民性实践缘于对理论思潮的感触和探求。1901—1904年的趋新社群,无论规模大小,功能如何,几乎都将近代意蕴的国民资格的培育作为其思想关注的焦点。这一目标确定的依据,首先来自趋新社群对民众根性的把握及其病根的诊察上。关于国民劣根性的现状,趋新人士已经认识到积弱不振、麻木不仁、奴性十足、素质低下、乏独立质之心、无强悍之体、少爱国之行、公德缺失等,都是国民根性的重要表现。积聚这种根性的症结,主要在于封建专制和奴化式的教育机制产生的长期影响。从完成革命大业对民族素质的要求来看,低素质的国民程度,无法对其进行革命宣传,即便强行宣讲"至高之主义",也会影响和损害革命大业,"教育未普及,民智民德未进步,而语以至高之义,则有百弊而无一利"。相反,民众由中世纪的奴性臣民进至近代国民,则"大之可以御外,小之可以革命,驯使脱离专制,自由钟声震长衢"①。因之,改造和消弭国民劣根性,是

---

① 忆琴:《铸自由钟说》,《童子世界》第31号,1903年5月27日。

时局之急务。

世纪初年的趋新社群,既感触到国民性改造的紧迫性,又纷纷提出了剪除国民根性痼疾的种种方略。在这个问题上,随着历史潮流的推展,清末社群曾先后出现过两种有代表性的改造方案:一种是强调宣传教育,通过思想启蒙的途径来改造,认为只有通过思想启蒙提高国民素质后,才能实现改良政治;一种则强调通过政治革命"开民智",发扬光大国民精神。1901—1904年国内趋新社群,基本上沿着前一种方案来看待国民性改造,他们主张,在新的人文环境里陶冶适应国际竞争的近代国民性格。

其一,构建和营塑近代国民的精神。清末各式学校、学堂逐日增多,它对传播科学知识,改变民众的知识结构具有一定的历史功效,绝不可一笔抹杀,漠视其运作价值。但是,它是否就能造就出适应近代共和体制的新型国民呢?恐怕不可作此断言。趋新社会阶层的中坚人士认为,不应否认当时国民在精神和人格上依旧是"腐败"和"卑猥",正像一个人,徒具身体器官,而唯独没有神经,这与泥塑像和傀儡人并无本质的差别。所以,他们提出要构建和营塑近代国民的"神经","吾辈今既以制造神经为主义,则有三希望焉:一曰纯粹其质点,则沈浸学理以成国民之资格是也。二曰完全其构造,则实践自治以练督制社会之手段是也。三曰发达其能力,则吾学社不惟以为雏形,而以为萌芽,以一夫不获之责,尽万物皆备之量,用吾理想普及全国,如神经系之遍布脑筋于全体是也"①。

其二,推崇教育立人。无论是温和色彩的趋新势力,还是激进的趋新人士,都将改造国民性的希望寄托在教育上,极力推崇教育立人。1902年,蔡元培、章太炎、吴稚晖等组织了中国教育会。该会章程中规定:"以教育中国男女青年开发其智识,而增进其国家观念,以为他日恢复国权之基础为目的。"② 后来修订章程时,又将"教育中国男女青年"扩大为"教育中国国民",激进会员进一步解释说:

---

① 蔡元培:《爱国学社开校祝辞》,《选报》第35期。
② 《中国教育会章程》,《选报》第21期,1902年11月20日。

"我辈欲造成共和的国民,必欲共和的教育。"① 当时进步的舆论认为,中国"犹有一线生机之可望者,则有志之士接踵而起,以教育自任,以开化为职,播革命之种子,涌独立之风潮,大声而疾呼之,冀什一于千百,此诚吾国前途之大事欤!""察今日之时,度今日之势,救中国之亡,拯吾民之危,必以教育为第一义。"② 在这种极力推崇教育的情况下,各种功能性组织纷纷视教育为本组织的重要宗旨,或重视报刊教育,或注重演说教育,或善于创设学堂,宣讲近代科学知识,展开了培育新国民的立体式教育实践。

其三,健体尚武,淘涮东亚病夫形象。改造国民性,铲除民族劣根性,首先要求改变百姓孱弱屈从,统治者蛮横霸道的状况。以尚武、健体和独立民主来促使民众完成由臣民到国民,由羔羊到斗士的转变,打破官府列强赖以逞凶的武力垄断,这也是趋新社群的重要实践。以当时"民族革命团体之嚆矢"的军国民教育会为首的一些趋新组织,提出了对全体百姓实施军事、体育教育和训练的呼吁,以期"基础既坚,体质既固,虽使千锋万刃,任间而可得而闯入乎?"③ 其着眼点在于,以军事、体育训练统一国民意志与行动,清除一盘散沙的现状,对每个国民则要求强健体魄,掌握军事技能,洗刷东亚病夫形象,进而达到拯救民族危机,争得民族自尊自立自强的宏大目标。

应该看到,近代化既是一种历史演化走势,同时也是诸多因素变动运作的结果。其中,客体结构的再建,社会政治经济结构的变革和主体结构的重塑,民族文化心理结构的改造是近代化过程两个至关重要的问题。世纪初年的趋新社群组织对两者关系的把握并不是很确切的,在国民性形成问题上,他们不自觉地忽视了自然经济结构对民族心理结构生成的影响;在消弭根性,营塑近代国民问题上,则漠视了社会经济关系的变革在历史中的决定作用。因之,全力倾注于主观因素的改造手段,也就在某种程度上陷入了精神决定论的历史唯心主义。中国早期的马克思主义者李大钊较早地认识到这个问题:"我们

---

① 《爱国学社之建设》,《选报》第35期,1902年11月20日。
② 马世杰:《与陈君逸庵论杭州宜兴教育会书》,《新世界学报》第12册,1903年3月13日。
③ 《军国民思想普及论》,《湖北学生界》第3期,1903年3月29日。

主张以人道主义改造人的精神，同时以社会主义改造经济组织。不改造经济组织，单求改造人类精神，必然没有结果。不改造人类精神，单求改造经济组织，也怕不能成功。我们主张心物两面的改造，灵肉一致的改造。"① 这就拨开了国民性改造问题上萦绕在趋新社群人士面前的迷雾。

但是，在估价1901—1904年趋新社群的启蒙价值时，我们也应看到，当时立宪团体声名显赫，致使同时期崛起的趋新社群在启蒙层面的贡献却往往为史界所忽视。诸多国民性问题的论著鲜有涉及这一群体，而多将目力移至维新启蒙和新文化启蒙，唯独缺少了世纪初年趋新群阶层在这一问题上的贡献，其承上启下的历史方位和价值理应得到关注和研究，以成就历史的延续性和整体性。

原载《江西社会科学》1998年第2期，收入本书时有修改。

---

① 李大钊：《阶级竞争与互助》，载杨琥编《中国近代思想家文库 李大钊卷》，中国人民大学出版社2015年版，第252页。

制度与体制篇

"常"与"变":光绪前期清理州县积亏及制度因革

经历咸、同两朝多年的战争之后,国家进入了光绪前期(1875—1894年)20余年承平发展的稳定期。相对于太平天国时期与甲午战争以后这两个时段,光绪前期的财政由于其较少大起大落,反而不太引起人们的关注。笔者爬梳比较清代中后期户部财政文献和各类私家著述后,发现了一些未被学人充分注意的现象:在光绪前期清廷整顿财政的数年间,户部刻意推行州县官员交代、清欠历年积亏等行动,一改乾隆朝后期以来每况愈下的奏销纲纪。督抚、藩司在户部等中央部门的压力下,对所属州县官员的财政纪律也进行了空前的整饬,加强了对属员弹劾监管的力度;各省藩司已开始为财政积重难返的后果付出巨大的代价,被清廷处分或警告成为这一时期引人注目的现象。

检讨户部在光绪前期的整顿成效,除了国家财政由异常支绌变为相对充盈以外,制度重建过程中也显示出值得注意的趋向:形成了一些新的制度或做法。① 诸如:州县交代和清亏定制在整顿中得到新的发展,既革新了监控职务亏空的制度,又推出了旨在预防州县官员财政违纪的民欠征信册制度。既往以长时段眼光所做出的"奏销制度已经坍塌"的结论似乎还可以再加修正。

民初迄今,学界向来忽略这一时期大力推行的清欠州县交代积亏

---

① 近年来日本学者土居智典对晚清奏销制度进行探讨,提出了清廷在太平天国运动之后仍旧延续了这一经制,批评了既往研究认定奏销制度已经坍塌的成说,见氏著《从田赋地丁看晚清奏销制度》,《北大史学》第11辑,北京大学出版社2005年版。另外,土居智典还专门研究了咸丰后的政府亏空增大及其处理政策,清代交代制度等问题,这些论题与笔者探讨的部分内容相近,但论题涉及的范围广狭有较大区别。见氏著《晚清官欠和民欠对策》,《广岛东洋史学报》第7号,2002年;《清代财政の监察制度研究——交代制度を中心として》,《史学研究》第247期,东京,2005年5月。

行动，或已留心，然未做深论，① 或仅视为官样文章。吾人蒐集有关文献，深入比勘，发现这个方面实可显示财政制度性更迭的一个面相，彰显出"常""变"交融的态势，颇值得着力探究。本文意图，不求全盘涉及，而注重以小见大，借以管窥整顿成效，体会财政制度的因革变迁。

一　清亏肇因

光绪前期，摆在户部面前的财政形势相当严峻。其中部库空虚是其面临的最紧迫的危机。外省不但在战时拖欠京饷，即便是在同治朝后期和光绪朝前期的拖欠也十分严重。② 战后的钱粮奏销整顿工作虽已启动，但实际上极不均衡。时至光绪十一年前后户部仍称各省钱粮正杂各款每年短征的款项高达1100万两，亏空程度大大超过以往，③"各省所欠当杂各税总计百数十万两，所收又不及三分，且已收银两内尚有征存未解、交代亏空之款"，这简直无法与乾隆年间每年仅欠60万两相比，户部慨叹，"以今较昔，判若天渊"。户部整顿财政方案较多，严行交代以清理积亏是其扩张财政的重要一环。

清制，州县官以至于更高级的官员离任时，须将自己任期内的钱粮、杂税、耗羡等收支情况造具四柱清册，向继任官员办理"交代"。交代的主要内容是：离任、继任官员双方按照《赋役全书》的规定，逐项查对各种清册，包括地丁正项、协饷、兵饷等钱粮资料，查对库存钱粮物品，核对账目收支等。由于省份或地区差别，交代款

---

① 较早研究晚清财政制度的学者似乎很少对州县官员的交代亏款清理问题进行深入研究，笔者掌握最早的研究清代后期财政问题的著作为哲美森《中国度支考》（上海，广学会1897年版），即未关注这一问题。后来者，如吴廷燮《清财政考略》（1914）、《论光绪朝之财政》（《文献论丛》，故宫博物院1936年版），刘秉麟《中国财政小史》（商务印书馆1931年版），以及罗玉东、彭雨新等，均已留意，但未深论。何烈断言这一举措纯为"官样文章"。今人研究光绪朝前期的财政问题时，对该问题亦鲜见展论。

② 有关各省拖欠京饷的详细情形，可参见周志初《晚清财政经济研究》，齐鲁书社2002年版，第103页。

③ 《上谕》（光绪十一年十二月二十三日），《京报（邸报）》第17册，全国图书馆文献缩微复制中心2003年版，第429—431页。

目也可能会有较大的不同。①库存数额如果不足以抵补藩库册簿标示的数额,谓之"亏空"。这些亏空应由官员个人(或其亲属、上司)在限定时间内赔补。这是防止国库公款被侵蚀的重要规定,是对州县官员更具有实质意义的考核,更是剔弊厘奸的重要环节。②清代州县在交代时出现亏空是非常普遍的现象,虽经过不断追缴、减免、清理,但陈欠未完,新亏又生,连环不断,形成积亏。积亏产生的原因,大致有三:官侵、吏蚀和民欠。③清代对亏空清查追缴有非常详细的规定,从盘查、征比至交代、承追,皆有极严厉的规定和措施。例如道光初年江苏藩署的文献对州县官员交代,即规定得相当严密而详尽,针对普遍存在的将官亏捏称民欠、通同作弊、抑勒交盘等弊端,条文规定:

> 州县将已征钱粮侵蚀亏空,捏称民欠,令接任官接收者,接任官即揭报题参;或该督抚护庇离任之员,该管府州畏虑分赔,因而抑勒交盘者,许被勒之员直揭部科,代为陈奏。所揭系司道府州等官,令该督抚确审具奏,如干连督抚者,将具揭官与前任亏空官押赴来京,交都察院审明,将抑勒之督抚照循庇例议处。如系诬捏妄揭,将具揭官交刑部治罪。倘前官亏空,后官瞻循容隐,出结接受者,将欠项坐后官赔补,或已经接受,至本身离任时始称前任亏空者,将欠项追补外,仍照循隐亏空例革职。④

州县官员交代涉及问题较多,上述规定仅仅是其中的一个方面。各项规定尽管严厉而详尽,但流摊、捏亏等手段查不胜查,甚或形成

---

① 笔者曾搜集爬梳过一份时人留存的州县官员交代项目的文献,从其内容大致可以断定,这是一份直隶省某州县的交代款目,其中的交代内容非常繁杂,似乎与其他省份的州县交代款目不太相同。据该书上卷记载,"正项款目"包括地粮、寄庄地粮、耗羡和改归耗四项;"正项旗租"包括存退余地、庄头、奴典等12项,等等,共有数十项之多。此据陈华珊《交代款目》,清末稿本,上海图书馆藏,无页码。

② 佚名:《钱谷大要》,转引自贾允河、李瑛《清朝吏治与钱粮亏空》,《河北师范大学学报》(社会科学版)1998年第4期。

③ 同上。

④ 佚名:《苏藩政要》卷上,道光丁亥年刊本,上海图书馆藏,第68页。

群体性的造亏现象,彼此之间攻守兼备,形成盘根错节的复杂关系,上峰即便欲查,多数情况下苦于连环违纪,历时久远,最终难以坐实。解决积亏非有明干官员实心任事,难以见诸大效。清亏最负盛名的是雍正朝的举措,严刑峻法而且成效显著。① 嘉庆朝也长期注重整饬吏治,追缴亏款,惜其成效不如雍正。② 道光朝末年,清廷对此也用力殊多,户部规定了各省清查库款的期限和处罚措施,各省的力度和成效并不均衡,③ 目前仅见山西巡抚奎斌对这一次清亏行动的成效持肯定态度。④

光绪初年的清亏行动并不太成功。光绪元年十一月份户部提出在各省规复奏销旧制,加强清理亏空的任务,令各省注重交代,清查亏空。光绪二年该部又咨行各省,令其将各州县官员到任、卸任日期及时声明,提醒各该省督抚注意参劾亏短钱粮的官员。⑤ 户部也采纳了御史建议清查库款,严行交代的办法,清廷责令各省督抚照办。时至八年,却很少发现督抚参劾属员侵亏巨款的现象。⑥ 即便有州县交代的事实,大多属于例行故事,缺少实心办事的官员。有人揭露说:"近来州县亏空累累,按其虚报之额仍累万而盈千,核其实存之数固扑风而捉影,积习相沿,不过以册籍互为交代,此所谓上下相蒙,合天下而为欺罔也"。该奏提出了据实造册和重典治罪的建议。⑦ 也有人鉴于州县积亏形成于战争期间,由于户部规定的成例限制,大量的花费无法报销,因而形成亏空,所以建议区分亏空成因,变通交代办法,"应请将交代案流抵外

---

① 庄吉发:《清世宗与钱粮亏空之弥补》,《食货月刊》(复刊)第7卷第12期,1978年3月。
② 刘德美:《清代地方财政积弊个案探讨——嘉庆年间安徽钱粮亏案》,《师大学报》第27卷,1982年6月。
③ 徐泽醇:《请每年清查以杜弊源疏》,《皇清道咸同光奏议》第2册,文海出版社1969年版,第1269—1271页。
④ 奎斌认为,"计其所补之数,已不下十之七八。是上届办理之法尚与库储有益"。据奎斌《杭阿坦都统奏议》卷2,光绪铅印本,上海图书馆藏,第23—27页。
⑤ 《户部奏申明州县交代并请严定藩司处分折》,《户部奏稿》第6册,全国图书馆文献缩微复制中心2004年版,第2687页。
⑥ 朱寿朋编:《光绪朝东华录》第2册,中华书局1958年版,总第1418页。
⑦ 林达泉:《自强要略奏牍》,光绪铅印本,上海图书馆藏,无页码。

办摊款自到任之日起，按照年额应摊银数，匀捐三成，展缓七成"①。各种建议互有抵牾，清理交代自然难有成效。

较早注重官员交代，厘剔亏款的是山西省。光绪七年十一月，张之洞初封疆寄，即出任山西巡抚。晋省在张之洞看来犹如"鬼国"②，各项政事纷乱如麻。光绪八年正月起，张氏即以整饬吏治，整顿财政为首要事项。他在财政、用人两端的激扬举动开始令枢臣震惊不已，而且得到上谕嘉赏。③ 在得到内廷支持后，张之洞对本省的财政积弊开始清查。在二月份的奏报中，张之洞说，山西库款已经30余年未加清理，交代案件积弊甚多。前任巡抚卫荣光虽奏明清理交代，但有事回籍，进展受限。经彻查厘剔，已完结600余案，尚有200余案正待清查。④ 5个月后，又因前藩司葆亨、前冀宁道王定安二人玩视民瘼、糜费库款等，张之洞遂将二人奏参革职。⑤ 张之洞专折奏请在本省设立整顿财政的清源局，任用刚被参劾处分的高崇基为主要官员，厉行清查交代事务，下决心在5个月内将本省的清理交代和调查亏款任务全部告竣。这项举措奏闻朝廷后，得到太后的支持，令其责成藩司督饬清源局委员，将数年间的积款，一律勒限清理。⑥ 张之洞的决心和章法非一般督抚可比，时任工部尚书、帝师的翁同龢对其赞赏有加，⑦ 加之圣眷优隆，晋省推行的新政均经奉旨嘉奖，其清理积亏的政策自然引起户部的高度重视。一个月后，御史梁俊奏称，藩库积弊不独晋省如此，建议清廷敕令各省一律设立专门机构，仿照山西省确定的清查章程，一律彻底清查。上谕纳其议，立即降旨：

---

① 佚名：《福州府禀奏稿》，光绪稿本，上海图书馆藏，无页码。
② 《致张幼樵》，苑书义等主编《张之洞全集》第12册，河北人民出版社1998年版，第10139页。
③ 许同莘编：《张文襄公年谱》，商务印书馆1946年版，第30—31页。
④ 《张之洞片》，《京报（邸报）》第2册，第114—115页。
⑤ 《张之洞片》，《京报（邸报）》第2册，第454—458页。翁同龢：《军机处日记》，《翁同龢日记》第6册，中华书局1998年版，第3616页。
⑥ 《大清德宗景皇帝实录》卷150，华文书局股份有限公司1970年版，第5页。
⑦ 《翁同龢日记》第3册，第1630页；第4册，第1829—1831页。翁氏称张之洞为"磊落君子"，此与寻常督抚毕竟不同凡响。宣统年间的《时报》发表社论，也对张之洞在晋期间的作为倍加推崇，三晋地方百姓认为这是数十年间仅有的好巡抚。见《南皮出缺感言》，《时报》宣统元年八月二十三日。

>各省库储款项，国帑攸关，不容丝毫弊混。历年以来，筹办军需、善后等事，款目繁多，官非一任，难保无前项情弊。着各省督抚仿照山西清查章程，将藩库各款一律勒限清理，务当破除情面，认真办理，以重帑项而清积弊。①

随后，各省纷纷设立专门机构以清理本省的积亏案件。热河地方设立专局，清理过去交代积压的案件达21起；② 陕西省也于光绪九年四月十五日在本省藩司署内设立专局开始清亏。③ 广东则设立交代总局，专门办理官员交代积案，清理亏款。④ 两广总督曾国荃等对粤省同治五年以来的亏款官员进行清查，连续分批对亏欠交代的已故南澳同知张曰衔等50余位官员进行参劾，限令其在规定的时间内将欠解、交代各款全部解缴归库。⑤ 严参、革职、追赔、抄家的压力，促使部分官员开始主动完纳亏款。曾国荃等遵循交代则例，按时奏请为其改议处分。⑥ 山西继任巡抚奎斌则制定了比道光末年更为严格的清查办法，将交代期限缩短，并注重欠款追补工作。⑦ 对前绥远城同知清长（欠正杂款7300两）等6员严厉参劾，分别奏请革职、摘去顶戴和勒限严追。⑧ 数月之内该省全部完成本省州县官员的交代参追工作。⑨

---

① 御史梁俊称：各省督抚不能像张之洞那样任劳任怨，所以尽管光绪四年谕令即推行清查库款，但各省仍旧置若罔闻。参见朱寿朋编《光绪朝东华录》第2册，第1418页。
② 《恩福奏为设局清理热河府厅州县交代限内调算完竣并请将出力委员酌加奖励折》，《京报（邸报）》第6册，第394—395页。
③ 《冯誉骥片》，《京报（邸报）》第5册，第624—625页。
④ 《两广总督张树声广东巡抚裕宽奏为通判欠解署任交代银两参后全完请旨开复原官折》，《京报（邸报）》第8册，第303—304页。
⑤ 《署两广总督曾国荃广东巡抚裕宽奏为查明欠解交代银两节催延不完解各员请旨革职勒限严追以肃功令而重库款折》，《京报（邸报）》第6册，第262—265、289、292页。
⑥ 《曾国荃、裕宽奏为知县奏销后续完钱粮应行改议折》，《京报（邸报）》第6册，第335—337页。
⑦ 奎斌：《援案酌拟追补交代欠款折》，《杭阿坦都统奏议》卷2，第23—27页。
⑧ 奎斌：《特参亏空交代各员请分别摘顶革追折》，《杭阿坦都统奏议》卷3，第25—26页。
⑨ 奎斌：《旧案交代一律清结折》，《杭阿坦都统奏议》卷3，第46—48页。奎斌说，晋省光绪十年之前各府州县的交代案件共有940起，至十一年份，所有案件大致告成，追缴银两也已经提解司库。

各省从此开始较多地出现参劾属员交代亏空的现象。①

二 整饬纲纪

光绪十年之前，部分省份已经开始了对本省的亏款和交代积案进行清理。大多数情况下，这些省份参劾、追缴的基本上是已故、已革的官员，追缴行动流于形式，尚未有勇气指控现任官员的亏欠。即如广东一省，据藩司刚毅称，总计办理官员交代案件785宗，"交代"收回的银两却只有22100余两。②对现任官员难于清查的原因，在于上层官员对下属的有意回护，审查阻力极大。地方官员已经结成利益网络，上下交织，说项、阻挠者不可胜计。户部尚书翁同龢曾一针见血地指出："避重就轻，各省一律，良由州县亏空，该管上司设法回护，深恐属员挟制，不敢照例开参，及为更调优缺，令其陆续弥补，必俟屡任屡亏，其人已故已革，始揭出一二亏空，查抄仅有空名，库款早同虚掷。此习已成痼疾，臣部文牍山积，莫可如何。"③光绪前期这种只参劾已故、已革官员，将官员交代问题形式化的做法，意味着每年欲挽回1000余万两的亏款将会因此而成画饼。这自然引起京城御史的严重不满，光绪十年十一月份，御史张廷燎指责说：

> 臣屡阅抄报，见各省所参亏短正杂钱粮州县俱系已革已故，其于现任人员据实弹劾者甚属寥寥，岂从前漫无见闻，直待其人之已革已故而始行觉察耶？缘亏短各员恬幅无华之吏绝少，大凡皆习于钻营，惯于贿赂，肆意骄奢，罔知节俭，往往称为才干愈大者亏空愈多，封疆监司因其平日逢迎周至，每姑息优容，不但不登白简，反为之更调优缺，冀图弥补，或于新旧交替时，强使

---

① 《户部议复盛京将军奏承办安差之员病故诸将赔修核减银两令伊子分年赔缴折》，《潘鼎新片》，《户部奏为南新仓亏短米石三次限满交项仍属无多请照案再行展限追赔折》，《户部奏稿》第1册，第174—176、392—393、443—446页。
② 《两广总督等奏为查明广东省光绪九年分咨结各属交代折》，《户部奏稿》第3册，第1259—1260页。
③ 翁同龢：《厘剔官吏经征钱粮积弊疏》，《翁同龢集》上册，第42—43页。

后任分为担承，以致辗转因仍积欠，动至累千累万，不可收拾，间有含糊纠参，而查抄监追，不过捏报家产尽绝，敷衍了事，究竟于朝廷正供毫无补益。①

这位御史还具体揭露河南州县在钱粮征收中，稽查钱粮委员与地方州县串通一气，侵蚀公款，捏报灾情，舞弊分肥的情形，断言豫省百余州县中，洁己奉公者不足十分之一二，呼吁该省彻查整饬。②户部侍郎翁同龢也接到类似的信息："河南吏治之坏，大率亏空多，全熟之年报荒必居三分之一，征多报少，州县持为当款，而讳盗尤甚。"③豫省吏治之坏与巡抚大员的贪纵不无关系，"大约署抚军坐视，而州县积习难除也"④。

御史指控的情况户部岂有不知？该部对此类积弊也愤愤不平，颇为不满。针对多数省份敷衍交代，不做深究的积弊，户部决定惩一儆百，敲山震虎。交代积弊较深的陕西省首先被户部列为参劾指控的对象。这一事件既可说明部臣与疆臣之间的游戏规则，更能够彰显户部在清理积亏上的空前力度以及不愿妥协的态度。

光绪十年五月，针对署陕西巡抚叶伯英提出延缓造报钱粮奏销册的要求，⑤户部明确反对，勒令该省规复旧制，按例依限奏报，批评该省含糊塞责，⑥拒绝了该省的请求。鉴于陕省并非受协省份，目前却屡屡呼吁经费不足，户部对该省巡抚和藩司的整顿能力不得不产生怀疑，对其清理交代亏欠缺乏力度也颇为不满。值得注意的是，户部驳稿阐述的财政积弊不仅该省所独有，其他各省大同小异，该部的做

---

① 《张廷燎片》，《户部奏稿》第7册，第3344页。
② 《陕西省道监察御史张廷燎奏为豫省州县捏灾侵蚀钱粮积弊太深亟宜认真纠察以重库款而儆官邪折》，《户部奏稿》第7册，第3401—3402页。
③ 《翁同龢日记》第3册，第1299页。
④ 同上书，第1366页。
⑤ 查钱实甫《清代职官年表》，光绪十年前后，陕西巡抚为边宝泉，但户部此奏中提到的却是"署陕西巡抚叶伯英"，此注。见《清代职官年表》第2册，中华书局1980年版，第1725—1726页。
⑥ 《户部奏为陕省钱粮奏销亟应循例造报以严考核而杜流弊折》，《户部奏稿》第4册，第1792—1794页。

法是以点带面:"军兴以后,疆吏辄以元气未复、物力未丰为词。以迩日情形论之,常例岁入之外,抽收厘金应行解部者全行留用,而犹若不足。于是官设钱铺,借以周转;周转不给,继以挪移;挪移又穷,仍复欠发。遂致头绪繁杂,诸弊环生,销册不循定例,则有浮开之弊;欠发并未指名,则有欺蒙之弊;补支已隔多年,则有冒领之弊;挪移下年钱粮,则有牵混之弊;钱铺漫支票本,则有影射之弊;库款久未盘查,则有亏空之弊;兵饷并无定额,则有滥销之弊;协饷既多欠解,则有延误之弊。而于其阖省荒田不能垦复,各属征存不与催提,历任交代不肯严参,而徒恃别省之接济,此臣部不得不为之厘定章程以清其积弊者矣。"① 户部不仅批驳该省因循敷衍,而且重在为该省出谋划策,提出包括规复旧制、清理征存未解银两、擅自挪移等八项措施,解决该省的财政积弊。

然而陕西省的事情并未完结。十一月份,该省藩司又在司库交代名目上含混敷衍,引起了户部的不满。该部认为,藩司交代应该将一切收支款目和实在钱粮,逐一造具清册报部查核。部文指责该省在藩库清理问题上,有意含混,以规复旧制名义行苟延拖欠之实,因而,批评用语极为严厉:

> 该藩司依样葫芦,只造兵杂,殆由不量时势,是以执滞鲜通,试问向列司库奏销何尝有厘金等款?该藩司既不能执厘金等款为旧日所无,不行列入司库奏销,又何得以厘金等款为旧日所无不行列入司库交代?该藩司又以为耗羡、厘金、裁减以及边防军饷、赈抚等款历归司库奏销,不列交代,实系遵循旧章,臣部不知所谓旧章系载在何年典例?臣部前次题准,令其逐一列入交代,并非臆撰新章,均系各连清会典,钦定户部则例!……陕省司库岁入岁出数百万金,何至每当交代盘查之时,恰值丝毫无有之日?其中不实不尽亦属显然。②

---

① 《户部奏为陕西省度支告匮急宜厘定章程搏节用款以裕饷源而清积弊折》,《户部奏稿》第6册,第2603—2608页。
② 《户部奏为落司交代仍应将正杂收支各款统行造册以杜弊端而符定制折》,《户部奏稿》第7册,第3198—3201页。

户部堂官驳稿之严厉自有其原因，奏销交代事件含混了事仅是其一，更主要的是户部尚书额勒和布不久前奉旨查办陕省司库，该省藩司面交的清单内竟然开列了从未报部的数十万巨款，该部当然怀疑其交代、奏销的蒙蔽行为，在审核时提高警惕性是很自然的事情。

时间仅过了一个月，户部终于下定决心要严参陕省藩司。起因是该省报来的州县交代案件中有"征存未解"名目，冒犯了户部屡屡发出的禁令，藩司叶伯英可谓顶风违纪。户部杀一儆百，自然选择了这位不知时务的叶伯英，"今该省藩司仅以勒催赶解为词，并不详请参办，迄今又五六个月之久，仍未据专咨报部完交，即非徇私庇属，究有不行查参之咎。现值军饷紧急之际，臣部未便稍予姑容，致各省纷纷效尤，相应请旨饬下吏部，将不行查参州县交代，列有征存未解银两之陕西藩司叶伯英议处，以示惩警！"① 光绪十一年的新年刚过，陕西巡抚边宝泉根据叶伯英的辩解，于正月二十日前后附片奏请将该省藩司叶伯英的处分免除。户部研究讨论的时间较长，直到三月中旬才勉强同意作宽免处理。② 可是，四月初户部最终将叶伯英职名送交吏部议处，起因在于叶伯英负责造报的光绪十年上忙奏销册送部审核的时间超过了规定的期限，按则例应予议处，尽管边宝泉再度为之说项，户部初衷不改。③ 该部对福建等省办理州县交代过程中存在的迟延、交代官员责任不清的缺陷也提出了严厉的批评，驳令限期重造，严令杜绝交代迟延和含混不清的弊端。④

平心而论，督抚、藩司要对州县官员的透彻监控绝非易事，官员上下沟通，书吏从中弥缝，多数疆吏、藩司并不能彻底了解属下的实情。每当向布政使销算时，州县官员会设法寻找各种有影响的幕员、随僚在内接应，为的是不被核减销额；办理交代期间，如果形势紧

---

① 《户部奏为特参州县交代案内列有征存未解银款不行查参之藩司请旨交部议奏以示惩警折》，《户部奏稿》第 8 册，第 3689—3691 页。
② 《户部议复陕抚奏州县交代请免藩司处分并比较钱粮准其免宽附片》，《户部奏稿》第 8 册，第 3964—3966 页。
③ 《户部附奏陕抚奏上忙钱粮逾限请免落藩司职名仍应照例议处片》，《户部奏稿》第 9 册，第 3980—398 页。
④ 佚名：《奉部宪驳查交代案》，韵梅手抄本，上海图书馆藏，无页码。

张,上司要求甚严,则携带较多的空白册页,如果上司挑驳,可以就近更换,以防因超限而遭参处。① 在有限的任期内,督抚和藩司一般不会冒着这种风险来执行严格清理积欠和交代政策。

光绪前期,自然也有能力较强的督抚会突破积习限制,实心办事。例如浙江巡抚刘秉璋彻查本省财政积弊即是少见的个案。作为统辖一方的最高长官,刘秉璋想了解本省州县财政的实况,历经明察暗访,费尽周折,尽管发现亏款数额巨大却难以如数厘剔上缴。这种情形在各省中颇为典型。时人记述其秘密调查的情形说:

> 各省州县交代册籍,向例存于府署,不肖县令因缘为奸,每将已征未解钱粮,混入民欠项下,新旧两令对分,旧令约得十之七。本府太守,每年例有州县陋规,素来代为隐瞒,以示恩惠。非见任府厅州县者,不能知也。先文庄公官赣省时,已略有所闻,屡次访问,从无以实情告者,及光绪十二年任浙府时,复私向桐城吴春泉观察世荣盘诘。观察历任州县,卓著循声,遂将秘密情形和盘托出,无少隐讳。先文庄公乃每府派一廉正委员,守提州县交代册籍,复严札限二日内交出,如违奏参。查出州县已征未解钱粮混入民欠者,仅浙江一省,已多至五十七万三千余两,尽力严追,仅追出十九万九千余两……②

浙江省秘密清查出的亏款达数十万两,而且追缴亏款数目高达19万余两,这是当时各省交代事件中引人注目的成绩。其实,刘秉璋封疆浙江数年,严行交代积欠的成绩远不止这些。后来他函告户部尚书翁同龢说,浙江从州县交代中挽回的数额达数十万两,这令翁氏大为惊讶,"交代积欠,厘剔至数十万,如此精力,四海能有几人?"③ 这是刘秉璋不避嫌怨、破除情面的实在成绩。其他多数省份恐怕难有如

---

① 《狄道县禀稿汇编》,全国图书馆文献缩微复制中心2005年版,第180—183、262、269、271—276、285—286页。
② 《各州县交代册籍》,刘声木《苌楚斋随笔续笔三笔四笔五笔》,中华书局1998年版,第610—611页。
③ 《致刘乖璋函》,《翁同龢集》上册,第387页。

此实心办事的官员，整个督抚群体和下属官员在清理交代中，鲜有真正做到劳怨不辞的情形。

在户部等中央部门的严密监控下，各省督抚和藩司也不得不对本省属官加以规束，违纪官员由此遭到本省大员的屡屡参劾。光绪前期，记载各省督抚、将军、都统、府伊参劾州县官员的文献遗存并不多见，论者掌握的文献厥为不太完整的官方奏稿、折片，主要反映在《户部奏稿》和《京报（邸报）》中，即便是这样重要的文献，恐怕仍有大量的遗漏。根据初步的统计和分析，《户部奏稿》光绪十年记载了25宗督抚参劾属员交代亏欠和侵蚀公款的案件，这些案件基本上是向清廷建议对所参劾的官员给予限期勒追亏款或革职查办、革职戴罪清理亏款、降级罚俸等处分。《京报（邸报）》影印文献目前甚不完整，往往整年的报道全部缺漏。据初步统计，光绪九年（未及全年）记载了14宗，光绪十一年五月至年底，共计42宗，光绪十四年二月至年底，共计35宗。① 这些参劾案件控告揭露的官员人数，每一宗并不太多，部分参劾案件涉及数十位官员，案件金额达数万，以至于数十万两。这些涉案款项大部分被追缴藩库，个别官员的亏款由其亲属代为偿还。② 由于数据极不完整，估计这些参劾案件仅为光绪前期严交代、清亏款行动中的少数部分。

三　制度因革

严厉参劾藩司，加大违纪处分仅仅是户部整顿财政秩序过程中的一个举动，更紧迫的是洞悉州县交代积弊产生的根源，制定有针对性的矫正制度。户部在这方面主要是制定了两项"预防职务违纪"的制度，其一是"及时提留钱粮"制度，其二是制定民欠征信册制度。

首先是"及时提留钱粮"制度。州县交代和清理亏空仅靠有名无实的监追赔缴并不能解决多大问题，多数藩司无意实心办理。户部深知其弊，北档房的司员称"近年各州县以欠亏被参者，非业已身故，

---

① 参见《户部奏稿》第1—10册；《京报（邸报）》第1—27册。
② 《翁同龢日记》第4册，第2182页；《京报（邸报）》第13册，第391—392页。

即另案参革之员，安如非历征亏欠无可著追，上司意存弥缝，归过已故已参之员，得以一了事，在故员、参员无所加捐，而历任侵亏者均可置身事外，岂得谓情法之平？即谓已故已革之员，特其无可着追，任意侵吞，或亦事所恒有，然使该管上官平日随时稽查，有惩必解，有亏必参，属吏又何所施其巧取之术？"①户部也深知强令执行，往往流于形式，所以提出："与其追缴于既亏之后，终归有名无实；不如严提于未亏之时，以先事预防。"光绪十年八月，户部借鉴浙江巡抚刘秉璋所订立的《杜绝州县隐匿钱粮章程》，②提议应从制度上防止州县官员侵亏钱粮，加强奏销期限和钱粮管理，不给贪官以可乘之机。这是对嘉庆十五年清理州县亏空办法，即强调革职、监追、查抄做法的修正和超越，注重防微杜渐。③该部"及时提留钱粮"制度的规定大要如下：

> 嗣后各省州县仓库钱粮，概令遵照定例，按三月申报一次，各州县每年上下忙征完钱粮时，并带征及税课一切杂款，将本届实征若干造册申送。各上司见应解之款，限一月内尽数解司，不准丝毫存留属库。每上下忙征完，复一月内该管道亲赴直隶州、府州亲赴各属县，即将各属库核对盘验，确查收解的数是否相符……如先已结报并无征存未解及结报无亏，嗣经查出亏欠者，即照例先将具结之府州革职离任，无论本员现任、已革、病故，亦不论亏项为侵为挪，均照例将本员参革勒追，限满无完，即著

---

① 《户部片奏州县交代严定章程》，《户部奏稿》第6册，第2684—2685页。
② 唯浙江省订立的章程原文未能寓目，但从十二年该省巡抚秉璋《奏查豁民欠分别勒追各州县亏款折》的说明来看，浙省的章程注重根据亏款数额进行处罚勒追，关键是确定了灵活的追缴政策，"凡亏挪应追款项，除候补贫难各员取具切结、援例侠补，官日坐扣廉俸归补外，其余有关人员及家属，力能完缴者，分别著追。至各首县代垫公项，用皆实在，宜予体恤，拟请援照着赔例案，无论多寡，概令赔缴八成，减免二成；其外县，应提滥款，数在五千两以上者，赔缴八成，减免二成。一万两以上者，无论首县外县，令赔缴七成，减免三成。外县不及五千两者，均照原数赔缴。"见刘声木《苌楚斋随笔续笔三笔四笔五笔》，第612页。
③ 《浙江巡抚刘秉璋奏为杜绝州县隐匿钱粮明定章程通饬遵办请旨饬部核明立案折》，《户部奏稿》第3册，第1392—1393页；《户部片奏州县交代严定章程》第6册，第2684—2686页。

具结之府州独赔，概不得以失察在先，同时结报议以降留分赔之例，以为平日玩忽循隐者戒。①

这项制度上的修正，还包括将各省藩司的处分制度加以修正。其主旨在于将各州县官员的就任、离职、交代、亏挪、奏销等环节与藩司的实时监控联系起来。州县亏空时，不但按律依例惩治该官，而且强调追究藩司失察、因循的责任，或予罚俸，或予降级，或予革职，把财政亏空与藩司的职责紧密相连。② 这一修正，在制度层面上革新了过去关于藩司掌管一省钱粮的笼统规定，从而具有规制变革的意味。

其次是制定民欠征信册制度。对于户部来说，如何突破追赔、查抄、革职等清欠亏款的传统制度，而又不丧失既有官员阶层的合作，减少运动成本和社会震动，是一个非常现实的问题。枢廷重臣和慈禧太后也非常关注清理积欠的进展。光绪十二年七月，太后召见翁同龢，对目前交代清亏的成效表示担忧，亟欲搜求良法，"户部出入款项，圣意谓督抚多不肯实心任事，厘金安置闲人，交代每多亏项，汝部能设一法禁止否？以征信册对"③。翁同龢所说的征信册是户部为有效地推行清亏行动而实施的重大制度改革，希望以此釜底抽薪，从根本上铲除州县官员含混奏销的弊端。

征信册制度的出台与御史刘恩溥的建议有关。光绪十一年六月，刘恩溥奏请清理民欠，请饬户部妥议章程，清除官欠、民欠、差欠等弊端。④ 刘氏认为道光年间冯桂芬提出的杜绝亏空的办法极有意义，因而希望清廷加以借鉴和推广。冯桂芬的设想是把传统的四柱清册张榜公布，以便于公众监督，每月用活字版印制百本，分发给上司、士绅，如有绅民已缴税，而榜上却漏列，则准许百姓揭榜。冯氏称这种办法为"征信录四柱册"。这一设想过去曾得到很多人的赞许，但刘

---

① 《户部片奏州县交代严定章程》，《户部奏稿》第6册，第2684—2685页。
② 《户部奏为申明州县交代例限并请严定藩司处分以重库款折》，《户部奏稿》第6册，第2687—2689页。
③ 《翁同龢日记》第4册，第2031页。
④ 《德宗景皇帝实录》卷210，第6页。

恩溥认为，做法虽好，只是较为烦琐，难以经久推行，他建议应加以变通。办法是每年下忙结束后，各州县开具钱粮欠户细册，由藩司刷印数十本，分给该县绅士，直接由乡民查阅，不假官吏之手，如有差错，准许乡民携带纳税串票赴藩司控告，即将该州县治罪。①

冯桂芬和刘恩溥的设想，在户部堂官看来，大概与雍正六年二月的钱粮稽核谕旨有关。这道谕旨主张公示百姓纳税结果，使家喻户晓，官员无法作弊。由于这项制度事关创举，在研究讨论的过程中，户部内部可谓众议纷纭，反对者较多。有人认为其过于烦琐；还有人觉得印制费用较高，长期实施不具有可行性，各省官员如果视同具文，这项制度也就形同废弛。户部最后决定借鉴科举考试中的糊名做法，既易于操作，又省时省费，因而基本采纳了刘恩溥的建议，着手研究简化手续，完善"揭榜"式的征信册制度，而且专门制定了10条清理民欠的章程，主要涵盖钱粮征收截止期限、征信册底本送交藩司期限、司道官员查核、核对印刷征信册、酌定发册期限、方便民众查阅、侵欺官吏应按律治罪、收到钱粮必须给以串票等。② 由于牵动诸多方面，论证颇费时间，这项制度直到第二年才公布施行。

对于户部制定的这项制度，太后相当重视，专门颁下长篇谕旨申述其大旨和做法，颇有借此根除积欠顽弊的决心。上谕说：

> 著各该督抚查照该部所筹办法各节，严饬所属逐一整顿，实心实力，期在必行。用人理财为疆吏专责，果能政事修明，财用不患不足。倘以薄书为故事，视告诚为具文，经征钱粮仍前弊混，该管上司相率循庇，即著该部将该督抚藩司粮道指名严参，决不姑容！③

征信册制度刚刚推行，各省的反应就传到京师。江西和河南两省表示难以接受。军机大臣管理户部大学士阎敬铭对这些省份的消极态

---

① 《清行钱粮民欠征信册疏》，盛康辑《皇朝经世文续编》，文海出版社1972年版，第3785—3786页。
② 同上。
③ 《上谕》，《京报（邸报）》第17册，第429—433页。

度极为愤慨，决计要起草驳稿。在措辞方式上，他与户部尚书翁同龢意见相差甚远。翁在日记中说："入署，遇阎公，论征信册事颇抵牾，江西、河南皆云难行，部中驳稿，阎公属稿，措语太不伦也。"①阎敬铭向来对各省钱粮积弊疾恶如仇，对整饬钱粮奏销历来不妥协、不通融。翁氏对此颇有看法，认为阎"刻而愎"②。两人在对待征信册的推行以及严格交代等方面，颇有龃龉，阎主严，而翁主宽。

该制度推行的效果似乎不太均衡。贵州巡抚潘霨奏称，钱粮征信册"条理精密，简要易行，业经发给各属办理"，该省派令得力司员破除情面，全力推行这一新的制度，"上下一心，不及八个月渐次□□，匀计通省额数约有九成，询为整顿正供催科得力"③。云南省赞成实行这一制度，但主张对征信册的造报加以变通。变通的主要原因是恰逢滇省地方治安混乱，亟待整顿，请求暂缓一年，而且该省各地情形相差较大，"惟云南气候早迟不一，征收例限虽定于次年三月扫数，而民间五、六两月陆续完纳者尚多，兹酌定于六月底截数，九月造册到司，藩司于十二月办齐印发"。另外，该省缺少合乎要求的印刷技工也影响了征信册的印制发行，巡抚谭钧培认为，户部颁布的征信册"本极周详，惟云南僻居边远，与腹地情形不同，不能不参酌变通"。该省为推行这一制度，千方百计克服刊印技工缺乏的困难，"刊刷册籍苦无良工，土人于活字板素不娴习，又不善写宋字，若待委员他省招募，而限期已迫，往返需时。只得雇募书手、土匠赶缮刊刷，边地复少匠工，到处穷搜，得十余人，随刊随刷，随订随发，极力赶办，仍未一律办齐，而奏限已届，未便再行久候，致稽通案"④。光绪二十年前后，安徽巡抚福润会同两江总督刘坤一对征信册制度在安徽实施后的效果进行评估。他们认为，户部创行征信册，向来没有民欠的地方反而出现了民欠，每年秋天，不肖绅董与吏役互相勾结，受灾平民必须花钱才能买到天灾，才可以进入征信册，州县稍加诘问，绅董即联名上告，必须满足其意愿方可罢休。并且，部颁民欠征

---

① 《翁同龢日记》第4册，第2087页。
② 《致翁曾荣函》，《翁同龢集》上册，第395页。
③ 潘霨：《韡园自定年谱》，光绪十二年六月稿本，上海图书馆藏，无页码。
④ 谭钧培：《谭中丞奏稿》卷6，清末铅印本，上海图书馆藏，第9—10、87—89页。

信册，历年印制，所费极大，对库款无所裨益。所以，他们决定"援案停造，以节浮费，而杜民众冀幸之心"①。由于这项制度系太后极力主行，各省积欠亏款的问题难以有效地解决，所以即便某些省份反对，亦未立即停罢，另行更张。②

各省钱粮积亏是长期以来奏销制度运作过程中因制度漏洞而形成的恶果，非一朝一夕能够清除。相对而言，光绪前期推行的清亏和考成，在具体制度和做法上，与前代均有较大的更新，诸如"及时提留钱粮款项"入库和民欠征信册的制定等，显示出新时期户部等整顿财政规制的新进展。尤其是经历20余年战乱，钱粮奏销和亏空清理几乎中辍之后，这种新的做法更能够彰显制度更替的特色，其中蕴含的意义，不仅仅是财政一端，更带有整饬吏治的性质。

研究所得初步印象，这样大规模的清理交代亏款的行动，当有一定成效。光绪十七年，操守甚好的新疆巡抚陶模拜见翁同龢，对清理积亏的成效有谨慎的较为积极的说法，这种说法比较真实而别具一格，以至引起翁的好评。翁在日记中记述说："陶子方模，新疆抚，来长谈，此人操守好，能恤民隐……通论时局，谓民生穷困，即如抽厘近年大减，而报解不甚见少者，司事者将侵蚀之款填入也，再过数年，侵项已吐而实征日绌，则不支矣，真名论也。"③ 在民生穷困的背景下，征收厘金的成效不减，成因即在于官员积欠亏款正在成功追缴，成为弥补厘金征收缺额的主要因素。揣摩这一说法能够引起翁的注意并给予好评的原因，其实有两点，一是将清理官员交代积亏成效与厘金征收的缩减联系起来，这在当时人们的思想中确乎少见，但也的确揭示社会经济的实情，不可谓奇谈怪论；二是翁本人处于户部尚书的地位，接触的人士多为京城内外与朝政、财经有关的官员，他有机会掌握各种真实的信息，对清廷的吏治和经济有独到的认识，陶模

---

① 《安徽巡抚福润会同两江总督刘坤一奏清丈安徽通省田亩折略》，冯煦主修《皖政辑要》，黄山书社2005年版，第270—274页。

② 根据后来度支部的解释，征信册制度由于缺乏成效，经直隶总督李鸿章等奏请，户部不得不中止了这项制度。尽管有的省份，如浙江省仍欲推行，但并未得到度支部的支持。见《度支部会奏遵议浙抚办各厅州县钱粮征信册折》，《政治官报》第1066号，宣统二年九月十四日。

③ 《翁同龢日记》第5册，第2456页。

的说法因其真实而特别未被挑驳，反而赢得了他的认同和赞赏的评价。这也意味着清理积亏的成效并非如某些学者认定的那样，仅仅是"官样文章"。清亏成效的准确量化，限于文献，此处难以详细指陈，只能留有以待。

原载中国社会科学院近代史研究所政治史研究室、苏州大学社会学院编《晚清国家与社会》，社会科学文献出版社2007年版，收入本书时有删改。

商务局与清末工商产业的
行政整合

晚清时期，随着对"商战固国"观念的认识深化，许多传媒在19世纪80年代就开始提出设置专门的产业行政机关，以弥合官商之间"视同秦越"的疏远关系。商务局作为先于商部而成立的地域性产业行政整合机构，率先担当起梳理撮合官商统一，谋求产业振兴和解决商务纠纷的重要职责。清末产业行政的整合是个一波三折的问题，本文拟从其初始运作来观照这一问题。

一 商政改革的言论

引发清末工商产业行政整合最重要的背景是民族危机下的清廷财经困顿的加剧。甲午战事尚未开始，清政府即向北京的钱庄、票号举借银两100万两，"备充饷项"①。户部还向招商局息借银37.5万两。②清廷这种制度"先试办于京师，继复推行于外省"，至甲午战败时，就已在广东借银500万两，江苏181万余两，山西108万两，直隶100万两，陕西38万余两，江西23万余两，湖北14万两，四川13万两，总计"已逾千万之数，洵于军兴用款不无少补"③。甲午战败更使清廷的财政捉襟见肘，无奈之下，遂实行大规模的节流政策，裁减军费和政府开支，并对政府官员的薪俸也加以压缩，每月节

---

① 朱寿朋编：《光绪朝东华录》卷121，中华书局1958年版。
② 招商局总管理处：《招商局总管理处汇报》，招商局总管理处1929年版，第5页。
③ 朱寿朋编：《光绪朝东华录》卷126。

省 100 万两的开支。① 据统计，清政府在 1890—1910 年每年平均收入 8910 万两，但 1901 年的支出为 10110 万两。② 洋务后劲张之洞曾力陈当时的困境说："近闻通商条目、赔款限制尤甚骇异。各省口岸城邑商业、工艺、轮船处处任意往来，任意制造，一网打尽，工商生路尽矣；倭在华制造土物，一照洋货纳税，各国效尤，如不能拒，厘金亏矣，赔款二万万两，六年付清，又加五厘利息，即借英国洋款转付，分期摊还，每年亦须还本息一千数百万两，各海口洋税空矣；今借款系赫德一手经理，专借英款，将来无论如何搜刮，亦不能还清，英国必索我地方作抵，是又生一患矣。民贫极则生乱，厘款去则无饷，陆师、海军永不能练，中国外无自强之望，内无剿匪之力矣。"③ 危如累卵的财政状况确实使晚清朝廷上下痛定思痛，新政策的转轨实属不得已的事情。

实际上，政策转轨的言论在 19 世纪 80 年代即开始了。郑观应在《易言》《盛世危言》这些著作中，不仅呼吁中央商政机构的设立，而且对地域性产业行政机构的创办也多有涉及。中国工商产业素来松散，互分畛域，涣散不群，因而每与洋商交易，其势恒不相敌。基于此，1895 年御史王鹏运上书清廷，力陈推进产业行政化，以弥合官商不统一的隔膜现状。清帝也曾采纳他的意见，决定要进行工商产业行政整合，并将创设商务局作为重要的产业行政机构，"沿海各省会应各设商务局一所。责令督抚专政，局中派提调一员驻局办事，将该省各项商业悉令公举董事一人，随时来局，将该省商况利弊情形与提调妥商补救整顿之法，禀督抚而行之，事关重大者，督抚即行具奏"④。但是当时大多数省份对于设立商务局行动迟缓，且政令不一，因而 1898 年侍郎荣惠又向清政府建议设立商务大臣，这实际上是对全国工商产业进行行政化改革的重要建议，它担负着对全国产业行政进行统筹规划和安排的重要职责。同年康有为在《应诏统筹全局折》

---

① 朱寿朋编：《光绪朝东华录》卷 137。
② Chiming Hou（侯继明），*Foreign Investment and Economic Development in China*, 1840－1937, 1965, pp. 239－240.
③ 朱寿朋编：《光绪朝东华录》卷 126。
④ 朱寿朋编：《光绪朝东华录》卷 137。

中提议设立十二个局以主持国政，其中经济性质的产业行政机构明显增加；时至戊戌维新的高潮时期，光绪帝决定在京设立农工商总局，任命端方为督理该局的大臣，汇丰银行买办出身的吴懋鼎为协理，①尽管这一变法措施被以慈禧太后为首的顽固派所废止，但这应算是晚清工商产业行政整合的重要步骤。

慈禧政变后仍然强调振兴，并要刘坤一和张之洞在上海和汉口"加以讲求，认真经理"商务局，"凡有益于国、有便于民者，均应随时兴办，以植富强之基"②，因而可以肯定，慈禧对变法的阻挠和破坏并未打断清末产业行政整合的进程，而只是延缓了这一进程而已。事实上，"振兴工商"这一巨大的舆论情势已非一场政变而可以废止，梳理整合全国的产业行政问题应属历史的必然，无论何派得势，都须面对清末拮据的财政现状。正如闽浙总督李兴锐的奏折所言："取于民者既不能不加于前，则为闾阎筹生财之源，以救目前财用之困，非讲求商务，无从措手。"③ 20世纪初，盛宣怀当时就任会办商约大臣，作为一个差遣官在上海处理商约问题，基于切身经历，他更感到推进产业行政整合的必要性，曾特地奏请中央设部指导工商事务。④

但是，在较长时间内，尤其是在商部设立之前，清廷中央在产业行政观念上却落后于当时形势。这一点，从御史王鹏运主张在京设立商务公所，在各省设立商务局的奏请被总理衙门所阻挡即可以看出来，总理衙门赞同设立商务局，但对全国性的产业行政规范化却难以接受，驳回了设立商务公所的奏请。1898年荣惠向清政府提议设置商务大臣，由其总管全国商务的主张亦由总理衙门驳回，理由是，既然已由各省设立商务局，这类扶持商办企业的事就可交由商务局来管辖，而无须再设商务大臣。⑤ 据此可见，清廷对在中央设置专门的产

---

① 国家档案局明清档案馆编：《戊戌变法档案史料》，中华书局1958年版，第390页。
② 朱寿朋编：《光绪朝东华录》卷131。
③ 《东方杂志》第1卷第3号，1904年5月10日。
④ Wellingion K. K. Chan, *Merchants, Mandains and Modern Enterprise in Late Ch'ing China*, East Asian Research Center Harvard University, 1977, p.162.
⑤ 朱寿朋编：《光绪朝东华录》卷148。

业行政机关不甚赞同，尽管它同意设立地域性的产业行政机构（例如商务局），但却并未设想由清廷要员或地方官吏积极地参与其事。即便是1900年以后清政府开始设置商务大臣，但由于担任该职务的李鸿章、袁世凯也都同时担任总督一职，并非专职于商务大臣，所以，至1903年商部设立之前，晚清工商产业行政整合与规范化的事务，基本上都集中于19世纪末期在地方省份次第设立的商务局身上。

二　商务局的职责定位

半殖民地的历史条件，决定了国家政权必然地扮演着本国工业化组织者的重要角色，可以说，民族经济的发展往往同政治进步有着十分密切的联系，即经济工业化与政治近代化相辅相成。在经济近代化问题上走在清政府前面的日本明治政府即强调"国之强弱由于人民之贫富，人民之贫富系于物产之多寡。而物产之多寡虽基于人民之是否勉力于工业，但溯本求源，未尝不依赖政府官员诱导奖励之功"①。问题就在于晚清政府对这一道理理解得过于迟滞了，并且是飘忽不定的。尽管19世纪后期屡有"修农政""劝工艺""讲求农工商"的呼吁，② 陈炽也曾强调政府必须立商部定商律，从政治法律上保障"商"的权利，③ 郑观应甚至主张，商人"自举商董"，参加"商务局"和"商部"④，但清政府直到1903年方设立商部作为统一全国产业的行政机关。从1895年开始决定创设商务局至商部成立，其间仅有参差不齐、机构和名称并不统一的各地商务局在勉强地进行着地域性产业行政和整合运作。应该说，设置商务局是清廷政策转轨的一个重要举动，尽管这一决定在实行中并不顺畅，但这应算是清政府向扶持私人资本主义迈出的重要一步。

---

① 《大久保利通文书》第5卷，第561页，转引自万峰《日本资本主义史研究》，湖南人民出版社1984年版，第98页。
② 《变法奏议丛钞》，上海书局1901年石印本《江督刘鄂张会奏条陈变法第三折附片》。
③ 陈炽：《续富国策·创立商部说》，慎记书庄1897年刊本。
④ 郑观应：《盛世危言·商务》，光绪二十二年刻本。

商务局的创设始于甲午战后。面对甲午战争的惨痛结局，不但是维新志士奔走呼号振兴工商，即便是洋务派的后劲张之洞等人也表示要"保护华商，厚集商力"，建议政府在各省设立商务局，悉心讲求商务，及时兴办各类实业。① 于是，清政府不得不寻求"补救"之道。1895年7月清政府下令通饬各省督抚，分别在省会设立商务局，由各商会举殷实、稳练、素有声望的绅商，派充局董，驻局办事，"将该有物产行情，综其损益，逐细讲求。其与洋商关涉者，丝、茶为大宗，近则织布、纺纱、制糖、造纸、自来火、洋胰子诸业，考其利弊，何者可以敌洋商，何者可以广销路。如能实有见地，确有把握，准其径禀督抚，为之提倡"。各府州县，也在水陆通衢，设立通商公所，联络协助。② 由此看来，商务局基本上类似于欧美、日本的商业会议所，不过它又带有官督商办的色彩。商务局总办是由候补道这一等级的官员担任，而由地方督抚选派任命，主要的高级职员是由各该城市中有势力的商人充任。尽管这个时期清政府已决定设立商务局，但各省督抚大部分对此并不热心，地域性的工商产业行政的整合运作此时是非常迟缓的，清政府后来又多次督促各省"切实筹办""认真经理"商务局，但各省创设和经办商务局的工作始终是不平衡的。

初始创建的各省商务局，因缺乏中央产业行政机关的统一指导以及地方主管者的重视程度、商务素质的差异，明显地存在着结构、运作和绩效的差别，这使得后来好多商务大员和业内人士大都对这一时期商务局的存在价值评价不高。但是无论存在多少漏隙，先于商部成立的这种地方性产业行政整合组织毕竟担当起商界统一、产业保护和商务纠纷规范化处理的重要职责。

首先，次第创设的各省商务局以大体相同的方式谋求确立官商之间的协作关系，致力于地域性商业群体的统一。统一的基础是为数众多的商业行会和手工业行会。近代社会中，我国城市和通商口岸已有相当数量而且形态、结构都相当复杂的商业行会和手工业行会，其组织形式和连接纽带也各不相同，诸如会馆、公所等。这些同业组织一

---

① 《张文襄公全集》卷37，中国书店1990年版。
② 朱寿朋编：《光绪朝东华录》卷137。

般是按行业和地域划分帮口，其成员除店东、工场主以外，还包括帮伙和学徒。这类商界组织基本上是局限于同乡、同业的狭隘利益，甚至一业之中还以乡谊划分畛域，各立门户，各有势力范围，界限分明，壁垒森严。甲午战后在外商资本侵略咄咄逼人的情况下，这类行会组织也感受到极大的刺激，产生了联合创业以御外敌的愿望，"外人商务之竞争，转瞬万变，迫不容待，又何能以一波一降之抵力，当此汪洋泣海之潮流"①，重商权，求团结，务统一的呼声愈益高涨。在这种情况下，地域性的产业行政机关（诸如商务局、商政局、洋务局、农工局等）一经成立，应因这种呼声，随即开始了探索地方性官商统一、商界聚合的行政整合工作。这种探索明显地从商务局制定的章程内容中体现出来。

江西商务局的章程鉴于省城的同业公所组织只有钱业和布业两个行业，于是规定除上述两行业之外，其他行业也可以选出商董，各业之间的商董可以加强交流与联络，以谋求江西省内各行业的整体性协作联合。章程中还规定，根据省城全体行业商人的意见，公举总商绅二人，担当商界人士与商务局的连接中介，遇事与商务局协商。② 山东商务局章程与此大体一致，规定各行业各推举一名董事，并由各董事推举两位总董事，总董事担当官商之间的中介，遇有重大事件由其与商务局协商。③ 其他诸如福建、江苏、湖北等省的商务局章程也大体上以同样的方式通过"会董""总董""总绅商"等商界上层人士向地方商人组织传达其产业整合信息。

其次，初步制定和推行了保护产业的政策。《马关条约》确认了外国在华设厂权以后，清政府也即失去了对产业的控制权。因此，洋商资本侵略日甚一日，1895年以后呈现加速度发展的态势，据统计，1894年中国各口岸的外国洋行总数为552家，1900年即达1006家，1910年更增至3239家。④ 清政府要是再采取限制本国产业资本发展

---

① 《武昌湖南会馆特别大会议改湖南会馆为商会之演说》，《江汉日报》光绪三十四年五月十九日。
② 《申报》1902年2月13—14日。
③ 《申报》1902年2月14—15日。
④ 《海关十年报告》，上海社会科学院出版社1985年版，"附录"。

的做法无异于作茧自缚,在朝野"设厂自救"舆论浪潮的促动下,清廷确立了"以恤商惠工为本原"的方策大纲。后来即便经历了戊戌政变,清政府亦未更改这一政策走向,慈禧仍强调"商务为当今要图","凡有益于国、有便于民者,均应随时兴办,以植富国之基"①。在这种情况下孕育创设的各地商务局也初步地拟定了为企业创办注册、专利权的授予等产业保护政策。

江西商务局对开矿实行倾斜保护政策,对该省物资厘金实行公正课税,并且诸多产业的保护措施也陆续制定出来,内容有对出口产品、进口替代商品进行免税和给予专利权,奖励企业创办,并积极推崇大机器生产方式,"我国人鉴于西国流弊,谓立公司用机器夺小民生计。在30年前此论甚确。须知此后外人之公司、机器制造厂将遍于我内地,我商民不急猛省,早日兴办,祸患何堪设想?"②江西商务局在其章程中规定,对所生产的商品若能抵抗国外同类商品或仿效欧美工艺进行运转的产业,在核实情况后将赋予专利权,并制定了创办企业的注册办法,特别申明凡到商务局办理注册者即授予奖赏,如有地方官绅妨碍产业创办者,商务局将出面保护,禁止产业发展中的阻碍因素③。甚至,安徽芜湖商务局总办制定的8条《商律》还规定,中国商人同外商发生商务纠纷时,将给中国商人派遣律师,进行法律支援。④此项措施在江南商务局的章程中也可以见到。商务局对产业的这种保护作用从后来传言商部将裁汰商务局的舆论反应上可以看出来。比如,1906年安庆商会表达了反对裁撤当地商务局的意见,他们曾致电当时的商部说,安徽商界赖官主持方始有所进步,商务局对当地产业界的保护不可或缺,要求延期裁撤商务局。商部重要官员王清穆调查汉口产业界时,当地钱业行会曾高度评价了商务局的意义。⑤创办商务局较早且相对积极的张之洞在1897年的一份奏章申明

---

① 杜恂诚:《民族资本主义与旧中国政府(1840—1937)》,上海社会科学院出版社1991年版,第95页。
② 《申报》1903年3月26—29日。
③ 《申报》1900年3月30—31日。
④ 《申报》1901年12月24日。
⑤ 《申报》1904年8月17日。

了保护工商产业的努力,"广为劝谕招徕","其议集股图先著者颇不乏人。凡各处禀请购器造货者,臣多从允准,且为之筹备厂地,归并厘税、计画销路,曲意维持"①。在其扶持下,当地民营产业确有相当发展。当时清政府迫于财政困顿,曾拟订了一个对新式制造业的商品进行值百抽十的税收计划,张之洞和江、浙两省的巡抚等官员认为此加税计划会抑制华商集资办厂的势头,况且这一税收计划对外商则无足轻重,故此举为"有损于民生而无益于国计",此后,这一加税计划在张之洞等人的反对下并未付诸实施。② 产业保护和奖励政策是清末国家政策的重要转轨,尽管过往论者大多瞩目于1903年设立的商部,但甲午战后被迫创设的各地商务局实际上已开始了对产业保护工作的探索,这应算是晚清新政的序幕。

最后,解决复杂的商务纠纷,为振兴工商规范市场,这是各地商务局进行产业整合的重要职志。我国封建社会历来是一个人治型社会,法制观念和法制建设极为薄弱;对于工商产业的发展来说,商律的制定是近代晚期的事情,所以我国工商业久被称为"无法之商",随着清末产业的不断拓展,商界屡屡产生钱债纠葛,法律的真空状态往往使得这些纠纷处于长期的聚讼纠争局面。商事裁判权掌握在官府衙门手中,遇有涉讼纠纷,或者"视为细故","延宕了事",或者只认钱财多少,不问是非曲直,"官吏可上下其手,怨家多倾滔之方",若是再三禀呈,就会震怒官厅,反被无理关押,或课以"罚金","商之冤不能白,商之气何由得扬"③。因之,要对工商产业进行行政整合,就不得不将解决商务纠纷作为一个亟须的问题来看待。清末创设的各地商务局尽管封建色彩极浓,但迫于振兴工商的舆论潮流和业界商务纠纷的滋长,不能不体察到这一问题的严重性,于是相继制定了处理商务纠纷的若干措施。

江西商务局在其刚创设之初,即在其章程中阐明了对商务纠纷的处理办法。其一,对于倒闭事件,规定经受害者申请,首由商董协调

---

① 朱寿朋编:《光绪朝东华录》卷139。
② 同上。
③ 《商业首先旧查情况》,《东方杂志》第2卷第7号,1905年8月25日。

处理，仍不能解决时交付商务局查办追究；其二，对于债务纠纷的处理规定了同样的协调追究程序；其三，对于防止贩卖劣质产品，抑制混乱的市场秩序，规定商务局经由商董清查具报，俟商务局给予处罚。① 福建商务局规定，对于商务纠纷尽可能由行会商董调查解决，唯有不可能时才由总董事负责解决，必要时由商务局总办发挥强制力量。对故意倒闭或销售劣质产品致使市场紊乱者，规定以严厉态度处置。安庆商界还要求商务局设置传审公廨，专门处理商务纠纷。在这之前，汉口商务局的主创者张之洞在制定该商务局的业务范围时，曾规定了对工商界破产问题的处理办法，申明该局将对破产的责任者予以追究并逐出实业界，以防患于未然。② 前曾述及，汉口钱业界在王清穆视察汉口时盛赞当地的商务局，在呈送给当时商部的条陈中有四项要求，主要是关于防止因债务人破产造成的损失规范化的问题。其中，在第一项要求中对张之洞设立商务局时将严厉追究债务人责任的方针录入商务局章程一事给以好评，因而要求商部也下令各省督抚责成当地商务局严查破产者姓名，采取措施不准其重新经商。商务局解决商务纠纷的作用从后来浙江巡抚的言论中可以看得出来，该巡抚认为，单凭商界自身力量不能完成解决商务纠纷的职责，此事尚需当地商务局的协助。由此可以看出，浙江商务局曾在商务纠纷的解决问题上发挥过重要的作用。应该说，各地商务局在商务纠纷的解决问题上措施各不相同，成效也存在差别，有些措施带有浓厚的封建色彩，包括传审公廨一类的机构更是仿效衙门刑堂的形式，这常常为后人所诟病。但是无论怎么说，其对商务纠纷和市场秩序规范化的努力是值得肯定的。这比以往封建衙门视商务纠纷为"钱债细故"而"延宕了事"的作风应算是一种历史的进步。

三　旧制掣肘

19世纪末至20世纪初中国资本主义工商业获得长足发展，这与

---

① 《申报》1902年2月13—14日。
② 《汉口试办商务局酌拟办法折》，《张文襄公全集》卷49。

其间推行产业行政化以振商保商、统一商界的努力是有着密切联系的。在类似于近代中国这样的半殖民地国家，政府的行政素质以及政府对商人的态度直接影响到民族工业的发展速度和社会满意度，中国私人资本主义自诞生之日起，一直处于清政府"病商虐商"政策的政治高压之下，官商之间矛盾重重，不但"重农抑商"的思想传统阻碍了民族资本的发展，而且商界本身互分畛域，一盘散沙，各自苟且营运。作为半殖民地国家近代化的主导力量，清季朝廷政权在1903年前甚至没有一个专门的全国性的行政机关。在清政府原先的中央行政机构中，仅有户部、工部、内务府等机构参与推行同经济有关的政策，到了近代总理衙门也参与进来，但这些都不是专门的产业行政机构，而且对推行商政、弥合官商嫌隙素不热心。甲午战后为时势所迫的清政府不得不将国策作重大调整，尽管这期间有曲有折，但毕竟是转轨了。对工商产业进行行政整合也属新政的重要范畴，其最初的努力便是各地不均衡地创设了商务局一类的地域性产业行政整合组织，尽管它的运作多使人失望，而且在整体上社会满意度也比较低，但不应否认它的先导性和开端性的行政整合价值。自兹开始，抑商困商开始向保商奖商转化，贱商观念的式微及商人社会地位的提高也是从这个时期开始的。它为后来商部推行产业行政整合创造了一定的基础，而且其负面影响也在某种程度上促动了商部和商会的尽早产生。

自然，商务局刚刚脱胎于旧的封建肌体，而且时时处于封建政治、思想和观念的包围之中，其创建体制、指导理念以及运作绩效无一不受到这些非近代化因素的影响。其一，由于封建积习太深，清政府明文规定，商务局只能任用候补官员，不得任用商董，于是重官轻商的观念制约了商务局的机能发挥。商务局主事人员大多对商学、商法和国内外商情茫然无知，只有少数兼充买办者尚不昧于此，但他们常以洋商的马首是瞻，较少真诚为本国工商界尽力。商务局的主体官员、办事人员基本上属于那些"以官为贸易"的候补人员，他们通过一次次的贿赂夤缘，好不容易获得到商务局"署缺""补差"的机会，当然更是"百计搜刮，榷算锱铢"。商务局这种组织人事格局很大程度上是由清季推行的捐纳制度造成的，它始自顺治朝，这种制度的推行的确为清政府提供了一项不固定的收入，开辟了地主、豪绅进入仕途的捷径。① 尽管1901年7月清政府明令停捐卖官，但"虚衔、封典、翎枝、贡监及现行常例"仍准照常捐纳。这种捐纳制度的负面影响是多方面的，商务局运作绩效不高，并且一直为过往论者所漠视，这种很大程度上由捐纳制度造成的组织人事格局不能不说是一个重要的因素。

其二，封建政治腐败惰性的巨大掣制。清朝贪污腐败的地方官吏比比皆是，依旧对商人巧立名目，横征暴敛。对工商业的行政规范化并借以振兴工商的政策在许多地区得不到切实的贯彻执行，以至于商界统一聚合及弥合官商仇隙的努力不能有较大的转机，商界与官界"视同秦越"的境况仍未作根本改观，所以工商界代表人士仍抱怨不止："或督抚留难，或州县留难，或某局某委员留难；有衙门需索，有局员需索，更有幕府需索，官亲需索。不遂其欲，则加以谰言，或谓其资本不足，或谓其人品不正，或谓其章程不妥，或谓其与地方情形不合，甚或谓夺小民之利，夺官家之利。"② 官商殊途也导致许多地区的商界人士对这种官办商局持不合作态度。实际上较早创设商务局的张之洞等人也感觉只要"局为官设"的局面不改观，振兴商务的目的就很难达到。正是对各地商务局运作绩效的较低评价，导致创设商会呼声的日益高涨，即谋求以商会来弥补商务局的种种缺陷。1902年间盛宣怀在上海办理同英、美、日、葡等国修订商约时即痛切地发现了商务局存在的诸多不足，谋求通过创办商会以达到振兴工商、与洋争利的目的，他认为："上海洋商总会如林，日夕聚议，讨论研求，不遗余力；而华商向无会议公所，虽有各帮商董，互分畛域，涣散不群，每与洋商交易往来，其势恒不相敌。"③ 他也承认，洋商之所以能够"乘间伺隙"，"操纵其技力，而腹削我利权"，乃是"官府未得保护提倡之法，上下各不相谋所致"，所以主张"远规西

---

① 参见许大龄《清代捐纳制度》，哈佛燕京社1950年版。
② 汪敬虞编：《中国近代工业史资料》第2辑下册，科学出版社1957年版，第1126页。
③ 《盛宣怀会同张之洞奏设上海商业会议公所折》，《愚斋存稿》卷7，文海出版社1975年版。

法，近采舆论"，以创设商会弥补商务局的某些不足。总之，不管是商务局组织人事格局的封建化倾向，还是封建政治腐败的惰性力量掣制，都足以导致清末产业行政的道路充满了艰难性，一波三折的运作态势更显示出晚清政权动荡摇摆的特征。

原载《中国社会经济史研究》1998年第3期，
收入本书时有修改。

地方游离于中央：晚清"地方财政"形态疏证

陈锋教授新作《清代财政政策与货币政策研究》（武汉大学出版社2008年版）是作者耗时十五年之久才贡献学界的一部力作。在广泛搜求海内外相关文献后，作者对习见文献重加比勘，对新见文献严格审读，审慎断论，在清代财政研究领域，可谓超越前贤，贡献卓著。该书研究范围包括了清代财政政策和货币政策两个问题，探研的重点在前者。全书近七十万言，其中清代财政政策的研究即占五十余万言。就规模和深度看，民国以来关于清代财政政策的研究论著中，罕有可以与陈著比肩的成果。另外，本书文献征引之繁富，既刊论著鲜有出其右者。坚实丰富的史料基础与扎实细密的论证过程使本书的特色更具鲜明。

陈著对清代财政政策的研究，主要分为开国时期的财政政策、赋役与财政制度的整顿改革政策、人丁编审与移民政策、财政收支政策和收支结构变动、钱粮奏销、中央与地方财政的调整六个方面。由于作者曾对清代军费、盐政、俸禄等问题作过专门研究，并有长篇论著刊布，[①] 因而对有清一代之财政政策既可把握整体，更能具体而微，信而有征。陈著特辟专章研究中央财政与地方财政的调整和整顿，其主要贡献在于充分注意到两者关系的流变，尤其是关注到清廷对"地方财政"加以控制、调整以至于整饬的问题。近年来，本人偶涉清季

[①] 陈锋：《清代盐政与盐税》，中州古籍出版社1988年版；《清代军费研究》，武汉大学出版社1992年版；《中国俸禄制度史》，武汉大学出版社2005年版。

财政，尤关注"地方财政"由雏形至成型的问题。依私见，嘉道之前，王朝财政仅仅在支出时，分为起运和留存，收入则混一，地方财政的意识与形态实无其事。无论从收入还是支出方面看，咸同战后，地方财政方肇雏形，至光绪后期，地方财政的格局最终形成。本文赘续陈著，补述"地方财政"肇始及成型，略论"地方财政"之大致规模，考察"地方财政"意识在清季的表现，借此呼应和印证陈著相关的论点。

一 咸同就地筹饷与地方财政的萌生

陈著第九章专论中央财政与地方财政的调整。为了行文的方便，陈著将《大清会典》规定的"起运"部分统称为中央财政，而将"存留"部分称为"地方财政"①。据陈锋先生相告，该书多处章节中，并未严格将中央财政、地方财政这类专有概念进行学理性区分，完全是为了阐述、指陈和称谓的方便。这种行文的习惯不但陈著存在，即令多数研究清代问题的史学著作也未作严格区分。在这一章中，陈著详密考证了清初以至于清末，清廷对外省制定的起运、留存等一系列规制性措施，注意到中央与外省在财政关系上有一个变化的趋势，而且关注到清廷对这种财政关系调整的一系列努力，整个调整过程显示出从主动有效到被动乏效的特征。尤值得肯定的是，陈著对咸同战乱期间乃至战后，外省财政收支发生的明显变化进行了相当细致的研究，他称这些变化为"财权下移或外倾"②。这一现象事实上早已为民国时期的学者所揭示，③ 海外学者

---

① 陈锋：《清代财政政策与货币政策研究》，武汉大学出版社2008年版，第529—530页。
② 同上书，第561页。
③ 民国迄今，提出这种看法的论著较多，典型者如罗玉东《光绪朝补救财政之方策》，《中国近代经济史研究集刊》1933年第1卷第2期；彭雨新《清末中央与各省财政关系》，《社会科学杂志》1947年第9卷第1期。关于中央难以监控各省财政的集中性论述，见该文结语部分，这种思路影响后来研究者至大。

也曾作过详尽的研究，① 陈著的贡献主要体现在用长时段眼光，从一个纵深的角度，观测260余年间，中央与地方财政关系流变的趋势，并做出细密的梳理和解释。

按构成要素看，财政既包括财政收入，也应包括财政支出，两者结合起来才组成完整意义上的财政。如果从学理意义上看，清代前期事实上不存在真正的"地方财政"。清承明制，财政资源调拨的手段完全是采纳中央集权的方式，即在宏观上使用"起运""留存"这类调控手段，不管调控手段如何变化，总的前提是"普天之下莫非王土"，经制之内的所有赋税收入均归王朝财库所有。京中衙署、外省各级府衙使用的经费，包括耗羡、加价等收入在内，均纳入国库收支系统，经户部核准支用，事后以奏销方式审核其是否合法使用。即令外省的州县开支，亦被纳入王朝财政的架构之内，不存在独立征税和随意使用经费的权限。有学者也注意到，"清代实行中央集权的财政制度，州县没有独立的地方财政，官员廉俸和办公经费在经收的赋税中按定制坐支，称州县留存"②。这种仅在财政支出时划分经费用途而收入则混一的财政形态，成为传统王朝典型的财政制度，正是在这个意义上，清季度支部称："中国向来入款因为民财，同归国用，历代从未区分（国家岁入、地方岁入），即汉之上计，唐之上供留州，但于支出时区别用途，未尝于收入时划分税项。近今东西各国财政始有中央、地方之分，然税源各别，学说互歧，界限既未易分明，标准亦殊难确当。"③ 考察宪政大臣李家驹对如何划分国家税与地方税的界限十分为难，原因也在于国内向来缺少中央财政与地方财政的界限："以我国财政向无中央与地方之分类，今欲就现在岁出入之款项名目，区以别之，试问岁入项下何者当为国税？何者当为地方税？岁

---

① 何烈：《清咸、同时期的财政》，"国立"编译馆中华丛书编审委员会1981年版。该书系研究咸、同时期财政问题的专门性著作，备受学者重视。何氏认为："在咸、同大动乱的时代，清廷即迫于时势，将大部分军权、财权授予督抚，形成了督抚专政的局面。及形势既成，清廷已无力恢复旧制。"见该书第351—352页。

② 魏光奇：《"主奴集团"统治：从清代州县制度看"秦制"的本质与特征》，第二届"近代知识与制度体系转型"学术研讨会，广州，2008年11月。

③ 参见《度支部奏试办全国预算拟定暂行章程并主管预算各衙门事项折（并单三件）》，《政治官报》第1184号，宣统三年正月二十日，第6页。

出项下，何者属于中央行政费？何者属于地方行政费？"① 时人这种困惑正是基于中央财政一统天下、缺少国家与地方界限的现实。

清代中央对外省实施起运、留存、解饷、协饷等调控财源的做法在形式上贯穿整个清代。但在咸丰、同治两朝，实际上的制度运作却发生了巨大的变化。祖制发生改变是在太平天国时期。战争期间，户部支配的国家财政无法足额供给战争需要，经制兵力也无法完成镇压叛乱任务，非经制兵力大量涌现，具备国家军队的职能，外省督抚和领兵统帅也就按照清廷赋予的机动权限，就地筹饷。本来按照清代经制，外省用款与筹饷，督抚虽有监督之权，但实际责任仍归藩司承担。咸丰年间，这种经制不得不被打破，清廷在危急时刻只能使用外省临时筹措的财源为军事危局解困。陈著敏锐地发现了经制变动初期，清廷彷徨无措的窘况，列举出一系列变通财政旧制的做法。② 由此可知，清廷默许统兵大员和各省疆臣便宜行事，不但筹饷有权，募勇有权，即连设立藩司之外财政机构的事实也得到清廷默认。曾国藩自设粮台或转运局经理军需即是显例。咸丰七年曾国藩奏报经办军需情况时，即介绍了他创办粮台，自筹军饷的情形。③ 虽说曾国藩沿用旧有的"粮台"一词来指称军营里的饷务机构，但咸、同之前的粮台，是一种因战事而奉旨特设的机构，主其事者衔钦命而来，收支自成一体。钤束粮台的不是将帅而是朝廷。④ 曾国藩所说的湘军粮台既"未经奏派大员综理"，则庶务皆出将帅一人意旨。可见，这种将帅自设的粮台已经越出了"经制"之外。曾国藩首创自设粮台，自为筹饷，自行支用的先例，越来越被其他督抚或统兵大员所效仿，遂演成别为统系的财政机构形态。地方督抚掌控的财政性骈枝机构很大程度上与藩司并立且不受其掌控，由临时机构变成常设局所，呈现典型

---

① 《考察宪政大臣李家驹奏考察立宪官制录缮成书敬陈管见折》，《政治官报》第602号，宣统元年五月十五日，第17页。
② 陈锋：《清代财政政策与货币政策研究》，第564—565页。
③ 曾国藩：《酌拟报销大概规模折》，《曾文正公奏稿》卷2，湖南传忠书局1876年刊印，第282—283页。
④ 杨国强：《太平天国的起落和清代国家权力下移》，《中华文史论丛》第57辑，上海古籍出版社1998年版，第122页。

的散权脱序状态。① 陈锋先生敏锐地注意到同治三年广东巡抚郭嵩焘关于"两个变局"的言论:

> 自古行军,皆由调发;近时则一出于召募,此用兵之一变局也。军务初起,朝廷颁发帑金,动辄数百万,或由户部运解,或由邻省协拨,军营安坐以待支放。师久而财日匮,东南各省,蹂躏无遗,户部之解款,邻省之协饷,力皆不能自顾,偶一办理防堵,捕剿土匪,左右支绌,无可为计,其势又不能坐听其决裂,故虽艰窘如广西、贵州,亦须经营筹划,自求生理,而湖南经理得宜,则竟以一省之力,支柱数省,此又筹饷之一变局也。②

陈著解读郭氏言论可谓颇中肯綮:"郭氏所言第一个'变局',隐约揭示了晚清招勇募勇、湘军淮军继起之后,'兵为将有'的局面必然'直接的影响到政治上去而牵动了一代的政局'。郭氏所言'经营筹划,自求生理'的筹饷'变局',更是晚清财权下移的直接表现。"③ 财权下移这一说法,相当形象地揭示出"地方财政"开始形成的动因。经制之内的财源调拨既然难以挽救颓势,经制之外的就地筹饷也就成为解除困局的财政依赖,然而这却种下了"地方财政"的因子,无论收入和支出,越出经制之财源开始越来越多地脱离了户部的掌控,变成由外省直接操控的财政格局。这些掌握新式财源的机

---

① 罗玉东持"散权"说。认为"散权"与"分权"意义大不相同。散权指政权原属君主,君主不能运用,散于地方当局之手。清季最主要的事例是中央遇事不能专断,须求督抚同意。分权则是地方政府用法律从中央分得一部分权力,而中央除去此项分于地方之权力外,其统治地方之权仍然存在。上述观点,可参见罗玉东《光绪朝补救财政之方策》,《中国近代经济史研究集刊》1933 年第 1 卷第 2 期,特别是第 264 页。西方学者 Marianne Bastid 认为,太平天国革命结束后,清政府财政管理是按分权体制来运作,此言似可斟酌。当日事实与今人主观之间毕竟有较大的距离,清廷各方为规复旧制,做出了种种努力,主观上似不存在所谓的分权倾向。Marianne Bastid 观点参见 Marianne Bastid, "The Structure of the Financial Institutions of the State in the Late Qing", in Stuart R. Schram ed., *The Scope of State Power in China*, London and Hong Kong: School of Oriental Studies, University of London and Chinese University Press, 1985, p. 78。

② 郭嵩焘:《详陈厘捐源流利弊疏》,转引自陈锋《清代财政政策与货币政策研究》,第 563 页。

③ 同上。

构即独立于藩司之外的各类局所。

战后,这类"自为风气"的非经制机构,又变成各具规模的善后局、报销局、筹款局、支应局等。洋务新政兴起后,越来越多的"新例"收支陡然增多,户部传统的"例案"奏销制度又未作根本改变,所以,与藩司并存而立的新兴财政性机构,由战时的权宜之计,演为承平时期的常设机构,并不断膨胀。① 这些机构职责复杂,或侧重征厘,或注重捐纳,或经理盐务,或兼办支放,一局兼领财政、洋务、军政等数事者亦颇为常见。除去钱粮、关税等"经制"财源外,其他筹饷、征榷、支放、军需等事务,多数由相关局所承担。② 山东于光绪年间设立的善后局、粮饷局等,发放包括军需在内的各类款项,在各省中实有相当代表性。该省善后局支发的非军事类款目,有抚署衙门内刑钱幕友的脩膳津贴,禁烟股、学务股、调查股、统计清讼股、筹款巡警股、河务股、洋务商埠股等数十类机构文案要员的津贴开支,甚至连邮费、电报费等也在善后局支发。粮饷局开支的款目也比较庞杂,诸如巡捕、卫队经费,抚院骡马喂养费、马夫津贴一类,

---

① 光绪十年,户部随手列举已经报部有案可查的各类局所即有五六十种:"查各省散置各局已报部者,于军需,则有善后总局、善后分局、军需总局、报销总局、筹防总局、防营支应总局、军装制办总局、制造药铅总局、收发军械火药局、防军支应局、查办销算局、军械转运局、练饷局、团防局、支发局、收放局、转运局、采运局、军需局、军械局、军火局、军装局、军器所等项名目;于洋务,名则有洋务局、机器局、机器制造局、电报局、电线局、轮船支应局、轮船操练局等项名目;在地方,则有清查藩库局、营田局、招垦局、官荒局、交代局、清源局、发审局、候审所、清讼局、课吏局、保甲局、收养幼孩公局、普济堂、广仁堂、铁绢局、桑棉局、戒烟局、刊刻印刷书局、采访所、采访忠节局、采访忠义局等项名目;其在盐务,则有各处盐局、运局、督销局;其厘卡,除牙厘局外,则有百货厘金局、洋药厘捐局,暨两处分局更不胜枚举。其未经报部者更不知凡几。且有事应责成司道府厅州县者,亦必另设一局,以为安置闲员地步。有地方之责者,反可置身于事外。各局林立,限制毫无。"参见《吏部会议御史吴寿龄奏内外候补人员按缺酌留余令回籍听候咨取并裁撤各局折》,《户部奏稿》第6册,全国图书馆文献缩微复制中心2004年版,第2655—2656页。

② 即如广东省来说,盐、粮、关税之外,厘金局管理厘金,清佃局管理清佃、官田、沙捐,税契局管理税契,善后局经管饷捐。参见广东清理财政局编订《广东全省财政沿革利弊说明书》卷13《岁出门·财政费》,清末铅印本,第5页。安徽支应局分管的款目更多,经常收入款项多达20项。参见冯煦《皖政辑要》,第406—413页。

均由该局承担支发。① 此类局所承担了相当一部分财政、行政、军政和民政职能，意味着传统衙署的不少职能已延伸到这些体制之外的局所身上。各省在设局体制上并不一致，也从未统一规划，因而在内部结构、规模、人员和经费各方面，省与省不同，省内不同时期也差别甚大。同光之际，各省局所林立的格局已经形成。

随着就地筹饷做法的推行，国家经制收支也逐渐改变，"新例"收入逐步扩张，户部奏章中经常出现的"新例"收支，均反映出财政结构已发生改变，沿海、沿江省份的变动尤具明显。这一点已为陈锋先生的论著所关注。陈著详密地梳理了传统赋税的变异，新税源的扩张，杂税杂捐的膨胀等。② 这些赋税的征收机构和税率起伏，均已渗透了外省疆臣和司道州县的"努力"，不受户部规约的外销款项愈发膨胀，地方财政隐然崛起。户部亟欲侦知外省财政基盘的底细，但却被各省隐瞒下来，能够上报的财源收支实为较少的部分。即如杂税杂捐的奏销，州县存在的弊端尤深。《清稗类钞》尝谓：

> 州县杂款报销，尤不可究诘。有曾任直隶之涞水令者，言涞水每年收牛羊税，计共六百两，报销仅十三两，而藩司署费二十四两，道署二十两，州署十四两，余皆官所自得。又月领驿站费三百两，其由县给发，不过五十两，则每年获数千金矣。又税契一项，年可得数千金，而向只报一百两，布政使廷杰欲悉数入官，县官苦之。使人询天津之成法，某乃往津说。直督裕制军曰："天津每年收税契三万，而报销只列数百两，以津地之冲繁，公私各费皆取给于此，今若悉归官，将以何给费？"裕曰："藩司欲如是，吾亦莫能争，今略增旧额如何？"某曰："愿增为八百，可乎？"裕曰："可矣。"于是涞水亦援例只增二三百金云。③

这则事例说明地方财政资源已经大量脱离经制框架。江南筹款局

---

① 山东清理财政局编订：《山东清理财政局编订全省财政说明书》第2册，《岁出部·行政总费》，清末铅印本，第1—12页。
② 陈锋：《清代财政政策与货币政策研究》，第380—403页。
③ 《同光度支琐闻》，徐珂纂《清稗类钞》第2册，中华书局1986年版，第516页。

的章程也规定：该局税项收入中，"除报部外，如有盈余，仍留备各项新政要需，是以本地之款办本地之事，输纳于公家者无多，裨益于地方者甚大"①。该局报部之款远远少于留在地方的数量。上述例证充分说明户部难以掌握外省全部情况，清廷各部院也无法有效监控。反向观察，户部对地方财源的非充分监控，客观上遗留了极大的真空地带。这一真空地带实质上就成为"地方财政"的构成部分。

咸、同之后，中外时局发生巨变，督抚司道等外省官员侧身新的经世事业，财源筹划与使用均非财政旧制所能解决。督抚欲坚守一隅之利，兴办一方新政，便不得不与清廷祖制形成冲突。统辖全国财赋的户部更多的时候并不以洋务、海防等为急务，②而以清廷祖制的维持为视听，调拨钱粮和经费，也重常经，轻新例，"有司大率以旧例绳外省，惯作空语搪塞。大农拱手受成，暗中掣肘不少"③。这必与外省新的收支现实产生隔膜。按照户部的说法，各疆臣对中央政府尚存在一定的"却顾之意"和"异视之心"④。但外省疆吏往往大不谓然，他们或明或暗批评户部办理奏销一味僵化，不知变革。新疆巡抚陶模曾经批评户部要求各省的奏销须一心一意"合乎例案"，认为所定的奏销体例极难合乎实际，断言"天下合例之案愈多，天下守法之廉吏日少"⑤。由于奏销经制不作改变，各省办理奏销时，也就往往应付部例，唯求不被挑驳，融销、外销等做法层见叠出，地方财政格局也就是在这种游戏规则下缓慢形成了。

---

① 《江南筹款总局整顿税契章程》，清末铅印单行本，第3页。
② 翁同龢认为，财政为民生而立，兵事、洋务均非其本。"今日谈国计者皆舍却民生，其端始于军务；迨洋务起，而士大夫之警敏者皆欲合地球以计利权之盈缩，病入膏肓，不可救药。"见谢俊美编《翁同龢集》上册，中华书局2005年版，第247页。
③ 《致翁同爵函》，谢俊美编《翁同龢集》上册，第228页。
④ "却顾之意"和"异视之心"的说法，见户部和财政处1905年指责部分省份在举办鸦片统捐问题上，只顾一隅之利，不管中央政府需求的倾向，"原以其（指举办八省土膏统捐一事——引者）挈领提纲，与各省疆臣同舟共济，乃两广旋以军饷紧迫，奏请自办两年，已有却顾之意；其宜昌总局专办两湖，则以两广、苏、闽附于赣、皖，亦不无异视之心"，"若各存疆界之私，兵糈何赖！"参见《财政处、户部奏为八省土膏统捐宜并力筹办拟将收支各数饬由总局汇核分晰开报折》，1905年11月19日具奏，中国第一历史档案馆藏，财政处全宗档案。此折未见刊发。
⑤ 陶模：《覆陈自强大计疏》，杜翰藩编《光绪财政通纂》卷50，蓉城文伦书局清末铅印本，第24页。

二　外销财政与地方财政规模

外销财政是陈著颇为注意的一个问题。该书指出："所谓'外销之款',有清一代,一直存在,只不过此前地方财政和地方权力有限,不甚突出,咸丰年间地方征收厘金等税种后,地方的权限和财力大为扩充,'各省厘金实收之数,竟数倍于报部之数',外销经费遂成为一个突出的问题"①。限于角度,陈著虽未深入探究外销财政的究竟,但却发现这是研究晚清财政的一个关键问题。的确,外销财政是研究清季地方财政的关键点,由于统计文献缺乏,款项诡秘,民国以来一直缺少详尽深入的研究。

作为晚清财政史上中央与地方关系变化的焦点问题,外销之由来,盖因户部恪守部例,鲜有变通,外省核销支用时难以做到榫卯必合,常于收入中划出相当部分,自为核销,向不报部,这类自为核销的款项称作外销。即如宪政编查馆所称"各省外销名目相沿已久,盖因部文拘执,必以成格相绳。而省用繁多,每出定章以外,遂致腾挪规避,创立此名,自用自销","大致外销收款有依附正项者,有另立专名者,总以税厘为多,其余公款生息、裁提中饱、盈余、摊捐、罚捐等项,色目甚繁,不能具备"②。外销财政最初的起因,当然与户部以成例苛责约束外省奏销的做法有直接关系。不过,该部在有关章奏中并不这样看待,它将责任全部推到外省身上:"各省例不应支,而事非得已者,辄于厘税收款提留济用,所谓外销者也。各省院司类有案存,原非自谋肥己,然既有外销之事,即匿报之款,否则从何罗掘?无惑乎人言藉藉,佥谓各省厘税实收之数竟数倍于报部之数矣。"③究竟各省外销规模是否如传言所说"数倍于报部之数",户部未做断言,但亦没有否认。可以肯定的是,该部必不会忽视这一现象。

---

①　陈锋:《清代财政政策与货币政策研究》,第571页。
②　《宪政编查馆奏遵办民政财政统计编订表式酌举例要折并单四件》,宣统元年铅印单行本,第16—17页。
③　朱寿朋编:《光绪朝东华录》,中华书局1958年版,总第4015页。

外销财政形态的形成壮大，意味着在清廷经制规定的奏销制度之外，外省尚构筑起中央所不能掌握的规模越来越大的财政资源。只要这一现象存在，历来的奏销也就不实不尽，仅为应付户部而已。各省为保住外销不被染指，往往在钱粮奏销册籍中藏头露尾，含混造报。数年来，户部对此已有警觉，屡屡向各省提起指控。①光绪中叶，清廷要求各省在外销款项中筹措京官津贴，四川省断然否认本省拥有外销款项；②福建虽然承认外销事实，但却声称各项外销均有用途，很难节省出来。③各省财政究竟有无外销？收支实际状况如何？户部为了编制会计黄册，曾于光绪九年八月向各省发去清查财政的堂谕："行令将各该省无论司库、厘局、营防、善后、盐关漕等该管各衙门，所有一切旧有、新增、有额、无额、正杂出入各款项内，各该省督抚汇总，查照光绪六、七两年岁出、岁入款项数目，官数、兵数、勇数，开明清单送部。入项逐款先列额收，次列实收；出项逐款先列额支，次列实支，散款散数开齐，再以散合总开，列省通收通支总数，并令各该省将此两年有无应收未收，应支未支之款，一并详开。无论从前已报，未报，此次均仍通查一次，勿稍含混遗漏，限于本年十二月封印以前到部，以备考核。"④由于这项调查属于编辑统计年鉴性质，不存在提拨地方外款的企图，有关省份仍不情愿，咨送户部的态度比较冷淡，"至本年四月，各省造报清单始行咨送过半，而迄今仍有未覆之省"⑤。编制这样的财政数据，自然需要统筹全局，费时费力；关键的要素还在于各省有意隐匿详细家底，不愿让清廷确知收支实况。光绪十年九月，管理户部银库郎中丰伸泰奏请清理各省浮冒滥

---

① 《户部奏为广东征收税羡银两仍未照额征解暨册报借拨善后局军需经费银两与前奏报清单数目不符据实纠参严饬照额征收一律完解以重帑项折》，《户部奏稿》第1册，第482—483页；《户部片》，《户部奏稿》第2册，第635页；《户部具奏广东河垣造报含混据题改报请饬严查折》，《户部奏稿》第4册，第1937—1940页。

② 《丁宝桢片》，《京报（邸报）》第6册，全国图书馆文献缩微复制中心2003年版，第518—519页。

③ 《何璟等片》，《京报（邸报）》第7册，第127—128页。

④ 《四川总督丁宝桢奏为查明川省光绪六、七两年额收、实收、额支、实支并官弁兵勇各数目折》，《户部奏稿》第5册，第2015页。

⑤ 《户部奏为年例汇奏出入奏明改办会计黄册今已告成折》，《户部奏稿》第6册，第2624页。

款和陋规外销等项。户部在议覆奏折中透露，令各省筹议提款的谕令很难得到外省响应，除了"陕西、山西两省复奏：每年能筹出银款解部外，余省仍无奏覆"。户部表示，必须制定新的册报格式，"令各省将一切出入和盘托出，由部妥定支解大致，俾有范围，遇有需款，皆应预先报部，方准动用，以肃纲纪"①。为了确查"外省一切收入"，户部于光绪十一年二月编制了新的岁出岁入册式，行令各省一一按时造报。可是，各省却是"逾限不覆"或"任意延宕"。户部声称，部令规定无一省能够做到。② 部例严苛，胥吏勒索，部费膨胀，或许是影响各省造报册籍的原因，③ 但各省固守一隅之利，讳言和盘托出，更是不可忽视的要因。光绪二十三年和庚子以后，户部仍旧饬令让各省和盘托出外销款项，④ 情况并不乐观。

外销财政的规模至宣统年间清理财政后，才大致浮出水面。笔者曾专门研究清季度支部对外省各类外销款项的核查问题，其中情节颇为繁杂。大致而言，每省核查出的外销款目种类占到总款目的一半以上，具体收支规模虽难以统计，但至少可以肯定，外销财政总规模将不会是小数目。⑤ 揆诸清理财政前后的文献，不难发现，国家财政规模前后相差太大。清理财政后公布的数字，如果不计部库出入，仅各省合计，光绪三十四年和宣统元年分别达到二亿数千万两，资政院对宣统三年的预算审核后，收支数字更高达三亿两。⑥ 这一规模已经远远超出庚子前后中外各方对国内财政规模的估计。咸、同之际，国内

---

① 《户部奏议覆银库郎中丰伸泰敬陈管见折》，《户部奏稿》第6册，第2949—2951页。

② 《户部片》，《户部奏稿》第10册，第4631页。

③ 陶模曾说，"胥吏以报部为良法，外官视报部为弊政"，"天下合例之案卷日多，天下守法之廉吏日少，其弊可以想见"（陶模：《覆陈自强大计疏》，载杜翰藩纂《光绪财政通纂》卷50，第24页）。

④ 《户部奏请各省厘税外销通饬具报折》，《集成报》第2册，中华书局1991年影印本，第1564—1566页。

⑤ 参见刘增合《清季的清理财政》（未刊稿）。

⑥ 刘锦藻：《清朝续文献通考》（一），浙江古籍出版社1988年版，第8231—8249页。

记载清廷收支规模大致为六七千万两。① 光绪七年收支达到七八千万两。② 光绪十一年至二十年，岁入平均达到8360万两，岁出平均为7900万两。③ 英国驻上海领事馆官员哲美森（Jamieson）估计甲午前清政府的财政收入为8897万两。④ 据罗玉东研究，光绪二十六年户部岁入为9826万两，岁出为11503万两。⑤ 在华英人巴克尔（E. H. Parker）推算庚子前夕清政府岁出、岁入均为10156万余两。⑥ 总税务司赫德向北京公使团赔款委员会提交的报告认为，庚子之前清政府的财政岁入为8820万两，岁出为13492万两。⑦ 美国人马士（H. B. Morse）估计光绪三十一年全国财政总收入为10292万两，总支出为13649万两。⑧ 不管各方估计的是否准确，总体上看，清理财政前后，收支差异之大已经超乎想象。一个通行的解释是清理财政后，外销、规费等匿款、私款公之于众，过去户部（度支部）并未掌握的财源被造册上报，职是之故，财政规模急剧膨胀才有可能。这一解释自然确有其理。尽管不能笼统地说清理财政前后多出的近两亿两白银均属于外销财政，但也不能否认外销、陋规等私款的确构成了其中的大部分税入，地方财政规模之大，由此可以想见。

三　两税划分时期的地方财政意识

受研究论题所限，陈著并未专门探求地方财政意识的问题。但该问题在清季的确是一个相当突出的问题。地方财政意识在光绪前期尚不十分明显，庚子之后，就地筹款的过程中部分督抚的言论即开始有

---

① 吴廷燮：《清财政考略》，出版地不详，1914年铅印本，第18—19页。
② 刘锦藻：《清朝续文献通考》，第8267—8268页。
③ 刘岳云：《光绪会计考》，教育世界社1901年刊印本，第1—5页。
④ 哲美森：《中国度支考》，上海广学会1897年刻印本，第20页。
⑤ 罗玉东：《光绪朝补救财政之方策》，《中国近代经济史研究集刊》1933年第1卷第2期，第216页。
⑥ 刘锦藻：《清朝续文献通考》，第8248页。
⑦ 《中国海关与义和团运动》，《帝国主义与中国海关》，科学出版社1959年版，第64—65页。
⑧ H. B. Morse, *The Trade and Administration of the Chinese Empire*, Shanghai, 1908, p. 115.

所体现。①这种地方财政意识的大暴露主要体现在宣统年间划分国家税和地方税的筹议之中，分税讨论中的冲突和纠葛，淋漓尽致地折射出地方财政意识的趋向。受篇幅所限，此处仅以两税划分时期各方筹议中的言论纠葛为例，阐述地方财政意识的凸显，以求能够对陈著稍作补充。

地方税之"地方"含义，在西式税制中比较明确，其含义自然与西方国家近代中央与地方关系的发展有关。中国历朝历代在行政架构和财政制度上本无"地方"之事实，清季接引西式税制，其中遇到的一个关键问题，就是如何界定"地方"。正如广西清理财政局所称，"夫税项因主体发生，主体之地位不定，则税项之属甲属乙亦不能定"。在当时来看，界定"地方"含义最不明确的一点，就是关于"省"地位的确定，"除府厅州县城镇乡性质较为明了外，其不无疑义者，即行省是否为地方团体是也"②。中国行省制度肇于元代，明代延续，至清代始大体确定。各省督抚系朝廷钦派巡抚府厅州县之官员，藩司、臬司也是朝廷特派官员，就理财、官治、提刑等进行监督，尤其督抚"仗节出使，实为政府化身，内则与各部平行，外则专治一方，威福自主，固与各国地方官不同，而升降予夺，权操自上，亦与各联邦国之诸侯有别"，行省政令、财政均为国家政令和财政的延伸。③在这个意义上，清季仍有人将"省"视为中央层级的延伸，而不是将其看作"地方"。1906年赵尔巽确定国家税、地方税时，也将"省"行政用款视同国家用款，"省"作为"地方"的意识似乎并不彰显；④1910年翰林院侍讲世荣反对在各省设立"省税"，称其上

---

① 典型者，如张之洞曾致电户部尚书赵尔巽称："尊意既令鄙人筹款，则请责成鄙人独办，必能仰副宸廑，若有人掣肘则难矣。"参见《致京化石桥吏部张玉书译出转送署户部大堂赵尚书》，苑书义等《张之洞全集》，河北人民出版社1998年版，第9187页。张人骏也流露出对枢府百般掣肘疆臣的严重关切，捍卫地方自主权限的倾向相当明显。参见张守中编《张人骏家书日记》，中国文史出版社1993年版，第61页。
② 广西省清理财政局编：《广西财政沿革利弊说明书》卷1，清末铅印本，"总论"，第45页。
③ 同上。
④ 《奉天将军赵奏酌设各地方裁判粮税专员并定地方官行政权限折》，《四川官报》第15册，丙午五月中旬，"奏议"，第6—7页。

侵国家正供，下夺地方杂款，即是在上述意义上看待"省"的地位。① 吉林巡抚陈昭常也有如下说法："省之一级为我国一种特别阶制，其趋势已入国家行政范围。总省政者为督抚，故督抚职权实含有国务性质。"②

奉天清理财政局对车捐定性引发的争议更体现出"地方"意识的混乱。车捐作为奉天财政收入的一个税种，自1906年赵尔巽饬令整顿征收办法后，收入增长较快，成为新政用款不可或缺的要项。③ 奉天咨议局的呈文称："各属车捐一项系为地方办学而设，纯为地方收入与支出，今日拨归省税，不知根（据）何学理，据何事实而云？顾无正当理由之揭出也。"④ 咨议局的质询中，关键的用词是"地方收入与支出"，这里的"地方"一词的含义，按照日本税制中的惯例，仅指府县町村这类地方性行政区划，而不包括所谓的"省"，日本税制中的地方税范围即涵盖了府县税、市町村税两种。⑤ 咨议局议员依据这一"地方"概念批评清理财政局对车捐定性不当，言辞背后显示出"省"乃非地方性之建制。东三省财政监理官熊希龄洞见问题本原，直接指陈其误会所在：

> 今咨议局因馆章无国税交局议决之条，于是疑省为国，以为凡税一为国有，则人民即不能与闻，不知国税用之于国家行政经费，所以谋一国之发达也。省税与府、州、县税用之于地方行政经费，所以谋一省及各府、州、县之发达也。地方二字

---

① 《世侍讲请撤奉天省税》，《申报》1910年9月22日。
② 《吉林陈简帅来电》，《近代史资料》总第59号，中国社会科学出版社1985年版，第71页。
③ 中国第一历史档案馆藏，赵尔巽档案全宗，第161号，转见高月《清末东北新政改革论——以赵尔巽主政东北时期的奉天财政改革为中心》，《中国边疆史地研究》2006年第4期。
④ 熊希龄：《东三省监理官上总督书》，《熊希龄先生遗稿》第5册，上海书店1998年版，第4202页。
⑤ 清理财政局称："查日本税制，从用途分类者一曰国家税，二曰地方税。而地方税之中又分府县税、市町村税。日本地方狭隘，以府县之行政区划直接隶属国家，自不虞行政之散漫。"参见奉天省清理财政局编《奉天省划分国家地方两税说明书》，第四章"地方税"，第一节"省税"，清末铅印单行本。

本包省与府、州、县而言，奈何泥于日本府、州、县之制，而引以为据，致别省于地方之外，又别府、厅、州、县于省之外也（耶）？①

看来，税制变革中"省"概念的理解的确是一个关键问题，日本财政学理的引入，导致时人将本省的府厅州县建制与日本的府县町村架构做出似是而非的联系，甚至将两者完全等同的人也不在少数。为澄清官民妄加格义附会形成的阻力，奉局对地方税中"地方"与日本税制的"地方"作了对比：

> 查日本税制，从用途分类者一曰国家税，二曰地方税。而地方税之中又分府县税、市町村税。日本地方狭隘，以府县之行政区划直接隶属国家，自不虞行政之散漫。我国版图辽阔，府厅州县不能直接隶属国家，其上必有省行政之区划，有省行政之区划必有省行政之机关，省行政之机关可分为：一曰议事机关，即将来之省议会是也；二曰执行机关，即将来之省董事会是也。而现在筹备宪政之时，议事机关则以咨议局代之，执行机关则以自治筹办处代之。要之皆办理地方行政之事，必有所需之经费者也。又中学堂由地方长官办理者，亦系省行政之事。是省之行政有地方官治之行政与地方自治之行政，为极重要之区别，自不可不为省税之筹备。②

清理财政局对"省"地位的界定，基本上厘清了由引进日本财

---

① 《熊希龄先生遗稿》，第5册，第4207—4208页。熊氏并批评咨议局议员说："国税与地方税，国家行政与地方行政者，皆今日之新名词也。实则未设咨议局以前，民间只知有官而已，官利其民之愚，则施其一切压制之手段。凡关于财政之出入，民间不得而与闻，虽有欲起而争者，然以其政治上之见识甚浅，不足以指摘其利弊也……故咨议局一闻省税之名，即误以省税为官所有，将不听民间之与闻，遂举其平日之积根于官者攻之击之，直觉官治无完善之利，民治无丝毫之弊，不知咨议局立于全省舆论代表之地位，无论为官治为自治，均有议决及监察之权，官而违法者可以弹劾，即绅之违法者亦不能置之不论不议也。"参见该书第4209页。

② 《奉天省划分国家地方两税说明书》，第四章"地方税"。

政学理所造成的概念混乱,这些对行政分层的误解,在当时较为普遍。

越来越多的人更将行省视为"地方",属于地方政权的最高一级。广西清理财政局明确将行省视为"地方",它尤其看重行省制度在咸同以后的重要变化,"咸同以来,各路用兵,就地筹饷,各省始有独立之财权;预备立宪,各省之事责成督抚同办,各省始有独立之政绩;而咨议局章程第二十一条第一至第七项均冠以'本省'字样,并参酌宪政编查馆议覆于大臣奏咨议局章程权限一折,然后,'省'为地方团体之资格始确定矣"①。在这里,是否拥有独立财权,是否具备独立政绩,以及宪政编查馆对"省"地位的界定,成为该局判定"地方"的主要构件。

其实,地方财政意识更突出的表现是外省督抚坚持以地方税分级的做法来固守本省利益。② 这一点在吉林巡抚陈昭常致各省督抚的电文中隐隐体现出来,陈电称,"惟我国行省制度实为地方一种特别阶级,有省政即有省费,此时不预留地步,将来必无从取抯。坚帅分级定税,雪帅援本行政纲目,用意原出一途","现当厘订税法之始,如不标立三级名目,恐部中规定税项,仅列地方总名,必无省政经费地步。彼时求之国税,而国家不应;取之地方,而地方不应。拮据彷徨,更有甚于今日者。故向部合陈,诚如仲帅删电,宜由各省厘订,方免窒碍"③。这一看法与度支部的分税标准恰好对立,该部力主将主要大税收归中央,地方财力不足,则可实行财政补助办法。④ 而地方省份深感屡次向度支部邀款难以获准的教训,不得不着眼于事先留足税源,免得受度支部掣肘,两者思路针锋相对,各怀企图。度支部清理外省财政,整顿各省外销收入,意在纳入中央财政范围内,已经

---

① 广西省清理财政局编:《广西财政沿革利弊说明书》卷1"总论",第45页。
② 关于这一问题的详细讨论,可参见刘增合《制度嫁接:西式税制与清季国地两税划分》,《中山大学学报》2008年第3期。
③ 《吉林抚帅来电》,《近代史资料》总第59号,第85页;《吉抚欲为省政经费先留地步》,《申报》1911年3月8日。
④ 《度支部致各省划分国家税地方税函》,《大公报》1911年5月1日。

引起地方省份的疑惧。① 其实，已有人注意到，分税实践中，必将产生部臣与疆吏之矛盾，"将来划分时，部臣势必以度支日窘，举所有似是而非者一概攘为国家税；外省亦必以用款不敷，举所有似是而非者一律列入地方税。照部臣之意，则外省必多掣肘之虞；照外省之意，则部臣必有仰屋之叹。上下相轧，内外相争"②。时人这种观察，敏锐地捕捉到地方财政利益与中央财政利益的对峙，外省财政独立的意识已经威胁到中央财政统一的安排。

为达到固守行省财政利益的目的，部分省份首先发动联合讨论，结盟抱团，以抵制度支部"含混"分税的主张。参与联合讨论的督抚主要包括晋抚宝棻、鲁抚孙宝琦、江督张人骏、苏抚程德全、吉抚陈昭常、鄂督瑞澂、川督赵尔巽、浙抚增韫、粤督张鸣岐、滇督李经羲、黔抚庞鸿书、东三省总督锡良等十余个省份的封疆要员。在1911年春季探究分税方法的关键时期，这些督抚之间，函电交驰，声应气求，彼此交换地方税划分层级的主张。地方税分级热议，表面上是借鉴日本地方财政制度，改良旧式租税体系；实质则不排除对抗中央财政集权的企图。由众多督抚的函商电稿可以看出，将地方税划分层级，保持省行政经费免遭中央集权势力染指，这是督抚众议的共同取向。督抚此类心态正好可以印证：至清理财政时期，地方财政意识不但彰显，而且成为对抗中央财政集权的重要思想资源，此辈彼此往返函商，共同潜在的议政基础就是地方财政与中央财政的分割，更明确一点说，便是地方财政意识凌驾于中央财政意识之上。这种国地财政两分的格局实为清季财政变动的重要面相。

陈著侧重于研究清代财政政策一面，创获较前人实多。然而，政策并非仅仅体现在纸面上，财政政策更非财政史研究的全部内容。陈锋教授即注意到，财政政策的制定仅仅标示着一种决策的形成，自然不是政策行为的终结，"在许多情况下，政策的颁布是一回事，政策

---

① 两广总督张人骏即担忧中央财政集权对各省的影响，"外销款项和盘托出，恐将来或有棘手"，这类疑惧心态在各省督抚中相当广泛，致使其一度酝酿联合上奏，建议注意外省财政实际。参见《各省对于清理财政之电文》，《东方杂志》第6年第3期，1909年4月15日，"纪事"，第2—5页。

② 《论划分国家税与地方税之标准》，《大公报》1911年3月18日。

的实施又是一回事,官僚政治影响社会经济的一个显著特点是政策在逐级执行过程中的变异,尤其是一种似是而非的带有缺陷的政策,各级官僚最后执行的结果可能恰恰就是对缺陷的逐级放大,从而导致统治者始料不及的种种弊端。在这种认识的基点上,对任何政策的研究,决不应止于政策本身,更为重要的是揭示出政策执行过程中的种种问题和症结"①。由上述史识言论可知,典章制度史研究最忌讳仅仅固守"淮南是桔",而不知"淮北为枳",单纯借着章程、法令而评判史事,必堕入格义迁就,而失去历史的深邃和活泼。史家的史识决定了其著作的生命力,陈著循此史家正宗脉络,内典与史迹互参,史因与史实比勘,横溢旁出与支脉细流均不割舍,始能贯通一代财政之脉络。学术探研之真精神洵在于斯。

原载《中国社会经济史研究》2009 年第 1 期,
收入本书时有修改。

---

① 陈锋:《清代财政政策与货币政策研究》,第 9 页。

日本税制与清季税制革新

晚清制度兴替与日本有密切关联，税政制度的因革尤为典型。时人热衷于译介日本税政学理，广为流播，并在预备立宪时期开始效仿近代日式税制，几乎要将中土税政旧制的基盘从整体上更换。这一现象提示着我们研究近代税政制度变革，不能忽略日本的影响。尤须追问的是这些日本税政学理，如何被接引到中土？时人对新式税政知识的认知水准如何测度？此类问题既往研究虽有所涉及，[①] 但随着新文献不断刊布，倘若调整研究眼光，改变研究方法，关于日本税政制度知识在清季的引纳，尚有进一步讨论的空间，更为重要的是研究税政改制可以深度观测清季新知识与新制度移植的实际样态。

[①] 民国迄今，相关研究宏论迭见，较有代表性的著述如胡钧撰《中国财政史讲义》，商务印书馆民国九年初版，特别是第392—394页；贾士毅《民国财政史》上册，商务印书馆民国八年版，第25—45页；刘炳麟《现代中国财政史》，国立武汉大学民国二十三年铅印本，第1—2页；彭雨新《清末中央与各省财政关系》，《社会科学杂志》1947年第7卷第1期；周志初《晚清财政经济研究》，齐鲁书社2002年版；周育民《晚清财政与社会变迁》，上海人民出版社2000年版；魏光奇《清代后期中央集权财政体制的瓦解》，《近代史研究》1986年第1期；等等。海外学者也不乏精论，日本学者山本进《清代财政史研究》，汲谷书院2002年版；《清代后期四川地方财政的形成》，《史林》1992年第75卷第6号；《清代后期湖广的财政改革》，《史林》1994年第77卷第5号；台北学者何汉威"A Final Attempt at Financial Centralisation in the Late Qing Period, 1909-11", *Far Eastern History*, Vol.32, 1985。这些研究成果多少与本文论旨有关。与本文所论问题较为切近的研究，可参见夏国祥《清末民初西方财政学在中国的传播》，《江西财经大学学报》2004年第6期；夏国祥《近代中国税制改革思想研究》，上海财经大学出版社2006年版；胡寄窗、谈敏《中国财政思想史》，中国财政经济出版社1989年版；等等。

一 日式税制的受容

日本明治以来新税制知识，多数是由留日学人加以吸纳改造，然后大规模输入中国，这是清季国内引介西方新知识体系最显著的特点。日本税政新制受到朝野追捧，并在庚子前后持续不断地引介，其背景与清廷财政困境加剧和日本理财制度的示范效应有密切关系。前者且不具论，后者因日本在东亚崛起，也就具有值得借鉴的特别魅力。

日本之所以很快崛起，得益于对西方政教制度的积极引入和合理效仿，革新理财观念，建立西式财政制度；中国欲仿效西法富强，最便捷的途径，自然是取径东瀛，省时省力且成效显著。张之洞的观点尤具代表性，学习西方"我取径东洋，力省效速"，"路近费省，可多遣；去华近，易考察；东文近于中文，易通晓；西学甚繁，凡西学不切要者东人已删节而酌改之。中、东情势风俗相近，易仿行，事半功倍，无过于此"。"日本诸事虽仿西法，然多有参酌本国情形斟酌改易者，亦有熟察近日利病删减变通者，于中国采用尤为相宜。"①

国内赴日考察官员和留日学生逐渐增多，他们多渠道传回的各种资讯强化了日本作为东亚大国的示范效应，财政改制既然是日本崛起的关键因素，当然值得清廷模仿。随同考察政治大臣载泽周游西方诸国的重要成员杨道霖甚至对效仿日本以推行立宪的前途充满信心："天佑我清得日本以为师法，十年之后，强且相埒，而富固过之。吾知立宪之效果盖几是而始慊然可意满也。"②

检讨当日朝野掌握的税政制度知识，几乎大半来自东瀛。庚子之年，赴日调查财政者无不钦佩该国预算财政税政新制井然有序，认定日本预算和税政制度值得中国效仿："日本自维新以来，岁有

---

① 参见《广译第五》，张之洞《劝学篇》外篇，上海书店2002年单行本，第39页；《遵旨筹议变法今拟采用西法十一条折》，王树枏辑《张文襄公（之洞）全集》卷54，文海出版社1980年影印本，第4、32页。

② 杨道霖：《日本统计类表要论》，宣统元年三月铅印单行本，"自序"，第2页。

预算表，秩然井然，巨细毕具。兹特就明治三十五年预算表译而记之，以为中国之取法，盖亦新政所不可挡也。"① 时至1910年，赴日考察财政的林志道仍感慨日本财政制度对中国的示范效应之大："今之谈士，动色相咨，敝口舌相语，莫不言财用矣，而多举海外诸国以为说，则莫不异日本以偏小之地独能百废俱举，养士数十万，蒙卫数百艘，用兵弥年，飞挽供亿，国不匮病，且抗手欧美诸强国。"在林氏赴日前夕，晚清名士郑孝胥犹谆谆嘱咐他："政亦多端，惟财用为亟，吾子东行，愿取明治以来之财政，举其嬗革措置之大者，归语国人。"② 本年十一月，鉴于日本新税制的示范效应，度支部派遣官员率团直赴日本取经，该部奏称："臣部业于上年十一月间奏派左丞陈宗妫等驰赴东洋，考察国家税、地方税所以划分之由，一俟考察完竣，即当督饬各员，参酌内地情形，将此项章程会同宪政编查馆及各省督抚遽行厘定。"③

据此推知，清季新政时期，日本俨然成为国内各类新思想、新制度的资源库，西方税政制度自然也较多地取法东瀛。在国内税政旧制之上嫁接新式税制的过程中，处处可以体现出"日本标准"的痕迹。

日本明治初年的税制情形与中国清代后期非常相似，税捐种类复杂，税率不一。废藩置县之后，明治政府才开始整顿税制，划一征税制度，取消畸重畸轻的地区性小税，引进欧洲税制，改革征收机关，在此基础上，日本新税制逐步形成。④ 日本就是在这一时期步入振兴阶段。明治政府这数十年间的理财经验被晚清国内朝野奉若神明，其整顿税制的经验更为各界人士所看重。早在各省清理财政之前，日本

---

① 《日本明年度支预算表》，《选报》1901年12月1日，第7期。
② 林志道：《日本财政考略》，宣统二年铅印本，"序言"。
③ 《督院张准度支部咨本部具奏陈明办过第三年第二届筹备事宜并现在筹备情形一折奉旨缘由分行司局查照文》，《两广官报》（一）第1—2期，文海出版社影印版，1911年5月。
④ 湛贵成：《幕府末期明治初期日本财政政策研究》，中国社会科学出版社2005年版，第220—226页。

税制知识体系已经大量传入国内。① 报章舆论和官员奏章中，以日本成功经验作为立论根据的言论比比皆是。清廷预备立宪谕旨颁布后，运用日本整理财政经验，观察分析中国财政出路的讨论更趋热烈。这些讨论意见或刊于报章，或印成专书，或条陈当道，形成立宪热潮中一道显眼的风景。这方面较为重要的例证是1907年预备立宪公会出版的《公民必读初编》。

该书在民间颇有影响。日本流行的公民读本是该书立论的主要资源，尽管编者声称，该书在体例、名词方面没有沿袭翻译原书，但审核其内容可以看出，论者几乎全部依照日本宪政的理财经验来分析国内理财事实，在国地财政划分，国家税、地方税厘定，中央政费与地方政费的确定上，论者取舍的依据充分体现出日本标准的深刻影响。关于地方税，该书认为，中国自古以来就有地方税的事实，只是没有这一称谓而已，比如各省的善堂经费即是地方税。"中国各地方皆有善堂，各善堂罗致公款，有多至数万金者，亦有少至数千金者。此种公款皆出自民间，则皆地方税也。其所支办之事，皆切于闾阎，则皆地方费也。是中国本有地方费与地方税，但不合预算之法耳"。根据日本的租税制度，该书对国内地方财政的岁出岁入以及财源构成作了详细的筹划。② 本书"例言"声明不将中国事实迁就日本术语，但其对本土款目的解释标准，仍不免以日本租税体系为理想摹本。这种接引外来制度的思路和方式，不但表现在《公民必读初编》之类关于宣传立宪知识的著述中，即令报章时评、官员条陈等文献中，也处处体现出税制知识体系"生吞活剥"式大规模引进的倾向。

---

① 汉译日籍中，介绍日本租税制度的中文著述，下列数种反响较大，常为时论征引，如孙德全编纂《理财考镜》（清末刊本）、昌言报馆编辑的《财政丛书》（上海会文学社发行）、杨道霖《日本统计类表要论》卷3及卷4（宣统元年铅印本）、姚东木《日本会计录》（光绪前期石印本）、何煜《日本财务行政述要》（宣统三年铅印本）、林志道《日本财政考略》（宣统二年铅印本）、友古斋主译述《财政丛书·地方自治财政论》（商务印书馆光绪二十九年版）、吕策《财政要论》（清末油印本）以及寄盦《时务宏括》（研露石屋光绪辛丑石印本），等等。这些著述，大多列有专章，介绍日本的租税制度沿革和体系，颇为时人看重。

② 孟昭常：《公民必读初编》，第七章"地方财政"，第三节（下）"岁入之新法则"，预备立宪公会光绪丁未八月版。

笔者检讨主要省份的督抚奏章、清理财政局报告及其编纂的财政说明书等文献后，有两个深刻的印象：一是部分省份在国家税、地方税这一两税划分实践中，尤其在界定税种属性时，基本上依据日本税制改革的经验，奉行"拿来主义"甚至干脆萧规曹随，行文用语处处也体现了食洋不化的"直译"语言，描述语言和分析工具充斥着日式用语的痕迹；二是在两税划分的过程中，对西方税制学理与本土税政现实的矛盾如何调处，成为各省面临的一个颇为棘手的难题。部分省份不得已只能选择妥协折中的态度。但是，即便是妥协折中，有关机构仍以日本税制作为将来改良的重要依据。"日本标准"的烙印可谓深入骨髓。兹以奉天租税定性和广东对杂捐杂税的定性为例，剖析这类"日本标准"在两税划分实践中如何移植到本省税制中来，从税制改革的局部侧面，观照新式财政学理在清季运用的限度和格式。

二 奉天税政改制之案例

奉天省清理财政局在对田赋、正杂各税、正杂各捐、杂收入以及官业收入等财政利弊的分析判断中，大量地使用了日本税制和西方税政制度的规定，并以此对本省的征税旧习加以批评，处处体现出欲以西法替代中规的趋势。该省国地两税涵盖的税目共有32种，奉局将其分别安置在国家税、地方税、省税、府厅州县税等"日式税制"的框架内。将该省清理财政局对各税目的定性及定性依据简列表1，表1中所示该局对定性标准的把握和使用，可以体会"日式税制"的深刻影响。

表1　　　　　　　　奉天清理财政局关于租税定性简表

税目序号	税目名称	性质界定	奉局税种定性依据
1	田赋	国家税和地方之附加税	日本法制，每地租百元，以八十元为国家税，是曰正税；即以二十元为地方税，是曰附加税。故国家税曰地租，地方税曰地租割。割者即分割国家税之若干为地方税之意也

续表

税目序号	税目名称	性质界定	奉局税种定性依据
2	关税	国家税	根据各国通例，关税为国家税
3	盐课	国家税	根据日本法制规定，盐税为国家税
4	矿税	国家税	根据日本法制规定，矿税为国家税
5	契税	国家税	因东西各国均将此视为登录税，国家有公证之责任，故悉划为国家税
6	统捐	国家税和地方税	与各国所谓营业税相似。查各国营业税，概有国家税与地方税之两种性质。奉天统捐税则均从价计算，尚有一定，故划为国家税。而其税则无一定者，虽同就粮货而征收之税捐，亦曰粮捐、货捐，划为地方之杂税
7	牲畜税	国家税和地方税	有一定税则者应划国家税，无一定税则者为地方之牲畜捐
8	酒税	国家税	查日本酒税分两项征收，征之于造酒者曰酒造税，征之于卖酒者曰酒税，二者皆属国家税。奉天酒税悉划为国家税
9	烟税	国家税	查日本法制，烟草一项以政府专卖之法行之，故无烟税之名而有烟税之实，其收入概属之政府，实有国家税之性质。应悉划为国家税
10	木税	国家税	各国悉以之为国家税，奉天悉将其划为国家税
11	帖税	国家税	皆由政府给予官帖以为经营商业之证凭，实有免许状之性质，查各国之免许税概由国家征收，故属国家税之种类，奉天将其划为国家税

续表

税目序号	税目名称	性质界定	奉局税种定性依据
12	兰丝税	国家税	
13	硝磺税	国家税	
14	编审斗称税	国家税	度量衡系由国家掌控,划为国家税
15	枪印税	国家税	
16	渔业税	国家税	
17	中江税	国家税	带有关税性质,划为国家税
18	苇税	国家税和地方税	划为国家税,苇捐则划为地方税
19	剪税	国家税	相当于养蚕者的地赋,应划为国家税
20	车捐	省税	
21	亩捐	地方税	是地方税中最为重要的部分,应划为地方税,但衙门、法庭嗣后不得使用这笔收入
22	船税及船捐	国家税和省税	船税划为国家税,船捐划为地方税之省税
23	人力车捐	地方税之府厅州县税	
24	商捐	地方税之府厅州县税	
25	烧商捐	地方税之府厅州县税	
26	斗用	地方税之府厅州县税	
27	屠宰捐	地方税之府厅州县税	
28	戏捐	地方税之府厅州县税	东西各国多以之为地方税,日本法制曰芝居税,列入地方杂税之中,应划为地方税之府厅州县税
29	乐户捐	地方税之府厅州县税	
30	牌底费、尺费等数种	府厅州县税之附加税	

续表

税目序号	税目名称	性质界定	奉局税种定性依据
31	香庄车捐、木柴捐等	府厅州县税之杂税	
32	桥捐、道捐等	府厅州县税之特别税	

注：本表依据奉天省清理财政局编《奉天省划分国家地方两税说明书》（清末铅印本）中的"第八章：国家税与地方税划分之类目"有关说明编制。

从表1看，奉天主要税目的定性，几乎是"一边倒"式地适用日本税制的有关规定。本来，税制改革在近代中国早期，本土境内可谓既无成法，又无先例，各省也只能竞相效仿西式税制，只不过有的省份模仿的痕迹非常明显，而有的省份则相对笼统，奉天属于财政制度变动中的"弃中趋洋"尤为明显的省份之一。当然，奉省模仿日本税制的实践，也并非全部移植东瀛制度，其间也有兼顾实际需求的情况。"办公经费"与盐税的定性就是两个值得注意的显例。

"办公经费"是奉天省田赋征收过程中，为筹措官厅经费，在正税之外，按照一定比例加征的一种杂费，包括火耗、补平等名目。奉局根据东西各国财政原理，认为官厅财政经费应该由国家税款支出，而本省征收的随粮加征杂费明显属于地方税。这样，税项定性学理与实际情况发生明显矛盾，如何调处？该局只能折中学理与事实，提出自己的意见："论各级官厅办公用款，均应以国家税支出之；随粮经费有地方税性质，即应划归地方，以清界限。或以为此项经费向供办公用款，不能遽然划归地方，致国家有竭蹶之虞，自可照旧办理，缓俟财政充裕，再议处置也。"① 这样折中处理的态度，实际上等于未作根本变革，依然维持旧制办法。

盐税定性也遇到同样的麻烦。奉天盐税经过整顿，收入迅速增加，用于支付多项事业，其中，地方自治经费也需要盐税支持。单纯依据西式税制学理确定其两税属性，显然与实际情况不符，导致地方自治经费难以维持。清理财政局提出的处理办法颇有意味：将学理定

---

① 奉天清理财政局编订：《奉天财政沿革利弊说明书》卷1《田赋》，第8页，清末铅印本。

性与实际处置两者分开,确保"税种定性"不会耽误"实际使用",奉局称:"盐务收入自应悉数划为国家税,惟'斗用'向有自治二成经费,遽议裁免,于自治不免侵损,故暂仍其旧,以俟将来自治经费充裕,再将二成划归国家,以期事实学理两不相妨。"① 这里的"学理"只适用于税项定性,而对税款实际用途则无法约束。稍后,奉局在一份提案中正式提出,"现奉省各府厅州县,如以车捐、盐厘等之国家税提作地方税,为警学之经费者,其数甚巨。拟查明此种款项数目,一律作为国家补助费,俟地方团体成立,所收地方税发达时,再行提还,以扩充国家事业"②。这一处置办法,表明该局划分税项的态度是既从原理出发确定该税的性质,又准备放弃以新税制规范实际收支办法。在事实与学理的冲突面前,该局踌躇、妥协的心态尤为明显。

当然,在确定税目性质的过程中,清理财政局与奉天咨议局也有相当尖锐的矛盾。车捐与亩捐两项性质的确定尤为冲突之焦点。这种冲突,不在于是否使用日本诸国的划分标准,而在于两者对税款用途的理解上存在分歧,税款使用的关键问题是双方对"省"与府厅州县关系的认知不同,但依据的学理资源却均系日本税制改良的知识系统。

首先是关于车捐定性。车捐作为奉天财政收入的一个税种,自1906年赵尔巽饬令改良征收办法后,收入增长较快,成为新政用款不可或缺的要项。③ 奉天咨议局的呈文称,"各属车捐一项系为地方办学而设,纯为地方收入与支出,今日拨归省税,不知根(据)何

---

① 《奉天省财政沿革利弊说明书》,"盐厘",第10页。关于"斗用",奉局说明如下:"奉盐向以石计,计石者斗之积。故盐局于征收正课外,附带征收斗用,专以充滩长、斗纪工食;有余,则以之弥补局用……宣统二年,由盐务总局订立章程,统饬每石收斗用二角,以二成提作地方自治经费;其余八成由各局收入正款,按月册报开支各项工食,亦均定有额数。"参见上书第9页。

② 《东三省奉天清理财政局关于编定预算之议案》,《盛京时报》1909年12月16日。

③ 中国第一历史档案馆藏,赵尔巽档案全宗,第161号,转引自高月《清末东北新政改革论——以赵尔巽主政东北时期的奉天财政改革为中心》,《中国边疆史地研究》2006年第4期。

学理，据何事实而云？顾无正当理由之揭出也"①。咨议局的质询中，关键的用词是"地方收入与支出"，这里的"地方"一词的含义，按照日本税制中的惯例，仅指府县町村这类地方性行政区划，而不包括所谓的"省"，日本税制中的地方税范围即涵盖了府县税、市町村税两种。② 咨议局议员依据这一"地方"概念批评清理财政局对车捐定性不当，言辞背后显示出"省"乃非地方性之建制。东三省财政监理官熊希龄洞见问题本原，直接指陈其误会所在：

> 今咨议局因馆章无国税交局议决之条，于是疑"省"为"国"，以为凡税一为国有，则人民即不能与闻，不知国税用之于国家行政经费，所以谋一国之发达也。省税与府、州、县税用之于地方行政经费，所以谋一省及各府、州、县之发达也。"地方"二字本包省与府、州、县而言，奈何泥于日本府、州、县之制，而引以为据，致别"省"于地方之外，又别府、厅、州、县于"省"之外也？③

看来，税制变革中"省"概念的理解的确是一个关键问题，日本财政学理的引入，导致时人将本省的府厅州县建制与日本的府县町村架构作出似是而非的联系，甚至将两者完全等同的人也不在少数。为澄清官民妄加附会形成税制革新的阻力，奉局对地方税中"地方"与日本税制的"地方"作了对比：

---

① 熊希龄：《东三省监理官上总督书》，《熊希龄先生遗稿》第5册，第4202页。
② 清理财政局称："查日本税制，从用途分类者一曰国家税，二曰地方税。而地方税之中又分府县税、市町村税。日本地方狭隘，以府县之行政区划直接隶属国家，自不虞行政之散漫。"参见《奉天省划分国家地方两税说明书》，第四章"地方税"，第一节"省税"。
③ 《熊希龄先生遗稿》第5册，第4207—4208页。熊氏并批评咨议局议员说："国税与地方税，国家行政与地方行政者，皆今日之新名词也。实则未设咨议局以前，民间只知有官而已，官利其民之愚，则施其一切压制之手段。凡关于财政之出入，民间不得而与闻，虽有欲起而争者，然以其政治上之见识甚浅，不足以指摘其利弊也……故咨议局一闻省税之名，即误以省税为官所有，将不听民间之与闻，遂举其平日之积根于官者攻之击之，直觉官治无完善之利，民治无丝毫之弊，不知咨议局立于全省舆论代表之地位，无论为官治为自治，均有议决及监察之权，官而违法者可以弹劾，即绅之违法者亦不能置之不论不议也。"参见该书第4209页。

> 查日本税制，从用途分类者一曰国家税，二曰地方税。而地方税之中又分府县税、市町村税。日本地方狭隘，以府县之行政区划直接隶属国家，自不虞行政之散漫。我国版图辽阔，府厅州县不能直接隶属国家，其上必有省行政之区划，有省行政之区划必有省行政之机关，省行政之机关可分为：一曰议事机关，即将来之省议会是也；二曰执行机关，即将来之省董事会是也。而现在筹备宪政之时，议事机关则以咨议局代之，执行机关则以自治筹办处代之。要之皆办理地方行政之事，必有所需之经费者也。又中学堂由地方长官办理者，亦系省行政之事，是省之行政有地方官治之行政与地方自治之行政，为极重要之区别，自不可不为省税之筹备。①

清理财政局对"省"地位的界定，基本上厘清了由引进日本税政学理所造成的概念混乱，这些对行政分层的误解，在当时较为普遍，以至于在当时国地两税划分的过程中，有的省份专门讨论"省"是否为"地方"的问题，②以纠正"省"与"国家"关系认识的混乱。

其次是对亩捐定性的分歧。亩捐是奉天财政收入的大项，用于警察费、学务费等项支出，据1908年奉天全省册报，该项收入已达363万余元。咨议局议员依据日本警政费由地方与国家支付的规定，反对将亩捐划归省税，而主张列为府厅州县税。东三省财政监理官熊希龄根据西方税政学理和民政部关于自治抽捐的规定，认定亩捐这一税目在征收形式上既不合理，也不合法。按照西方税制学理，其征收方式不妥；若按部订章程，则附加税超过正税的十几倍，显然违背部章规定。③但由于

---

① 奉天清理财政局编订：《奉天省划分国家地方两税说明书》，第四章"地方税"，清末铅印本。

② 广西清理财政局编：《广西财政严格利弊说明书》，第一编"总论"，第三章"税项划分之标准与种类"，清末铅印本。

③ 奉天清理财政局对此类税捐的定性颇为棘手，该局报告称："警学亩捐用以保护公安，开通民智，藉补国家财力所不逮，原为有利。惟各属征收之法自为风气，不免畸重畸轻，且不分等则，肥硗一致，又觉稍欠均平，所收款项虽向以州县为监督机关，由民人公举绅董经理，然一切办法诸多不实不尽，此警学亩捐通弊为人所易知者也。最要者，亩捐有附加税性质，按照学理及奏定自治章程，附加税不得过正税十分之一，现收亩捐数目仅超越正税数倍，上之足以侵正税之收入，下之足以重人民之负担，为弊之大无逾于此。"参见奉天清理财政局编《奉天省财政沿革利弊说明书》，"正杂各捐"，第4—5页。

奉天警察、学务发展需款甚巨，各属财政极不均衡，熊氏主张将亩捐列为省税，以求全省范围内警政、兴学等新政事业均衡发展。① 这一主张尽管兼顾到地方新政需求，但却遭到咨议局和翰林院侍讲学士世荣的反对。世荣指责奉省将亩捐、车捐等税项列入所谓的"省税"，从几个方面指控该举动不合情理：诸如巧立名目，违背祖制；违反《清理财政章程》有关规定；为不肖官吏舞弊侵渔提供了机会；漠视舆论反对，妨碍州县行政；上侵国家正供，下夺地方杂款，颠倒错乱。总之，奉局对亩捐的定性十分不当。谕旨交度支部查核。② 在度支部介入后，熊希龄的主张事实上没有被度支部全盘接受，该省两税划分说明书中，只好略作妥协，将其笼统地列为"地方税"这一层次，而没有明确规定属于"省税"，抑或是属于"府厅州县税"。稍后，奉局表示，如按照学理规定，警学亩捐应属于国家税，但奉天情况特殊，面临外交严峻局面，为兼顾地方急需，只得暂时以地方税看待。③

三　广东杂捐杂税改制之案例

晚清各省对税、租、费、课、赋、捐、杂款、杂收、加价等租税项目的界定一向缺乏清晰度，更缺少统一规范。咸同以后，各省奉行"就地筹款"政策，官府以搜刮为宗旨，大凡田赋、百货、特产、食盐、茶叶等均有各种征税项目，有些税目初期作为权宜之计，事后却收入增长明显，欲罢不能，各省的厘金征税即属此类，还有不少地域性征税项目也由"小税"逐步变成大宗收入，例如四川的津贴、捐输等。④ 这些征税项目或称"税"，或称"捐"，甚或在会计款目上被归入杂收杂款一类，缺少对其性质进行严格界定；税率高低、征税机构各省也有相当差别。户部（度支部）等中央财政部门从未试图规

---

① 《熊希龄先生遗稿》第5册，第4204—4206页。
② 《世侍讲请撤奉天省税》，《申报》1910年9月22日。联系到晚清言官御史时为各方所利用的事实，世荣此举，似不排除奉天咨议局对其利用、怂恿的可能性。
③ 《东三省奉天清理财政局关于编定预算之议案》，《盛京时报》1909年12月18日。
④ 四川清理财政局编：《四川全省财政说明书》，清末铅印本，第3—6页。

范这些税目,部分省份曾在清理财政期间试图运用西方财政经验,加以明晰化,为划分国地两税寻找依据,但也仅仅是学理层面的讨论,不具有指导性和广泛性。①

正是因为税制纷杂的原因,各省在划分两税的过程中,很难对每一项税目给予清晰严格的性质界定。尤其是在田赋、关税这些大宗税目之外,各省均存在大量的杂税杂捐等杂项收入,如何将其归入国家和地方两税的范围内,确实颇费思量。日本税制的传入,对于如何界定这些税目性质提供了可资运用的资源。揆诸各省财政清理的文献,笔者发现,在运用西式税政学理方面,省与省之间相差太大,有的省份相当认真,不厌其烦地运用外来税政经验,对本省杂税杂捐逐类界定;② 有的省份较为笼统,仅仅提出分类的标准,而未能从实际上进行划分;有的省区干脆表示无从划分。③ 从各省对杂税杂捐的分类界定和改良办法来看,广东省是对外来税制学理运用较为明显的少数省份之一。

粤省杂捐杂税的纷乱丝毫不亚于其他省份。据该省清理财政局统计,省内田赋、盐课、关税等大宗税项之外,尚有正杂各税、正杂各捐、杂收入等会计税目,在纳入统计的十大类税目中,这些杂捐杂税

---

① 奉天清理财政局报告对此有详细的辨析,参见奉天清理财政局编《奉天省划分国家地方两税说明书》,第一章"论租税之领域及课税权",第1—2页。

② 这其中的情况也较为复杂,同样是进行国家税、地方税的划分,此省与彼省采择标准相差较大。例如湖北与浙江,对待杂收入的定性即有天壤之别。鄂省敷衍、附会之处甚多,例如该省将湖南厘局拨解水师经费(协饷性质)、湖南厘局应解拨补鄂省盐厘、常关罚款等均作为国家税性质;而浙江省则相对认真,对于拨补厘金是否为"税"作了深入的探讨,强调其缺少继续性质,因而认定这项收入并非税项,反对将其纳为税目。参见湖北清理财政局编订《湖北财政说明书》,清末铅印本,"岁入部","协款",第1页;"关税",第17页。另参见浙江清理财政局编订《浙江财政说明书》,清末铅印本,"总序"。

③ 江北清理财政局编:《江北清理财政局编送江北所辖局库仓说明书》,清末铅印本。该局鉴于本地区大宗收入主要来源于协饷,似乎与两税划分不相凿枘,于是干脆表示:"江北自收之税项既少,故无纯一地方税可以指为定率者。如厘金二成,近似附捐矣,然并非附加于捐例之外,实划分于正捐之中。商捐、坝工一款近似特捐矣,然储为筑坝济运之用,他项不得挪移,且该坝为河防枢纽,启闭之缓急,属于河务行政之权衡,均非地方税项之性质。其他属于善举之公用、生息各款无非拨自公家,且有行政衙门局所费用在内……此地方税所以未敢强为分划也。兹将近似地方税而实非之款,于分别性质章内,逐条细列,述明理由,听候核定。"参见该书"凡例"部分。

的税目数量达538项，占到税目总量810项的66%。从内外销款的角度看，这些杂捐杂税丝毫未报部的税目竟然达到328项，占此类款目总量的60%以上。① 对这类零碎烦琐的税目进行性质界定，进而提出改良意见，是该省清理财政局备感棘手的问题。揆诸有关文献，可以发现，粤省充分运用了东西各国的理财经验和税制学理，试图规范本省杂捐杂税的征税秩序。

总体上看，粤省对此类款目的态度是反对重复加捐加税，主张以附加税的形式整合原来"叠床架屋"的混乱局面。这一主张实际上是借鉴了日本于1874年以后数年间对旧有税制实施改革的经验。② 清理财政局将本省的杂税杂捐与日本的税制改革作了对比，发现借鉴日本附加税形式可以解决这一难题，该局报告称：粤省"零星各捐毫末已甚，所收有限，徒伤政体。又每有一捐之中，多立名目。果为地方需要，不如加捐以一名目，尤为简便，不宜于一捐之中，另生枝节，转有叠床架屋之病。考之日本税制，国家税已经征收者，如地方税亦征及此款，即附加于国家税中而并收之。此法至为简便可行。盖多一名目，即官吏多一侵渔；多一枝节，即民间多一剥削。无补公家，重伤之气，所当整顿划一者也"③。就杂税杂捐的认识和改良方向看，粤省清理财政局以西方和日本税制学理为借鉴，充分显示出新税制移植过程中对外来制度的模仿倾向。

兹将粤省对房捐（含房铺警费）、酒瓶牌费、缉捕经费、妓捐、渡饷船捐、戏捐、绅商各捐以及东洋马车捐8项杂捐的利弊认识和税目定性作为分析个案，重点展示税制学理的具体来源；粤局所加的

---

① 广东清理财政局编：《广东财政说明书》卷1，"全省入款总表"，第8—39页，清末铅印本。杂捐杂税的情况据该书所列项目测算。
② 1874年12月，日本大藏省提出税制改革方案，主要内容包括：（1）封建时代的杂税全部废除，需要继续征收者重新向全国公布，只能在特定地区征收者仅限于在该府县征收；（2）废除榨油税；（3）废除国役金；（4）新设烟草税；（5）改革酒类税，废除酱油税、浊酒税等；（6）废除仆婢税、骑马税等。参见［日］大内兵卫、土屋乔雄《松方伯财政论集》，《明治前期财政经济史料集成》第1卷，改造社1931年版，第361—363页；［日］小林丑三郎、北崎进《明治大政财政史》第5卷，严松堂1927年版，第51—53页等。
③ 《广东财政说明书》卷7，"岁入门"，第7类，"正杂各捐"，第1页。

"按语"是体会时人对外来税制运用的关键文献,①为防止转述其意造成的信息流失和误解误读,特以原文照录方式,不厌其烦,加以呈现(见表2)。揣摩这些"按语",既可发现其掌握外来税制知识的程度,又可深入体会该省税政改革过程中,本土旧制与外来学理的接合方式。

表2　　　　　广东清理财政局关于杂捐杂税定性简表

序号	杂捐名称	属性界定	税制学理依据	粤局按语说明
1	房捐(含房铺警费)	国家税地方税	日本、普鲁士、奥地利、法国、法属巴爱伦、德意志之瓦登堡等国的税制规则	按:房捐性质,即各国之家屋税,可属之国家税,亦可属之地方税。普国曾于西历一千八百九十三年间,将家屋税自国家税中移入地方税,即其先例也。我国房捐宜以解缴藩库者为国家税,以各州县所收留作地方公用者为地方税 又查各国家屋税之法,各有不同。奥国则用赁贷价格法,普国则用等级法,法巴爱伦则用方码法,德意志之瓦登堡国则用买卖价格法,法国则用门窗法。虽不同,亦各视其国情形而定。至于警费,则纯为地方税之性质。但同一住屋铺户,既收房捐又抽警费,同一赋税物件而有两项税目,似近于重复。就财政学理上言之,国家赋税物件,当避重复之征。然此项警费既为地方税,证之日本税则,亦有地方税附加于国家税而征收之者,惟所加之额,不得逾于国家税。有此限制,故虽附加征收,而民间不以为苦,且地方税亦以附加于国家税并收,最为便利,不必另立机关,手续既归简易,经费亦可节省。此制法国最为盛行,即日本之家屋税,亦为府县之收入

---

① 《广东财政说明书》卷7,"岁入门",第7类,"正杂各捐",第3—37页。

续表

序号	杂捐名称	属性界定	税制学理依据	粤局按语说明
2	酒瓶牌费	地方税	日本酒类征税办法和税则	原以此项税品本有转嫁之性质，虽赋课于酿造者，然可将所纳之税加于酒价之内，移其负担，使沽酒者代其完纳，亦间接税之一种也
3	缉捕经费	非税项性质	依据财政学理和各国成例	要之国家经费无论如何支绌，此等收入，在财政学理上谓为恶税，实亘古所未有，亦环球之所无，乃粤省之特别秕政也
4	妓捐	地方税	日本税则	考之日本税则，艺妓之税属于地方税之杂种税项内，即所谓妓捐也。又娼妓贷坐敷之赋金，亦属于地方税之内，即有似于花楼捐款也。凡酒馆饮食之税皆为地方之税，亦即酒楼捐之类也
5	轮拖渡饷捐	国家税	各国船舶税则、日本登录税则	近今各国船舶均有国籍，易于稽查；即日本之登录税项内，亦有船舶之税。其税法，凡新造船只，或变更船体积量，增减间数，定泊场所，罔不有税。其匿税者，照税额，课以五倍之罚，其所税之船，不论大小，惟对于仓库船、耕作船、救灾船、桥梁船诸种，则在免税之列。其有以免税船而为有税之营业时，亦科以相当之罚金。则此项渡饷船捐之收入，亦税则上所应有者也

续表

序号	杂捐名称	属性界定	税制学理依据	粤局按语说明
6	戏捐	地方税	外国关于戏曲认识、日本戏曲税则规定	查优孟之辈并非实业，专恃音技之长以为衣食之资，能分社会之利而不能为社会生利……则戏捐一项实为间接之税，虽多取之而不为虐也。但戏曲感人，捷于影响，故外国谓戏曲为下等社会之学校，视之颇为郑重，非如我国视同贱役，不与齐民齿，以致戏曲无改良之望，社会无进化之期，亦由提倡之无人耳。……考之日本税则，地方税之杂种税内关于戏技之税，凡三种，曰戏院，曰演剧，曰俳优，俱课以相当之地方税
7	各属绅商各捐	地方税	日本税则	多为学堂、巡警、习艺所并勇粮之用。此项捐款单纯为地方税之性质，以资措办地方行政最为适宜。考之日本税则，载有明治十五年十二月间，内务、大藏两省省令云：以地方税施行之事业，对于寄付之金谷物件，直编入地方税内，可照寄付者所指定之途以为之用，则此项捐款，所当从捐款者之意见，不能任意指拨也，明矣
8	东洋马车捐	地方税	日本税则、租税原则	考之日本税则，惟关于耕作之用车，许其免税，其余马车、人力车、荷积车、牛车等项，无不有税。其不报明于区户长者，科以五倍罚金。以上各车如有修缮改造，无不科以相当之税。惟对于官用马车及皇族所有之马车，地方税不得及之。是此项车捐应为地方之税，与租税之原则亦甚适合也

223

上述八项杂捐，虽然表面上被视为杂碎烦琐，但财政意义非同一般。从清理财政局对其性质的界定来看，依据虽然主要看重外国税制规定和财政学理，但考虑到粤省地方新政需款巨大的事实，在确定国地两税时，不能不考虑地方需求。基于这种考虑，该局对整个"正杂各捐"58个税目进行定性时，划入国家税的仅有10项；其余税目，有40项归入地方税，8项归入"非税项性质"。若从总体上看，在全省810个税目中，"国家税"名目有269项，"地方税"有61项，"非税项性质"的有49项，未标明税项性质的高达431项。[①] 这一情况至少说明两点：其一，地方利益仍是省当局在划分国地两税时不得不重视的问题，否则，各省拥护中央划分两税的举动便失去现实意义；其二，未标明税项性质的税目如此之多，表面上看，是该省财政款目实在庞杂，难以依据财政学理或西式税制知识进行鉴别，失去"先进理论"的导向，因而较难措手，深入一步看，也不能排除借此保留本地利益的诡秘意向。

研究日本税制与清季国税政转型的关系，梳理制度嫁接过程中的复杂脉络，对于学界检讨制度与知识体系在清季数年间的变动机制，尤其对我们检视中土税政旧制与新制、传统理财观念与西方财税知识体系两个端点之间，通过何种方式缩短其距离，把握各省接纳西政、吸收新学的运作规律，提供了一个深度观测的平台，近代中国知识与制度体系转型的样态、水准自然可以从这一侧面得到相当呈现。

[①] 《广东财政说明书》卷1，"全省入款总表"，第8—39页。

巡视督查制度与清季财政转型

中国古代由朝廷遴派专官巡视各地，督查吏治，矫正行政偏差，夙有先例，监察御史制度是其中比较成熟的制度。但是，清代这一制度积弊滋生，光绪朝甲申政潮前后，御史言官甚至变成清廷高层政争的工具。光绪后期至宣统朝，新政繁兴，中央各部遴派专官巡视各省，督查各项新政办理成效。中央层面的巡视官员主要有学部视学官，宪政编查馆宪政巡视员，商部商务议员，度支部财政监理官等。这些巡视官员虽与科道御史同时并存，但其职责与御史风闻言事、无出巡职责方面有所不同，面临的阻力和风险也相差甚大。

清季宪政改革期间，清廷最为重视且难度最大的是财政制度改革，这项改制行动既与仿行宪政的内在要求有关，又关涉中央财政集权的意图，是清季脱序财政走向规范化最重要的行动，相关研究大致已有揭示。① 在外省督抚司道对中央财政集权戒备心理极强的背景下，财政巡视督查的风险和阻力远远超过中央视学等巡查行为，但其推动财政改制的成效却相当明显，清季财政由脱序纷乱走向近代预算轨道，中央财政巡视制度可谓厥功甚伟。

---

① 可参考陈锋《清代财政政策与货币政策研究》，武汉大学出版社2013年版，第504—528页；周志初《晚清财政经济研究》，齐鲁书社2002年版，第116—138页；赵学军《清末的清理财政》，收入王晓秋、尚小明主编《戊戌维新与清末新政》，北京大学出版社1998年版，第286—313页；刘增合《清季中央对外省的财政清查》，《近代史研究》2011年第6期；刘增合《预算制度与清季财政改制》，《历史研究》2009年第2期；刘增合《由脱序到整合：清季外省财政机构的变动》，《近代史研究》2008年第5期；周育民《晚清财政与社会变迁》，上海人民出版社2000年版，第412—421、426—433页；等等。另外，日本学者山本进《清代财政史研究》（汲古书院2002年版）、岩井茂树《中国近代财政史研究》（社会科学文献出版社2011年版）也对此有深入的讨论。

一　从个案操作到制度启动

巡查事件作为一种皇差，历代均有其例。乾隆九年，钦派保和殿大学士、军机大臣讷亲巡阅河南、江南和山东诸省营伍。① 同治十一年，钦派彭玉麟巡阅江南水师，督查沿江水师弊端，整顿水师乱象，以靖伏莽。② 这两次钦使南巡活动，基本围绕督查军事营伍的弊端而展开。清代治国理念讲求"以内治外，内外相维"："国家一切庶政，由州县、监司受成于督抚，而达于部科，凭案牍以勾核，恃限制为防维。朝廷之所以能提纲挈领，以内治外之大权莫重于此。"③ 上述巡查事件也是遵循"以内治外"的原则，一般是由皇帝钦派京官（因查办事件距离的远近等因素限制，钦派之官有时不限于京官），赴外地巡查督办，与监察御史风闻言事，列章纠弹的制度互相配合。但这种巡视查办一般限于某种具体的案件，不会针对全国性政务，这与清季在各省学务、商务、矿务、财政等全国性政务方面，钦派专官巡视督查，差别甚大。清季巡视督查制度形成之前，个案性的巡视督查是较为普遍的现象。下面以财政领域为中心，讨论在特定背景下，清廷个案性巡视督查行为如何转变为巡视督查的制度化运作。

历经长达十余年的太平天国战争，清朝的财政形势前后发生了明显的变化。战争期间，出于应急需要，清廷予战区督抚以便宜之权，设法罗掘一切可以供饷的财源，由此，各种厘金局卡得以兴办，农户亩捐、按粮捐输也次第开征，盐厘启征更为普遍，等等。外省这些新式收入大部分用于支付战争需要，一部分作为京饷和协饷。战后，这类"新例"财源收入愈发膨胀，虽有战后的奏销制度加以考核，但新式财源收支难以完全符合户部旧有的奏销规定，督抚司道对于办理

---

① 赵尔巽等撰：《清史稿》第301卷，吉林人民出版社1995年版，第8187页。
② 清代同治、光绪时期，以钦差大臣巡阅江南、督查军队营伍的事件，不仅彭玉麟一人，光绪二十五年冬季，清廷又钦派李秉衡巡阅江南各营，办理督查事件。参见中国第一历史档案馆编《光绪朝上谕档》第25册，广西师范大学出版社1996年版，第304页。
③ 《兵科掌印给事中周鹤奏为积案沉压滋生弊端请饬中外大臣严立定限以符旧制而肃政体折》，《京报》第3册，第351页。

历年奏销十分头疼。光绪二十一年，甘新巡抚陶模上奏称："天下合例之案卷日多，天下守法之廉吏日少，其弊可以想见。"① 外省应对户部的办法，除了通常的"融销"之外，② 相当多的财源不得不列为"外销"名目，不为户部所知，③ 正如宪政编查馆所见，"外销"财政状态的形成与户部长期以来以例相绳的做法不无关系，"各省外销名目相沿已久，盖因部文拘执，必以成格相绳。而省用繁多，每出定章以外，遂致腾挪规避，创立此名，自用自销"④。光绪中后期，户部得知外省程度不同地存在外销收入，亟欲侦知其规模底细，屡屡通过谕旨，责令各省详细上报。⑤ 但是，各省基于固守本省财源的考虑，并不积极回应来自该部的这类咨文，敷衍塞责和含糊应对者比较常见，户部堂官无计可施，只有奏请朝廷督责催促而已，中央行政能力不得不受到干预。⑥

甲午战后，为应对巨额赔款，清廷大规模举借外债。偿还巨额外

---

① 陶模：《覆陈自强大计疏》，杜翰藩《光绪财政通纂》，蓉城文伦书局1904年版，第50卷"通论"，第24页。

② "融销"行为是督抚较早私下奉行的一种虚假奏销行为，按照清末财政改制时期负责东三省财政清查的监理官熊希龄的说法，大约是一种"闭门造车，出而合辙"的行为，"查各省向来开支款项，造册奏销，多牵就旧日定例，以免驳诘，名之曰'融销'。'融销'者，以甲移乙，凑合总数也"〔参见《东三省正监理官熊京堂详报度支部陈明清理三省财政办法情形文》，《吉林官报》第27期，宣统元年九月十一日，第4页；《与李黼堂》，《曾文正公（国藩）全集》，台湾文海出版社1967年版，第14028页；《同治四年八月二十八日抄存筹防局禀护院夹单禀稿》，收入《钟秀函稿》第3册，中国社会科学院近代史研究所图书馆特藏，甲254，第225—226页〕。

③ 何烈：《清咸、同时期的财政》，"国立"编译馆中华丛书审委员会1981年版，第411页。所谓"外销"是晚清财政史上中央与地方关系变化的焦点问题。推其由来，盖因户部恪守部例，鲜有变通，外省奏销时难以做到榫卯必合，常于收入中划出相当部分，自为核销，向不报部。

④ 《宪政编查馆奏遵办民政财政统计编订表式酌举例要折并单四件》，佚名《清理财政奏牍章程条款规则汇编》下册，苏城毛上珍清末刻本，第16页。

⑤ 《户部为广东征收税羡银两仍未照额征解暨册报借拨善后局军需经费银两与前奏报清单数目不符据实纠参严饬照额征收一律完解以重饷项折》，《户部奏稿》第1册，第482—483页；《户部片》，《户部奏稿》第2册，第635页；《户部具奏广东河垣造报含混据题改奏请饬严查折》，《户部奏稿》第4册，第1937—1940页。

⑥ 《奏各省地丁奏销案内行查银米延未登覆先行奏催片》，《户部奏稿》第2册，第669—670页；《户部奏为特参督催不力之大员请旨交部照例分别议处以示惩警折》，《户部奏稿》第5册，第2401—2402页；《户部奏议覆银库郎中丰伸泰敬陈管见折》，《户部奏稿》第6册，第2949—2951页；《户部奏为直隶应领部库饷银无款垫放现将该省所收捐款拨抵并请旨饬催各省欠解练饷以裕库储折》，《户部奏稿》第10册，第4467—4468页；等等。

债和摊派巨额练兵经费是令清廷非常头痛的事情，职是之故，户部对各省隐匿的外销款项也更为措意，光绪二十三年年底该部奏请挖掘外省外销款项，严令各省"一面将该省外销各款数目，向未取给于厘税者据实奏明，分别裁减；一面将各该省所收百货厘、盐厘、茶厘、土药厘及常税、杂税等项银钱数目，据实报部，毋事欺饰。统限奉旨后三个月奏咨，不得违逾，自光绪二十四年正月起，按季具报"①。揆诸实际，各省督抚依然未做出积极的反应。近两年后，上谕再次严令各省清理外销，不得任意弥缝塞责。② 涉及清理外销款项的条议屡屡奏上，③ 但外省做出积极回应者十分罕见，缄默不应或虚与委蛇是督抚应对清廷财政搜求的常态。

正是在这种背景下，清廷启动专派钦使巡视督查外省财政的行动。这种个案性钦使巡视活动，比较重要的有三次，第一次是光绪二十五年协办大学士军机大臣刚毅奉旨南巡江苏和广东，督查其外销财政等弊端；第二次是光绪三十年兵部左侍郎④铁良巡视江苏等南方省份，奉命督查财政等事务；第三次是光绪三十二年户部右侍郎陈璧奉命赴各省巡视，督查铜元铸造等币政事务。这些巡阅事件，尤其是刚、铁二钦使的巡视活动，学界曾有比较深入的讨论，⑤ 此处结合清

---

① 《户部奏请各省厘税外销通饬具报折》，《集成报》第 2 册，中华书局 1991 年影印本，第 1564—1566 页。

② 《饬各省外销款项不得滥支》，沈桐生辑《光绪政要》第 21 册，宣统元年铅印本，第 4—5 页。

③ 《户部奏覆御史熙麟奏陈军饷洋务息债三大费核减事宜》《谕饬厘剔关税厘金盐课积弊酌提招商电线矿务余利并练兵筹饷事宜》《军机大臣等会议覆奏裕饷事宜》，《光绪政要》第 21 册，第 7—8、14—15、16—19 页。

④ 铁良于光绪二十九年五月一日担任户部右侍郎，正式离开此职是光绪三十年四月十五日。铁良这一时期职责多集中在与练兵事宜有关的方案拟定、经费筹措等事宜。参见魏秀梅编《清季职官表（附人物录）》，中华书局 2013 年版，第 96 页。

⑤ 参见何汉威《从清末刚毅、铁良南巡看中央和地方的财政关系》，《中央研究院历史语言研究所集刊》第 68 本第 1 分，1997 年 3 月；刘增合《八省土膏统捐与清末财政集权》，《历史研究》2004 年第 6 期；王尔敏《刚毅南巡与轮电两局股效案》，《近代史研究》1997 年第 4 期；赵思渊《清末苏南赋税征收与地方社会——以光绪二十五年刚毅南巡清理田赋为中心》，《中国社会经济史研究》2011 年第 4 期；宫玉振《铁良南下与清末中央集权》，《江海学刊》1994 年第 1 期；彭贺超《清末铁良南下再研究》，中国社会科学院近代史研究所、西北民族大学历史文化学院主办"清末新政·边疆新政与清末民族关系：第六届晚清史研究国际学术研讨会"会议论文，2014 年 7 月，兰州。

季财政脱序的严峻事实，剖析这类财政巡查个案性活动存在的严重缺陷，并借此揭示中央巡视安排如何转化为制度性巡视督查活动。

正如学界研究所示，刚毅、铁良两钦使巡视南方，在筹措赔款和支付编练新军饷需的严峻背景下，意图十分明显，厥为罗掘南方富裕省份的财源，以供中央部门支配，其基本途径是彻查外销款项，将之涓滴归公，裁减冗员和不必要的征收机构以节省靡费。① 这一意图若从表面来看，成效十分理想，刚毅南巡苏、粤两省，大致攫得总额为360余万两的巨款，分别占两省总税入的11%—20%。② 铁良巡视苏省，直接得到的款项虽然仅为199万余两，但根据他对两淮盐政弊端的揭露，户部的淮盐收入较往年增加了700万两。③ 并且，由于铁良深入细查苏省的财源，给当日有关省份的督抚造成相当大的压力，迫使他们不得不认真考虑上缴户部摊派的练兵巨款，在882万两摊款中，光绪三十年各省允诺上缴的巨款总额达到600万两。④ 铁良南巡活动所带来的副产品——由户部、练兵处主导的南方八省土产鸦片统捐创办，持续数年之久，更是为清廷带来巨额税收。⑤ 清廷因而对两位钦使所获得的成效比较满意。⑥ 至于光绪三十二年十一月至次年四月，户部侍郎陈璧作为钦使南下，这次巡视活动却与前述刚、铁二钦

---

① 何汉威《从清末刚毅、铁良南巡看中央和地方的财政关系》，第67页；铁良南巡的意图和宗旨，彭贺超《清末铁良南下再研究》认为，铁氏南巡不仅限于财政搜刮，尚有军事巡视的任务。

② 这一数字，来自何汉威《从清末刚毅、铁良南巡看中央和地方的财政关系》，第78—81页；周育民研究的结果与此数字相比有不少差距，他认为，刚毅南下苏粤两省，实际所得仅为200万两，参见氏著《刚毅南方搜刮小考》，《上海师范大学学报》1984年第4期。

③ 户部称，铁良清查两淮盐务所得款项，"计二十九年共报收银一千二百余万，以视两淮历年之自行奏报，仅得银五百余万者，已为倍之"。参见《户部议覆整顿两淮盐务事宜折》，《东方杂志》1905年第10期，"财政"，第225—226页。

④ 朱寿朋：《光绪朝东华录》第5册，第5316页；何汉威《从清末刚毅、铁良南巡看中央和地方的财政关系》，第98页；Stephen R. Mackinnon, *Power and Politics in Late Imperial China: Yuan Shikai in Beijing and Tianjin, 1901–1908*, Berkeley, Los Angeles & London: University of California Press, 1980, p.79, 此处参考何汉威前揭文第101页。

⑤ 刘增合：《八省土膏统捐与清末财政集权》，《历史研究》2004年第6期；《清末禁烟时期的鸦片统税纠纷》，《中央研究院近代史研究所集刊》第45期，2004年9月。

⑥ 刘锦藻：《清朝续文献通考》第2册，商务印书馆1936年版，第9758页；《枢臣议商奏奖铁良》，《大陆》1905年第3期，"纪事"，第8页。

使的作为有所区别,督查铜元局滥铸是巡视活动的主要目的,由于各省财源来自铸造铜元余利的比例相当大,① 且各省解缴中央练兵经费的相当部分来自这一铸币套利的手段,② 因而他们不会轻易遵奉中央关于铸造规模、划一铜币成色质量的要求。陈璧巡视返京复命时,提出了整顿各省铜元局的完整计划,这一计划体现出中央统一各省铸币业务的特色;并且,他的巡视活动还包括了吏治整饬的成分,在巡视期间,分别参劾江苏江宁造币厂总办潘学祖浮冒侵蚀,福建铜元局总办候选道马景融私挪官款、诓骗商款,并奏劾该局提调直隶候补知府马庆骐、总监工候选县丞张启正朋比贪劣的罪行,这些官员无一例外,均遭革职查办。③

尽管刚、铁二钦使南巡活动攫得数额不菲的巨款,但其巡查活动较少触动脱序财政制度的根本变革,实不具合理改革的效应,在苏省推行田赋整饬措施被外人视为"乌托邦的措施",中外人士对其贬评不断,④ 搜刮、聚敛的特色极为明显,时人更以"中央集权"这一当日含有贬义意味的用词来讥讽此类"强势掠夺"行为,⑤ 在朝与在野

---

① 《东方杂志》尝就各省铸造铜元的利润数额做过估算,每铸当十铜元100万枚,可获利2431两白银,如果每日铸额达100万枚,以每年320日计算,年利可达77万余两。参见该刊第二卷第七号(1905年8月),"财政",第195—197页。

② 光绪三十一年二月,户部论及各省解缴练兵经费600万两中,有270万两即出自铜元余利。此处参考何汉威《从银贱钱荒到铜元泛滥——清末新货币的发行及其影响》,《中央研究院历史语言研究所集刊》第62本第3分,1993年4月,第426页。

③ 陈璧:《望嵒堂奏稿》,文海出版社1967年版,第26页。

④ 刚毅巡苏期间,所提出的田赋整顿兴革措施,英国驻沪外交官 S. F. Mayers 讥讽为"乌托邦的措施"。此转引自何汉威《从清末刚毅、铁良南巡看中央和地方的财政关系》,第92页及注释部分。光绪二十七年时,有人讽刺刚毅清赋政策"不责官吏之贪横,不审岁时之丰歉,而转斥绅民之短交,令如牛毛,政如束湿,而吾民益嚣然矣"。参见《钱漕略》,谢俊美编《翁同龢集》下册,第1002页。

⑤ 《东方杂志》刊载的言论称:"政府自设立财政处、练兵处后,日与各省督抚以文牍相往还,近日乃有派铁良南下之事。窥其意无非欲聚集各省之财权,归于政府而已;无非欲收集各省之兵权,属诸政府而已。而考其意之所由来,则一言以蔽之曰:'中央集权'而已。"此处"中央集权"明显带有贬义。参见该刊第一卷第七期(1904年9月4日),"财政",第148页;类似言论又见《论铁良南下之宗旨》,《东方杂志》第一卷第九期(1904年11月2日),"财政",第210—211页;《铁侍郎南下之关系》,这是《时报》的言论,载《东方杂志》第1卷第8期(1904年10月4日),"社说",第185页。

人员均有谴责这类钦派高官赴外省勒索巨款的情况,① 外人甚至送给刚毅、铁良一个"肆意豪夺勒索的高官"的称号。② 各省混乱无序的财政制度、财源形态和财政机构并未因清廷钦使的巡视活动而得到根本扭转。

日俄战争后,当清廷施政方策发生巨变,逐步转向仿行宪政轨道时,财政旧制改革成为宪政改革框架中的核心要务。③ 熟悉国内大局形势的官员认为,财政整顿是新政改革的第一要义,中国摆脱危机的首要因素就在财政能否稳定运转下去。④ 美国政界人士也称,清廷必须收回督抚的兵马和财政之权,设立各级议会予以监督。⑤ 游学海外的人也上书度支部高官,剀切建议将财政权限收归中央,建立预算制度加以约束。⑥ 负责处理清廷宪政改革事务的宪政编查馆断言:"国民维系之端以财政为密切,故宪政筹备之事亦惟财政为权舆,财政不清,则计臣徒负总领财赋之名,国民终少信服政府之望,于立宪前途大有阻碍。"⑦ 可见,如何将各省外销款项由散乱隐匿状态变为规范有序格局,尤其是在全国范围内建立西方式的预算制度,统一管理各省财政收支,回归"以内治外"统一管理的财政制度,是摆在清廷面前的重要事项。

问题是这种针对各省外销财政调查,直省督抚司道并不积极配合。各省督抚和京城各部堂官都有固守自己财源的倾向,消极对待度支部的核查和统计活动,度支部已经窥见:"外省既以外销各款为自

---

① 缪荃孙:《艺风堂友朋书札》下册,上海古籍出版社1981年版,第638页;恽毓鼎著,史晓风整理:《恽毓鼎澄斋日记》上册,浙江古籍出版社2004年版,第200页;张守中编:《张人骏家书日记》,第50页;孙宝瑄:《忘山庐日记》下册,上海古籍出版社1989年版,第1122页。

② 参见何汉威《从清末刚毅、铁良南巡看中央和地方的财政关系》一文,第102页。

③ Hon-wai Ho, "A Final Attempt at Financial Centralization in zhe Late Qing Period, 1909-11", *Far Eastern History*, Department of Far Eastern History, The Australian National University, 32, September 1985. 何汉威此文有比较集中的论述。又见刘增合《"财"与"政":清季财政改制研究》,生活·读书·新知三联书店2014年版,第248页。

④ 上海图书馆编:《汪康年师友书札》第1册,上海古籍出版社1986年版,第999页。

⑤ 《各省庆祝立宪》,傅时骏辑《清季时事闲评》,民国七年铅印本,第51—52页。

⑥ 屈蟠:《屈主政上度支部论整顿财政书》,清末铅印本,第2页。

⑦ 《宪政编查馆奏核议清理财政章程酌加增订折》,《甘肃官报》第11册,宣统元年闰二月第三期,第7页。

专之费,在京各衙门又以自筹款项为应有之权则。"① 该部对此十分无奈,愤而奏告,"各省出入款目有正项、有外销。外销之款向不报部,即正项奏销亦有多年不报、任催罔应者","盖内外隔阂久成习惯,不独各省收支实数不可得而周知,即其款目亦不可得而尽闻"。② 度支部尚书载泽、侍郎绍英、陈邦瑞为统计外省财政无法进行而苦恼不已,该部清理销案,核定外销,稽核各部经费的咨文下发,事过数月后,"外省既未闻具覆,京内亦难望实行,在各该部院衙门及各省督抚自别有窒碍实情,然以各善其事之心行专已自封之术,不屑俯就绳尺,而好自守町畦者恐亦未偿无人"③。不但度支部困扰于内外不谐,即连宪政编查馆堂官也窥见外省固守已利的倾向难以扭转,"各省财政困难极矣,然犹甘任出入之不敷,而未敢和盘托出者,恐并夺其自专之费也;坐听守令之相蒙,而不肯径情直达者,恐专失自有之权也"④。看来,中央财务行政不畅的问题愈发严重。

这种苦恼的解除,显然不可能通过钦派专使作"全国漫游"的形式来获得解决,度支部斟酌再三,只能奏请朝廷,钦派专官,赴各省巡视督查,冀能挽回散漫混乱的现状。清廷对此极为重视,谕旨甚至称,遴派专官巡查是清理财政的第一关键。⑤ 这种专官的身份、名称有一个变化过程。最初,度支部考虑从各省选派熟悉财政的人员,甚至是每省选派藩司官员来京商讨。⑥ 虽经度支部百计运作,但各省有意敷衍,选人赴京一事久拖不决,该部最初的安排无果而终。

---

① 佚名:《清理财政章程讲义》,出版地不详,清末铅印本,第9页。
② 《度支部奏为遵设统计处折》,《山东调查局公牍录要》下册,济南日报馆清末铅印本,第129页。
③ 《绍英、载泽、陈邦瑞奏为清理财政宜先明定办法并将先在危难情形据实沥陈折》,中国第一历史档案馆藏,会议政务处全宗,财政331。
④ 《宪政编查馆奏核议清理财政章程酌加增订折》,《甘肃官报》第11册,宣统元年闰二月第三期,第7页。
⑤ 《度支部奏为酌拟臣部清理财政处各省清理财政局办事章程缮单折》,安徽官纸印刷局清末铅印单行本。这份奏折提到的上谕说:"清理财政为预备立宪第一要政,各省监理官又为清理财政第一关键。"
⑥ 《调员会议财政》,《大公报》1909年1月8日;《清理各省财政之布置》,《申报》1909年2月5日;《催派财政人员》,《大公报》1909年1月30日;《催派财政委员》,《大公报》1909年3月6日;《催派会议财政人员》1909年3月20日;《奏调藩司来京之罢议》,《大公报》1909年5月4日。

于是，度支部尚书载泽决定从本部官员中遴选专官，定名为财政监理官，负责巡查督办各省财政统计和改革财政收支。清廷颁下谕旨也提出了派官的要求："所有正监理官著该部自丞参以下开单请简，俾昭慎重，其副监理官著即由该部奏派。"① 度支部得力司员并不多，不可能将本部贤员倾巢派出，因而决定吸收部分外省官员作为巡查专官。② 遴选监理官的标准，一方面考虑到他们责任綦重，协调能力较强，应选贤能之员；另一方面则更重视遴派值得信任的官员，他们也都曾"当差得力暨现充臣部评议员、现办臣部银行税务各员以及外省当差人员"③。此外，该部遴派监理官也会特别看重候选官员从事财政业务的专业能力。宣统元年春季，经仔细审核遴选，清廷下达了正式任命财政监理官的上谕，正监理官共计20名，④ 24名副监理官随后由度支部保荐产生。⑤ 正监理官和副监理官一共44名，计划覆盖全

---

① 《度支部奏遵旨酌拟本部及各省清理财政处章程咨文》，第一历史档案馆藏，会议政务处全宗，财政423—3062。

② 度支部奏称："简派各省正监理官，责任綦重，自应遴派贤能之员，以备任使。除将现在臣部当差人员开列外，并著曾在臣部当差得力暨现充部评议员、现办臣部银行、税务各员以及外省当差人员，臣等知其于财政讲求有素者，一并开列请简。"参见《（度支部）又奏简派各省正监理官请免开底缺派员署理片》，《政治官报》第524号，宣统元年闰二月二十五日，第6页。

③ 《度支部奏请简各省清理财政正监理官折》，《政治官报》第524号，宣统元年闰二月二十五日，第5—6页。

④ 这20人分别是：直隶，右参议刘世珩；湖北，候补参议程利川；江苏，候补参议管象颐；云南，郎中奎隆；山东，郎中王宗基；广东，郎中宋寿徵；甘肃，郎中刘次源；陕西，员外郎谷如墉；河南，员外郎唐瑞铜；四川，帮办土药统税事宜候补四品京堂方硕辅；浙江，丁忧开缺直隶按察使王清穆；山西，山西银行总办前广东南韶连道乐平；贵州，广西候补道彭毂孙；江西，江西九江府知府孙毓骏；安徽，前四川重庆府知府鄂芳；新疆，丁忧甘肃候补知府傅秉鉴；广西，署杀虎口监督山西试用知府汪德溥；东三省，分省补用道熊希龄；福建，分省补用道严璩；湖南，江苏候补道陈惟彦。参见佚名《度支部奏派各省正副监理财政官员折》，《度支部清理财政处档案》上册，清末铅印本，第38—39页。

⑤ 这些副监理官分别是：奉天，栾守纲；吉林，荆性成；黑龙江，甘鹏云；直隶，陆世芬；江宁，景凌霄；苏州，王建祖；两淮，梁致广；安徽，熊正琦；山东，章祖僖；山西，袁永廉；河南，塞念益；陕西，薛登道；甘肃，高增融；新疆，梁玉书；福建，许汝棻；浙江，钱应清；江西，润普；湖北，贾鸿宾；湖南，李启琛；四川，蔡镇藩；广东，胡大崇；广西，谢鼎庸；云南，余晋芳；贵州，陈星庚。参见佚名《度支部清理财政处同官录》，清末铅印本，第25—29页。

国各个省份，其间仅有部分监理官因故调整。① 宣统元年春夏之交，钦派监理官陛见之后，即将分赴外省，与各省正在陆续成立的清理财政局一起，督查统计各该省财政数据。值得注意的是，监察御史亦有介入财政巡查的愿望，② 但或因其声望日差，③ 或因其不具专业素质，揆诸史实，该辈在清季清查财政的过程中，并未承担巡视核查的任务。

这样，晚清时期以巡视督查方式来介入外省财政的做法，就由遣派刚毅、铁良、陈璧等钦使巡视的"个案方式"转变为制度化的驻省巡视督查形式，依照这种新制度的要求，财政监理官将分赴各省，作长时间驻省督责巡查，直至完成改革外省财政收支，建立西式预算制度并有效运行为止。中央层面的财政专项巡视制度就这样开始启动了。

二 巡官授权

清廷向全国各省钦派专官巡视督查省级财政，是清代开国以来的重大事件，度支部堂官克服奕劻等枢臣的多方阻挠，全力促成此事。④ 尚书载泽、侍郎绍英亲自主抓专官遴选，定期向摄政王载沣汇报巡查官员组建的进展情况，摄政王本人也极力关注巡查官员的构成、办事

---

① 详细的人员变动情况，可参考刘增合《"财"与"政"：清季财政改制研究》，第127—128页；任智勇《清末各省财政监理官人员考》，"清末新政·边疆新政与清末民族关系：第六届晚清史研究国际学术研讨会"论文集，兰州，2014年7月，第336—337页。

② 《李参议奏请整顿新政》，《申报》1909年4月9日。

③ 言官声望日差在各类文献中均有反映，例如咸同时期外省官员即反映说："言路以参劾督抚为能，摭拾传闻以鸣讦直，凡疆臣之稍能任事不避劳怨者，往往被挤以去，而庸劣者转得免焉。其所条列，非剿袭常谈即张皇高论，揆之事理，大都多不可行。朝廷以言官为耳目，而耳目实淆于言官。"参见《复张竹屋侍郎》，郭嵩焘《云卧山庄尺牍》，文海出版社1967年版，第388页。

④ 此事曲折详情，可参考奕劻等人主稿的《会议政务处奏议覆度支部清理财政办法折》，以及载泽等人主稿的《度支部奏遵旨妥议清理财政办法折》，收入佚名编纂《度支部清理财政处档案》上册，清末铅印本，第23—27页，另编页码第1—6页。另外，江西省副监理官张润谱也有关于两者争论的回忆，参见张润谱《清末清理财政的回忆》，全国政协文史资料委员会编《文史资料存稿选编·晚清、北洋》上册，中国文史出版社2002年版，第45页。

规则、权限授予等决定巡视命运和督查质量的关键问题，这一点，从度支部侍郎绍英简略记载的日记中可以体会：

> 宣统元年二月卅日加班奏事。蒙监国摄政王召见。问具奏清理财政事。并云：清理财政筹款切不可扰民。正监理官可多开数员，开单请○○简；副监理官由部奏派。王意重视财政，实心爱民，良深敬佩。
>
> 宣统元年闰二月十四日值日召见。监国摄政王问印花税事、派监理官事。令与监理官详细讨论，将来不究既往，查明以后之款，以为预算之预备，并不可令各省加赋扰民为要。余对云：将来部中尚欲拟定监理官办事细则。王云：你们多斟酌，以期妥协为要。
>
> 宣统元年四月十六日值日蒙召见……监国摄政王问：监理官到齐否？已出京否？授英以对。摄政王云：现在筹款艰难，你们要力任其难……摄政王云：遇事随同泽公多斟酌，总以筹款不扰民为要。①

载沣召见绍英时，殷殷告诫，尤谆嘱监理官赴省以后，不扰民，稳妥制定监理官办事细则，为建立预算制度预作准备。摄政王此意，是基于当日外省督抚和在京各部隐相抵制度支部介入其财政内部的实情，更事关巡视专官的授权和职责。在讨论巡视官员授权和职责前，有必要明了这种外省隐相抵制的阻力所在。

其实，中央下决心强势介入外省财政清查，是冒着得罪督抚司道的巨大风险的事情，内外不谐，彼此猜忌是这一风险产生的内在动因。早在光绪三十一年，赵尔巽离任户部尚书一职后，就对这种内外不谐的危险有所觉悟，"今日财政虽窘，然非无可为计，特患内外不能一心，使人不敢任事"。由此，他提出军机大臣定期会晤外省高官，京中各部尚书侍郎也要建立起与外省官员密切的联系渠道，以消除内

---

① 绍英：《绍英日记》第2册，国家图书馆出版社2009年版，第69—83页。

外隔阂的弊端。① 外臣与中央部门抵牾隔阂的程度可以讨论，但这毕竟是一种事实。张之洞作为外省颇有影响的督抚，曾致函户部尚书赵尔巽称："尊意既令鄙人筹款，则请责成鄙人独办，必能仰副宸廑，若有人掣肘则难矣。"② 张督所称"掣肘"无非是来自中央官员的强势介入；对于专官巡查省财政，福建提学使姚文倬即理解为："在部意，盖欲就各省提款应用。"③ 姚氏这种理解，具有相当的代表性，度支部针对外省一举一动，直省官员时常将其与刚毅南下搜求款项联系起来，几乎形成一种思维定式，防范戒备的心理极为明显。④ 广东省是刚毅南下巡视期间直接"受害"的省份，粤督张人骏称，广东省经刚毅南下搜刮，越来越江河日下，对中央财政搜求抱有戒心。⑤ 继任总督袁树勋也将粤省财政困绌与刚毅南下搜刮相联系。⑥ 多数省份督抚对部院大臣的戒心或明或暗，程度或有不同。鄂督张之洞致函鄂抚于荫霖，在讨论具折奏报的措辞方式时，表露出这种刻意戒备户部随意提款的心理：

> 鄙意即有加增之数，又言"常年用款之外"，又言"另存藩库"，则必须酌提若干解部方妥（既有提解之款，则余不留而自留矣），亦较得体。若照此叙奏，虽言本省要需奏明拨用，部不允，其覆文必曰："另款存储，听候拨用，不准擅动。"虽争亦必不行。是鄂省徒有巨款解部之实，而仍居不提解之名，大为不妥。部中必谓："鄂省有钱而又悭吝也。"鄙意廿四年收数为常年用额一节，万不宜限定，自入窘步（本不敷用，所差太多）。若尊意，恐善后局滥用，拟以后令善后局将部拨奏案之款开单呈

---

① 《兵部尚书赵尔巽奏陈应行时政十二事》，《光绪政要》第27册，宣统元年上海荣义堂石印本，第15—17页。
② 苑书义等主编：《张之洞全集》，河北人民出版社1998年版，第9187页。
③ 《福建咨议局第二议会速记录》，清末铅印本，议事速记录第十四号，第4页。
④ 哀时客：《论筹款事》，《清议报》第2册，中华书局1991年版，第2056页；《论各省清理财政之困难》，《申报》1909年2月28日，第1张第3—4版。
⑤ 张守中编：《张人骏家书日记》，第59页。
⑥ 《度支部奏议覆粤督度支短绌嗣后请暂免派拨折》，中国第一历史档案馆藏，会议政务处全宗，财政630—5335。

鉴，令厘局只将此数解足，此外即解存藩库（此乃外案，无须奏明）听候尊示，方准动用，似此亦可划清界限。若奏明以廿四年为限，实多窒碍，务祈详思。①

宣统元年春季开始，面对度支部奏请钦派巡视官员赴省督责清查，直省督抚的戒备心理再度显现，报纸的访事员注意到，围绕清理财政，督抚之间函电交驰，多数督抚认为，清廷要求各省和盘托出财政家底实在难以做到，原因是没有制定宪法，没有划分中央财政和地方财政。对于度支部提出从宣统三年起删除外销名目，全部按照预算实施的目标，访事员认为，宪政未成，国会未立，部臣借口统一财政，已经实施咄咄逼人之举动，难怪疆臣惴惴不安，很容易使人联想到铁良、刚毅对江南诸省的搜刮，以清理财政为名，"隐遂网利之实"②。宣统元年初春，湖广总督陈夔龙准备联合各省督抚联袂奏阻度支部的清查财政行动。其实，督抚之间的看法并不一致，在端方等人的劝说下，奏阻之议暂时作罢。③ 京中某军机大臣与部分督抚关系甚密，他不便当面干预阻挠清廷集权政策，但却为督抚捏着一把汗，当钦派监理官赴各省巡查财政的上谕下达后，这位相国私下预测说："以后外省的事情就难办了。"④ 来自外省的三位督抚密函京中某相国，意在讨教对付监理官的办法，准备暗中敷衍巡视督查财政的行动。⑤

度支部在此背景下，奏请钦派专官巡查外省财政，遭遇的阻力可想而知。因此，清廷如何提升巡视专官的官品和权限，以应对外省督抚司道的暗中抵制，是一个不得不慎重考虑的问题。这实际上给度支部提出了一个比较棘手的难题。问题之所以棘手，有一个重要的前提不可忽视，那就是光绪三十四年十二月中旬，宪政编查馆在审核该部

---

① 《致于次棠》，王树枏编《张文襄公（之洞）全集》，沈云龙主编《近代中国史料丛刊》正编，第452—460号，文海出版社1970年版，第15681—15683页。
② 《论各省清理财政之困难》，《申报》1909年2月28日。
③ 《奏阻清理财政之说作罢》，《申报》1909年2月28日。
④ 《详纪简派各省监理官情形》，《申报》1909年4月13日。
⑤ 《清理财政之近况》，《大公报》1909年3月30日。

提出的清理财政章程时，针对监理官的职权，作了一个很重要但却非常模糊的界定："部中所派监理人员，只任稽查督催，而非主持总揽，所有职任均照该部原章所定办理，庶使职掌分明，以免诿卸抵牾之弊。"①"稽查督催"这四个字描述的授权和职责，实际上比较笼统，操作起来肯定会遇到不少问题。② 宣统元年二月，就在巡视专官出京之前，度支部根据宪政编查馆提出的"稽查督催"精神，制定了巡视官员的权限和职责："各衙门局所出入款项有造报不实而该局总办等扶同欺饰者，并该局有应行遵限造报事件，而该总办等任意迟延者，准监理官迳禀度支部核办。度支部于各省财政，遇有特别事件，迳饬监理官切实调查，如各衙门局所有抗延欺饰者，照清理财政章程第九条办理。"③

照上述规则来看，设若遇到省内官员拖延敷衍抵制等，监理官的权限最核心的就是"准监理官迳禀度支部核办"，作为中央专项巡视官员，他本身并无奏事权。④ 这一规定，意味着监理官与此前刚毅等人巡视外省财政时的权限有很大不同，前期的巡视官员不但有奏事权，而且在巡视期间可以奏劾违纪官员；而宣统元年开始的制度化运作阶段，巡视官员则不具备这样显赫的权势，其根本原因仍是基于外省督抚高度戒备中央官员对本省财权干预的严峻事实。⑤ 当然，主导最高当局的载沣治国能力孱弱，秉政风格过于瞻顾上下，刚性不足而

---

① 《宪政编查馆奏核议清理财政章程酌加增订折》，《甘肃官报》第11册，宣统元年闰二月第三期，第7页；佚名：《覆陈妥酌清理财政章程折》，清末铅印单行本，第1页。

② 这一点在随后来京的监理官来看，也感觉到这种措辞的笼统，他们担心，按照这一办事原则，将来到省后，肯定会窒碍难行。参见《拟请详定监理章程》，《大公报》1909年5月15日。

③ 《度支部奏为酌拟臣部清理财政处各省清理财政局办事章程缮单折》，安徽官纸印刷局清末铅印单行本，第5页。

④ 《监理官之特权》，《大公报》1909年5月3日。这一报道也提示说，监理官的特权并不包括巡视专官介入清理财政以外的事情，尤其是参劾违纪官员。这一点与数年前的刚、铁等钦使的权限相差太远。

⑤ 民间舆论注意到，前期刚、铁等钦使与目前钦派专官巡视各省的情形并不相同，从前仅仅是钦派一位大员周游列省，查办一二处即告完成。今日清理财政则在于通盘筹划，作为将来实施预算的基础。这就要求监理官的能力必须超乎寻常，才可达到这一目的。参见《敬告财政监理官》，《大公报》1909年4月10日。

优柔寡断，权臣虽一再谏议匡正，迄未有效，①春季在召见直隶监理官刘世珩等人时，载沣再三强调说，"监理官到省后，不可侵夺督抚的权限，不可单独奏事，不可扰民。如遇钦命查办事件，可以单衔奏事。遇事应禀请大部或各省监理官，不可专擅"②，"这次你们清理财政，各省均非所愿，务必仰奉朝廷之命"③。巡视专官即将出京时，度支部尚书载泽拟定的监理官训词中，也体现出这样的精神。④

正是在这一点上，各省集合到京的监理官忧心忡忡，担心在省巡视督查会因此受到阻遏。三月下旬，汇集到京的监理官密集召开会议，讨论巡视外省的有关事宜。三月二十六日的会议便涉及监理官的权限问题，大部分官员对于含义笼统模糊的"稽查督催"深为不满，"各省监理官到省后，办事细则应在外拟订，又以奏定章程内只有'稽查督抚（催）'四字，未免太空，理应详订权限；又监理官对于督抚，对于财政处总、会办之权限，及如何体制，并如何责任，应先由监理官拟订说帖，再请尚侍各堂酌定，以便拟订细则时有所根据"⑤。关于巡视专官的权限和职责，度支部衙署会议期间，有部分监理官提出了比较理想做法：监理官遴选科长、科员时，督抚不应干涉；召开财政局会议时，本员可以旁听，不得随意发言，以防止逾越权限；查核财政中，注重发挥议绅的作用。⑥清理财政局官员如果对本省财政情况隔膜，监理官协商督抚后可立即撤换；监理官可以查核

---

① 端方宣统元年曾上奏《请设禁中顾问折》，提出加强载沣的幕僚班子。参见端方《端忠敏公奏稿》第16卷，收入《近代中国史料丛刊》正编，第94号，文海出版社1967年版，第1925—1929页。赵炳麟亦建策载沣启用各方良臣辅佐左右。参见赵炳麟《赵柏岩集》，收入《近代中国史料丛刊》正编，第303号，文海出版社1969年版，第1148页。汤寿潜上万言书《为国势危迫敬陈存亡大计》，劝谕载沣"尤必有日月之明、霹雳之手以为用，乃足以发扬朝气，振刷颓纲"。参见《汤寿潜史料专辑》（萧山文史资料选辑四），浙江省萧山政协文史委员会1993年，第523页。
② 《京师近事》，《申报》1909年4月22日。
③ 《摄政王对于监理官之训词》，《大公报》1909年4月18日。
④ 《监理训辞》，《四川官报》己酉第21册，宣统元年七月中旬，第4页；《泽尚书责成监理官之示谕》，《盛京时报》1909年6月7日。
⑤ 《监理财政官会议续闻》，《申报》1909年5月20日；《拟请详定监理章程》，《大公报》1909年5月15日。
⑥ 《监理财政官会议详情》，《申报》1909年5月19日。

督抚财政，州县如有查核案件，亦应派员查核。① 清理财政局向督抚呈报的文件，监理官可以不必署名，但向度支部呈报的文件，监理官必须署名列衔，盖用关防，等等。②

其实，问题的关键还是巡视专官的权威性，这一权威意味着他能否压服外省抵制清查财政的各级官员，而权威性最主要的象征就是奏事权。按照当日度支部的制度设计，向各省钦派的监理官，其对应机构是该部刚刚设立的清理财政处。③ 监理官遇到重大问题，可以直接禀告度支部堂官，平常业务则直接跟清理财政处联系接洽。依照这样的制度安排，监理官并无向皇帝直接奏报揭露外省违纪官员的权限。但是，度支部尚书、侍郎十分清楚，如果巡视专官缺少这样的奏事权，外省督抚司道或许并不惧怕来自这些专官的监控和督责，那么，清理财政旨在得一真账的宏大目标就有可能落空。④ 这一时期，部分省份的督抚也向清廷反映说，在监理官赴省之前，必须将其权限划分清楚，免得与省级官员产生龃龉。⑤ 这一言论，实际上反映出外省官员惧怕自身权限被侵占的担忧。度支部司员却发现，清理财政一事，各省督抚袖手不发一言，大有坐视成败之势，监理官到省，必将受到督抚的掣肘。⑥ 更关键的是，时人觉得监理官居于客体地位，以客体地位来监督督抚统辖下的财政，欲其不被掣肘，难乎其难；以监理官一人之力，处理数百个官衙财政，更是难乎其难。⑦ 这是一个非常严峻的现实，因此，度支部认为，监理官人数太少，不可能与各省司道抗衡，所以必须奏请崇其品秩，以免将来到省受人牵制。⑧ 该部借着

---

① 《议商清理财政方法近闻》，《申报》1909 年 5 月 28 日。
② 《监理官之权限》《大公报》1909 年 5 月 14 日。
③ 《度支部谨奏为酌拟臣部清理财政及各省清理财政局办事章程缮单折》，《清理财政奏牍章程条款规则汇编》（上），江苏苏属清理财政局清末排印版，每折页码重新编列，第 2—9 页。
④ 《东三省正监理官熊京堂详报度支部陈明清理三省财政办法情形文》，《吉林官报》宣统元年第二十七期，九月十一日，第 2—9 页；《清理财政局开办之通饬》，《盛京时报》1909 年 7 月 10 日。
⑤ 《请定监理官权限》，《大公报》1909 年 3 月 5 日。
⑥ 《清理财政之良言》，《大公报》1909 年 3 月 18 日。
⑦ 《敬告财政监理官》（续），《大公报》1909 年 4 月 11 日。
⑧ 《奏派监理官之原因》，《大公报》1909 年 3 月 24 日。

界定监理官权限之机，试图提升其品秩，并多次谋求朝廷授予监理官直接奏事之权。

提升巡官品秩的努力很快达到目标。宣统元年闰二月底，摄政王载沣满足度支部提升巡官品秩的要求，对钦派巡官均提升至三品或四品卿衔，应该说，当日候选官员的职衔大多为郎中、员外郎、候补道员、候补知府、候补知县之类，这些职官品级多为正六品至正四品，此次摄政王对他们的职衔均有大幅度提升，较之其他部门（例如学部）巡视官员仅为官秩五品的情况更为显赫，可谓超常异数。① 这一做法令内外官员刮目相看，官场人士解读这一信息时，隐约觉得中央开始下决心彻查外省财政了，端方等江南各省督抚忧惧中央派官巡查，甚至要奏请朝廷缓派监理官到省督查。② 看来，这一方面努力所展示的效应比较理想。但是，在谋求监理官的奏事权方面，却波折不断，难以完全如愿。

宣统元年三月中旬，度支部官员提议，各省清理财政局在运作过程中，如有局员敷衍，顽视公务，蒙蔽上司者，准许监理官直接向度支部汇报，加以惩处。③ 度支部有官员大胆提出，监理官到省后遇到财政问题，准其单衔奏报，不必与督抚连衔。④ 五月初，监理官即将出京时，该部明确强调，监理官应每六个月与督抚连衔将清理结果奏报一次，争取形成定制。⑤ 事过一个月后，鉴于督抚有可能隐瞒省财政实情，度支部准备令各省财政监理官于到省后，先将库储调查详确，专折奏明。嗣后关于该省财政利弊，均由该监理官单衔专折具奏，不必与本省督抚会衔，以免牵掣。⑥ 但是，单衔具奏之权违背了

---

① 关于中央视学官，有以下规定"拟设视学官，暂无定员，约十二人以内，秩正五品，视郎中。专任巡视京外学务"。参见《奏定学部官制暨归并国子监改定额缺事宜折》，多贺秋五郎《近代中国教育史资料》清末篇，日本学术振兴会，1972—1976年，第419页。《学部视学官章程》迟至宣统元年十月二十九日才公布。

② 《度支部奏派充各省副监理官折（并单）》，《政治官报》第525号，宣统元年闰二月二十六日，第11—12页；《详纪简派各省监理官情形》，《申报》1909年4月13日；《江督请缓派监理官》，《大公报》1909年3月7日。

③ 《监理官之特权》，《大公报》1909年5月3日。

④ 《监理官之奏事权》，《盛京时报》1909年7月28日。

⑤ 《京师近事》，《申报》1909年6月20日。

⑥ 《监理官之奏事权》，《大公报》1909年7月25日。

清廷最初的授权规定，该部只得将这一规定加以变通，确定巡官如遇到针对"督抚有不利之件碍难奏闻者，拟准该省监理官电达本部，代为转奏"①。并且，出于保密需要，监理官在京期间，还集体编订密码本，准备一旦遇到各省官员牵制和阻挠，即可使用这一密码本向度支部密报实情。②

在监理官办公经费、薪资待遇以及官衙公馆等方面，该部也十分慎重，尽量撇开外省的牵制和影响。早在闰二月上旬，载泽即提出，应该给各省监理官较为优厚的薪水，防止共同作弊，但要严加考成。③关于薪水方案，该部最初提出，正监理官每月1000两，副监理官每月600两，科员40两。但外界反映不甚妥当，因而屡有调低的说法，后来又有议定正监理官为600两，副监理官为400两，而且津贴、路费由部发给。部分省份请求由各该省拨款发放监理官薪水，该部予以拒绝，不准备牵扯省内款项。④从实际情况看，该部在向朝廷奏报的折片中，最终确定监理官每月薪水500两，副监理官为300两，其出省调查川资费用由该部承担开支。⑤更重要的是该部明确要求监理官不准在省城安排专署，应该随着调查地区的变化安置公馆，监理官的官署安排始终受到度支部的监控，⑥这一点与此后学部对于中央视学官的管理极为相似。⑦

清廷枢臣，尤其是度支部高官对巡视各省的财政监理官如此重视，在设官分职方面又如此费心，意在应对外省督抚司道的抵触，这

---

① 《变通监理官奏事专章》，《大公报》1909年8月10日；次年春季，鉴于各省藩司有很多阻挠监理官执行公务的情形，度支部堂官又有提升监理官权限的想法，但未见实际行动。参见《拟扩充监理官之权限》，《大公报》1910年4月13日。

② 《监理官会订密电本》，《大公报》1909年5月7日。

③ 《防范财政监理之一法》，《大公报》1909年3月30日。

④ 《拟改监理官薪水》，《大公报》1909年5月5日；《清理财政官最近之会议》，《申报》1909年5月18日；《慎重监理官之津贴》，《大公报》1909年6月3日。

⑤ 《抚部院准度支部咨奏定正副监理官薪水川资缘由转行查照文（附原片）》，《广西官报》第24期，宣统元年六月二日，第122页。

⑥ 《监理官不设专署》，《大公报》1909年6月17日；《京师近事》，《申报》1910年7月29日。

⑦ 参见汪婉《晚清中央视学制度建立的尝试》，载王建朗、栾景河主编《近代中国、东亚与世界》上册，社会科学文献出版社2008年版，第130页。

种抵触心态在监察御史胡思敬的奏疏中得到完全的反映。宣统二年春天，胡氏痛诋巡视制度，他讥讽巡官为"暴起领事之小臣"，对清廷全面实施的巡视制度和做法提出指责：

> 今度支部设监理财政官四十余员，或选自曹郎，或拨自试用道府，或起自废黜，或荐自苫块之中。说者谓：陛下不信亲简之督抚，而信一二暴起领事之小臣，固已启天下之疑矣。且若辈衔命以出，沿途擅作威福，酿逼人命，凌压道府使司，报章腾说既屡有所闻，其事为武断之事，其人非安静之人，盖可知也……我朝官制，道府以上皆由特简，监理官乃部臣指名奏派，内不请训，外不专折言事，一朝得志，遂塞然以钦使自居。如是，则蹑其后者，学部亦派员视学矣，法部又将派员稽查监狱审判矣，民政部且派员查警察，陆军部且派员查新军矣。各凭借京朝势力，百计苛求，言辞不逊，贪者罔利，强者逞威，命令二三，不相关白，上损疆吏之威，下乱地方有司之耳目，伏机弩于穽中而寝其上，患有不可胜言者。拟请酌定监理官体制权限，正监理官与三司并行，副监理官与道府并行，不称钦差，不办供应，二年限满撤回。自此次遣使之后，各衙门不得援例以请，一切新政均责成疆臣督办。①

从胡氏心态看，以钦差官员巡视督查各省财政乱象，是一件十分危险的事情。他所建议的正副监理官与外省职官的对应关系，以及去掉"钦差"名号之类的主张，实际上并未得到清廷的认可。宣统元年春夏，面对这种来自各方的挑战，也承载主流舆论的高度期许，②40余位监理官奔赴各省，承担起巡查督责外省清理财政、试办预算、划分国地两税的职责。

---

① 胡思敬：《力陈官制殽乱请厘定任用章程严杜幸进折》，《退庐全集》，文海出版社1970年版，第833—835页。

② 主流舆论高度期许的详情，可参考刘增合《"财"与"政"：清季财政改制研究》，第133—135页。

三 驻省督查

40余位钦派监理官离京启程的时间是宣统元年五月,但到达各省的时间并不一致,最快者如直隶、山东、山西、东三省等,监理官于月内全部到岗;路途遥远者如贵州、云南、甘肃、新疆等省,迟至七八月份始能就位。① 清廷为这次大规模的各省巡视督查确立了一项基本的政策,那就是光绪三十三年以前的财政旧案不再追究,可以变通处理;② 清查的重点是光绪三十四年、宣统元年省内现行财政基盘的底细,旨在得到一本真账。③ 督查清理的重点,不是既往的一般性奏报款项,而是省内各署局掌握的外销、规费等隐匿之款。④ 此类款项,分掌于各个不同的衙门,例如藩库、运库、关库、厘务局、善后局、提学司、巡警道、劝业道等均涉财政收支,基本上是"十羊九牧"状态,⑤ 官场有人感叹说:"筹饷、筹赈、矿务,因事立名,尚难确定,分析离合,不可究诘。"⑥ 这类机构的收入中,有些款项虽未上报度支部,但并非贪贿之款,而是用于地方新政事业,其理由也

---

① 迟至六月底,度支部在奏疏中,仍称"远省之监理官尚未到齐"。参见《度支部抄奏各省清理财政春季报告展限三个月折》,第一历史档案馆藏,会议政务处全宗,财政467;《署理山东巡抚孙宝琦奏清理财政局依限编成春季出入款目确数折》,《政治官报》第745号,宣统元年十月初十日,第11—13页;《贵州巡抚庞鸿书奏清理财政局编成本年春季报告册折》,《政治官报》第760号,宣统元年十月二十五日,第9—10页;《黑龙江巡抚周树模奏清理财政局依限编成本年夏季出入款项报告册折》,《政治官报》第819号,宣统元年十二月二十五日,第15—16页;等等。

② 《度支部奏各省旧案请截清年分勒限开单报销折》,第一历史档案馆藏,会议政务处全宗,财政381—2729。

③ 佚名:《清理财政章程讲义》,清末铅印本,第5页;《东三省正监理官熊京堂详报度支部陈明清理三省财政办法情形文》,《吉林官报》宣统元年第27期,九月十一日,第4页。

④ 《度支部通行直省调查财政条款》,《陕西官报》宣统元年第16期,五月下旬,"专件"第1—6页;佚名:《清理财政章程讲义》,第13页。载泽曾明确表示:中国各省过去的财政奏销虽然整齐,但均系"官样文章,奉行故事"。参见《陕西官报》宣统元年第16期,五月下旬,"时事要闻"第7页。

⑤ 这些机构是根据护理两广总督胡湘林的奏报而得出来的,各省财政机构或微有差别,但大致相近。参见《护理两广总督胡湘林奏广东财政局依限编成本年春季分出入确数报告册折》,《政治官报》第671号,宣统元年七月二十五日,第8—10页。

⑥ 《禀陈军事财政情形文》,金蓉镜《痰气集》,光绪三十四年铅印本,第70—72页。

相当正面;①而有些收入则非常隐秘，规费、陋规一类便是，度支部强调，为了编制明晰有序的财政预算，此类收入款项必须上报。②但是，从钦使们实际督查的情况来看，各类款项督查的难度和阻力并不均衡。

巡官们初期的督查项目，各省或有差别，主要体现在督责清理财政局尽快核查省内各类库存银两，特别是每年出入各款的实情，包括普遍存在的陋规、规费等隐匿各款。浙江省监理官到省后，召开有关各部门大会，商量该省清理财政办法，在藩司通报该省款目纠葛的实情后，确定由司道各库岁出入各款调查入手，并督催此前已经开始的各属财政册籍造报。③该省监理官为发动各界团体献计献策，专门致函各界各行，寻求清理省财政的有效计策。④江苏省监理官到省后，与省内大员商定，除了库款须认真清查外，应注重从清查州县平余、摊项、规费入手，并及时确定合理的公费。这也是遵照载泽此前提出的清理州县平余盈绌为清查入手办法的指示。七月十四日，监理官特根据苏省官场和财政实情，制定了清查本省财政的6条办法，由两江总督札文下发，在遵限造册、局所裁并、两淮盐务奏销交代、各署局财政收支报告册上报等方面做出严格规定，且含有违纪惩治措施。⑤

---

① 江苏省的江南筹款总局在其公开的文件中曾称："须知税项所入，除报部外，如有盈余，仍留备各项新政要需，是以本地之款办本地之事，输纳于公家者无多，裨益于地方者甚大。"这类做法在各省中并不少见。参见佚名《江南筹款总局整顿税契章程》，清末铅印单行本，第3页。

② 《抚部院准度支部咨各省署局一切款项规费应令悉数查明报由清理财政局汇核办理缘由行局移行遵照文》，《广西官报》第54期，宣统二年二月初三日，第260页。

③ 《抉出库款历年纠葛之隐情》，《申报》1909年8月9日；《集议清理财政办法》，《北洋官报》第2162册，宣统元年六月三十，第12页；《监理官电催报告清册》，《申报》1909年8月7日；《监理官清查司道各库》，《申报》1909年8月9日；《监理官盘查关库之筹备》，《申报》1909年8月12日；《监理官清理财政之认真》，《财政局限送旧式表册》，《申报》1909年8月14日。

④ 《浙省清理财政之忙碌》，《申报》1909年8月15日；《浙省监理财政官致各地方团体书》，《申报》1909年8月21日。

⑤ 《监理官清查财政之起点》，《申报》1909年8月4日；《清理财政入手办法》，《北洋官报》第2163册，宣统元年七月一日，第11页；《江督张札饬各属遵照监理财政官拟定清理财政办法六条办理文（附办法）》，《北洋官报》第2211册，宣统元年八月二十日，第6—8页；《京师近事》，《申报》1909年4月11日。

湖北善后局、官钱局、藩库、盐库为该省财政总汇，监理官在湖广总督陈夔龙等大员的陪同下，清查各库，并特别注意各属局所规费。①在查核该省州县上缴司库钱款时，监理官发现，鄂省州县亏空较多，这往往与该州县管钱账房非亲故即旧友，用人混乱有关。针对盐法道库的核查，也发现库存银两与收支账簿严重不符的问题。各级官衙的有名规费与无名陋规收入更为该省监理官所重视，鄂省两位钦使专门发下札文，志在得到省内规费收支的真相。②江北官场的规费收支是监理官尤为关注的问题，首次查核时，该属官衙根本不承认存在规费收支现象，苏省宁属监理官景凌霄并未轻信，又再次下发专文查核底细，札文列举说："各衙门局所除廉俸薪水外，断不能毫无进项。或为例有之公费，或为节省之盈余，或取公款息金，或收各种规费，沿习既久，皆非作俑之人，此次既奉部查，正可和盘托出。"札文提出严厉警告，提出了申报违纪的处罚办法，意在侦知各属隐匿款项实际规模。③粤省监理官且盯住省内官银钱号的发行规模及盈余、规费等收入。④川省监理官到省后，也将清查省内库存银两作为入手办法。⑤皖省监理官鄂芳等抓住省内藩库、筹饷局、牙厘局、支应局、铜元局、坐贾局、烟捐局等重要机构，制订了核查计划。⑥在各省监理官展开督催清查省内财政的过程中，度支部适度提示各钦使，注意核查重点，意在从整体上把握省内财政真相。⑦

　　遣派各省的巡视钦使，其职责任务主要体现在四个方面的督催核

---

① 《清查财政之起点》，《北洋官报》第2165册，宣统元年七月初三日，第12页；《鄂省清查财政之起点》，《申报》1909年8月8日；《清查局署规费》，《申报》1909年8月23日。

② 《监理官清查财政情形》，《清查局署规费》，《北洋官报》第2181册，宣统元年七月十九日，第12页；《监理官调查学务出入款目》，《申报》1909年8月9日。

③ 《调查江北官场规费》，《北洋官报》第2212册，宣统元年八月二十一日，第11页。

④ 《定期盘查官银钱局》，《北洋官报》第2212册，宣统元年八月二十一日，第11—12页。

⑤ 《四川总督赵尔巽奏查明光绪三十四年分岁出入总数并上年清理财政情形折》，《政治官报》第865号，宣统二年二月十九日，第8—10页。

⑥ 《清理财政官办事手续》，《申报》1909年8月18日。

⑦ 《度支部颁发调查各省岁出入款目单》，《申报》1909年8月21日。

查专项：(一) 造送该省出入款项详细报告册，至次年起分季造送报告册；(二) 造送该省各年预算及决算报告册；(三) 调查该省财政沿革利弊，分别门类，编成说明书送部；(四) 拟订该省各项财政收支章程及各项票式、簿式，送部核准。① 监理官得亲往或派员至各衙门局所，调查出入各款及一切经费，遇有延误、欺饰者得请参处。但是，当日自司道以至州县，皆沾润各项规费和陋规，否则不足以养廉，因而滋生的阻挠越来越多，这是钦使们在"督催核查"过程中遇到的主要阻力，也由此形成相当程度的对峙纠葛局面。

民初有人回忆清季钦使督查清理财政遇到阻力时称，各省设立清理财政局后，"以各省藩司或度支司为该局总办，在督抚职权之下，而监理官居于客位，无有职权，故各处之不顾清理者多持督抚为护符，以故命令不行，辄生阻力"②。此处说辞中，除了监理官缺少职权一点与事实有所出入外，③所称其遇到阻力重重大致不谬。阻力来源有多种，其中，主持一省财政枢纽且担任清理财政局总办的布政使，是敷衍抵制财政清理的关键人物，由其引发的矛盾纠葛也尤为突出。

藩司暗中抵制和敷衍督查财政的原因比较多，维护本省官场利益恐怕是一个要因，这与本省督抚的立场比较接近。当遣派监理官的上谕下达时，部分有影响的督抚彼此致函，即透露出自己对清查财政的担忧。粤督张人骏函称："外销之款和盘托出，恐将来或有棘手。"两江总督端方也抱有同样的忧虑："外销之款和盘托出，恐将来棘手，不报又无以昭核实。但江南财政自铁大臣清查后，各局收放款目均已照数开报，是以年来办事更较他省为难。"④督抚这种心态在财政清查过程中一再显露无遗，据资政院预算股股员长刘泽熙透露："地方

---

① 胡钧：《中国财政史讲义》(又名《中国财政史》)，商务印书馆1920年版，第392—394页。
② 《设立审计院意见书》，民国初年稿本，无页码。
③ 同样是民国初年，熟悉清季财政问题的胡钧却认为，"光绪之季，政府以筹办宪政之名，注意清理财政，订清理财政章程三十五条，在京设清理财政处，各省设清理财政局，其足以制各省之死命者，则在部派财政监理官"。揆诸各种文献，这一判断大致符合监理官职权地位较为崇高的事实。参见胡钧前揭书，第394页。
④ 《各省清理财政问题》，《申报》1909年2月25日。

政府蓄积有款，惟恐中央政府所知，必设法以弥其隙，举一实例：近日某省藩库、运库有款六十余万，某督竟在咨议局宣言：'此款若不作为公债抵款，恐为部所提。'是非独视为某省财政，且直视为某督之财政也"①。在中央财政无法支持地方的背景下，外销隐匿之款如果上报度支部，省内很多事情将会无法进行，外官利益也会受损受限。职是之故，很多藩司隐持督抚意图，辄生阻挠风波。这就是监理官面临的主要挑战，巡视钦使赴省后不久，《大公报》"社说"即对此对峙之局有较为精彩的分析：

> 监理官之出京也如受命出征，其到省也如骁将以孤身当敌，深入险境，求向导而莫得，进退失据，遂无往不为敌人所暗算……上自督抚司道，下至府厅州县，以利害关系之原因，遂成狼狈相依之势，弥封掩饰，掩耳盗铃，但求各保利权无事过为挑剔，习惯相沿，非一朝一夕之故矣。今一旦清理财政，派监理官专司其事，自各省官吏一方面观之，固不谓为国家之清理财政，而直谓为私人之让渡权力也。夫已攫为己有之权利而轻于让渡，非廉介持身者断不肯为，而况彼辈官吏素性挥霍，亏累之弊自不能免，则一经清理后，于让渡权利之外，且将任赔偿损失之责，其为切肤之痛更何待言！势必督抚授意于司道，司道授意于府厅，府厅授意于州县，如用兵者四面设伏，专俟监理官之至，以逸待劳，以主制客。②

面对不断遭到省内官员排斥的现实，监理官们自然十分小心，熊希龄曾致函载泽，表达了在省巡查财政所抱具的心态："清理财政本为众怨所归，监理官等在此办事，谨慎和平，尚不免于疑忌，故一切

---

① 《资政院预算股股员长刘君泽熙审查预算演词》，收入高凌霄、胡为楷《中国预算要略》，京师门框胡同裕源石印局清末刻本，第2页。
② 《论咨议局当为监理官之后援》，《大公报》1909年8月3日。这一言论，也得到该报另外一份论说的支持，参见《论今日监理财政官之责任》，《大公报》1909年9月24日。

兢兢业业，时凛（懔）深渊之惧，不敢稍有大意也。"①监理官遇到阻力时，往往向度支部密报在省遭遇的冤屈和办事之难，宣统二年春节前后，监理官一度非常密集地发送这类密电，该部且增加二员加紧接收处理。②形势严峻，该部不得不将此曲折纠葛上达天听，以求朝廷力挺监理官，对各省督抚藩司等阻挠督查财政的大员严厉惩戒："臣部屡据各监理官来禀，佥以官场积习疲玩，阳奉阴违，办事之难几同一辙，良由各省财政紊乱已久，脂膏所在，奸蠹丛生，欲举数百年之锢弊，遽令廓清，人情本多不便。"③监理官的密电中，矛头指向藩司一类官员更多一些，载泽等度支部堂官清醒地认识到，各省藩司成为督查财政最为麻烦的抵制者，④上述部奏显示出钦使督查外省财政确实遇到了较多的阻力。

从《大公报》《申报》和《盛京时报》三份较为密切关注时事的报纸报道来看，监理官与督抚、藩司、监察御史以及省内关道等均有产生冲突纠葛的情况。其中，藩司因抵制敷衍而导致与监理官发生争执的情形最为普遍。从上述媒体报道的情况看，主要有江宁藩司樊增祥与监理官管象颐、⑤甘肃藩司毛庆蕃与正监理官刘次源、⑥贵州藩司文征与正监理官彭毂孙、⑦河南藩司朱寿镛与河南监理官唐

---

① 熊希龄：《就改革财政事上度支部尚书泽公爷禀稿》，周秋光编《熊希龄集》第2册，湖南人民出版社2008年版，第184页。

② 相关报道非常多，此处仅列举重要者，如《京师近事》《毛庆番革职原因》《监理官之为难者》《鄂督与财政监理官龃龉》，《申报》1909年12月7日；《彭监理官电请回京》《密电甘肃财政监理官之内容》《度支部将来之参折》《度支部密电之何多》《又将有关于财政之参案》《度支部密电所之忙碌》，《大公报》1909年12月16日、22日，1910年1月5日、18日、4月8日、6月3日等。

③ 《度支部奏甘肃藩司玩误要政据实纠参折》，《政治官报》第774号，宣统元年十一月初九日，第7页。

④ 《拟扩充监理官之权限》，《大公报》1910年4月13日；《会商添派总管监理财政大臣》，《盛京时报》1910年1月11日。

⑤ 《江南财政监理官辞职原因》，《申报》1909年12月5日；《论甘藩褫职事》，《盛京时报》1909年12月23日。

⑥ 《毛庆蕃革职原因》，《申报》1909年12月20日；《密电甘肃财政监理官之内容》，《大公报》1909年12月22日。

⑦ 《彭监理官电请回京》，《大公报》1909年12月16日；《文征与财政官》，《大公报》1910年1月13日；《电饬清理黔省财政》，《大公报》1910年1月29日。据查，此一时期贵州省布政使为沈瑜庆，但上述报道中却系文征，暂且存疑。

瑞铜、①浙江藩司颜钟骥与监理官王清穆、②湖北藩司高凌霨与监理官程利川等，③其余尚有数省藩司与监理官发生不和谐的抵牾，几乎均被度支部侦知。④监理官与督抚也有直接发生冲突的情形，主要有河南巡抚吴重憙与该省监理官唐瑞铜、⑤陕甘总督长庚与监理官刘次源、⑥湖广总督瑞澂与监理官程利川、⑦云贵总督李经羲与云南监理官奎隆等。⑧此外，督查财政过程中，钦使们也会受到来自省内其他司道官员、御史言官甚至是咨议局议员的挑战，东三省正监理官熊希龄、甘肃监理官刘次源、贵州监理官彭毂孙等程度不同地遭受此类困扰。⑨这些困扰主要表现在敷衍抵制清查行动、核减预算收支以及冗员裁撤，延迟各类收支造报，咨议局取代清理财政局越位审核等各个方面。

　　清廷对于巡视钦使遭遇的各种抵制，十分警惕。督查催报行动开始的头半年中，这类敷衍抵制达到高潮。当这类彼此攻讦的消息传到京师，清廷立即颁下廷寄，警告督抚司道和监理官彼此和衷共济，"清理财政为宪政之最要关键，务宜和衷共济，以底于成。现各督抚、监理官，多有互相攻讦，意见不合，嗣后如再有督抚阻碍监理官之清

---

　　①《度支部将来之参折》，《大公报》1910年1月5日；《闲评一·又是一条猪毛胡同》，《大公报》1910年1月29日。
　　②《浙藩司去任之预备》，《申报》1910年7月26日；《颜藩司坚请开缺》，《大公报》1910年1月23日。
　　③《鄂藩与监理官之小冲突》，《申报》1911年2月6日。报道中所说"马方伯"，据查实系护理布政使高凌霨，报道有疑误。
　　④《度支部将奏参某省监司》，《大公报》1910年2月28日；《第二毛庆番将出现》，《大公报》1910年3月7日；等等。
　　⑤《京师近事》，《申报》1909年9月8日。
　　⑥《度支部与监理官之电商》，《申报》1910年1月29日；《陕甘财政前途之障碍》，《申报》1910年6月25日；《甘督刘监理电致度支部》，《大公报》1910年1月26日。
　　⑦《鄂督与财政监理官龃龉》，《申报》1910年8月2日；《武昌官事片片录》，《申报》1910年8月20日；《泽尚书面谕鄂省财政事宜》，《大公报》1910年7月28日。
　　⑧《彻查滇省预算之虚糜》，《申报》1911年8月5日。
　　⑨《监理官之为难者》，《申报》1910年1月28日；胡思敬《劾甘肃监理财政官刘次源折》，《退庐全集》，第845—848页；《陈副总宪严参黔省监理官》，《申报》1909年11月20日。

查及监理官侵越督抚之权限情事,一经查实,即行从严参处!"① 这道廷寄颁下不久,钦使与各省藩司等官员的纠葛依然不绝,恰好度支部根据监理官密电,奏参甘肃布政使毛庆蕃,列出其玩误要政的主要表现,并希望杀一儆百,"若各省相率效尤,则财政永无澄清之日,贻误宪政关系匪轻"②。清廷痛下决心,将明目张胆阻挠抵制清查行动的甘肃藩司毛庆蕃彻查,谕旨称:"清理财政为预算决算入手办法,于立宪前途大有关系。乃甘肃布政使毛庆蕃于藩库款项,既不定期盘查,亦不遵章造报,违抗玩误,实属咎无可辞,毛庆蕃著即行革职,以为玩误宪政者戒。"③ 这份谕旨被各省官报转载,给玩误清理财政的藩司等官员一个相当深刻的警示。广西巡抚即提醒本省官员说:各属官员"迅将本年应办之各月报告册及三十四年现行案刻期赶办,分别依限送局达部,勿稍迟逾,重蹈覆辙,切切,特札"④。江西省藩司刘春霖此前并未遵照度支部的指示办理光绪三十四年的岁出入册籍上报,毛庆蕃被革职的谕旨传出后,该官员十分惊恐,连忙令属下赶办有关册籍。⑤ 度支部及时声援各省钦使,进一步表明惩治玩误要政官员的决心,"现在甘藩顽视清理财政,已由部参劾革职,嗣后各省大吏如再有阻挠清理财政者,应即电部检举,援例奏参,倘各监理随同蒙混,一经查觉,一并参劾不贷!"⑥ 大部分省份由此出现新的气象,媒体亦注意到沉闷空气的新变化:"自甘藩毛庆蕃氏以迟误落职,而各省财政局之耳目始为之一耸,监理官之权力亦为之一伸。由是切实调查,悉心整顿,为全国预算决算之预备,厘订地方税国家税之根本,其关系于宪政前途者至大,今特其发轫焉耳!"⑦

---

① 《颁发各省督抚监理官之廷寄》,《盛京时报》1909 年 9 月 10 日;《廷谕督抚与财政官》,《盛京时报》1909 年 9 月 28 日;《颁发各省督抚监理官之廷寄》,《大公报》1909 年 9 月 6 日。

② 《度支部奏甘肃藩司玩误要政据实纠参折》,《政治官报》第 774 号,宣统元年十一月初九日,第 7—8 页。

③ 《宣统政纪》,中华书局 1987 年影印,第 468 页。

④ 《抚部院恭录电传上谕度支部奏甘肃藩司毛庆蕃于藩库款项不盘查造报贻误即行革职缘由分行遵照文》,《广西官报》第 48 期,宣统元年十一月二十一日,第 221 页。

⑤ 《藩署办理报告之忙碌》,《申报》1910 年 1 月 2 日。

⑥ 《电饬检举阻挠财政者》,《大公报》1909 年 12 月 22 日。

⑦ 《一年内政府与国民之大举动》,《申报》1910 年 1 月 29 日。

自此以后，外销隐匿之款的督查，各类收支款目的造报逐渐走上正轨。就外销款项而言，既有研究已经比较清晰地揭示出外省匿报款项占各省总收入的大致比例和概貌，此处不作展论。① 各省清查的完整性和彻底性或许值得进一步讨论，但就宣统二年底各省上报的财政说明书而言，大部分省份的匿报之款基本上已经厘剔清楚，审慎参阅当日印制的各省财政说明书后，吾人感觉钱粮地丁和关税、盐税等门类，匿报之款目相对较少，但随着甲午战争后竭泽而渔搜刮政策的推行，传统农业税项也附加了各式收款名目，报部者并不算多；而财政意义突出的厘金类、杂税收入等门类，未报部款项则更多，部分省份甚至达到100%。

这次大规模的督查财政行动中，极为隐蔽的规费陋规大类的清查，也有程度不同的进展，部分外省的财政说明书明确列出该省的陋规、规费收入项，例如河南省清查的结果显示，该省陋规、规费主要包含的名目有：各处节敬、门包门随、节敬随封、节寿外费、三节赏项、漕规、忙规、乾修、各项委员差费、查监公费、勘灾各费、到任各费、交代各费、议漕赏漕各费等。② 贵州省的清查，也基本摸清楚本省规费名目征收的种类和方法，以田赋地丁为例，主要包括上下忙加价、各地加平、浮收尾数、征收折改、催收、监收、设柜、包收、粮头、垫缴、变价批解等各类规费款目及其额度。③ 这类中央财政机构未能掌握的款项，其数额多寡，各省并不均衡，与正款规模相比，显然不可低估。历经一年之久，各省清理财政第一个阶段宣告结束，清查造报财政收支款目、核查挖掘隐匿款项的任务基本完成。

接下来的督查事项更为紧迫，造报下一年度的收支预算报告册、编订本省财政沿革利弊说明书、划分国家税和地方税报告册以及改良本省财政收支制度，仍是巡查钦使极为繁重的工作。中央财政机构、各省督抚、资政院以及外省咨议局等围绕建立西式预算、划分国家税

---

① 外销之款的清查概貌，可参见刘增合《清季中央对外省的财政清查》，《近代史研究》2011年第6期，第112—119页。
② 河南省清理财政局编：《河南财政说明书勘误表》，清末刻本，第10—13页。
③ 贵州省清理财政局编：《贵州财政沿革利弊说明书》第1册，田赋部之一，清末铅印本，第二节"各论"，无页码。

和地方税事项，产生了诸多的纠葛和矛盾，已有研究大致予以揭示，此处不再赘论。① 巡官在省其间，度支部对改良财政收支极为重视，专门向各省督抚和监理官发出指示，部署工作进展。② 既往的研究中，监理官主持的财政旧制改良问题，实际上尚未得到充分的研究。限于篇幅，本文难以全面揭示旧制改革的全貌，惟四十余位钦派监理官在这方面做出了重要贡献。这些改制举措包括了各个方面，从税项款目名称到各类财源的收支制度，从会计簿记制度到财权统一体制，从国库制度到国地两税划分等，这些财政改良的主张大多体现在各省清理财政局编订的财政说明书中，或专章呈现，或夹杂铺陈，内容尤为丰富。③ 监理官和清理财政局官员殚精竭虑，所有财政制度改革的理念体现出紧追日本以及英美等西方国家的特点，尤其对各省目前财政收支中存在征税机构错乱无序、官俸与公费、局所归并、例案制度、起运留存制度、解饷协饷制度等旧式财政制度中的关键问题，提出了切

---

① 详情可参考刘增合《西式预算制度与清季财政改制》，《历史研究》2009年第2期；《前恭后倨：清季督抚与预算制度》，《中央研究院近代史研究所集刊》第66期，2009年12月；《制度嫁接：西式税制与清季国地两税划分》，《中山大学学报》2008年第3期。

② 《为筹划统一财政及改良收支章程事往来电》，《广西官报》第53期，宣统二年一月二十五日，第258页。

③ 《广西财政沿革利弊说明书》围绕"部例兴革、省章兴革"展开讨论，参见该书第13卷"结论"，清末铅印本，第19—32页。《陕西清理财政说明书》则依据西方财政收支理论，提出改良收支制度，划分两税，财政统一与国库统一结合，四柱清册改良办法等建议，参见该书"后序"，清末铅印本，第1—2页。《直隶清理财政局说明书》在田赋改良方面，介绍改良田赋征收的第一期和第二期办法，提出改良中国税政机构和税契征收办法，仿照不动产登记法，以滞纳法取代民欠法，裁去缓征之例，改良税款使用中的会计名目等主张，参见该书第一册第一编"田赋"，清末铅印本，第7—23页，第3册第7页等。《山西全省财政说明书》从六个方面建议对各类复杂的款目进行改良，从六个方面论证财政收支程序、记账方式的改良，参见该书第1编"总论"，清末铅印本，第8—10页。《贵州省财政说明书》依据日本和西方的税制理论，提出田赋改良办法，例如清丈田亩，增加田赋收入；划一征收货币单位，去掉陋规；确定租税以革混淆；征税要委任地方自治团体，铲除需索陋规等弊端；暂拟随征公费，杜绝浮收之弊等，参见该书"田赋部之三"第3节"结说"，清末铅印本，无页码。《浙江财政说明书》提出改良会计名目，删减名不副实的款目，统一到地丁中去，统收统解；改用银圆征收和解款，删除耗羡等名目，参见该书"岁入门"第二类"收款"第一款"田赋"。《广东财政说明书》改良弊端的几个建议：优给州县公费，裁节靡费，核定书吏名额酌给薪资，裁粮差而任里正，确定税率改良串票等，参见该书第2卷"岁入门"第一类"田赋上"，第15—20页。其余各省编订的财政说明书尚有各种改良财政收支制度的建议，此处不作赘述。

中肯綮的改革主张。① 东三省财政监理官熊希龄和直隶省监理官刘世珩两位的改革主张,在当时所有财政监理官中贡献尤著,也非常接近西方近代理财制度的真谛,② 这些主张极大影响了度支部的决策,使得该部对全国各省财政收支改革进程给予充分关注。

四 巡查成效与环境制约

社会转型是一项历史演进的巨型工程,晚清财政走出传统,迈向近代也是一个巨变时代的庞大工程,是制度、环境、各类机构、社会主体、社会观念、社会意志等各种力量的合力作用。恩格斯19世纪后期曾敏锐地注意到:"历史是这样创造的:最终的结果总是从许多单个的意志的相互冲突中产生出来的,而其中每一个意志,又是由于许多特殊的生活条件,才成为它成为的那样。这样就有无数互相交错的力量,有无数个力的平行四边形,由此就产生出一个合力,即历史结果,而这个结果又可以看作一个作为整体的、不自觉地和不自主地起着作用的力量的产物。"③ 类似于恩格斯的"历史合力论"逻辑,2002年美国麻省理工学院经济学教授埃西姆格鲁(Daron Acemoglu)提出制度变迁中的"冲突论"实质上也暗合于这一历史演进的逻辑:制度选择是利益冲突的团体间互相斗争的结果,各社会团体间的冲突是制度分析的基本要素,冲突性质上的差异导致不同的"制度集",

---

① 《直隶监理官刘参议陆主政上度支部清理财政说帖》,《申报》1910年3月26日、29日,4月4日、6日;《直隶财政监理上度支部说帖书后》,《大公报》1910年4月3日;《论办理预算亟应删除例案》,《大公报》1911年4月12日、14日;《抚部院批清理财政局详报第三届筹办成绩缘由文(附件一)》,《广西官报》第54期,宣统二年二月初三日,第301—303页;等等。

② 熊希龄:《上督抚两帅整理财政书》,《熊希龄先生遗稿》第5册,第4097—4101页;《熊观察希龄上泽公论财政书》,国家图书馆分馆编选《清末时事采新汇选》,北京图书馆出版社2003年版,第10863页;《东三省财政正监理官熊京卿副监理官荆主政性成整理财政管见五条》,《盛京时报》1910年1月1日、1月5日、1月6日;《东三省正监理官熊京堂详报度支部陈明清理三省财政办法情形文》,《吉林官报》宣统元年第二十七期,九月十一日;《抚部院准度支部咨本部核定直隶监理官刘世珩条陈清理财政改良收支办法咨发备查缘由分行司(局)遵照文(附件一)》,《广西官报》第63期,宣统二年四月初七日,第330—333页。刘世珩这份改良报告在各类官报、报纸上连续刊载,此不赘述。

③ 《马克思恩格斯选集》第4卷,人民出版社1995年版,第697页。

而权力及其分配是利益冲突中的决定变量。① 据此可以认定，清季财政转型也是一个诸因素"合力"综合影响的结果，是各类"冲突"彼此较量的一种历史进境。其中，清廷在无奈之下钦派巡官对外省财政作纵深督查，以一种前所未有的中央巡视制度，强力介入外省现行的权力体系，矫正旧式财政制度的脱序运作，是一种左右社会转型的强势因素。正是这种强势因素的介入，无序财政局面才基本宣告结束，代之以近代财政雏形的崭新呈现。

诚然，清廷钦派官员赴各省巡视财政清查的动机并非追求"财政近代化"那样简单，揆诸朝野言论，这种巡视安排或有中央财政集权的考虑，也不乏攫取外省隐匿之款用于中央新政事业拓展的企图。但是假如撇开巡视外省的动机不论，单就长达两年之久的驻省巡视督查行动的整体效果来看，就非常值得讨论，可以说它与清季财政制度转型的成效密不可分。

巡视督查效果之一，是使国家财政规模的真相得以呈现。咸同时代，随着以外销财政、融销财政为基础的地方财政形态逐步形成，各省内部大量的收支款项不为户部所知，清廷掌握的奏销财政规模，数十年间变化不大，自咸同之际的每年六七千万两递增至三十年后宪政改革初期的一亿余两，② 每年递增率约为4%。但经数十位钦使督责各省清理财政局官员的艰苦挖掘，清查出来的款项高达2.4亿两，经资政院审核后，更高达3亿两，③ 短短四年间，年"递增率"高达140%—200%，这当然是极不正常的所谓"递增"，真相只有一个，那就是各省匿报之款最大限度地逐一上报。国家财政规模非常规"递增"的结果引起了很多人的惊讶，广西省监理官对于这一财政清查结

---

① Daron Acemoglu, Simon Johnson and James A. Robinson, *Reversal of Fortune*: Geography and Institutions in the Making of the Modern World Income Distribution, *Quarterly Journal of Economics*, Vol. 117, 2002, pp. 1231 – 1294. 埃西姆格鲁观点的概括，参见孙圣民、徐晓曼《经济史中制度变迁研究三种范式的比较分析》，《文史哲》2008年第5期，第152—153页。

② 民初吴廷燮的估算，参见氏著《清财政考略》，出版地不详，1914年铅印本，第18—19页；美国人马士（H. B. Morse）则估计了五大臣出洋考察时清廷财政的大致规模，参见 H. B. Morse, *The Trade and Administration of the Chinese Empire*, Kelly and Walsh, Ltd., Shanghai, 1908, p. 115。

③ 刘锦藻：《清朝续文献通考》（一），第8231—8249页。

果颇有感慨,他说:"此次清理财政,派官数十员,用款数百万,其规模之宏远,监理之切实,自开国以来,未有如斯者也。"① 浙江财政监理官王清穆对国家年度财政总量上升至两亿四千万两亦深有感触,认为比清初增加了十六倍,较之乾隆道光年间增加了五倍,即便是与光绪中叶相比也增加了两倍。② 财政规模真相的揭示,基本上达到了清廷核查外省财政的初衷,这为国家确立西式预算制度奠定了一个重要的基础。

巡视督查效果之二,是国家财政实现了由紊乱难稽到规范有序的转变。钦使赴省督查之前,朝野对国内财政紊乱难稽有尖锐的批评。庚子前后一位关注时事的读书人讥讽国内财政是一个"账目混乱的大公司"③;掌控清廷宪政枢纽的宪政编查馆对此也深有体会,它告诫各地调查财政事项时,尤为注意行省财政机构不统一的实情,"管钥之任,既散属于诸州,金谷之供不全输于左藏"④。关注中国时政的英国浸礼会传教士李提摩太,更对中国混乱无序的财政现状表达了遗憾,他以英国等西方国家的有序预算制度,来反衬中国财政混乱难理的现实,令人深省。⑤ 此一时期,与李提摩太感觉相近的日本学者更有中国是"二十一国"混杂体的感叹。⑥ 但是事经三年的财政清理,旧式财政的混乱无序逐步转变为收支清晰的新财政雏形。

这种新变化,督抚、度支部、宪政巡视员、民国初年的财政专家均有积极中肯的褒评。宣统二年秋冬之交,浙江巡抚增韫对新财政格局的体会是"未经清理以前,病在紊乱,及既清理以后,又病在困

---

① 广西清理财政局编订:《广西财政沿革利弊说明书》第13卷,第27页。
② 王清穆:《会计学要论序》,钱应清《会计学要论》,浙江官报兼印刷局宣统三年七月铅印本,第1页。
③ 阙名:《论财政混淆》,杜翰藩编《光绪财政通纂》卷51,第28页。
④ 《宪政编查馆奏遵办民政财政统计编订表式酌举例要折》,"财政统计表式举要",宣统元年铅印单行本,第1页。
⑤ [英]李提摩太:《论理财宜清厘款目》,杜翰藩编《光绪财政通纂》卷52,第1—2页。
⑥ 日本东邦协会编纂:《中国财政纪略》,吴铭译,广智书局1902年版,第1页。

乏"①。这一认识至少反映出各省财政紊乱无序局面已经结束。度支部于宣统三年奏报新一年的预算时，对于清理财政的成效也有较为积极的正面肯定，堂官们认为，各部各省用款的秩序已经得到确立，外销和规费亦多数得以造报，经费撙节的成效明显，整个财政逐渐呈现收支适合趋势。②宪政巡视员陆宗舆等在对大部分省份清理财政作了考察后，也肯定说："各省财政纷乱无纪，自设监理官后，爬梳整理，渐有眉目。"③民国肇造不久，新政权的官员回顾清季钦派专使督查财政的成就，即有中肯褒评："查前清时代，财政紊乱已达极点，司出纳者向无确实之报告，自有各省财政监理官之设，眉目始清。"④清季曾赴日本考察宪政并熟知国内财政情势的胡钧对清季监理官的核查成效更为认可，"外销凌乱无序之陋规毫发毕现，藏获锱铢皆见公牍"，"三十余年间，财政变动之巨不可谓非亘古未有之奇观也"⑤。这一"亘古未有之奇观"的铸造，与清廷钦派巡官作艰难督查，历经磨难，自然有十分密切的联系。

效果之三，是为走向近代预算制度铺垫了基础。近代西方国家预算制度的一个明显特征，是将国家财政划分为中央财政和地方财政，各由国家税和地方税的收入来加以支撑，不论是贯彻积极财政还是稳健财政政策，其预算制度的基础便是中央财政收支与地方财政收支彼此厘然有序，概不牵混。但在中国大一统的财政制度下，历朝王权并无这样的"国地财政"架构，清廷财政更未严格区分为中央财政和地方财政，正如度支部所见："中国向来入款因为民财，同归国用，历代从未区分（国家岁入、地方岁入），即汉之上计，唐之上供留

---

① 《浙江巡抚奏条理财政事宜折》，第一历史档案馆藏，会议政务处全宗，财政914—8345。
② 《度支部奏试办宣统四年全国预算缮表呈览并沥陈办理情形折》，《内阁官报》（51），文海出版社1965年版，第300页。
③ 《宪政编查馆奏派员考察宪政事竣回京谨将各省筹备情形据实胪陈折》，《政治官报》第1126号，宣统二年十一月十四日，第9页。
④ 《设立审计院意见书》，民国初年稿本，无页码。
⑤ 胡钧：《中国财政史讲义》，商务印书馆1920年版，第338—339页。

州，但于支出时区别用途，未尝于收入时划分税项。"① 湖广总督瑞澂的看法与度支部并无差别："查中国财政，无论何项征收，向只按款定名，就款支用，并无国家、地方之分。"② 上述高官所见，显示出传统王朝财政迥异于西方国地两分的事实。

钦使赴省督查财政清理的过程中，为铺垫预算制度的基础，该辈统率局员，对本省各类税项、捐项、杂收入等，根据用途、数额等情况，全盘借鉴日本、欧美国家的税制标准，分别划分国家税、地方税，这项工作由于牵扯成千上万种收入款目，相当庞杂，厘定税制的标准一再调整，税项属性又一再斟酌，可谓筚路蓝缕，厥功至伟。③ 这些划分两税的主张在各省财政说明书中逐一列示，自清查开始迄于清亡，虽未形成国家统一的标准，但至少创造了近代税制的雏形——国家财政与地方财政两分体制的雏形。宣统三年和翌年国家预算创制的过程中，钦使继续在各省鼎力督办，得以出色地完成编纂；资政院和咨议局审定预算后，为了新式预算在各省顺利推行，钦使们在监督督抚维持预算、严明财政纪律方面，更是不遗余力。这些努力为民初再度尝试推进预算制度打下了基础。

历史蜿蜒前行，上文论及的"合力论"也好，"冲突论"也罢，意在提醒学人对每一种历史内外驱力做审慎严谨的评检，其所受到的拉力、阻力、弹力、摩擦力等，均须深入体察。清季中央巡视财政制度推行的过程中，运行环境内的各种牵制因素十分复杂，既有正面牵引力量，又有众多的负面牵制因子，两种因素交互影响，制约着这一新式制度的运作成效，更需要学人深入历史田野作"入戏入味"之细致分析。

度支部新任尚书载泽等人的鼎力领导是一种积极的牵引力量。在五大臣宪政考察结束后，载泽、绍英、晏安澜、杨寿枏等度支部高级

---

① 《度支部奏试办全国预算拟定暂行章程并主管预算各衙门事项折（并单三件）》，《政治官报》第1184号，宣统三年一月二十日，第6—7页。
② 《湖广总督瑞澂奏四年预算岁入表册赶办齐全折》，《政治官报》第1283号，宣统三年五月初一日，第11—12页。
③ 刘增合：《制度嫁接：西方税制与清季国地两税划分》，《中山大学学报》2008年第5期。

官员受日本和欧美财政制度的感召，希望尽快改变现状，其周围又聚集了曾留学国外的各类精英或熟悉域外先进制度的贤能之辈，如驻英公使汪大燮，五大臣出洋考察宪政的重要随员熊希龄，随同载泽考察外洋宪政的随员杨道霖，留学日本的屈蟠等，这些精通中外财政的官员筹划了宣统年间清理财政和巡视制度的框架。该部清理财政处总办杨寿枬对这一计划有一清晰的擘画："余继任清理财政处总办，预定程序，期以六年竣事。第一年调查全国财政，令各省造送财政说明书；第二年试办各省预算，令财政统一于藩司；第三年试办全国预算，划分国家税、地方税；第四年实行预算，办理决算；第五年施行会计法、金库制度；第六年各省设立财政司。自此事权统一，法治严明，使全国财政如辐在毂，如网在纲，度支部通盘筹划，调剂盈虚，而清理之事毕矣。"① 在上述宏伟计划中，居于枢纽位置、沟通内外的正是巡视制度中的各位钦使，在敷衍惰性成习的社会背景下，上述每一步计划的落实，巡视官员的督催事工不可或缺，自始至终是一种关键因素。

财政改制计划虽然宏伟周密，前景亦可预期，但推行过程却纠葛不断，这就涉及巡视制度运作过程中诸多负面因子的牵制作用。这类负面因子既有旧式制度的惰性，督抚司道固守畛域的习惯性言行，某些军机大臣偏顾外省督抚利益而时有掣肘，又有清廷新政事业全面改革而导致国家财力空前紧张，官衙公费改革滞后拖延，更有内外官制改革迟早不一的负面影响等。牵制这一制度运作的负面因子，能量影响更不可小觑，以今人眼光看来，这类牵制性因素实际上深刻地限制着清季财政转型的进程，也严重制约了巡视制度的成效。当然，正面和负面影响因子之外，巡视制度在设计上又存在着致命的缺陷。

缺陷之一是巡视督查官员在参劾和罢黜贪官劣员方面，权力严重不足，对省内官员的威慑力和复杂形势的掌控力并未在制度框架内加

---

① 杨寿枬：《觉花寮杂记》，转引自苏同炳《中国近代史上的关键人物》下册，百花文艺出版社2000年版，第859页；亦可参见杨寿枬《苓泉居士自定年谱》，沈云龙主编《近代中国史料丛刊》续编，第17辑第164号，文海出版社1974年版，第30页。

以规划，这直接导致各省冗官冗费难以核减，省财政支出不可能作大规模压缩。江西副监理官张润普发现，本省绅商兴建南浔铁路出资高达200万两，但寸路未成，银两已经所剩无几，"大概全是开支了乾薪和夫马费"。江西巡抚公署总文案陆长佑，既领总文案公费，又署任巡警道、调查局、统税局、财政局等机构职务，虽然"职不兼薪"，但都支领夫马费，一时号称为"身挂六国相印"；又如学务公所的提学使林开謩是福建人，于是，公所中的委员、职员九成以上均为福建人，其中不免有滥竽充数之辈，各局所人员兼差和挂名吃空薪的人相当多。张运谱因此判断，如果对赣省冗员冗费加以剔除，"所省出的开支，当然也很可观"①。监理官因职权所限，实在难以纠正此弊。

缺陷之二，从巡视制度整体上看，各类巡视行为由各部分别奏请实行，内部缺少整合统一，各自为政，各部门巡官职权授受不一，官衔品级各异，巡视作法欠缺沟通，因而形不成巡视督查的整体压力。农工商部、邮传部、学部、陆军部、度支部等各有巡官在省，各领一方宝剑，叱咤于各自领域，且各有巡查指标，由此导致了十羊九牧的混乱局面。这些巡视行动中，只有财政专项巡视活动自始至终得到清廷的高度关注，但在外省官员普遍抵触的现实面前，清廷针对钦使与督抚的协同关系、督查范围宽狭的界定、巡官在吏治监督整饬等方面的权限严重不足，缺乏制度层面的整体规划，钦使们因而面临着制度残缺的窘境。这种窘境不单是由监理官们直接承当，清廷作为始作俑者，更须承受其直接后果。并且，各类更为严重的窘境也接踵而至，它不得不自食其果，直至覆亡。

历史演进的步履迟速不一，但总是以新陈代谢为特征。历史兴衰本身虽然重要，但更重要的是挖掘政权荣枯背后透示的历史经验和人类智慧。恩格斯提出的"历史合力论"以及埃西姆格鲁阐发的"冲突论"虽然各有侧重，视界不一，但却对学人研究晚清以降的中央巡视制度与社会转型之关系饶有启迪。这两种理论视角，既可让我们远观古代中国演进的节奏，又能近窥晚近历史迈进的步幅，

---

① 张润谱：《清末清理财政的回忆》，第45页。

更可以针对当代国家治理制度，特别是中央巡视制度面临的问题，启发智慧，规避偏差。清季财政巡查制度的钩稽梳理，正好可以见微知著，察古鉴今，为新陈代谢这一历史规律的深入理解增添一种鲜活别致的解读。

原刊于《历史研究》2016年第4期，收入本书时有删改。

辛亥前后财政改制的
环境与制度传衍

清季新政前后，中国的知识与制度体系截然两分，美国学者任达（Douglas R. Reynolds）在《新政革命与日本》中说："如果把1910年中国的思想和体制与1925年的以至今天中国相比较，就会发现基本的连续性，它们属于相同的现实序列。另一方面，如果把1910年和1898年年初相比，人们发现，在思想和体制两大领域都明显地彼此脱离，而且越离越远。"[①] 这说明，思想与制度经历了清季新政之后发生了显著的变化，思想资源与制度建制与昔日相比，宛如隔世。在各种制度性变动中，财政制度是其中之一。清季财政制度变动问题研究完成后，吾人深感这一问题梳理之不易，尤其是围绕这一问题直接相关的深层次问题，更觉纠葛错杂，彼此牵制。要言之，财政改制的环境和民初财政传衍两个方面值得重视。

一 改制环境

新政改革环境对财政制度变动产生了复杂的影响。这种影响主要从以下三个方面体现出来。

首先，为解决赔款和新政改革带来的财政赤字，缓解财政压力，财政规制变革不得不迎难而进，但其成效却备受新政需财规模过大的牵制。光绪季年，宪政编查馆大臣奏定预备立宪九年清单中，对中央

---

① [美] 任达：《新政革命与日本——中国，1898—1912》，江苏人民出版社2010年版，第215页。

各部均规定了详细的筹备事项。这些筹备工作如果按照既定的年度计划真正落实,各部和各省将会需要数额庞大的经费支持。但各省能够用于新政事业的经费相当有限。有人曾专门计算一省之内财政支出的结构比例,如果以1000万两为计算基数,各项支出数字分别是:摊赔外债300万两,供给军费300万两,京饷100万两,协饷100万两,余款200万两。[①] 本省财力困绌,而清廷责令各省必须按照筹备清单落实各项新政事项,无米之炊,岂能长久?清季财政难以为继,这是不争的事实。当各项新政全面铺展后,财政困绌的窘态更为严重。1909年8月,度支部单独向内廷密奏财政窘迫情形,"近岁库储奇绌,国用殷繁。消耗之最巨者以洋款、军饷为大宗,此外各项新政为用弥广,无一事不关紧要,无一款可议减裁。仅就本年新增款而言,如崇陵工程经费、禁卫军饷加拨、云南饷需、吉长开埠经费,综计已达一千二百数十万两。已岌岌有入不敷出之忧,更无余力再筹巨款"[②]。财政窘困到这个地步,如果对财政现状不作根本改革,显然难以支撑下去。所谓根本改革,其实就是以清查财政作为筹款的重要举措,以外省财政机构改革作为中央集权的要策,以举办预算作为调剂财政盈亏、消灭财政亏空的主要途径。上述数端,均系财政制度革新的基本方面。但是,这些财政改制的举措本身,又是在财政亏额巨大、财政需求压力空前的背景下进行的,这必然意味着相关举措在落实过程中,每一步都会引起中央与外省的矛盾纠葛。新政无限扩张的思路,导致预算编制过程中,各省预算支出急剧膨胀,而预算收入则捉襟见肘,收支相比,巨额亏空已经形成。尽管度支部极力要求删减支出,但各省怨言满腹,或明或暗予以抵制。预算制度移植成效不彰,根本原因大致类此。新政规模扩张的结果不得不导致财政改制举步维艰。在官场腐败、吏治颓废的背景下,改制的成效自然受到影响。

其次,清季官制与公费改革滞后的制约。外省新式财务行政机构

---

① 《中国财政之为难情形》,《盛京时报》1910年9月29日。
② 《度支部咨奏财用窘绌举办新政宜力求撙节折》,中国第一历史档案馆藏,会议政务处档案全宗,编号:523—4107号。

的设置、财政官制改革与清廷推行外省官制改革的进程紧密相连。宣统元年夏秋两季，各省藩司衙门纷纷设立度支公所一类的省级财务行政机构，但是，外省官制改革中将布政使改为度支使的目标迟迟没有实现，导致这些省级财务行政机构容纳了传统藩司衙门经管的事项，诸如民政、人口、官员考核、捕盗、治安等非财政事务被笼统纳入新设的财务行政机构中。度支部此间虽有意推行设立度支使的官制改革，但外省督抚不予积极配合，改制难以落实。此外，中央和各省行政机构中的公费改革计划始终不能落实，也使得预算编制受到制约。各衙门行政经费的确定，尤其是府厅州县公费制度改革滞后，致使各地上报的公费预算数字千差万别，中央与外省就此产生的纠葛层出不穷。外省官制改革滞后、公费制度混乱无序，均使财政机构改革、预算制度建立受到严重制约。

最后，新政过程中的人事派分对财政制度变动的每一个环节均有牵制作用。在清季财政制度变革过程中，上到枢府大臣，度支部堂官，资政院总裁、议员，下到各省督抚，府厅州县官员，咨议局议员，士绅阶层以至于底层民众，构成了牵扯制度生成的复杂要素体系。诸类要素在财政窘困的年代里，面对立宪筹备和财政制度更张，从不同的途径诉说着自身的观点，做出性质不同的举动，以一种历史合力，对新的政治制度、财政制度产生总体影响。甲午之后，李希圣编纂《光绪会计录》，对引纳西法一事感慨良多，尤注重人事对制度的影响力，"今日言理财者，莫不曰仿行西法，固也；然法待人而行，但知西之有法，而不知西之有人"[①]。清季接引西式财政制度的过程中，决策者、舆论人、各阶层官员等，无一不对制度嫁接产生影响。这些影响包括了直接与间接、正面与负面等各种复杂情形，其因缘沟通、交互作用的结果直接左右着新制度发育的程度。

财政改制形态——"中间形态"问题值得关注。无论是外省新式财政机构设立，还是预算制度移植，均显示出类似的共同面相：机构或制度的不纯粹性，或许可以称之为"中间地带"形态。这就是说，制度变动既远离了西方财政制度的本来架构和运行规则，又背离了清

---

① 李希圣编纂：《光绪会计录》，上海时务报馆清末石印本，"序"。

廷预计的制度变革理想，从而形成不中不西、不新不旧的"中间"形态。"中间形态"的内涵，具体是指新制未立，而旧规依旧，或新制初立，旧规仍存。既往晚清至民国典章制度的研究中，时常忽视这种制度变革的常态现象，而往往热衷于以所谓的"近代化"理论统摄史实，强作定性解释。使用外来系统和理论解释中国本土史迹的倾向，间或受到高明者规诫，以研究文明史见长的张光直先生断言：西方"社会科学上所谓原理原则，都是从西方文明史的发展规律里面归纳出来的"，必须放到"非西方世界的历史中考验"，否则便不具备"世界的通用性"[①]。这是对西方理论原则局限性的警惕，也是对学界随意援引西方分析框架解释中国史实倾向的规诫。具体到清季制度变动，应该更重视在实际生活中，新制影响力度究竟如何，旧制牵制作用事实上有多大；须顾及对微观事实的观测，由言论层面深入实际运作，比勘两者的差异及肇因。财政制度变动的研究如此，其他制度变动研究恐亦必须循此途则。

二 制度传衍

清季与民初制度承接，是近代制度史研究者不可忽略的问题。就财政制度嬗变而言，就是要研讨清季财政制度改革对民初的影响限度及承继演变的方向。因文中未能展论，此处稍加分析，以阐明制度变革之传衍和影响。

首先，财政改制面临的困难与关注的范围，清季与民初有着密切的传承和延续。

清季财政改制涉及财务行政机构改革、租税制度改革、国库统一、币制改革、预算制度、国地政费划分、预算制度创办等数个方面。民国初元，共和制度建立。中央财政部门依然面临清季财政的紊乱和困顿，整理财政，举办预算、划分两税、划分国地政费界限、改革财务行政机关诸事，成为民初财政部门颇感棘手的主要问题。揆诸

---

① 张光直：《连续与破裂：一个文明起源新说的草稿》，载氏著《中国青铜时代》第2集，（台湾）联经出版公司1990年版，第131—143页。

周学熙、熊希龄、陈锦涛等执掌财政部时期的作为，均不出上述几个方面。赵椿年在民元时担任财政部次长，长期擘画财政改革事宜。他曾就民元以来数年间财政整顿的方策上诸当道，阐述其见解，所陈建议不为无见。他认为，财政公开是带有全局性的根本大计，主要做法就是举办预算、划分国家税和地方税。条陈说：从根本上整顿的办法即是"举一国之财务行政、胥中诸法而已。法之根本，无过于确定预算，划分国家税、地方税"①。鉴于民国二年、四年等举办预算，每每出入不敷甚巨，亏空巨大，他建议可否先从决算入手，掌握全国财政支出的实在数字，然后权衡至当，加以删减，较有把握。为保证两税划分能够落在实处，他还提出压缩军费、厘剔中饱、削减局所机构等建议。这些建议不但延续了清季清理财政的主题，而且处处借鉴清季清理财政的经验和教训，当因当革，洵为至当之论。②

  民国初年，中央与各省的财政关系依然是彼此戒备，若即若离。中央在实行财政改革时，依然需要厘清国省财政关系。民国二年春天，财政总长周学熙致函黎元洪副总统、各省都督以及民政长官，就国家财政面临的问题与整顿的办法提出自己的看法。国省财政关系之疏远，也体现在他对财政危状的阐述中，他说："自南北统一以来，瞬逾一载，中央无涓滴之收入，各省复自顾不遑，旧债累累，索偿倍急，军需繁重，□抽其空，应付之术稍疏，破产之祸立见。"③ 各省自顾一隅利益，动辄向中央请款的财政习惯依然延续下来。贾士毅注意到，民初中央财政"直接收入既属无多，各省协济之款尤为仅见，而所恃为财源者仅保商银行等数种小借款而已"④。其后，在划分国地两税的讨论中，各省仍有自保利益的趋向，江苏都督程德全提出漕粮负担过重，建议将漕项收入划归本省经费。此议一出，各方参与讨论者甚众。⑤ 就各方表态看，税项划分依然折射出中央与地方的财政

---

① 赵椿年：《整理财政条陈》，民国初年铅印单行本，第2页。
② 同上书，第2—4页。
③ 周学熙：《致武昌黎副总统、各省都督民政长函》，《财政部民元档案》，民初稿本，无页码，本册编号392932。
④ 贾士毅：《民国财政史》第1编"概论"，第45—46页。
⑤ 同上书，第145—149页。

纠葛,各有眷顾的格局依旧未改。

在编制预算方针方面,民初依然面临"量入为出"还是"量出为入"的抉择。周学熙筹议新财政方针时,认为新财政方针必须继续延续清季预算编制时量入为出的旧规辙,"及今挽救之方,仍不外古者量入为出之法",在军费浩繁、各省困绌之时,不能轻言采纳量出为入的新轨辙,否则,财政困顿依旧,大局不堪设想:

> 侈言量出为入之新论,不守量入为出之常经,从前军队照额支给,一切新政同时并举,各言其所当言,各行其所当行,而于国家之财力如何,绝不为之计及。窃恐此次借款,一转瞬间,即已云散烟空,无复痕迹。而财政计划迄未确定,政务紊乱如故,财力枯竭如故,羸疾之余更受毒气,神志俱丧,死亡无日![1]

周氏提出改革财政的办法即是着眼于清季遗留的财政弊端,沿着清季度支部整理财政的路线,继续注重厘清财政秩序。他阐述整理财政要达到的主要目的,诸如明晰国家财政与地方财政的界限、统一财权、租税统系分明、改良租税制度等,均为清季度支部未能完成的清理财政任务。周氏提出的整理财政方法包括了税项划分、税权统一、税目厘定,建立国地两税系统、税制更新等。[2] 这些举措无一不是清季度支部努力的方向。熊希龄长部时期,所言治标、治本之方法,亦基本不出上述范围。陈锦涛长部时期,整理财政分为两期,无论是"目前办法"还是"将来办法",大致均着眼于旧有财政秩序的理顺。[3] 从财政整顿所涉及的问题来看,民初数年间,中央政府的理财思路基本上仍延续了清季度支部的主要做法,前后存在明显的承继性。

如果从赋税解缴这一个独立的层面上看,民国肇元之后沿用的有关名称,也与清季有着惊人的相似。已故的中国社会经济史专家梁方

---

[1] 周学熙:《致武昌黎副总统、各省都督民政长函》,《财政部民元档案》,民初稿本,无页码,本册编号392932。
[2] 贾士毅:《民国财政史》第1编"概论",第137—150页。
[3] 同上书,第180—220页。

仲先生在20世纪40年代初，曾撰文说："民国以后，所谓'中央解款'、'解省'、'解库'等等名称，就是明清以来的'起运'、'存县'、'地方留款'等等的名称，就是明清的'存留'。这些分别，自民国十七年划为地方税后，只变成历史上的名词。"① 其实，不仅民国年间的财政名词术语与前清有着密切的传承关系，即如财政收支的基本做法方面，两者的相似之处亦不少见。

其次，民初财务行政机构的改革与清季相比，有因有革。

清末新政时期，清廷在中央设立度支部专管全国财政事务，宣统年间在各省设立度支所、财政所等省级财政机构。民初肇始，中央设立财政部为全国财政上最高之机关，实握全国财政之枢纽。初设时，部内组织设置甚简，其后屡有增删。② 设立审计院，掌理全国会计监督事务。另设特种财政机构，诸如盐务署、盐务稽核所、全国烟酒公卖局、全国烟酒事务署、国税厅总筹备处、印花税处、造币厂、采金局、中国银行、交通银行等。③ 这些机构与清季中央财政机构相比，大致是延续居多，革新较少。有些机构，诸如审计院之类，实际上，自宣统元年前后，朝野即筹议设立会计检查院，度支部对此亦相当积极。民初中央设立此类机构，当然属于延续前议，顺理成章。清季各省督抚掌握本省财政实权，民初各省都督亦然。从章程条文上看，中央的财政部掌管全国各部、各省的财政实权，而揆其实际，各省财政常操之于督军、省长之手，"其名虽归财政部之监督，仅具文耳"，"我国财政部原亦参酌各国制度而定，惟积时既久，流弊渐多，非仅权归下移，而骈枝机关日益增多，渐失当初立法之精意耳！"④ 这一点，在40年代后期的财政史研究中，得到一定程度的确认。彭雨新即断言："民国改元以后之国省财政错综关系，正与此段历史为一贯之延续。"⑤ 这里的"此段历史"即指清季时段。

---

① 转见刘志伟、陈春声《天留迁腐遗方大，路失因循复倘艰》，梁方仲著《中国社会经济史论》，中华书局2008年版，第29页。
② 钱实甫：《北洋政府时期的政治制度》上册，中华书局1984年版，第88—110页。
③ 同上书，第181—188页。
④ 贾士毅：《民国财政史》第1编"概论"，第239页。
⑤ 彭雨新：《清末中央与各省财政关系》，收入李定一、包遵彭、吴相湘编纂《中国近代史论丛》第2辑第5册，正中书局1973年版，第3页。

民初肇元，各省仿照清季度支公所模式，在都督府首先设立财政司，直接隶属于都督之下。中央疑其把持财政，难以直辖中央，遂于二年春设立国税厅，统辖于财政部，凡属国税事务，均归节制，财政司仅管地方收支事务。自前项国税厅设立后，各省始有精密之册报，财政部也才能侦知各省财政实情。中央鉴于各省财政收支业务日渐广泛，民国三年秋，始在各省设立财政厅，将国税厅和财政司事务合二为一，分科办事，直接隶属于财政部。与清季度支公所相比，民初各省新设的财政厅中，科室设置相对合理，剔除了非财政性事务的科室设置，较之前清时期的不伦不类，亦属历史的进步。当然，国税厅与财政司合并之后，赋税征收仍旧缺少界限，因而，国家财政与地方财政之界限愈益模糊。①

再次，民初预算制度承续和发展了清季的基本规则。

民初大局甫定，财政部着手编制各月临时预算，继则编订上半年预算，预算内容仅限于在京各衙门，名曰"中华民国二年一月预算册"②。是年十二月，财政部通电各省，赶紧编订二年预算册（二年七月一日至次年六月三十日）。此后历次编制预算均据此次预算而来，但不管哪次预算编制，其共有之困难均是入不敷出，收支相差悬殊。这种现象与清季预算编制相同。

就财政部的解释来看，其预算编制面临的困难也与清季度支部面临的困难几乎相同。中央财政部门面对各省浮夸支出、压缩收入的呈报做法颇感棘手。面对预算编制困境，财政部只好决定援照1911年度支部编制次年预算时的岁入数字，酌量增加各省的岁入，它解释说："现在国税尚未直接归部，消息盈虚无从洞悉，只能由部比照宣四预算岁入之数，将各省短报各款酌量增加，虽不敢谓为确当，然亦不致大差。"③ 在编制民国四年预算时，财政部制定了编制预算的基本方法，其中规定，各省岁入数字，不得少于宣统三年预算岁入数字，"各项岁入，上年迭奉大总统令，饬切实整顿，自已日有起色。

---

① 贾士毅：《民国财政史》第1编"概论"，第257—263页。
② 刘秉麟：《现代中国财政史》，国立武汉大学1934年铅印本，第3页。
③ 贾士毅：《民国财政史》第5编"会计"，第14页。

应即按照筹增之数列入预算,即以三年度岁入预算为比较。惟四年度岁入预算,应以前清宣统三年预算为标准,不得再有短绌"①。这几次预算编制,依然仿照清季预算编制的做法,分为常年预算和临时预算,并且建立了预备金制度。因各省预算出入不敷较大,财政部制定了维持预算的暂行办法,其主旨依然仿照清季度支部奏定的维持预算办法,②将直省各行其是、随意浮冒支出列为预算失效的主要肇因。

当然,民初数年间财政部举办预算,是在一个相对动荡的环境中,内阁总理数次更迭,财政部长也屡有更换,更困难的是局部战争时有发生。这种时政环境对于本来就捉襟见肘的国内财政更属雪上加霜。制度因革也因此颇受牵制。

最后,民初财政机构人脉相当程度上承继了清季中央和各省财政机构的基盘。

民初财政部和各省财政机构的人脉有十分明显的继承性。曾在前清担任财政专官的杨寿枏称:"民国以来,居财政要职者,半为财政处旧僚也。"③这一说法恰好从人脉角度道出清末与民初在财政机构存在着接续承继的关系。据初步核查统计,民国初年,任职财政部的官员中,与清季度支部清理财政处或各省布政使有直接承继关系的有如下数人:④

熊希龄:民国财政部总长,曾担任清季东三省财政正监理官;
周学熙:民国财政部总长,曾担任清季清理财政处帮办;
陈锦涛:民国财政部总长,曾担任清季清理财政处帮办,度支副大臣;
李思浩:民国财政部总长,曾担任清季清理财政处湘鄂科坐办;
章宗元:民国财政部次长,曾担任清季清理财政处总办;
杨寿枏:民国财政部次长,曾担任清季清理财政处总办;

---

① 贾士毅:《民国财政史》第5编"会计",第20—21页。
② 《度支部奏维持预算实行办法折》,《政治官报》第1184号,宣统三年一月二十日,第15—16页。贾士毅:《民国财政史》第5编,第18页。
③ 庄练:《中国近代史上的关键人物》下册,中华书局1988年版,第307页。
④ 度支部清理财政处编:《度支部清理财政处同官录》,第1—30页;刘寿林等编:《民国职官年表》,中华书局1995年版,第26—28页;钱实甫编:《清代职官年表》第3册,第1968—1970页。

刘泽熙：民国财政部参事，曾担任清季清理财政处帮办；

曹葆珣：民国财政部赋税司司长，曾担任清季清理财政处帮办；

李景铭：民国财政部赋税司司长，曾担任清季清理财政处总务科坐办；

曲卓新：民国财政部会计司司长，曾担任清季清理财政处总务科科员；

陈威：民国财政部会计司司长、泉币司司长、公债司司长，曾担清季清理财政处闽浙科坐办；

胡湘林：民国财政部会计司司长，曾担任清季广东布政使；

钱应清：民国财政部库藏司司长，曾担任清季浙江财政副监理官。

袁世凯继任总统后，刻意谋求财政统一，对于各省财政官员的人选相当重视。时为总统府财政会重要成员的杨寿枏向袁建议说："二十一省之财政厅长，皆选有名望之人充之，与将军省长可以抗衡行使职权，则财政自集权于中央矣。"袁世凯后来称："吾对于各省用人，军政外，注重财政所用人材，财政厅为第一等，盐运使为第二等，关监督为第三等。"① 袁氏系清季权倾朝野的重臣，各省财政臣僚大部为其所熟悉，民初省级财政官员的选任，直接受到袁氏的牵制。职是之故，民初省级财政官员的人脉也与清季财政臣僚有至密切的联系。人脉承继的结果，各省财政运作即有习惯、风格上的连续性，清季延续下来的制度性因子也就顺其自然地移植到民初。共和与专制虽然两重天下，然而制度与传统毕竟脉息相沿，历史发展的延续性并未被国体丕变彻底斩断。

---

① 杨寿枏：《苓泉居士自订年谱》，第38—39页。

清末禁烟谕旨起因论

　　清末禁烟谕旨此专指 1906 年 9 月 20 日清廷所分布的严禁鸦片的上谕。中外学术界对其历史成因和重要意义均作过探讨。本文对该上谕发布的直接起因的讨论，在尊重前人研究的基础上，着重就几个语焉不详或判断有误的关键问题进行了梳理和分析：一是唐绍仪对 9 月 20 日禁烟上谕发布的影响和作用问题应作如何评价。该问题的提出缘于西方学者多肯定唐氏对上谕制定的直接影响。本文则从唐绍仪 1905 年年初赴印度谈判至 1906 年 9 月 20 日上谕发布前的主要外交活动问题入手，考证此间鸦片政策的变动情况，进而认定唐绍仪与禁烟上谕的制定和发布并无直接的关联。二是汪大燮 6 月初禁烟奏折问题的讨论。论者多肯定汪折对上谕发布的直接影响，但在英国政府并未就改变对华鸦片政策向中国主动作出保证的前提下，清廷却"单方面"做出了禁烟的决定，就以往历史来说，这是一种反常的举动。清廷对国内媒介关于英国议会禁烟的信息与对汪大燮传递的禁烟信息做了不同的处理，本文据时人函札材料等旁证了汪氏兄弟（汪康年和汪大燮）与对禁烟决策起决定性影响的军机大臣兼外务部尚书瞿鸿禨的非常交往关系，并试图推测这种非常交往关系对枢廷接纳汪折所起的关键作用。三是讨论美国传教士杜布斯等人的联名请求对禁烟上谕的影响问题。过往论者多主张杜布斯等人的上书直接对禁政决策产生影响。本文据当时媒介的有关报道以及清外务部的有关答复，对学术界流行的这种判断作了否定的考证，从而认定杜布斯等人的联合上书并未对禁烟上谕的制定产生直接影响。

　　清末之鸦片禁政是一个与新政改革相因应的重要问题，禁政所涉及之诸问题多与时局变迁以至中外关系的流变甚且相关，尤其是 1906 年

9月20日枢垣上层进行禁烟决策并发布禁政谕旨的导因问题,与内政、外交均有兼涉,更具典型。上推近贤,下迄今人,承学之士于此多有精当著述。毋庸讳言,狭境之论学,对故实认定和考证均不应含混,但既存中外著述中,就禁政谕旨的缘起与导因的判断而言,许多关键环节的讨论宜有疑问,揆诸史料,咫尺之间的物事犹易传讹,含混记述与误作判断之处在在皆有,恐不足征信。本文仅就1906年9月禁烟谕旨的直接起因问题试作梳理,欲求尽量还原历史之真相。

　　1906年9月之前,鸦片禁政活动即已推展多次,但终因未具规模,或虎头蛇尾而未见成正果。究其原因,除了英国鸦片政策的负面制约以外,财税饷项上的过分依赖是一个主导性因素,各地新政事项之叠加推行,更强调了对鸦片税厘难以舍离的粘连状态。从中央到地方,或明或暗地贯彻"寓禁于征"的所谓禁烟政策,于恩德在其《中国禁烟法令变迁史》中仔细考察了当时的禁烟法令和各地的实践,据此认为,鸦片为害甚巨的主要原因在于鸦片弛禁与抽税政策。洋药、土药重抽税厘,开始尚有寓禁于征的本来意味,但其后则变本加厉,直以鸦片作摇钱树,禁烟初衷早已抛诸脑后,为了最大限度地聚敛财富,从而别立种种税名,滥抽民财。① 即便是在清廷作出禁绝鸦片政策的前夕,1905年户部在有关奏折中虽下决心禁止鸦片,但种因相陈,此折主旨仍对有利可图的鸦片税源恋恋不舍,其禁烟方针的大意是,欲禁洋药,当先自禁土药,请求采熬膏由官专卖,以达到减少土药数量的目的。根据筹划,专卖局在此交易中,凡土药售银一两,局中提取二钱二分,以二钱解司库,以二分充局用。所谓"寓禁于征"的真实意图从其奏疏中可窥见一斑:

> 　　国家既得此大宗款项,举新政偿债金。数年之后大局渐定,用款渐少。于斯时也,分年酌减种地亩数,设熬膏局,以握准吸准买之权,不准商民干预。初并不收膏捐,但令吸食者先买票,彼少壮无瘾之人不准买。若无瘾而买票则与有瘾不买票者,同科以重罚。罚重而人不敢犯,故十年后内地无复吸烟之人,而洋

---

① 于恩德:《中国禁烟法令变迁史》,文海出版社1973年版,第108页。

药土药自然禁绝……与其求征税之方仍不旺，不如行禁烟之策，害可永除。况乎不言征，而税实征于无形之中，民之蒙其利者犹或视诸异时，国之收其利者不啻得之今日。①

递降而论，相似的言论在地方督抚和幕僚中屡见不鲜。西人所办的《时报》即对袁世凯酝酿中的鸦片专卖计划作了透露："北洋大臣已议定鸦片专卖之法，拟从英国购买制造鸦片绝大机器，其价额百四十万元，计此等机力，每日能造鸦片烟三万斤，按目下计划实行专卖法，则每年可得一亿元，此亦国家之一大利源也。"② 至禁烟上谕发布的前一个月，郑孝胥犹向端方进言鸦片专卖之策，"余为午桥言制械之急，可议官包进口洋药，而加抽土药税，既为禁吸烟之预备，十年之内，所得足资制械之用矣。申言其理致，举座皆然之"③。鼎革之际，近贤吁请变革时局，新政之见灿然具陈，而举百端大政无不需资，晚清的工商发展滞缓，鸦片重税征禁之思路种因悠久，故导致新政经费罗掘的方法也易涉雷同，鸦片问题遂呈禁与不禁的吊诡之态。

1906 年为朝廷推行新政改革的关键年代，百废待举，需款孔殷，作为朝廷财政中枢的户部与各省的财政机构均被各种新政要项所困扰，腾挪挹注，捉襟见肘。恰在此时朝廷作出了反鸦片问题的重大决策，显然已将禁烟运动纳入新政改革的框架之内，它意味着枢廷上层

---

① 这份奏折为文周纳，颇费安排，开始部分反鸦片的意味极浓烈，"窃自洋药之毒已深，土药之禁已弛，始图抵制，终至泛滥。内而年增数千万无形之惰废，外而年铄数千百万立罄之膏脂，国计民生两受其害。故中西智士谓中国欲为自强计，为致富计，均非禁烟不可"，"与其求征税之方仍不旺，不如行禁烟之策，害可永除"；奏折中有一句话当为关键，即"一禁则百难毕集"，可供选择的方案自为推行"寓禁于征"，不过折中已改为"官膏专卖"。参见《户部奏洋药土药害人耗财拟严定分年禁法划一办法折》，《东方杂志》第 2 年第 2 期，"内务"。

② 《时报》1906 年 3 月 21 日。国内的媒介比《时报》更早地关注到此一问题，但在报道时，碍于时流，不得不作了巧妙的处理："据西report云：某省因创办洋药专卖事宜，已由英国定造烧膏机器一具，价值更计四十万元。闻此种机器每日可出烟膏三十万斤。"参见《实行洋药专卖之先声》，《大公报》1906 年 3 月 18 日。

③ 劳祖德整理：《郑孝胥日记》第 2 册，中华书局 1993 年版，第 1051 页。1909 年 2 月的上海万国禁烟会上，郑孝胥为中国首席会议代表端方拟定的演说词，又将鸦片专卖问题视为会议讨论的主要议题，"然禁烟而不专卖，则人数无可调查，即政令权力无可设施"。参见《中国代表端午帅演说词》，《申报》1909 年 2 月 2 日。

已下决心逐步地放弃鸦片税厘这一不可或缺的财政支柱。无论从朝廷的鸦片政策史角度，抑或是晚清的财政史方面，这个谕令的宣布均可视作重大的政策性的转轨——以至于英国驻华公使朱尔典备感吃惊，认为这无异于"自杀"政策。①

"鸦片问题"是中英之间在近代国际贸易问题上的产物，一端是拼力抵制鸦片的中国，另一端则是策划、支持和纵容对华鸦片贸易的英国，作为全球贸易的主要媒介，鸦片对英属印度和英国本土具有战略性和全局性意义，② 他们历来曲意维护这一贸易，两次鸦片战争、

---

① 《申报》1906年9月23日报道了朝廷于20日发布的禁烟上谕："自鸦片烟弛禁以来，流毒几遍中国，吸食之人废时、失业、病身、败家。数十年来日形贫弱，实由于此，言之可为痛恨。今朝廷锐意图强，亟应申儆国人咸知振拔，俾祛沈（沉）痼而导康和，著定限十年以内将洋土药之害一律割除净尽。"该上谕发布10天以后，驻华英使朱尔典以惊讶的心态评价该政策变化，"数年以来，中政府方欲搜此（指鸦片税饷）以归中央，盖或为朝廷所用，或为地方要需（如修浚上海浦江之类），或还各省所举之债。现今中国国帑即已如此，一旦实行禁烟，必至财力不济，较之印度政府之弃其饷源 实有过之。况山、陕、川、滇四省，固以盛植罂粟为农业，一旦禁之，有不异常掣肘也！"参见《驻华英使朱尔典致英外部大臣葛雷公文》，《外交报》第223期，1908年10月9日，该文1906年9月30日发自北京。

② 关于鸦片的重要地位，有学者作了这样的描述：英国人在中国发现了吸鸦片的陋习，马上在印度大量种植，以印度鸦片换取中国茶叶和白银，茶叶运至北美售得高价。19世纪英国人搞工业革命，开出汇票到已独立的美国买棉花，美国人则凭借英国汇票到中国买茶叶，中国人然后以汇票购食鸦片，不够则以白银补足；英国人以中国白银买到生丝，用不完的白银则又运回印度铸造银币，丝茶运回欧洲发大财。这是澳洲学者黄宇和先生描述的英国鸦片的"妙用"。参见澳大利亚悉尼大学黄宇和教授未刊稿《全球一体化旋风中的近代中国：从叶名琛档案谈起》。在英国鸦片政策改革之前，单就对印度饷源而论，鸦片的"妙用"仍不逊色，根据1906年10月29日英国《斯丹达报》对鸦片与印度财政关系所供资料，举证如下表：

1899—1906年印土出口与印度所得饷额　　　　价值单位：英镑

年代	1899	1900	1901	1902	1903	1904	1905	1906
出口	4750674	5649143	6303624	5681990	5344623	6980110	7082295	6314511
饷额	2220308	2670589	3312663	3240068	2846869	3506178	4050999	3590600

资料来源：《论中国禁烟》，《外交报》第167期，1907年1月18日。

职是之因，印度总督额尔金伯爵才声称："英政府果为此举（令印度减种、减运鸦片——引者），是实侵犯个人之自由，舍弃浩大之军饷，而使谋利者不满于英廷，且印度之属英者，虽得禁止，印人之私有土地亦何不可私自营运耶？"（《论中国禁烟》，《外交报》第167期，1907年1月18日）

鸦片经济的膨胀等皆起因于此，朝廷过去推行的鸦片禁绝和弛禁政策的交替轮回，主要的原因也在于此。据此可以判断，1906年9月朝廷决定推行禁政的直接导因，除了国内吁求改革的道德、舆论压力之外，另一端的英国鸦片政策的调整当属要因。在这一基本的逻辑判断上，中外鸦片史专家没有太多分歧。但在具体还原历史真相的过程中，西方史学界与国内学者的观点却大相径庭。

问题出在对9月20日禁烟上谕的直接导因所作的判断上，中外著述均持不同的看法。限于时境变换，史料之歧义甚多，不易理解。但厘清该问题，意义不可低估，实不容弃置，因其既关涉内政，又旁及外交，可谓一形而具数观。此一问题的讨论，在国内外有关鸦片问题的研究，甚至是中外交涉史问题的撰述中均不可绕过，但既存的著述中，故实认定不清，特别是许多关键环节的判断宜有疑问，似有重加厘定之必要。

约略而论，对影响9月20日禁烟上谕直接有关的重大因素，过往研究者见仁见智，各自认定不同的根因。首先，西方学者多强调晚清外交重臣唐绍仪在向慈禧转述英国鸦片政策变化中，对朝廷鸦片方针的更新起了决定性影响，且将这种行为的时间提前到1905年后期。① 其次，认定1906年5月末英国议会变更对华鸦片政策，从而导致了英政府对华发出了积极的改变以往鸦片政策的照会，且对此大加渲染，认为枢垣上层的决策赖其影响极大。② 几乎大部分鸦片问题著

---

① [美]托马斯·D.莱因斯：《改革、民族主义与国际主义：1900—1908年中国的禁烟运动与英美的影响》，该文载《近代亚洲研究》(*Modern Asian Studies*)1991年第25期。此结论依据之史料有四：《近代中国史事日志》下册，第1238页；唐绍仪《在英国禁烟委员会上的演说》（1909年2月12日，伦敦），载《中国之友》第26号，1909年4月；《中国（第1号）1908年》，英外交部《有关西藏的进一步报道（第3号）》；玛格丽特·利姆《英国与印中鸦片贸易的终结（1905—1913）》，未刊博士论文，伦敦大学，1969年。岑学吕编《三水梁燕孙（士诒）先生年谱》(《文海出版社1972年版》)在记叙1905年9月以后，谱主与唐绍仪的有关活动时，也多强调唐氏对朝廷决策的影响，见该书第56—57页。

② [美]马丁·布思：《鸦片史》，任华梨译，海南出版社1999年版，第179页。文中认为："1906年，在英国声明的促进下，中国皇帝宣布了一个律令，要求禁止吸食鸦片并关闭所有的烟馆。"民国时期的禁烟名士罗运炎在其《中国烟禁问题》(大明图书公司1934年版)也持此观点；蒋秋明、朱庆葆《中国禁毒历程》引述罗运炎的材料同样坚持认为，英国政府在议会辩论之后立即给中国一个照会，影响中国的禁烟决策。

作均提到美国传教士杜布斯等人的联合上书对朝廷禁烟决策的决定性或直接性影响，尽管各种表述的方式有差别。① 部分学者肯定了清廷驻英国公使汪大燮上达政府奏折的直接影响，但对该奏折背后枢臣的决策等问题未加厘清，仅转述近人刘彦所著《中国近时外交史》中的断语"军机大臣瞿鸿机以汪（大燮）驻伦敦，主张禁烟必有把握，遂议决"作为交代，含混表述尤加明显。平心而论，以往之研究著述，已大体勾画了禁政决策前后的历史脉络，这是拙文立论的基础。惟重要故实之认定与辨误确为必要，这是拙作解决的重点，故将以往研究中涉及的三项关键因素列出，以备讨论：

1. 唐绍仪对9月20日禁烟上谕发布的作用应如何认定；
2. 汪大燮6月初奏折问题的讨论；
3. 美国传教士杜布斯等1333人的联名请求是否对禁烟上谕产生影响？

三项因素之选择，均为关键性问题，其不但对1906年9月禁烟上谕的根因有恰切之正解，且兼涉当时之内政与外交，据此亦可窥见时流对鸦片问题的观念和处理方式，兹循序考证如下。

一 唐绍仪作用的认定

如前所论，单独认定唐绍仪对清廷禁烟决策产生直接影响的学者主要来自西方国家。1991年美国学者托马斯·D. 莱因斯在《近代亚洲研究》（*Modern Asian Studies*）第25期上发表《改革、民族主义与国际主义：1900—1908年中国的禁烟运动与英美的影响》一文，其中有如下断语："清廷禁绝鸦片的决定显然是1905年9月以后才作出的，而且以唐绍仪的报告和请求为依据。1905年，唐绍仪在印度调查荣赫鹏西藏探险队的影响时，了解到英国可能同意停止其对华鸦片贸易。1905年9月16日，唐绍仪从加尔各答回国，向慈禧报告了英国对半个世纪以来的旧鸦片政策的惊人改变。但他同时指出，英国这

---

① 这一点，在禁烟政策史和基督教传教士等问题的著述中尤为明显，于恩德所撰《中国禁烟法令变迁史》更具代表性。

个政策的转变将以中国停止种植和吸食鸦片的证据为前提。"① 毋庸讳言,该结论基本上是清末英国驻华公使朱尔典看法的翻版,② 相对于禁烟上谕的发布,朱尔典来华任职的时间较为短促,且一直与外务部侍郎唐绍仪交往,关系自然密切,③ 其他影响因素的消长互动为其忽略实属自然,仅在这一点上朱尔典的看法也不无偏至。

唐绍仪在 1905 年后关注鸦片问题,实与梁士诒有关。1904 年 10 月清政府组成以唐绍仪为首的处理西藏问题的谈判班底,其中即有翰林院编修梁士诒。12 月梁士诒赴印度途经广东三水冈头乡里省视亲人,其弟梁士欣嘱其"今赴印度,想在印地有长时间耽搁。夫印度之为患我国者,厥为鸦片烟,望我兄驱除之,以救国人,此不世功业也"④。在印度谈判间隙,梁士诒"日感于五弟士欣临别赠言",犹急谋驱绝鸦片之计,在唐绍仪的支持下,梁氏派人调查与鸦片有关的一切信息,"凡种烟地点、时期、割胶、制土、税则等,皆作成详细报告","先生既明内容,乃计划交涉,筹拟种种方略,以备回国后施行",在返回国内途中及其以后一段时间,梁氏即与唐绍仪磋商,唐担心两点:一为对英交涉之难,一为枢臣之阻挠。梁即申论:

> 第一点,英国以印度烟土祸害中国,不惜在广州开战;此皆怡和、太古(Butterfield & Swire)两洋行之中外人助成之,为英国政治上留永久污点。英国有识之士至今犹以为耻。然印度政府每年收入烟税不过四千万卢比。倘中英合议,能筹出一笔款项,

---

① 译文见中国社会科学院近代史研究所《国外中国近代史研究》第 25 辑。这是托马斯·D. 莱因斯博士论文《1900—1937 年中国与国际的鸦片政策:改革、税收和不平等条约的影响》(未刊,克莱尔蒙特研究院,1981 年)中的一部分。

② 1906 年 9 月 20 日清廷发布禁烟上谕,10 天之后朱尔典就上谕问题向英国外务大臣葛雷作了第二次汇报,认定"此次宣播谕旨,实为唐侍郎绍仪所提议,唐在印度得闻鸦片详情,彼与印度财政员柏嘉及印度政府各员……印度部大臣马黎,近在下议院演说,足见其有意于此,意谓华人既求助于英,亟欲禁烟,而愿停运印度洋药也"。参见《驻华英使朱尔典致英外部大臣葛雷公文》(1906 年 9 月 30 日自北京发,11 月 17 日到),《外交报》第 223 期,1908 年 10 月 9 日。

③ 赵淑雍《人往风微录》中认为:"(唐绍仪)复去高丽,随袁世凯主持交涉,因与英使朱尔典为莫逆交。"参见《古今》半月刊第 19 期,1943 年 3 月出版。

④ 岑学吕:《三水梁燕孙(士诒)先生年谱》(上)(以下称《年谱》),第 46 页。

以抵此款，外交上当无问题。至第二点，枢臣之是否赞助，不过因疆吏所管关税之收入，主张慎重。查自烟台修约后，印度烟土每六百颗为一箱，每箱征税银一百一十两。为数亦属有限。只需有力者提倡而坚持耳。①

唐绍仪一时无法决断，即将希望寄予袁世凯，②回国以后游说于袁，袁即表示："事故应为，但恐朝贵以为得罪外人，不肯为耳。今仗子三寸不烂之舌，先从外交上着手，予当与燕孙商定，分函各朝贵，力促成之。"③在袁授意下，梁士诒"四处运动，事机渐熟"。在国内筹划期间，由于朝中百事乖弛，度支窘困，梁氏原来的思路在与枢臣结纳运动中随世俱变，原来"中英合议，筹出一笔款项，以抵此款"的计划渐为"鸦片官方专卖"计划所替代。按鸦片专卖的构想实导源于1901年"江楚会奏变法三折"，其第三折"采用西法十一条"中即主鸦片官局专卖。这一专卖计划在提出以后几年并未实行，④却以唐绍仪赴印度谈判为契机，大张旗鼓地推展开来，尤以1906年1月份以袁世凯领衔，各省总督联名电请外务部，要求与英谈判，以扫除鸦片专卖的外部障碍这一事情为标志，这是当时坚拒鸦片的梁士诒折冲樽俎、"四处运动"的唯一结果，其背后的政策底蕴已暗暗改观，《大公报》和《万国公报》的报道即判然有别。《大公报》1906年2月1日在"中英议商烟土办法"的标题下作了如下

---

① 岑学吕：《年谱》，第56页。
② 长期以来唐与袁的关系至为密切，关于两者之结纳情况，夏敬观研究后认为，"绍仪初游朝鲜，值袁世凯充商务督办兼理交涉事宜，一见契合"，"绍仪留美久，特娴习国际情势，赖袁世凯援引，一跃而位登卿贰，私恩最深"。参见夏敬观《唐绍仪传》，《国史馆馆刊》第1卷第2号，1948年3月出版；李恩涵先生也持同样的观点，参见李恩涵《唐绍仪与晚清外交》，"中研院"近代史研究所《近代史研究所集刊》1973年第4期。
③ 岑学吕：《年谱》，第56页。
④ 刘坤一、张之洞：《江楚会奏变法三折》，沈云龙主编《近代中国史料辑刊续编》第471号，第175—181页。尽管1902年7月，法国和德国商人提出"请不论洋药、土药，概由商人熬膏发卖，获利均分"的诱人计划，且"谓每年中国可得两千余万，足敷赔款"，但张之洞以"虑其深入腹地扰民滋事"为由，未加允准；在此期间，日本驻上海总领事小田切万寿之助亦建言张之洞"官熬烟膏，可筹巨饷"，张同样未作首肯。可见，"官局烟膏专卖"自"江楚会奏"之后，中外朝野人士均甚看重，但亦仅限于思想和言论层次，并无见诸行动。参见许同莘编《张文襄公年谱》，商务印书馆1946年版，第156页。

报道：

> 闻各省总督联名电请外务部，拟于中国各省举办洋药专卖权，请即与英使开议，一面渐渐减少印度烟土进口之数目，一面限止本国种烟，仿日人在台湾举行之法，务使中国人吸烟之害于三十年内断绝。英国与中国睦谊既深，谅亦乐助中国以扫除此弊也。

《万国公报》的报道较晚一些，但与《大公报》的门径不尽一致，1906年4月（第207册），该刊以"论鸦片为中国之大害"为论说标题，对该行动作了说明并作了切中肯綮的评论：

> 近闻北洋大臣袁慰帅联名呈请外务部，拟商诸英国，减少由印度进口鸦片。英国公使答以俟中国确有禁烟之凭证，如各处自种之土实已减少，则英国政府必可照办云云。可见外人疑中国之行此新章者（指鸦片专卖计划——引者），乃贸利之主义，非禁烟之主义也……今英国公使之为此言，正中国禁烟之绝大机会，此次之宗旨果出于利己之心与？抑出于爱民之心与？诚万国所同注目者也。

河山依然，门巷如故，鸦片专卖之策依然风行于枢廷上层，户部、商部、直隶、广东、江苏等中央、地方大员陆续筹谋鸦片专卖事宜，从而导致英国公使、各地领事与中方的外交纠纷，抗议照会往来不绝，迭见报端。[①] 至于唐绍仪的作用问题，在1906年12月之

---

① 此类纠纷和英国的抗议主要见诸各种媒介的报道，例如：《（户部）奏请开办官膏》，《大公报》1906年1月5日；《中英参酌洋药专卖章程》，《大公报》1906年3月15日；《实行洋药专卖之先声》，《大公报》1906年3月18日；《某国干预膏捐之纠葛》，《大公报》1906年3月19日；《电覆岑督膏牌费事》《（商部）咨查各省鸦片》，《大公报》1906年3月27日；《商务汇志》、《外务部覆江督言鸦片专卖事》，《外交报》第136期，光绪三十二年3月25日等。时至1906年11月，《泰晤士报》仍对中国的鸦片专卖事宜耿耿于怀，参见《西报对于中国禁烟之评论》，《申报》1906年11月25日。

前主要是主持和参与了几项重要的外事谈判,① 并大获声誉,令政界侧目。梁氏在"四处运动"中,或许沾染唐之鼎助,但恃外交襄助其后,从而解除枢廷禁政的困境,对唐氏来说则未见其功。他介入鸦片问题的正式谈判,应该不早于1906年10月。媒介报道即为旁证,《申报》对唐绍仪的行踪就有所关注,其1906年12月25日的报道称:

> 署外部侍郎唐绍仪赴营口新民厅,与日本官员商议铁路各事,已于本月十二号回京。不日将与英使开议减少印度鸦片进口,以及限制各省种植土药之法。②

台湾李恩涵先生在研究了唐绍仪与晚清外交问题后,也得出了类似的结论。③ 据如上考证可以认定,1905年9月16日自印度回国后,至1906年9月20日禁烟上谕发布,唐绍仪对上谕的影响并非决定性和直接的,而近两个月以后,会议政务处拟定的禁烟章程则是唐氏直接参与和影响的结果,此后的对英鸦片问题谈判也赖其力

---

① 唐绍仪署外务部侍郎(1905年11月16日)之后,毕力从事的外交谈判主要有:参与中日东三省善后会议谈判,约至12月29日前后;与俄使璞科第谈判东北善后问题,1906年1月23日开始,约至1907年8月;同时与英使萨道义谈判西藏问题,1906年四月初四日签约画押;2月25日至6月20日与法使谈判南昌教案问题;另外,光绪三十一年冬与英使朱尔典、濮兰德议沪宁路管理权问题,至1907年3月时仍无具体协议;光绪三十二年7—9月与中英公司谈判广九铁路借款合同。如上谈判事项,见李恩涵《唐绍仪与晚清外交》。这些谈判,诚使其获誉非少,出使英国的汪大燮即至为佩服,"唐少川实当今外交最高等之人,有心思,有手段,不多见也"。参见上海图书馆编《汪康年师友书札》,上海古籍出版社1986年版,第842页。另据近人刘彦在其《中国近时外交史》中认为,袁世凯以增大中央财源为主义,致使中英鸦片问题谈判失败。此为一说,史料不足,存疑。

② 《申报》1906年11月18日在《美教士入都提倡禁烟善举》一文中,隐约也提到此事:"外部侍郎唐绍仪拟派人赴各省普劝众人戒烟,并云,以后数年中国办理禁烟一事亟须有人设法相助也。"

③ 李恩涵认为,"同年(指1906年——引者)九月十一日(11.7)唐氏虽然转任为邮传部左侍郎,主管铁路与邮政等事,但仍兼署外务部右侍郎及会办税务大臣;并实际主持清廷禁绝鸦片流毒的计划","同时期内唐绍仪也极力敦促政府采取有效地禁绝鸦片流毒的措施。光绪卅二年十月十五日(1906年11月30日),上谕颁布唐氏草拟的禁烟章程十条,定期十年完成禁烟;先一日,外务部并以节略递交英使,请其合作。此后唐氏又奉命全权办理此事"。参见李恩涵《唐绍仪与晚清外交》,第82、103—104页。

甚大。

二 汪大燮六月初奏折的讨论

中外学术界对清末禁烟的原因均有所讨论，国内学者多强调汪大燮奏折的直接性影响，另有部分国内外学者则突出5月30日英议会辩论所导致的英国给中国发去的照会产生的影响，也有两种因素叠杂一处，含混表述者，未加厘清之判断在在皆有。作为一个关键性问题，实有加以重建、澄清的必要。恰好在禁烟上谕发布近一个月后，《申报》曾就上谕发布的原因专门作过报道：

> 朝廷前闻英国志士创议禁止鸦片烟，深嘉其用意之仁厚；驻英汪使亦有电奏，力陈英之舆论均以禁烟为请，英政府亦甚韪其议。我国宜乘此时机，下诏禁烟，使多年痼疾一旦捐除，实为切要之图等语，故而特降上谕，严禁鸦片烟，并以十年为限云。①

此处有几点宜抱疑问，首先是该报道未提到意味着鸦片政策松动的英国政府照会——此照会被后来者广为引用，以证明它对禁烟上谕产生了影响；其次，报道尽管突出了汪大燮奏折的作用，但汪折所论同样未对英国政府的态度作出明确的说明（该报道中"政府亦甚韪其议"一语，意思显然，但未必是指英政府已经改弦更张，缘议会之讨论结果与政府之政策更迭当有距离），考虑到这一外交难题尚未解决，而它对清廷决策又具有决定性影响，这篇报道恰恰未对此作出说明。解释这些疑问，不得不集中在对汪大燮奏折的理解和枢臣对它的处理这一关键性问题上。

对国内信息的来源而言，与5月30日英国下议院鸦片问题辩论有关的不仅仅是汪大燮奏折一个渠道，在汪折尚未到达国内以前，在

---

① 《纪奉谕限期禁烟原因》，《申报》1906年10月19日。按此文中"电奏"用语不确，汪折并未以电报形式传递，奏折拟具后仅凭国际邮政途径达于朝廷，历时月余。上海图书馆编的《汪康年师友书札》中，汪大燮对中英间信函传递所需时间屡屡提及。

中文媒介中，与枢廷保持密切联系的《外交报》于7月中旬就率先透露了这一信息：

> 闻四月初十日字林西报云：英议员条议请禁止鸦片贸易，议院深然其议。印度部大臣摩利谓：中国如能禁止吸烟，印度自当废止鸦片贸易，虽损一己之利在所不恤。记者窃谓此议今竟出自英议院，诚中国禁止吸烟之绝好机会也。①

此后，《外交报》仍围绕英国下议院的辩论刊发译论，且着加"按语"警示上层，"按：鸦片贸易，英人亦自知其非理，况印人亦以迫于政府严命而始植之乎。我国当局，正宜乘此时机，与之熟商禁烟之策也"，"按：英下议院此议，所关至大，我政府当事，其亦急起直追，善谋其后，以挽回国运于万一也"②。对这些信息，朝廷并未立即作出明确的反映，解释的原因似乎只有一个，即在此之前，朝廷对《外交报》的报道质量颇有微词，继而不加信任，并有收归官办的意图；此时的外务部尚因循乖弛，部员疲沓不振，汪大燮即说，"使署自近年久不译报寄部，部中亦从无人看。敝处近日译一二段自看之，无关本国者不译也"③，这可以算是解释枢廷未作反应的理由之一，且未必准确。在这期间，《泰晤士报》驻北京记者莫理循也关注到这一信息，并将其面告唐绍仪，但罔有回应。④ 这是我们理解枢

---

① 《论禁烟与外交之关系》，《外交报》第147期，1906年7月6日（光绪三十二年5月15日）。

② 征引按语见《论鸦片贸易》《记鸦片贸易问答》，《外交报》第152期，1906年8月24日。朝廷认为《外交报》报道的信息错误率较多，未可遽信，且准备收归官办，见《〈外交报〉拟归官办》，《大公报》1906年4月22日。

③ 上海图书馆编：《汪康年师友书札》（一）（下文称《书札》），上海古籍出版社1986年版，第861页。

④ 莫氏于1906年9月8日写信给瓦·姬乐尔，信中称："鸦片问题毫无进展。莫莱的令人赞叹的演讲和《泰晤士报》上的同样令人赞叹的社论，都已经由外务部一位姓杨的人译成了中文（我已经把它们拿给唐绍仪看了），现在已为中国人所熟知。但是中国人对于这一质问感到非常难办，他们目前无意限制他们的鸦片税收。"参见骆惠敏编《清末民初政情内幕》（上），知识出版社1986年版，第464页。

廷对汪大燮奏折处理的基本背景。

汪大燮拟折上奏的原因，论者多主英国下院鸦片问题的辩论为其机缘，此仅其一，犹不完整。揆诸汪与其弟汪穰卿的函札往返，汪使之意，在此之前的国外禁烟舆论和迹象对其触感亦极深。在具折之后，他曾言及此事，约略有两点：其一，有感于新加坡对鸦片问题的处理。新加坡是英属殖民地，华人居多，鸦片流毒极严重，但此间舆论却看好，尽管新加坡当局赖鸦片税收为饷源大宗，庆幸的是坡督有祛除鸦片意向，稍加外力影响，可能会收大效。汪使有鉴于此，曾致函中国驻新加坡领事，劝谕禁烟。如果付诸实行，清除流毒，振兴华人则是我方收益之一；另外，借此行动也可侦测英国政府的对华鸦片贸易政策的底线，其时英国下院尚未就鸦片问题辩论，政策走向终未明朗，英国国内舆论与政府所奉行政策间有距离，汪大燮预计此事可兼收两益。从实际情况看，该项谋划的实施确实振奋人心，汪氏在来函中说：

> 兄前嘱坡领劝人戒烟，孙铭仲请英坡督相助。盖坡埠所收土税亦不少故也。英督慨允，毫无异言。英医生且视为义务，不收钱而为之戒。今商人已集有成数为戒烟会之用，且已租定房一所，可望有效，亦可以卜英人之意见，决不因此要求也。①

此事足以证明，英国极力维护的鸦片利益非坚冰不可消融，其对汪氏之影响可知。中国的禁政较此复杂，因循守旧，虚应故事的积习和依赖毒品税厘的财政窘况远非新加坡可比，但朝廷推行新政，朝野风气稍有改观则是一大契机，具折上奏虽属冒险，但尚有部分把握。②

其二，英国国内禁烟迹象之促动。汪在折中论及英国人心目中的

---

① 上海图书馆编：《书札》，第 858—859 页。
② 1906 年 11 月前后，汪大燮即道出自己的担心："兄自上折请禁烟时，即筹至此不敢遽，恐有阻力也。万一办不到如此，则兄亦可告无罪于天下矣。"参见上海图书馆编《书札》，第 892—893 页。

华人形象，概略言之就是嗜烟、聚赌和妇女缠足，三种恶习最为显见而且被世人诟病，英国知识界中多人知之且多引以为憾，尤其嗜食鸦片积习的养成与英国政府有关，撇开商务和宗教利益不论，仅从道德、风俗层面，英人即愤慨有加，遂迁怒于其政府的浅薄政策。远溯鸦片战争之前，近迄20世纪初年，英国禁烟舆论和组织即绵延不绝。更使英人羞辱的是后起的日本和美国走在了他们的前面，日人有台湾禁烟，美国则有菲律宾禁烟，美国在1904年尚有联日促英禁烟的外交意向，此间媒体曾给予关注：

> 近日美国改正党特致函于日本公使，略云，方今日俄战事必有一日之议和，而议和时关系最大者即为中国之一大问题也。故本会之意，日本于此际当与美国同心，且合词以请于英国，禁止在中国贩售鸦片一事……所望今日有志竟成，径出而劝英国，此乃美人之公见，而亦即世界各文明国之公见。吾知为海约翰（时任美国国务卿——引者）者固无庸胆怯，以有亿万人在其后，而所与除去者，实又为英国最羞辱之一端，以合乎凡从基督教国之本意也。彼俄于满洲犹不准其人民吸烟，英国则行吸烟之法于中国本部，其为名誉何如？①

所以，英议会辩论鸦片问题之前，反鸦片言论日益兴起，且时时给驻英华使以道义上的压力，促其对朝廷施加压力，转过来又极力在媒介和议会中扩张影响。汪使日日为此所浸染，发回国内的信函中极有感触："至此间学界、议员中人，兄能鼓动之使我助，断无别项要求，至多不过请其一饭而已。缘本有多人为兄言，允相助也。"② 考虑到英国议会中两党对华政策的差异，汪使认为议会之新党（指自由党）于我有利，设若其政府更迭，不肯放弃鸦片利益，禁政之发动便孤掌难鸣，故应抓住此一机会，况我国前途始终与此问题相因应，

---

① 《中国除烟之希望》，《万国公报》第192册，1905年1月。按美国在此以后承当了发起东亚鸦片问题调查和上海万国禁烟会议的重任，"意外地"走在英国之前。
② 上海图书馆编：《书札》，第859页。

"此事为我国一线转机,其作用不仅在戒烟已也",此为确论。适逢 5 月 30 日英国议会辩论,禁与不禁,倾向明了,尽管英政府尚未付诸行动,但印度部大臣摩莱的表态却是政策转轨之信号,加之此间媒介推波助澜,故拟折上奏朝廷实属必然。

仔细研究汪大燮的内容,可以发现他所传递给枢廷的信息与光绪中期的禁烟奏折并无实质之不同,折中甚至连 5 月 30 日的议会辩论结果都未提及,英国政府的鸦片政策是否转变更未加明确之言语。而这些问题恰巧是军机处讨论制定禁烟政策所不可绕过的,以往的禁政皆因投鼠忌器,都未能彻底实行。1905 年中,唐绍仪的担心之一即此一外交难题,况且,1906 年 9 月禁烟上谕颁布之前,中英之间因鸦片专卖屡起龃龉,单方面制定禁烟政策谈何容易。事实上,汪大燮奏折的出现,仍有大吏表示怀疑,只有军机大臣兼署外务部尚书瞿鸿禨为砥柱,坚信汪折所言,瞿乃成为这项决策中的关键。因此,单由奏折本身入手难以解释全部原因。汪大燮在折子发走以后,对其建议是否能被采纳尚抱有疑虑,尽管他认为自己的计划完美无缺,"自谓章程颇详密,和平易办。如果肯行,必可办到,英亦必无他言。如不欲禁,但欲加税,反恐有要求也"①。汪此时的忧虑主要不在于英国之阻力,而是对朝廷内部百事乖驰,不尚进取之积习抱有担心,"惟我国向来局于小就,言大则骇听,为可虑耳"。基于此项考虑,汪在此后即给其弟汪穰卿和瞿鸿禨分别致函,着加解释,特别恳请汪穰卿在穆公左右阴相策应,襄助善化。②

谜结看来只有从瞿鸿禨与汪氏兄弟波谲云诡的结纳中得以解开。

---

① 上海图书馆编:《书札》,第 858 页。
② 汪于 6 月 25 日拟就两函,一通专致善化帅(汪称瞿师),函内语气,表面为与其弟言事,实则道与瞿鸿禨听,涉及英、法与日本关于威海卫、广州湾事、滇缅界务事、英人出游实为外交事、波斯立宪事和禁鸦片事等。前四事属信息上达,唯有第四事迫在眉睫,信中明言,"此折(指禁烟奏折——引者)七月内必到,请代求师主持";另一通虽同时拟就,却独立成篇,言及他事,但信首即道明其原委,"前信所以另纸者,备弟携往呈师阅看,既省多说,且更易明白,更易记得,亦可留下也"。参见上海图书馆编《书札》,第 858—859 页。

虽然瞿氏遗留的该段史料付诸阙如，难以两面为证，但汪氏兄弟往来密函，却大量地涉及他们与瞿氏的密切交往，视自己为瞿师之"切言扛帮"，瞿氏由汪大燮处获致了大量外交机密，汪也通过其弟向瞿密荐人才，评点枢臣，不遗余力，为瞿广为结纳，虚与委蛇。从1905年年底汪初使英国至1906年9月20日上谕发布之前，在致汪康年的信中，屡屡密商此类事项，汪大燮对瞿的私恩和评价也时时提及，略举数证：

1. 瞿师所荐之人，兄岂有不遵者，且瞿师必不荐无用之人，其人又在香帅幕中，更无疑义。前出京时，本欲与瞿师言，求弗放差，但彼时毫无影响。放差一事人且以为美谈，乌知必轮到我，是以嗫嚅未言，不意今竟及此，然彼时所虑者奥、义、比也。然与其来英，不若义、比多矣。惟奥则与此同，因奥之物价亦昂，而酬应亦大也。【按：此为汪初至英国，于1905年12月29日给其弟信中所言。其时朝廷的外交人员中，以英国为出使的首善之区，汪未加运动即获致此缺，殊感意外。】

2. 比见报章，欣悉善化师相荣擢，喜慰无似。当朝明白事体，胸中有为国之见存者，曾无几人。瞿、徐两枢不可谓一时之杰，居然联翩直上，时局尚有可望，不特私淑之虚慕已也。想师相渥承优眷，其胆气必加壮，吾弟在穆公之侧，能极力赞助为盼……兹有上师相一函，乞饬呈。此函请弟一阅，阅后封送，见师相时，但言未见信内所言所语，不必说明也。【按：私下臧否人物，连枢臣亦不放过是汪大燮与汪穰卿信函往返中的一个内容，但如此推重瞿，实属罕见；致瞿函，却有意途经汪穰卿，为其在左右建言瞿鸿禨构筑了空间】

3. 瞿师意新而行甚稳，实今政府必要之人，弟在左右，能尽力匡扶为妙，此非特我辈恩私之见也……尊言瞿无肩膀，无手段，诚然，吾辈仍不能不望之。比瞿明白而自好者，更无人也。

惟有切言扛帮之而已。否则奈何！① 【按：清末廷臣之间，风云际合，宗派营生，瞿在上层结好肃王、春煊，为慈圣侧目动奔，而与庆、袁为敌，中下层则援门生为营垒，广其结纳，上与下均桴鼓相应，汪氏兄弟、曾广铨等实为中介，"切言扛帮"何能卸责！】

汪大燮奏折到达军机处。② 枢廷大臣得以讨论。前述5月30日英国议会辩论之结果，6月1日即由上海的《字林西报》作了简短的英文报道，《外交报》先后以不同形式三次报道该消息，7月的《万国公报》也间接言及英国政府人员摩莱在议会上的表态，涉洋递呈的汪折由于也涉及同一问题，方使枢臣重视此折。但由于尚未得到英国的

---

① 二段引文均见上海图书馆编《书札》，第835—842、873页。刘禺生撰《世载堂杂忆》，曾述及瞿子玖开缺始末，要因即与汪康年有关。1907年，御史赵启霖奏参庆王及段芝贵献杨翠喜于振贝子各案。庆王恶名在外，对慈禧有碍，人皆以为瞿所报复。慈禧乃面谕瞿，要其在军机处多担责任。瞿闻命下，以为肃王将取代庆王，遂忘记谨慎，语及夫人。汪康年夫人、曾广铨夫人在瞿府斗牌，瞿夫人将庆王即将例霉之事言及汪、曾两夫人，汪康年与曾广铨分别从夫人处得知此信息，汪将其刊于自己在北京的小报；曾为《泰晤士报》访员，亦将此电告《泰晤士报》。汪之小报影响稍狭，曾广铨却为此惹下大祸。参见刘禺生《世载堂杂忆》，中华书局1960年版，第92页。据刘宗向《瞿鸿禨传》记叙，汪康年为瞿氏门人，假瞿之力，设《京报》抨弹时政。庆邸佯欲乞休，瞿因密奏载沣可继，而家人泻其语于康年，康年泻其语于《泰晤士报》访员，某公使妻入见孝钦询之，孝钦惊，遂怒瞿，故被参暗通报馆，授意言官，阴结外援，分布党羽。参见刘宗向《瞿鸿禨传》，载《辛亥人物碑传集》第13卷。此事表面虽夫人外交，然却足证瞿与汪之密切关系。另据朱启钤撰《姨母瞿傅太夫人行述》中说："就中文慎最为金邪所恶者，惟主持舆论一事。汪君康年之沪办《中外日报》也，远在庚子以前；汪君，文慎门下士之凤邀赏拔者也。不惟汪君，其时吴越两省名流以言论系时望者，类皆瞿弟子籍，有知遇感也。"此转见苏同炳《中国近代史上的关键人物（下）》，百花文艺出版社2000年版，第798页。

② 汪折到达的时间，论者多主阴历八月初三日到，大约是根据《德宗实录》关于1906年8月3日的记载。但汪大燮信中对奏折到达的时间却做了极有把握的估计，认为此折七月必到。此前信函往返的时间，他曾多次计算过，故有此肯定的估计。奏折到达当日即有上谕似乎也不可能。当时英中之间信函、文件往返的时间为30—45日（此据汪氏信函大量的记载所推算），汪折于六月初发出，最迟于七月下旬到达，距离上谕发布还有一段时间。这段时间里，汪使于六月二十五日写给瞿鸿禨和汪康年的两封信可以到达，瞿氏可以充分考虑汪氏兄弟的意见，然后对禁烟决策加以影响。由于档案阅读的限制，如上分析仅属推测。

正式照会,① 群臣多有疑虑,担心英国政府从中作梗阻挡,瞿鸿機本不谙熟外交及国际情势,② 但汪氏兄弟的言论非他人可比,对瞿来说,其可信度更高于他人,多种信源均与英国5月30日议会辩论结果有关,故可力释群疑,独当一面,故近人刘彦称:"军机大臣瞿鸿機以汪(大燮)驻伦敦,主张禁烟必有把握,议遂决。"③ 八月三日(9月20日)的禁烟上谕因而面世。

三 传教士杜布斯联合请愿书的影响讨论

1907年8月30日的《字林星期周刊》根据杜布斯事后的解释,作了一篇报道,文中援引杜布斯的话说:中国的禁烟法令可以说是1906年8月21日近1400位传教士向皇帝提交请愿书的复印副本;1910年《教会年鉴》对杜布斯此行作了肯定的记载。据此,民国时期于恩德在《中国禁烟法令变迁史》一文中确认其"与政府之禁烟

---

① 民国时期罗运炎著《中国烟禁问题》和马丁·布斯所著《鸦片史》,两书均认为英议会结束后,英外交部立即给中国发去照会,英国愿意与中国就鸦片问题谈判。后来研究者也据此引述。笔者查阅有关档案,仔细翻检当时主要的报纸报道,均未发现有如此照会,倒是有几则报道可旁证此事之有疑问。首先是《万国公报》在1906年7月(第210册)《鸦片毒之源流》一文中说:"英国善士则不愿久待,故于新议院集议时,特提此款(即要求政府禁烟——引者),不欲再留此遗憾。而政府则谓:必俟中国实有与人民除害之心,而后可允。"其次,《申报》于1906年12月25日的第3—4版,分别报道了两则禁烟消息,兹录如下:(1)英外部对于中国禁烟之评论初七日(即西历12月22日——引者)伦敦电云:英外部爱华德·格雷伯爵在下议院宣言,英国已通告中国,谓若有拟定鸦片进口及抽税之办法,则英国当表同情,预备商议;且自发照会后,已接到中国所拟之办法矣。译字林报。(2)西报访员报告京津禁烟情形西十二月北京访函云:日前驻京英公使朱尔典到外务部会晤庆亲王,告以中国如实欲在其境内禁止鸦片烟,则英政府愿助中国办理。政务处拟定之章程十条,已于两日前送交英公使,电达英政府矣。另外,据《申报》1907年4月17日对禁烟条约签字的报道称:"当庆邸未病之初,曾偕那、瞿两中堂往英公使府会议鸦片烟进口递年减数一节,当时英使朱尔典适接印督来文,于我国禁烟一事颇为反对,故英使未遽允诺,彼此往返磋商数次,渐有端倪,而庆邸旋已请病假,此事遂从缓办理矣。"查《英国蓝皮书·为中国禁烟事》所载外交函件,1906年10月17日发自伦敦的"英外部大臣致驻美英使达兰公文"也称:美要求英国协同调查远东鸦片事宜及禁运鸦片等事,"本大臣谓须商之于印度部,乃可答复"。参见《外交报》第223期,1908年10月9日。

② 李恩涵:《唐绍仪与晚清外交》,第84页。

③ 刘彦:《中国近时外交史》,第506页,此转引自陈志奇《中国近代外交史》(下),天南书局1993年版,第1160页。

谕旨甚有直接关系"，其后的绝大部分著述均沿袭此论。① 此事实看来亦大误，当时外务部对此事的处理情况可大体证明杜布斯联合请愿书并未影响9月20日禁烟上谕的制定和发布，缘其在时间上有误差，上谕发布在先，请愿书到京在后。此据有关报道试作梳理分析。

1906年8月19日杜布斯呈递两江总督衙门的联合请愿书的特征有二：一为签名者之众，计有1333人；二为理由申诉，情词恳切，约略内容如下：鸦片本为药品，用以疗病，无病之人食则受害，敬求严谕禁止，俾百姓去其数百年之痼病。教士等来远方，受尘贵国历有年所，凡有益于中国者，理当效野芹之责，故不揣冒昧，敬抒愚见，谨请代奏等。此请愿书递达两江总督衙门的时间较为特别，恰逢前总督周馥与继任总督兼南洋通商大臣端方之间进行职位交接，且多有耽搁，端方对是否代奏犹豫不决，不得已他以南洋通商大臣名义札开准外务部咨文，连同请愿书送交北京。杜布斯请愿书到达外务部的准确时间是禁烟上谕发布后的第六天，即光绪三十二年八月九日（农历）。由于上谕已经下达，外务部认为毋庸再奏，故专文通知南洋大臣端方：

> 查该教士等本力劝人为善之，诚存除恶务尽之意，应否据情

---

① 仅有一个例外，王宏斌先生在其《禁毒史鉴》（岳麓书社1997年版）一书中，认定杜布斯等人的联合请愿"对于当时清政府将要发动的全国性禁烟运动应当产生了一定的影响"，此论出语谨慎，未对它是否影响禁烟上谕的制定作出判断。该文怀疑请愿书是否递达清廷，或留中不发，但未确论，这是目前所见到的对杜布斯上书问题较为深入的探讨。按清制，奏疏"留中"有两种性质："一为重视其事，因办法未定，暂不发出；二为认为无价值，置之不理……又留中办法亦有两种：一留于宫中，二留于军机处，如封奏之件而又留于宫中，则军机大臣亦无从寓目矣"（岑学吕：《年谱》，第61页），杜布斯联络1333人上书，事非寻常，但送达枢廷迟延，禁烟谕旨颁下，遂可发抄，无留中之理。深入发掘，亦可从《大公报》有关内折是否发抄的报道情况来推论，"向来内阁每月收到之折片，惟外折发抄，内折悉秘不宣。凡各省督抚、将军之折为外折，京中各衙门之折为内折。今年因有人向军机王大臣建议，谓内折有关系政治者甚多，除应秘密外，余应宣布以供考求。然近来内折连日所奉朱批，虽一律发抄，而奏折则仍多秘密，甚至有与外交毫无关涉之事亦不宣布，或谓如吏部之补缺、处分，户部之报销等事，多有不可使外人得知者，且军机章京，即六部中人，如一律宣示于本衙门，同事多有不便，故仍设法搁起云"，见该报1906年1月4日。据此报道来看，如果属于正常情况，外折无不发之理，端方之咨文以及杜布斯之上书请求一事应该公之于众，故《申报》后来才可以报道。

代奏之处祈核明酌办等因,前来查鸦片流毒中国,为害甚多,该教士等呈请严禁,情词恳切,深堪嘉尚,惟此事已奉谕旨,限十年以内将洋土药之害一律革除,并由政务处妥议禁烟章程在案。该教士第所呈自毋庸再行代奏,相应咨复贵大臣查照转知该教士。①

两江总督兼南洋大臣端方接到外务部的咨文后,查知杜布斯等寓居苏州养育苍教堂,即饬苏州关道专函告知杜布斯等。这就是朝廷对美国传教士杜布斯等人联合请愿一事的处理。

实际上,杜布斯专门就鸦片问题的上书有两次,1906年8月19日联名呈请严禁鸦片烟是第一次上书,由于时间误差,这次上书并未影响到军机处的禁烟决策;9月20日上谕下达后,会议政务处拟定禁烟章程历时较长,为了对枢臣制定具体的禁烟政策有所影响,11月,他又就各地禁烟情形和禁政中的税收抵补问题专程赴京与外务部交涉,并递交税厘短收弥补之策的书面建议。但这次赴京,并非"联合请愿",与首次有别。此事《申报》亦有报道:

> 美国教士杜布西博士因提倡禁烟事,亲赴北京报告禁烟踊跃情形。驻京美使柔克义、参赞柯立基、卫廉明皆竭力赞助。杜博士曾向外务部请谒日久,始得与各堂官会见,颇为满意……杜教士撰有禁烟后税厘短收如何弥补之策,由美使署代为分送外务部及各督抚。夫泰西友人之所以与中国爱国之士同力合作者,亦只盼此亿兆黎民脱离烟害耳。②

传教士在清末反鸦片运动中的作用之一,是组织了规模不等的请

---

① 《苏州关道致杜教士函(为禁止鸦片事)》,《申报》1906年12月15日。该报道首先称"前奉南洋商宪札开准外务部咨:八月初九日接准咨称,据美国教士杜布西暨英、德等国教士等呈称,鸦片本为药品……"此可确证,外务部于8月9日方接到杜布斯等拟定的请愿书及南洋大臣端方请示上奏的公文。1906年8月,端方继任两江总督兼南洋大臣。参见[美]慕恒义《清代名人传略》(下),青海人民出版社1995年版,第516页。

② 《美教士入都提倡禁烟善举》,《申报》1906年11月18日。

愿上书活动。清季晚期的鸦片问题，既涉本土，又与香港、澳门、印度和英国有唇齿相依之关系，清政府讨论鸦片问题期间，传教士不仅以上书形式对中国政府施加影响，且于该年的11月分别上书请愿港英政府和英国政府，① 在英国及其各殖民地政府改变鸦片政策方面，形成了一个强大的压力集团，并且屡屡波及英议会和政府，从而产生了多方面影响。

本文原刊于王宏斌主编《毒品问题与近代中国》，当代中国出版社2001年版，收入本书时有修改。

---

① "中国中省、北省、西省、山东及香港英教会各主教具禀英国干德堡大主教，其意欲请转达英政府核议中称，鸦片与政府之种种关系，因鸦片为害剧烈，致华人均怨恨英国及各教会云云"，"主教禀请英政府禁止鸦片出口"，《盛京时报》1906年11月13日。该报道并且记叙了香港英主教霍亚等人向港督递交联合请愿书的事情，该"禀词"除了霍亚签字以外，尚有多数教士具名，"所称各国现均拒敌鸦片，香港亦应就认捐、专卖之例悉行除去……故望政府勿以区区之税致受人轻视而遭毁谤"。该报17日在题为《英教士请禁鸦片贸易》的报道中，对来国内的传教士集体上书的影响问题作了说明，"（英国）康大教士将此函转交外部，请禁英商贩运鸦片至中国，乃外务大臣援印度总督之言以答之曰：'清国上谕严禁吸烟并欲专卖鸦片等事，政府知之而未接照会，故难奈何云云'"。

清季的鸦片专卖

庚子以后，中央与地方财政均陷于困境。为筹措庚子赔款和练兵经费，鸦片专卖作为筹款要策被朝臣和各省督抚所重视。部分督抚积极关注域外鸦片专卖的经验和做法，企图以鸦片专卖制度取代土药统税制度，民间舆论对此颇有褒评。禁政决断前后，户部（度支部）、民政部、商部、外务部、土药统税大臣、禁烟大臣以及摄政王载沣均曾介入鸦片专卖的讨论，军机大臣也屡有会商，立场差别较大。1909年年初上海万国禁烟会期间，端方作为钦派大臣与各国代表接洽，会议期间积极筹划鸦片专卖，实际上却是着眼于地方省份的财政利益。有关部门对端方此举的不同反应，表现出清廷内部处理鸦片专卖的不同立场。度支部的态度前后有所变动，基本上主张维持土药统税制度，反对各省推行专卖的要求。清廷最终依据度支部的意见否决了各省实行专卖的建议。外省督抚干预中央决策的努力终于失败。

清末鸦片专卖是过去研究中的一个薄弱点。[①] 探讨它的兴起和结局，既可发现中央与外省固守其财政利益的一般模式，更能体味督抚

---

① 迄今为止，涉及这一问题的论著较为少见。于恩德《中国禁烟法令变迁史》（中华书局1934年版）仅根据李圭撰述的《鸦片事略》一文，探讨了19世纪80年代国内出现的包买洋药问题，时限不在本文论题的范围之内；后来论著多未越出此一范围。蒋秋明、朱庆葆《中国禁毒历程》（天津教育出版社1996年版）一书分析了清末禁烟时期部分省份鸦片专卖的一些做法，并探讨了专卖制度未能大范围实行的有关原因，诸如警察制度建设滞后、禁种罂粟进展较快等，该文也注意到度支部反对专卖的理由；秦和平《四川鸦片问题与禁烟运动》（四川民族出版社2001年版）一书对四川省的官膏专卖问题进行了研究，注意到该省专卖机构的设置、做法和利润等；目前所见专门论述鸦片专卖问题的是石楠《略论港英政府的鸦片专卖政策：1844—1941》（《近代史研究》1992年第6期），对香港地区的专卖问题进行了深入的探讨。

干预中央决策的影响力度。笔者在翻检有关档案和报刊史料时发现，在酝酿筹划鸦片专卖的过程中，争执各方的公开说辞与背后目的之间颇有距离，专卖筹划的整个过程本身也折射出复杂而丰富的信息，值得深入解读和分析。

一 借镜其他国家和地区

庚子之前，鸦片专卖的呼声已经出现，日俄战争后部分朝臣、各省督抚甚至民间人士更加重视，至1906年禁烟上谕发布前，已最大限度地引起朝野各派关注。部分督抚对其他国家和地区鸦片专卖的做法非常注意，屡屡派员前往探查，新加坡、中国香港、中国台湾等地和印度等国成为封疆大吏侦测、瞩目的重点地区。这些地区的经验对朝野专卖思路均产生不同程度的影响。

朝臣在游历海外的过程中较早地注意到鸦片专卖的问题。1904年贝子溥伦考察南洋诸岛时，对新加坡、香港等地鸦片专卖的成效甚感兴趣。归国以后，希望用西法整顿各省的洋土药税收，借以筹措海军经费。鸦片专卖是其条陈中最重要的建议，揆其大要约有三端：

> 一、清其源之法：洋药进口应请与英国政府商定，改由官办，在新加坡设立局所，限以担数，有减无增。香港左右之海口严查私贩，则内地土药虽严禁重征而不为虐；
>
> 二、截其流之法：各省土药改由各省采买，设立公司，商民不得私贩私熬，其有辗转贩卖，准由公司购买粘贴印花；
>
> 三、暂定权宜之法：各省查明土药出产实数，暂定土药专税，则一税收足任其所之，核定总收数目分摊各省，向收数目照数拨还，庶免偷漏侵渔之弊。①

前两种方案为专卖经营方式，第三种则是后来多省联办或由中央控制的统捐统税模式。溥伦对国外专卖的做法推崇备至，特别是专卖

---

① 《贝子溥奏敬陈管见上备采择折》，第一历史档案馆藏，总理练兵处档案全宗。

收益巨大,"新加坡烟膏公司每月交税四十万元,香港烟膏公司每月交税十万元,实无流弊。若中国各省举办,当百倍于新加坡等埠"。溥伦所称香港等埠鸦片专卖收入丰厚,诚不刊之论,但列举的数字并不准确,与英国官方的统计差异较大。20世纪初期,港埠实行鸦片包税制,1901—1904年为一届,年收包税额75万元,下一届的数额大幅度增长,达204万元,占香港岁入的29.5%。① 从庚子至禁政推行之前,港英政府的税收统计中,鸦片岁入所占比重越来越高。港英当局的专卖成效如此巨大,难怪溥伦一折对其经验特别看重。不久,京师传出要设立膏捐总局的消息,某大员主张在各省通商地面设立分卡,鸦片商只有领取"引票"方可营业,希望将这项收入的一部分用于拨解练兵经费。② 估计这项建议与前述权贵的奏折不无关系。

两广总督岑春煊对香港专卖经验了解较多,试图在广东加以效仿,由于英人阻挠,未能实行下去。③ 随后港英政府的鸦片经营方法和岁入情形渐为国内要员所知,私下或公开派遣幕僚前往调查者不在少数。1906年年初某督抚建议外务部调查香港专卖章程,以便取法参照。④ 一个月后,英国驻华公使将香港专卖章程递交外务部,对中国的鸦片专卖表示关心。⑤ 他向外务部传递了一个消极的信息:港英政府认为中国举办专卖难度太大,"香港总督之意,以中国举办洋药专卖一项颇难实行,盖地方太大,不若香港及台湾之区区小岛易于严防也",暗示英人对中国谋求专卖鸦片的不快。疆臣多知英人常生阻力,后来的调查也就较多地集中于中国台湾和印度,这是1905年前后地方督抚筹划鸦片专卖时更加注意的两个地区。

中国台湾地区的专卖办法受到重视,与日本官方对清廷大员的活动有关。早在1902年4月,日本驻华公使小田切向张之洞等人游说,建议中国官收洋药实行专卖,并称日本商人在中国台湾有熬膏秘法,

---

① 英国殖民部档案:CO133,《香港蓝皮书》,20世纪初年各卷,转见石楠《略论港英政府的鸦片专卖政策:1844—1941》,《近代史研究》1992年第6期。
② 《京师议办膏捐总局》,《申报》1905年3月6日。
③ 《粤办膏捐》,《申报》1904年5月27日;《粤东谭屑》,《申报》5月28日;《丹荔分香》,《申报》7月10日;《粤垣杂志》,《申报》7月16日。
④ 《鸦片专卖将见实行》,《大公报》1906年2月15日。
⑤ 《中英参酌洋药专卖章程》,《大公报》1906年3月15日。

"一可掺药料，用土少出膏多，既可获利，亦可减瘾。如募用日工师当相助。但此事必与英商妥，如中国愿办，可趁此议商约之际，与之议添此一条，以为酬报，日本当助中国与英议之。此乃代我筹饷，劝中国官办，非日商揽办。既不揽权，亦不借款，如有成效，优给日工师薪水花红而已"①。清廷欲采其议，英人遏阻，官收洋药之说作罢。两年后，日本驻华公使内田又旧话重提，游说户部，"议一筹款之法，援日本政府专卖烟草之例，将鸦片烟膏尽行收买，复由政府批发，不准民间私行运售"②。不久，清廷有意要仿照日本办法举办专卖。③ 如此，台湾地区专卖的经验自然为朝野所关注。

借镜台湾专卖经验，直隶总督袁世凯比较热心，属僚唐绍仪、梁士诒自印度谈判藏约归国后，极力进言，④ 袁对唐绍仪的建议反应颇佳，认为"事故应为，但恐朝贵以为得罪外人，不肯为耳。今仗子三寸不烂之舌，先从外交上着手，予当与燕孙商定，分函各朝贵，力促成之"⑤。1905年8月袁世凯便委派陈晓庵赴台调查日本官卖烟膏章程，意欲取法办理。⑥

日本在中国台湾专卖的成效是督抚大员迫切了解的重要问题。按：成效评估有两个方面：控制吸食的成效和专卖收益的大小。台湾省是清末吸食鸦片风气最盛的地区之一，⑦ 日本推行鸦片专卖以后，岛内吸烟人口的比例即有不同幅度的下降。⑧ 可见专卖制度对减少吸烟者数量有一定作用，能够保证吸烟人口的数字不再增多。朝野对台湾的做法颇有好评："其法系将外洋所有进口洋药尽行归官收买，由官设局制造烟膏，转卖于民，无瘾者不许贩食，于是旧瘾渐除，新染

---

① 《致江宁刘制台》，王树枏编《张文襄公（之洞）全集》，第12855—12856页。
② 《日公使提议鸦片专卖》，《申报》1905年4月16日。
③ 《阿片烟膏拟归政府专卖》，《申报》1905年5月8日。
④ 岑学吕：《三水梁燕孙（士诒）先生年谱》（上），文海出版社1972年版，第56页
⑤ 同上。
⑥ 《袁督委员查台湾官卖烟膏章程》，《申报》1905年8月14日。
⑦ ［日］伊能嘉柜：《台湾文化志》中卷，台湾省文献委员会1991年版，第162页。
⑧ 周宪文：《日据时代台湾鸦片史》，《台湾经济史十集》，台湾银行1966年版，第140页；台湾省行政长官公署统计室编：《台湾省五十一年来统计提要》，台湾省行政长官公署统计室1946年版，第1374页。

者渐绝……此法行之数年,已减去吸烟之人四万二千三百七十九名矣"①;报界有人反对当时国内正在筹备的八省统捐,呼吁实行台湾的专卖办法,认为前者侧重筹款,而后者却是禁烟与筹款并举的办法。②并且,专卖风潮使国内出现了新的禁烟气象,"自鸦片归政府专卖之说起,于是吸烟者亟谋所以戒除之道,友朋亲戚互相劝喻,或立社以资提倡,或著论以广劝戒。事会所乘,似不难藉此以渐除烟毒"③。美国亦有媒介给予褒评:"迄于今日已及七载,禁烟之成效渐有可观……吾知二十年内,日本之新领土烟毒可以尽除,然则逐渐禁烟之合宜亦可见矣。"④反对和怀疑的声音相对较小。《万国公报》对各省督抚仿效台湾专卖法不以为然。⑤《东方杂志》亦有社论对于用台湾专卖办法解决国内鸦片问题表示怀疑,认为不可盲目照搬。⑥相对而言,反对专卖的言论较少,支持和赞同的舆论反而较为兴盛。

鸦片专卖的收入效益是督抚大员更为看重的问题。袁世凯派员赴台考察之后,报界对台湾专卖的收益倍加推崇,"日人行此法于台湾,自戊戌年至壬寅年,共得利五百七十七万四千三百四十三元,在国家既获大利,而民间吸烟之人又历年递减,即可以几于减绝,诚为善法"⑦。美国媒体也认为中国台湾鸦片专卖效益巨大,仅1903年一年便获利300万日元。⑧区区台湾一岛就可获此大利,国内若举办专卖,当十几倍于台湾。不久袁世凯便确定了鸦片专卖的方法和原则,宗旨是"近可以抽大宗之膏捐,远可以为自强之基础"⑨。两广总督岑春煊对台湾鸦片专卖亦颇感兴趣。由于粤省财政支绌,学堂和警政在在需款,相比之下,台湾专卖鸦片的收益也就极具诱惑力。《字林西报》的消息说,"粤督现在查得台湾政府行鸦片专卖法,为岁入一大

---

① 《袁督委员查台湾官卖烟膏章程》,《申报》1905年8月14日。
② 《论八省土膏统捐事》,《申报》1905年4月19日。
③ 《戒烟说》,《申报》1906年3月23日。
④ 《论日本在台湾禁烟事》,《外交报》译载,第241期,1909年5月14日。
⑤ 《论鸦片为中国之大害》,《万国公报》第207册,1906年4月。
⑥ 本社撰稿:《禁烟私议》,《东方杂志》第3年第4期,1906年5月18日。
⑦ 《袁督委员查台湾官卖烟膏章程》,《申报》1905年8月14日。
⑧ 《论日本在台湾禁烟事》,《外交报》第241期,1909年5月14日。
⑨ 《札知议除烟毒》,《申报》1906年2月3日。

宗；并查得台湾警察办理此事成效卓著，甚堪信用，因思两广亦即可以鸦片岁入之款兴办警察"①，于是，岑氏选派广东法政学堂教务长赴台考察鸦片专卖和警政事宜。

印度鸦片专卖经验也受到疆臣的重视。两江总督周馥和直隶总督袁世凯分别策划实施了考察计划。周馥介入此事的机缘，报界称，以土抵洋是一个重要的因素，"中国各省虽有本土，而畅场曾不逮印土十之三，坐失大宗利权，何以处商业竞争之世界？"两江督辕所设商务局官员刘聚卿特意协商南洋顾问官赖发洛，然后协同精于"西学"的人员两名，前往印度寻求鸦片和茶叶制造之法。②仔细推敲，上述报道似有疑问。考察专卖一事绝非商务局人员所能独断，各省专卖的呼声甚嚣尘上，周馥不能不特别注意；③并且，考察人员赴印度取经制造茶土说法疑为掩饰，主要目的在于调查印度鸦片专卖和征税做法。从郑世璜后来所上说帖内容来看，关于茶叶种植之法的内容较少，而谈论印度鸦片征税、拍卖以及国家从中收益的内容则较为全面，④周馥后来的奏陈也是有关印度鸦片税则与拍卖情形。看来，此行招牌与事实似有距离。

1904 年赴印度谈判藏约问题的唐绍仪一行，也对印方的鸦片专卖进行了详细的调查。代表团中的翰林院修撰梁士诒具体组织了这一行动。有人强调梁士诒本人的因素是这次调查印度鸦片专卖的主要原因，⑤这一说法似有牵强，这次调查牵扯较多，若无上层秘示，必不能圆满解决此事。在印期间，梁氏组织调查印度鸦片的种植、税则和收入等，不遗余力，"皆作成详细报告。大约每年印度政府收入鸦片

---

① 《粤督派员赴台湾考察鸦片警察》，《申报》1906 年 8 月 23 日；《粤督拟以鸦片岁入办理警察之传闻》，《申报》1906 年 8 月 30 日。

② 《派员赴印度研究制土制茶》，《申报》1905 年 5 月 10 日。

③ 无标题，系中国第一历史档案馆藏件，政务处第 2794 号档，约计 1905 年 11 月份咨呈，附周馥奏片，该奏片称："欲知印度办法，非派专员切实考察不知详细。凡私家记载仅得崖略，《星轺日记》仍未详明，本署大臣于今年三月委派郑道世璜赴锡兰、印度考察茶叶，饬其将印度洋药征税办法查明具报。"

④ 外界所看到的郑世璜的说帖是刊于《东方杂志》第 3 年第 2 期上的《郑观察世璜上两江总督周条陈印锡种茶暨烟土税则事宜》，该文内容与周馥所上郑世璜的说帖内容并不一致，文字简略不同，有较大的差异。

⑤ 岑学吕：《三水梁燕孙（士诒）先生年谱》上，第 46 页。

烟税约四千万卢比（每十五卢比合英金一镑）"①。1905年11月，唐绍仪等归国后，在袁的授意下，梁士诒等四处运动。周馥与袁世凯关系密切，② 且兼任南洋通商大臣，有权处理外交事宜，应较早获知有关唐绍仪的调查结果，周在拟稿中就反映了唐绍仪等人的意见。唐绍仪极力强调印度军费与鸦片税收的密切关系：

> 印度养陆军二十二万五千，其兵费半取于洋药地税、洋药出口税、制药官厂三处，专指此三项为练兵的款，总计近十年之数共得税二百四十三兆两有奇。是以灭缅甸、侵滇边、倡联军、攻西藏，其蚕食中土之策皆印兵是赖。印度养兵之费，非英人养之也，吾国吸洋药者养之也。英人虑三岛不足以殖民，将以印度为立国之中心点，而以藏地、廓尔喀、缅甸、暹罗、巫来由、阿富汗为附庸，内顾中华，又注目于川黔两粤，即将洋药所赡之印兵为之前驱。③

周馥反映唐绍仪的看法，并不仅仅看重鸦片税对印度军费的支撑作用，亦不单纯强调专卖的巨大效益，关键是各省土药税整顿远不奏效，后悔当初李鸿章与印度即将达成的专卖协议被朝臣所梗阻，"议已垂成，闻有人言，归官收买有失政体，议遂中辍，盖不知印度办法亦归官收买，若不归官收买，加税愈重，偷漏愈多"④。周馥将郑世璜和唐绍仪的考察结论一并奏呈，建议清廷实行专卖。

---

① 岑学吕：《三水梁燕孙（士诒）先生年谱》上，第51页。
② 周馥与袁世凯的不寻常关系，时人多有感知，郑孝胥即为其一，郑氏日记中有所记载："昨闻爱苍诵《南京百字诗》，曰：'昔日一科房，今朝督部堂。亲家袁世凯，恩主李鸿章。瞎子兼聋子，南洋属北洋。金陵旧游处，瓦石响叮当'，吴人嘲周馥之作也。"参见劳祖德整理《郑孝胥日记》第2册，第1052页。周督两江，有人推测"盖袁世凯力也"参见张伯驹《春游记梦》"江北提督"条，转见尚小明《学人游幕与清代学术》，社会科学文献出版社1999年版，"序言"，第6页。
③ 无标题，中国第一历史档案馆藏，政务处第2794号档案。《申报》的消息尽管灵通，对上述鸦片税与印度军费的内容予以节录刊报，但却有张冠李戴之嫌，将唐绍仪的来函说成是郑世璜考察印度的结果，参见《江督咨称洋药专卖》，《申报》1906年1月16日。
④ 同上。另参见王伯恭《蜷庐笔记》，第26页，转引自孔祥吉《晚清佚闻丛考——以戊戌维新为中心》，巴蜀书社1998年版，第130—131页。

不久，人们也注意到美国的鸦片专卖方案。1906年春天，美国人制定的《菲律宾报告》被译成中文，刊于《字林星期周刊》。这项关于鸦片专卖的文件是历经五个月，调查了日本、中国台湾、中国上海、中国香港、西贡、缅甸、爪哇、新加坡和菲律宾群岛后，由布伦特（C. H. Brent）主教草拟的。布伦特总结说："我们见到的唯一有效的法律是日本在其帝国本土和台湾的法律，我们可以仿照它的经验提出自己的建议。"① 关于鸦片专卖的收益，文件称"政府专卖的收入应遵循以下原则，即从鸦片所得收入不得超过与此有关的支出。其目的在于控制、抑制和鸦片的使用和贸易，而不是敛财"②。专卖制度实行三年，三年后则完全禁止。这一规定与日本在中国台湾专卖模式以及法国在西贡等处的做法区别开来。③ 随着美国对中国影响的加强，这一专卖模式在国内也有一定影响。④

二 各部态度

庚子之前，清廷根据总税务司赫德的调查和建议，预计加强土药税厘的整顿措施后，能够获取的有效收入是2000万两。⑤ 民国初年，美国一家杂志对清廷每年鸦片税厘收入的总数曾有估计，"政府统共收入之鸦片税，连印度鸦片之进口税在内，约计自三千万金元至四千

---

① 布伦特1904年2月6日致塔夫脱，BP, container 6，转引自［美］戴维·F. 马斯托《美国禁毒史：麻醉品控制的由来》，周云译，北京大学出版社1999年版，第37页。

② 美国陆军部岛国事务局：《菲律宾鸦片调查委员会报告》（Report of the Philippine Opium Investigation Committee），（华盛顿特区）政府出版局1905年，第53页。

③ 就专卖收入来说，法国在越南等地实施的鸦片专卖收入颇丰，"惟鸦片一物为法政府之专卖品，故其饷源甚巨，一千九百零四年至一千九百零七年，所得鸦片税共六十七万二千四百镑，除开支外，尚余四十二万四百镑"[《外交报汇编》，第29册，（台）广文书局1964年影印版，第92页]；日本的情形亦不例外，"明治三十年度只有一百五十三万九千七百六十六元，到大正八年度，竟达六百九十四万七千三百二十二元。以后虽说逐渐减少，然而在大正十二年度也还有五百零二万二千八百零三元之多"（刘光华：《殖民地财政政策的特殊性》，国立中山大学法科社会科学论丛编辑委员会编《社会科学论丛》第2卷第8号，民国十八年版）。

④ 《美使愿助专卖鸦片》，《申报》1906年2月23日。

⑤ 《户部奏请在土药繁盛各处设立总局仿洋药税厘并征折》，朱寿朋编《光绪朝东华录》第4册，中华书局1984年版，总第3963—3965页。

万金元"①。1902年法国西贡税务司有人来华活动,并请法国驻华公使代为出面,要求包办中国鸦片专卖,所开出的代价是2000万两。②如举办专卖,收益远远大于上述数字。刘坤一、张之洞会奏的《变法三折》中对专卖收益的推求较为详明,包括两个部分,一是成本和税厘,总计5000万两;二是"二成加价"收入,"除税厘照数拨还海关外,计每年可得盈余一千万两"。开办专卖之初,必须筹银1000万两,分10年归还,还款期间,每年得银700万两,借款还清之后,"岁盈八百万两,洵为巨款"③。这仅仅是针对洋药的专卖收益,比洋药数量多十几倍的土产鸦片尚未计算在内。

1904年贝子溥伦对鸦片专卖的收益也有计算。他在列举新加坡的鸦片专卖利益巨大的情形后说,"若中国各省举办,当百倍于新加坡等埠",按其所论,"新加坡烟膏公司每月交税四十万元",一年之内即有近500万元,照其"百倍"理论推算,中国每年将有4亿—5亿元收益。④四个月后,日本驻华公使内田建议户部收买鸦片烟膏,归官批发,"每一两征收费用二钱二分,约计每年可得一万万两,以供赔款及新政经费之用"⑤。黄遵宪1896年前后对洋药专卖的收益曾有计算,后来被《东方杂志》刊布,影响巨大。大略如下:

> 由中国设立官局,凡洋药买卖统归于局,照通行卖价酌加一倍,以当课税。以百斤价五百两计,准六万担为则,初年可增税三千万两。以三十年通计,逐年减一分,共增税四十六千五百万两。初办十年应增税二十五千万又五百万两,中间十年应增税十

---

① 陈庭锐:《鸦片问题之结束》,载《大中华》杂志第2卷第12期,民国四年十二月二十日。
② 《致军机处、外务部、户部、保定袁制台、江宁刘制台》,《张文襄公(之洞)全集》,第5780—5782页。
③ 刘坤一、张之洞撰:《江楚会奏变法三折》,第175—177页。
④ 《贝子溥奏敬陈管见上备采择折》,中国第一历史档案馆藏,总理练兵处全宗。
⑤ 《日公使提议鸦片专卖》,《申报》1905年4月16日;《阿片烟膏拟归政府专卖》,《申报》1905年5月8日。

五千万又五百万两，后十年应增税五千五百万两。①

看来，仅洋药专卖的收益最初每年就达3000万两，土药产量十几倍于洋药，专卖的利益更不可限量。从京师到各省，朝野上下积极酝酿专卖一事，大有取代各省统捐的趋势。1905年5月初，清廷对日本公使的专卖建议就有善意回应，态度积极。②商部对专卖也跃跃欲试，1905年12月底，中国驻墨西哥参赞梁询建议由中央收买洋土药，归官专卖。商部对这一建议极为支持，批示"洋烟流毒耗神损财，该参赞所著论议多有可采"③，该部在致各省督抚的咨文中，要求各省对收买洋土药一事进行筹备。④户部亦有良好的回应。张之洞的幕员蒯光典建议户部尚书铁良，以日本的专卖经验来指导中国的鸦片专卖，集成巨款后，可以拨归海陆军经费，亦可用于路矿建设，蒯氏称，鸦片专卖应当作为"直接专卖品"，利益巨大。⑤估计这一说辞对铁良影响至大，铁良因而计划在年底（1905年）以前将专卖章程定妥，明年春天开办。⑥两江总督的筹备既看直隶举动，又探测湖北底细，⑦声气应求之中，有关省份开始步入运作阶段。

循着这一思路，1906年年初户部提出"分年禁烟"的计划，其宗旨是"以榷烟为禁烟"。其核心的部分仍是推行官膏专卖。在规定的年限内，由此法所获得的收益当然十分巨大，户部计算的结果非常诱人："臣尝考内地种烟之地，约计五六十万顷，产土近四百万石。每担售银近五百两，照二成收取，每担近百两。合四百万石计之，抽银近四万万两。就令收成不及分抑或药料充数，臣且折半计算，岁入

---

① 《拟设官局以贩洋药议（嘉应黄公度先生遗著）》，《东方杂志》第3年第9期，1906年10月12日。
② 《阿片烟膏拟归政府专卖》，《申报》1905年5月8日。
③ 《商部咨各省督抚文（为晓谕赴墨华工及官卖鸦片事）》，《申报》1905年12月28日。
④ 《商部为鸦片专卖事致各督抚电》，《申报》1906年2月11日。
⑤ 蒯光典：《金粟斋遗集》，文海出版社1969年版，第302、304页。
⑥ 《奏请开办官膏》，《大公报》1906年1月5日。
⑦ 《南省鸦片官卖先声》，《申报》1906年2月1日；《江督拟实行鸦片专卖法》，《大公报》2月20日。

亦近二万万两。即再减半，亦一万万两。"① 如此巨大收益，用于新政、偿款，等到大局渐定之后，禁烟方无后顾之忧。此等妙计出台，正遇上朝野对鸦片专卖推崇有加，加之日本公使屡屡游说，内廷自然十分重视。

1906年9月20日禁政上谕的发布，其直接起因是驻英使臣汪大燮的奏折。② 汪氏认为鸦片与财政、军政的关系非常密切，鸦片专卖可以化解财政和军政方面的难题，成效不可限量：

> 今洋药岁约六万担，土药倍之，共约十八万担之谱。即少算，亦必在十五万担之上，若归官收买发卖，只筹本千五百万金可资周转。盖一面收一面发，不过过手而已，且尚可将货抵押银行，故须本并不甚多也。倘定计官收官发，于禁烟亦有把握，每担加价二百金实不为多，十五万担可得三千万金，岁减一成，十年可得百六十兆金，连税厘约得二百兆金，计将近三百兆元矣。即筹足三百万元亦有把握也。③

由鸦片专卖来筹款，既可化解禁烟的财政风险，更关系到海军经费的来源问题，汪大燮说："蒙以为中国现在第一件是财政，第二件是海军。两事有眉目，乃能立于不亡之地。故上年具奏焚烟（内有财政问题），又条陈金币，又具海军计划于政府。海军计划与禁烟有相关处，因禁烟后约可由烟中筹三万万金也。有表上之政府"④。汪大燮禁烟奏折即有关于鸦片专卖的建议："故无论为征为禁，必当先之以稽查，继之以限种。稽查必须得人，限种便于专卖。既有稽查之人，又有限种专卖之法，则戒瘾给照，亦可一气相承。"⑤ 禁烟上谕的出台证明汪氏关于鸦片专卖的建议对内廷的影响相当明显。在清廷

---

① 《户部奏洋药土药害人耗财拟严定分年禁法画一办法折》，《东方杂志》第2年第2期，1905年3月30日；《政艺通报》光绪乙巳，第8—11页。
② 刘增合：《清末禁烟谕旨起因论》，载王宏斌主编《毒品问题与近代中国》，当代中国出版社2001年版，第30—48页。
③ 上海图书馆编：《汪康年师友书札》（一），上海古籍出版社1986年版，第890页。
④ 同上书，第968页。
⑤ 《出使英国大臣汪奏革除烟祸折》，《盛京时报》1906年11月7日。

各部中，商部、户部、民政部等对鸦片专卖倍加推崇，率先介入了鸦片专卖事务。

商部介入此事是在1905年年底至1906年年初，时间较短。1905年年底商部向各省部署专卖问题，要求各省筹备款项准备购买进口洋药，并按市价收购土药，分年递减。① 各省接到商部的咨文后，多有筹划，直隶和两江是两个突出的地区。② 商部介入此事时间虽早，也仅仅是向各省发出专卖的指令，并未发现有下一步的动作。后因清廷进行官制改革，商部改为农工商部，禁烟非该部专责，因而未再插手鸦片专卖。

户部直接经管鸦片税厘的征收，专卖也是其积极筹备的事项。向朝廷建议专卖鸦片之后，该部准备从机构调整开始，将各省膏捐的推广与鸦片专卖的筹备相联系，初步确定北方省份的筹办中心放在京师，设立京师总局，南方省份则以宜昌为枢纽，计划将来由土膏统捐的原班人马承办专卖，这是户部与柯逢时协商的结果。③ 随后，溥頲继任度支部尚书，并未将鸦片专卖视为实行禁烟筹款的主要途径。④

相反，民政部尚书徐世昌以及后任尚书善耆秉承了袁世凯的意图积极提倡，较多地介入此事。1906年12月中旬，京师鸦片专卖列入民政部考虑的范围之内，该部决定按照台湾专卖经验来确定京师专卖细则，并征求各个巡警分厅的意见，饬令其条陈专卖良策，⑤ 以备采择。并且，徐世昌与税务处铁良、唐绍仪共同商度后认为，台湾的专卖方法是禁烟必须采用的办法。⑥ 于是，民政部在京师设立鸦片专卖局，开始调查烟店和销膏数量，并着手筹备款项，预作准备。舆论对此举反映良好，称专卖一策在京师实行，是"拔本塞源之计""雷厉

---

① 《商部为鸦片专卖事致各督抚电》，《申报》1906年2月11日。
② 《实行洋药专卖之先声》，《大公报》1906年3月18日；另见《时报》1906年3月21日有关报道；《南省鸦片官卖先声》，《申报》1906年2月1日。
③ 《户部预筹鸦片专卖法》，《申报》1906年4月23日；《政府拟改膏捐大臣》，《大公报》1906年2月4日。
④ 《光绪朝东华录》，总第5623页。
⑤ 《警厅对于禁烟办法》，《申报》1907年1月12日。
⑥ 《拟仿行烟膏专卖法》，《申报》1907年1月28日。

风行之举"①。民政部亦电令各督抚一律试办。② 该部对京师的专卖事宜尤加关注，专门制定了该地区鸦片专卖办法。③

该部对鸦片专卖推崇的主要原因，除了禁烟职责的要求以外，更主要的意图在于借此解决部务经费的困难，这是该部介入专卖事宜的重要背景。尽管禁烟上谕给民政部插手专卖事宜造就了一个绝好的机会和借口，无奈筹划经年，终因需款过巨而不得不暂缓举措。

三 度支部梗阻

清末新政期间，度支部是一个推行中央财政集权的急先锋。载泽任职期间，度支部对专卖的态度较为复杂，约略有两个方面，一是保卫鸦片统税并排斥专卖制度；二是发现各省借专卖鸦片固守已利的意图后加以抵制，以巩固中央的财政利益。它对鸦片专卖的影响是决定性的。

度支部对鸦片专卖的首次表态是1907年年初，该部建议继续推行鸦片统税制度，或与英国谈判增加税率，不必实行专卖制度。1906年12月初，河南道御史赵启霖奏请设立禁烟总局，实行鸦片专卖。由于赵启霖的奏折内容既涉及民政部，又与度支部的职责有关，按照惯例，应由两部协商主稿议覆，但实际情形并非如此。民政部与度支部单独表示了对相关部分的意见。④ 度支部在议覆折件中，比较了增加税率与专卖制度的优劣难易，认为鸦片专卖难度较大：

> 窃曾一再思维，专卖之法当合洋土各药调查明确，预筹收买

---

① 《筹设鸦片官卖局》，《大公报》1907年7月29日。
② 《通饬开办鸦片专卖局》，《申报》1907年7月23日；《议拟试办鸦片官卖法》，《大公报》1907年8月5日。
③ 《拟定烟膏专卖办法》，《大公报》1907年8月7日；《鸦片专卖定章》，《申报》1908年6月17日。这些办法共计七节："一、设总局于京师；二、严禁私运烟土；三、商明提署，外城门均交提署稽查；四、火车到时，崇文门监督稽查；五、京师城内外归内外总厅稽查；六、凡洋药局之洋药由总烟膏专卖局收回；七、凡吸烟者均发给凭照注册。"
④ 民政部的奏折见朱寿朋编《光绪朝东华录》，总第5623—5624页；度支部的奏折见《申报》1907年2月1日。

成本，其烦难十倍于加税。闻日本烟草专卖之法，前后筹之十年，固非贸然所能从事。前办八省膏捐，嗣又改为土药统税，推行各省，正拟藉以调查，固不仅为筹款起见，近来逐加总核，始于产土行销各数略得梗概。洋药一层，现在外务部正与英使提议，自当相度情形再定办法。①

度支部一折称赵启霖的建议是"陈义甚高，于事实仍未及十分体察"，对专卖建议表示消极。该部对专卖如此消极，除奏折申述的原因外，另有隐情，这就是土药统税的巨大效益已经体现出来。柯逢时咨呈的解款数量越来越大，至度支部这次上奏之前，已经解到库平银270万两，溢收甚巨，远远超出原来的预期收益。② 土药统税效益之高与鸦片专卖手续繁杂对比明显，度支部的态度大致可解。但是，在这以后，度支部却受到了种种压力，对待专卖的态度有所调整。

压力之一是各省要求举办专卖的呼声甚高，柯逢时对专卖的支持以及与载泽有交游关系人士的专卖陈请等，均对度支部产生一定影响。

1906年9月禁烟上谕发布之后一年间，鸦片专卖受到各省的重视，各省对中央政府亦施加影响，上下互有促动，以至于在京师也形成一种专卖的潮流。1907年2月，清廷就鸦片专卖事宜电商张之洞，酝酿专卖规则的制定问题。③ 7月，清廷各军机大臣认为，禁止鸦片事关重大，各省做法必须统一，"不然，此处专卖，彼处仍局卡林立，必至掣肘"，于是分别电商张、端、袁三督抚，④ 征询目前应该实行专卖还是维持统税制度。张之洞、端方、袁世凯是鸦片专卖的主要倡导者，其建议内容已可想见。8—9月，各省督抚对英国阻挠专卖一

---

① 《度支部奏统筹禁烟事宜及土药税仍旧办理折》，《申报》1907年2月2日；《东方杂志》第4卷第2期，1907年4月7日。
② 柯逢时1906年3月31日、7月28日、12月20日奏片，中国第一历史档案馆藏，军机处录副，光绪朝，财政类，财政杂税，第490、491卷。
③ 《电商专卖鸦片规则》，《大公报》1907年2月23日。
④ 《鸦片专卖事宜续闻》，《申报》1907年8月4日。

事，纷纷要求外务部据理力争。① 膏捐大臣柯逢时在张之洞影响下，转而支持专卖，呼吁外务部向英国力争鸦片专卖权，他甚至提醒外务部，"此事为我内政，外人不能藉词干预，如某国执强，不妨邀请相宜之第二、第三国出而评议"②。这类事情与度支部虽无直接关联，但度支部必有所闻，特别是有两件事直接影响了载泽的态度。

1907年7月，奉天农工商局长熊希龄致函载泽，着重就食盐和鸦片专卖提出自己的建议。关于鸦片专卖，他献策说，土税统捐制度偏重征税，对禁烟作用不大，而日本的专卖制度则兼及财政与禁烟，较有成效，"是宜筹措巨资，仿日本章程，无论洋土药，概由国家收买制膏，售之于民，虽近繁难，而无此巨款，然即贷借外债，似亦比他项易于归还……钧部倘能择而行之，则中央所得必赢，不必再求于地方税矣"③。熊氏对鸦片专卖的财政前景极为看好，建议度支部仿照日本办法实行鸦片专卖。他所献策的内容较多，从后来载泽对各省采取的财政集权措施来看，这些建议对载泽的影响相当大。关于鸦片专卖的建议，对其当有一定影响。

柯逢时的态度和举动也很重要。柯氏对湖北省的鸦片专卖筹划比较支持，与张之洞协商制定了鄂省鸦片专卖的详细章程，④ 商定从土药统税存积项下借款20万两，⑤ 又从善后局拨款12万两作为专卖局

---

① 端方：《光绪三十三年七月二十一日致外务部电》，中国第一历史档案馆藏，端方档案全宗，专34，禁烟去电；《江督力争实行官膏专卖》，《申报》1907年9月9日；张之洞：《复外务部》，《张之洞全集》，第10322—10324页；《续志英使要求停卖官膏事》，《盛京时报》1907年9月21日。

② 《条陈力争鸦片专卖》，《大公报》1907年10月13日。

③ 《上泽公论财政书》，《熊希龄先生遗稿》电稿，上海书店1998年版，第4031—4032页；《熊观察希龄上泽公论财政书》，《盛京时报》1907年8月31日。熊氏申论说："近时禁烟之政，雷厉风行，薄海人民莫不震服。然职犹有过虑者，窃以我之禁烟方法，监督机关尚未完备，而立法过严，操之过急，人民或有暴动，外人必藉以为词，是反益我禁令之阻力矣。查日本于台湾行专卖条例，一由政府筹款收买烟土，制为烟膏；二由地方调查吸烟人口，分为三等，注之册籍；三由政府限制人民吸食多寡，及其年度；四由制膏局掺合药料，既医痼疾，又获厚利。其定法也完密，故其收效也神速。今我虽设由膏捐大臣，然近于抽收统捐，于专卖禁烟之法尚未合也。"

④ 《鄂省鸦片专卖章程入奏》，《申报》1907年8月1日。

⑤ 《湖北将实行烟膏官卖之计划》，《大公报》1907年8月13日。

的开办经费。① 此类举动表明，柯氏本人比较赞同专卖做法。在各省要求专卖的形势下，柯逢时与总局坐办程仪洛商度后，于1907年9月12日郑重上奏清廷，要求裁撤土税部局，改办专卖，建议度支部早作决断。② 柯折说："各省办理官膏，应由部妥定划一章程，咨行各省照办，商人有所适从，不致各怀疑阻，亦可稍资补救。"③ 柯逢时此奏以及他建议外务部据理与英国交涉鸦片专卖的行动，估计会对度支部的立场产生较大的影响。

压力之二是清廷对专卖的积极态度。在朝野积极筹备专卖的影响下，内廷已经认识到鸦片专卖的必要性和紧迫性，1907年10月11日谕旨直截了当地令度支部筹备鸦片专卖的事宜："谕军机大臣等：官膏专卖自是禁烟扼要办法，惟须调查详细方有把握。所有洋药进口、土药出产及行销数目，均应考求详确。著度支部遴派明干得力司员，逐项分别确切调查。此事期在速行。著予限六个月，至迟亦不得逾一年，务须依限查明，妥拟办法，请旨施行。"④ 度支部只得遵旨筹备，10月26日后度支部派出十位大员赴各省调查。⑤

度支部对鸦片专卖的第二次正式表态体现在答复柯逢时裁卡办理专卖的奏折中。柯逢时建议裁撤局卡举办专卖奏折到京的时间是1907年9月12日，度支部的议覆却经历了近三个月，直到12月8日才奏上。这次表态自然受到上述诸种因素的影响。与两年前答复赵启霖奏折时相比，该部的观点有较大调整，但仍未立即同意专卖的建议，对各省积极筹办鸦片专卖也未断然回绝，态度复杂。这里有几个值得注意的问题。

---

① 《鄂省官膏专卖局开办确闻》，《申报》1907年9月13日。
② 《咨订官膏章程》，《盛京时报》1907年9月25日；《咨商鸦片专卖章程》，《申报》1907年9月25日；《咨订官膏章程》，《大公报》1907年9月20日。
③ 《柯逢时等奏请土税由各省自办或由部设法统筹折》，朱寿朋编《光绪朝东华录》，总第5734—5735页。
④ 《德宗实录》卷579，第6页；朱寿朋编《光绪朝东华录》，第5746页。
⑤ 《度支部奏遵旨派员调查各省洋土药片》，《政治官报》第11号，1907年11月5日。这十位大员是度支部郎中刘煦照、员外郎铨秀、主事李维熙、王应堂、袁绪钦、宋美瑛、赵鉁俊、饶之麟、顾燮光、谢桂声等。另见《派员调查洋土药数目》，《大公报》1907年11月15日。

一是该部将各省积极举办专卖的原因归结为各省自顾其利，认为统税继续实行，会给各省造成损失，"自奉诏禁烟，各省恐拨款之未必足额，皆思自顾其利，至创为商土官熬、官膏商卖之法"①。度支部由此认定各省仍存在"异视之心"。二是将土膏统税收入锐减的原因归结于各省专卖的恶劣影响，"该督办电称，汉赣沪帮土商相率停运，宜昌、徐州收数不及往年三分之一等因，是各省官膏办法不见信于商人，确有明证"。言外之意，若专卖之风不起，统税入款当会大增，至少不会下降。针对各省贸然举办专卖、惧怕统税以及担心拨款不足的现状，该部仍强调各省在统税拨款上不会有亏，"所有各省关拨款项，仍遵统税定章，按额拨还，不及递减。如此，则各省原饷无甚出入，而办理亦不致为难矣"。抵制和反对各省专卖之意即暗含其中。三是对举办鸦片专卖一事的模糊表态。度支部没有像以前那样拒绝，在揣测内意后，该部虽然奉旨表示同意，但能否举办，如何举办尚未定论，警告各省不得擅自举办，"现臣部钦遵谕旨，遴派司员分投各省，调查洋药进口、土药出产及行销数目，俟考求详确后，再行体察情形奏明办理。现在无论何省不得奏请自办，以杜纷岐"。可见，该部对专卖的表态尽管有所调整，但调整的幅度并不大。

当时的舆论认为，度支部态度游移不定与巨款难筹有关。1908年5月下旬，载泽等人在两宫召对时，即对筹款问题犯难。有报道称：

> 听内廷人说，二十五那天，〇〇召见度支部尚书泽公、绍侍郎英，〇〇两宫垂询专卖烟膏及画一币制事宜，对以专卖烟膏一事将来势在必行，惟资本过重，一时巨款难筹，况此时各省种地及洋药进口确数尚未查清，碍难刻即兴筹，应请暂从缓议。②

---

① 《度支部奏覆土药税纽请裁部局折》，《申报》1907年12月27日。
② 《泽公等召对述闻》，《正宗爱国报》第538期，1908年5月27日。着重号为笔者所加。

度支部在两宫面前对筹款问题的担心，看来值得细究。专卖方法不同，资本的筹措也就随之不同，譬如香港，政府不必投放巨资就可实行专卖，而且效益显著。各省此前已经对香港、台湾的专卖方法作过调查，度支部不会毫无所知；即便不知境外方法，国内屡屡提出的专卖良策亦应有所耳闻。

关键的背景更值得注意。两宫召见载泽之前，有两人曾向度支部等条陈专卖的具体办法，筹款办法是两项条陈的主要内容。1908年4月初广东典史郑嘉谟条陈鸦片专卖事宜，报界传闻深得载泽的嘉奖，称其"审度周详，调查详确"，饬令筦榷司存档备查。[①] 媒介报道与度支部在有关档案上的批示颇不相同，似有张冠李戴之嫌。郑嘉谟的鸦片专卖条陈，同时禀呈度支部和民政部。从批示来看，两部态度差别较大，其批示用语亦值得琢磨。民政部的批示为：

> 据禀及章程俱悉。采用日本办有效果之成规，斟酌内地创兴之办法，分别部属，调理井秩，足见留心时务，深堪嘉尚。章程存部备采。此批。

度支部的批示：

> 据呈已悉。本部业已遴派司员，分赴各省调查洋土药产销数目，应俟调查员回京，察看再行核议。原呈请摺存案备查可也。[②]

从批示来看，民政部较度支部态度积极得多，度支部反而低调处之。郑嘉谟称其条陈的重点是筹款问题，"专卖局设，而后禁烟可以实行，当轴诸公谅筹之熟矣。故迟迟不举者，虑创办无款耳"[③]。针对筹款维艰，郑氏专门拟定了两种不同的专卖筹款方案。

首先是针对土药专卖的"批发零卖法"。郑氏认为，全国吸食鸦

---

① 《泽公嘉纳条陈阿片专卖章程》，《大公报》1908年4月10日。
② 郑嘉谟撰：《鸦片专卖条陈》，1908年铅印本，北京大学图书馆藏件。
③ 《郑嘉谟按》，见《鸦片专卖条陈》，着重号系笔者所加。

片者不下2000万人，以人口5万人设批发人1人统计，统计全国批发人可至8000人，欲充批发人者，可令缴纳保证银1000元，政府可先收保证银800万元；以人口4000人设零卖人1人计之，统计全国零卖人可充至10万人，欲充零卖人者，可先令缴纳保证银200元，政府可先收保证银2000万元。二者合计，政府可先收保证银2800万元，这项收入可以弥补专卖局开办经费；由批发人岁入坐贾捐统计，可收入176万余元；由零卖人岁入之坐贾捐统计，可收入1200万元；官膏专卖的利润，以卖价6亿元增加二成利益银统计，岁入之款当有一亿三千余万元。土药专卖所需资金既能轻易解决，而又利益不菲。其次是针对洋药专卖的"洋药包办保证金"一法。郑嘉谟建议动员国内巨商大贾出资购买或者由私人向国外募集资金解决，强调因鸦片专卖而募集外债并不可怕。①

在载泽等人被两宫召见之前半个多月，代理江西按察使庆宽也就鸦片专卖问题作了条陈，上谕曾要求度支部议奏。② 该部必知此事。庆宽上奏的时间大约是1908年5月初。条陈的缘由也是针对鸦片专卖中的资金筹措问题进行筹划，庆折说："查洋药进口岁至五万三千箱，成本至四千余万；土药更逾此数，姑以一万万计之，至少亦须有二成的款始能周转收买，益以制膏及设局各费大抵须筹二千万金，方能开办。故议者以款巨难筹，今尚延搁。"③ 关于筹款方案，庆折断言："可不须借贷而取之不穷，可不烦劝募而自然乐就，且举洋债亏耗、国债烦忧之弊悉扫而空之，则举行膏票是已"。关于膏票的具体做法，④ 庆折说："按照每一盒贮膏若干数定价值若干，即定膏票若干种定例。凡行店烟户购买官膏，无论多寡，限定必用此票；凡购票

---

① 《郑嘉谟按》，见《鸦片专卖条陈》。
② 上谕要求度支部议奏的时间是5月5日，"四月初六日奉朱批度支部议奏，单并发。钦此"，见《代理江西按察使庆宽奏条陈官膏办法折》，《申报》1908年5月14日。
③ 《代理江西按察使庆宽奏条陈官膏办法折》，《申报》1908年5月14日。着重号系笔者所加。
④ 同上。庆宽称膏票办法是受外国"销货票"的启发而来的，他说："查各国有大公司，每自制一种销货票，使人预购存之，随时照票购货，既足取便往来，亦实隐助资本，市肆乐其利便，故销行极广。今以除害之大政，握专卖之利权，人民信从，必较公司为易，似可仿其货票之意制出膏票。"

至若干元以上，分别予以回扣，使凡作此项生理者，非以现银购票则无由得膏，其力能多购者，且可因票为利，自然不待招徕，行用普遍。官膏有数千万之出，膏票即有数千万之入，借膏行票，即藉票得银购土，辗转交易，自可循环不穷"。此法提出后，经传媒推介，流传甚广。尽管有言论不以为然，①但若结合郑折与庆折的做法，可不失为专卖良策。如上两法均不必筹措巨款即可推行专卖。度支部在筹款问题上对两宫欺饰，显然别有隐衷，所称待调查员回京后再议，似乎是借口拖延。

1908年8月下旬，赴各省调查洋土药的度支部司员先后回京销差。有关各方对京城动态极为关注，有报道称，度支部已经决定在全国举办专卖，咨告各省督抚早作筹备。②尚有多种报道也说明度支部有意举办专卖。③调查员返京一个多月后，度支部丞参厅突然拟稿上奏，坚决请求朝廷不可实行专卖。这是度支部对鸦片专卖的第三次正式表态。该部反对鸦片专卖的理由有三：其一，外人已经放弃租界的鸦片税收，中国若行专卖，迹近争利，必会招致外人反对；其二，度支部调查结果显示，吸食鸦片者数量已经锐减，按约收买洋药，必致浪费，无从销售；其三，国内警政并不完备，若行专卖，富家必有贮存，巡丁搜查必定多滋纷忧。④度支部警告说，"若一经专卖，专滋缪辕，且十年之限亦不能缩短，于禁烟本旨反形松懈，似不如乘此业经见效之时，力为扫除，其成功自必较速"。从这项历时一年的调查结果来看，各省土药的出产和贸易量并非想象的那样大。度支部丞参厅对调查数据进行汇总的结果见表1：

---

① 有人说，此法弊端在于"不能有信用也，即使有信用，洋药土药岂能收买尽绝耶？可谓想入非非矣"，见《禁烟问题》，《政论》第5号，1908年7月8日。
② 《禁烟问题汇志》，《盛京时报》1908年8月27日。
③ 《帮办大臣拟不简放》，《大公报》1908年2月12日；《度支部不准各省自办官膏》，《盛京时报》1908年6月13日等。
④ 《丞参厅九月初十日具奏覆奏查明各省洋药进口、土药出产及行销数目酌拟办法折》，中国第一历史档案馆藏，会议政务处档案全宗，财政67—89；朱寿朋编《光绪朝东华录》，第6001—6003页；《度支部奏洋土药产销数目及办法折》，《盛京时报》1908年11月6日。

表1　　1907至1908年度支部调查全国土药出产行销略表

单位：担

年度	出产数量	丞参厅的分析	行销数量	丞参厅的分析
1905	142698	互相比较，计三十三年份出产土药，比三十一、二年两年均减二成之谱。	141525	互相比较，计三十三年分行销土药，比三十一、二两年约减二、三成之谱。
1906	148103		135693	
1907	119983		97738	

资料来源：《（度支部）丞参厅九月初十日具奏覆奏查明各省洋药进口、土药出产及行销数目酌拟办法折》，中国第一历史档案馆藏，会议政务处档案全宗，财政，编号67—89。

据此可见，鸦片禁政的速度相当快。但是，时人估计和今人研究均表明度支部的调查结果难以令人信服。日本学者认为1905—1907年，每年土药的生产总量约在33万担，仅四川一省的产量就在20万—25万担，一省之产量即为印度鸦片输入总量的四五倍。① 时人的看法则相差较大。唐绍仪认为1906年全国鸦片的产量总数达到50余万担。② 英国驻华公使朱尔典估计能达到325270担。③ 国际鸦片调查委员会调查的结果是584800担。④ 1908年上半年，各省缩期禁烟并未实行，当时的产销数字与1906年相比应当不会有太大的变化。度支部调查结果公布前夕，《顺天时报》也公布了中国国内鸦片产量的调查数字，"亚洲鸦片出产，中国、印度、波斯三国每年共达四千万基罗，中国有二千万至二千二百万基罗"⑤。"基罗"系"公斤"之意，按照这项调查结果，中国国内的鸦片产量换算为"担"，按每担100斤计算，⑥ 约为40万至44万担。各种估计数字均超出度支部奏报的三倍以上。可见这次调查的质量似有重大缺陷。

---

① ［日］新村蓉子：《清代四川ァヘンの商品生产》，《東洋學報》1979年3月。
② 《北华捷报》1906年9月14日。
③ 《北华捷报》1908年7月18日。
④ *Report of the Internationnal Opium Commission*，Vol. II，1909，p. 57. 转见李文治编《中国近代农业史资料》第一辑，生活·读书·新知三联书店1957年版，第457页。
⑤ 《亚洲鸦片出产调查》，《顺天时报》1908年6月19日。
⑥ 时人在计算鸦片重量时，一般有几种重量单位，例如"担""箱"和"驮"等，以"担"为计量单位时，各地的重量有所不同，在官方公文中，"担"一般相当于100斤，但也有地方高于此数，例如云南，每担约为1600两，见秦和平《云南鸦片问题与禁烟运动》，四川民族出版社1998年版，第75页。

关键是各省督抚的怀疑态度。度支部的调查数字和结论公布两个月后，12月21日宁夏将军台布等人对该部调查结果大加嘲讽，称其为"官面文字"。他以宁夏和江西的调查为例，揭示出事情的真相：

> 查甘省者至八月半方到宁夏，彼时烟花早已收割净尽，无从清查，不过凭州县册报，并各税局征收捐税数目万不足凭。只宁夏满城，每年即非二十万两烟土不敷吸食，四十五担只七万二千两，并区区一满城尚不足，而谓全省本销止此，将谁欺乎？度支部只凭此报，遂谓吸食之人业经锐减。以目前情形计之，数年之内当可尽祛沈痼，朝廷若以此言为然，至十年限满之时，其损失不知伊于胡底矣。又江西之德化县，册报岁出土浆六百六十两，查上地一亩年出浆总在二百两上下，若如所云，是德化一县只有三、四亩地种烟，质诸路人，其谁信之！甘省与江西如此，他省之敷衍可知。①

台布此奏证明调查结果的虚假性。其实，度支部决不会相信这一遗漏百出的调查结果，而是另有所本。该部公开的主张比较含混，"为今之计，为民除害而不为民累，惟有隐寓专买之意，按照政务处奏定章程，凡贩烟之店、吸烟之人分给凭照、牌照，其不领照而私贩私吸者，从重惩罚，并将凭照、牌照各费按照臣部会同民政部奏定之数，酌量加重，一面分年分省全行禁种，以期缩短禁烟年限……并不于禁烟一事稍存筹款之意"②。

光明正大的言论背后，度支部既保住了鸦片统税为该部所控制，又拒绝了各省主张专卖和归省自办土药统税的要求。后来，为了继续征收较多的统税，度支部反对禁运邻省土药和裁撤统税税卡，态度顽固，③ 很能证明上述光明正大的言论远非其本意。

---

① 《宁夏将军台布等奏戒烟办法》，1908年12月21日，李振华辑《近代中国国内外大事记》，文海出版社1979年版，第446—447页。
② 《丞参厅九月初十日具奏覆奏查明各省洋药进口、土药出产及行销数目酌拟办法折》，中国第一历史档案馆藏，会议政务处档案全宗，财政67—89。
③ 刘增合：《鸦片税收与清末新政》，生活·读书·新知三联书店2005年版。

四　督抚再争

度支部反对专卖的决断，将自己置于各省督抚的对立面，部分省份对其主张颇表不满。尽管载泽权势显赫，各省督抚仍有不甘心帖服者，山东巡抚袁树勋首先起来表示异议。1908年10月袁氏仍旧提出官收洋药政府专卖的建议，① 电奏清廷应将专卖从速办理，"不惟大利可图，且可使烟患早绝"②。在政务处讨论该项建议时，多数人深表赞同，也有人认为各省情形有别，应征询各省意见。其间，度支部认为若举办专卖，光京师一地需款即达一千万两，难以筹措，于是极力阻止专卖主张。③ 会议政务处受度支部的影响，拟折准备缓办专卖，计划于10月24日入奏。军机大臣袁世凯、鹿传霖却从不同的角度加以驳斥，尤其鹿传霖以禁烟大臣的身份加以反对，迫使会议政务处大臣不得不推迟入奏。④ 专卖一事可谓复杂多变。

两江总督端方是对专卖事宜更为支持的封疆大员。早在禁政决断之前，郑孝胥就已献策端方，推行鸦片专卖益处很大，"余为午桥言制械之急，可议官包进口洋药，而加抽土药税，既为禁吸烟之预备，十年之内，所得足资制械之用矣。申言其理致，举座皆然之"⑤。郑氏此言对端方当有影响。端方督两江后，在接受日本访事员采访时对鸦片专卖颇感兴趣，认为"山西、陕西地方，童稚且有嗜好，骤行禁绝实不容易，拟仿贵国治台湾之法，一归政府专卖"⑥。江苏宁属地区的专卖事项直接在端方的规划下进行。后因英国阻挠，江宁专卖计

---

① 《禁烟问题汇志》，《申报》1908年10月6日。
② 《催办鸦片专卖》，《大公报》1908年10月22日。
③ 《官膏尚难专卖》，《大公报》1908年10月20日。
④ 《政务处议复禁烟折件之波折》，《申报》1908年11月1日。此折最终议覆的结果是拒绝该省督抚的建议，且看原文的措辞："至包买、专卖，迹近争利，窒碍甚多，度支部奏牍可稽，与臣等意见相同，应请无庸再议。"中国第一历史档案馆藏，会议政务处档案全宗，民政155。
⑤ 劳祖德整理：《郑孝胥日记》第2册，中华书局1993年版，第1051页。
⑥ 《最近要政之真相》，《华字汇报》第469号，1906年10月23日。

划深受影响，端方与外务部、英方交涉，阻力颇大，专卖一事暂被搁置。① 端方为此深感遗憾。

万国禁烟会期间（1909年2月1—26日），端方作为钦派万国禁烟会中方首席大臣，依旧力主实行鸦片专卖。会议之前，端方搜求有关专卖问题的材料，主张按照日本在台湾专卖办法办理，② 并准备在禁烟会议上提出。会议开幕时，端方致辞的主调即是建议以鸦片专卖来解决中国的禁烟问题。③ 他提出的以专卖手段处理禁烟的主张，并未遭到各国代表的反对，端方因而深受鼓舞。随后他建议清廷应拟具说略，以备会议讨论。他甚至有把握地说："现派出与议各员，皆一时之选，细心料理，必可有成。"④ 在端方授意下，蔡乃煌、瑞澂、刘玉麟等在上海参加会议的成员积极运动京师各部，多方游说，结果阻力重重，呼应不畅。度支部的反对态度尤为坚决，这从外务部的一系列来电中即可看出，"专卖必先包买，如归官办，度支部既不为然；如归商办，恐不能担任，设有巨亏，仍为官累，究竟有何善策，务先妥筹请示酌核"⑤。1909年2月14日度支部且专门致电端方，"上年本部奏调查洋土药销数，力言官膏专卖、包销洋药之不可行，业经奉旨允准，知照在案。此事应始终遵照奏（明）办理，万不可另生枝节，转滋缪戾，至要"⑥，坚决反对端方的专卖计划。

三天后上海与会人员给端方来电，对度支部阻挠专卖的原因揣测说："度支复电不以专卖为然，想系以财政困难，且虑包销洋药致受巨亏起见，不知实行之法寓禁于征断难见效"⑦。交涉之中，外务部见度支部反对坚决，也就撒手不管，并将责任诿于度支部，"专卖各

---

① 《光绪三十三年七月二十一日致外务部电》；《光绪三十四年九月四日致广州张制台电》，中国第一历史档案馆藏，端方档案全宗。
② 《光绪三十四年十二月初十日致东京胡钦差电》，中国第一历史档案馆藏，端方档案全宗，专34号，禁烟去电。
③ 李振华辑：《近代中国国内外大事记》，第568—569页。
④ 《宣统元年正月二十一日致北京禁烟大臣、外务部、度支部电》，中国第一历史档案馆藏，端方档案全宗。
⑤ 《宣统元年正月二十二日上海来电》，中国第一历史档案馆藏，端方档案全宗。
⑥ 《宣统元年正月二十四日度支部来电》，中国第一历史档案馆藏，端方档案全宗，专33号，禁烟事来电。
⑦ 《宣统元年正月二十七日上海来电》，中国第一历史档案馆藏，端方档案全宗。

节自为禁烟扼要办法，惟此事关乎财政，应由度支部主持，本部已咨该部统筹核复……官膏专卖事已由度支部迳复"①。万国禁烟会结束前夕，端方等人依然筹划专卖事宜，与度支部大唱反调，计划国内禁绝土药后，应仿照台湾专卖办法，仅对洋药实行专卖。②度支部对此颇感不悦，便在2月23日、24日郑重向端方提出若干质询，语气之严厉超乎寻常：

若全禁土药，专卖洋药，有数问题：一、洋土药味之厚薄、瘾之轻重迥不相同，东南各省虽吸洋药者多，而吸土药者亦不少，若不概令其改吸洋药，使（便？）是洋药瘾愈添愈多，何苦为之！

二、现在各省禁种罂粟，洋药价已奇涨，若议专卖洋烟，其价必更有增无减；

三、洋药不仅来自印度，若他国有私运，将何法以处之？

四、西北各省向无洋药输入，现第专卖，专为东南各省计，既西北各省可以骤断吸食，岂东南各省独不可骤断吸食乎……若认真禁止吸食，则吸食之人必锐减，按照现定洋药之数包买，所剩必多，作何办理……应亟亟以禁吸为先务，至于专卖窒碍甚多！③

直到上海万国禁烟会结束，端方等人的专卖交涉也未成功，度支部梗阻最力。不久，该部咨行各省、外务部、民政部等："（官膏专卖）窒碍甚多，易滋流弊，决议毋庸举办。"④

万国禁烟会结束以后，两江总督端方、江苏巡抚陈启泰再度吁请

---

① 《宣统元年正月二十五日外务部来电》，《宣统元年正月二十六日外务部来电》，中国第一历史档案馆藏，端方档案全宗。

② 《宣统元年正月二十九日上海来电》，中国第一历史档案馆藏，端方档案全宗；仿照台湾专卖办法问题，早在1908年下半年时，载泽就已经宣称：日本在台湾专卖官膏是针对殖民地的办法，与中国内地的情形不合宜。见《大公报》1908年11月11日。

③ 《宣统元年二月初四、初五日度支部来电》，中国第一历史档案馆藏，端方档案全宗。

④ 《阻止官膏专卖》，《大公报》1909年3月8日。

举办专卖。1909年3月清廷申禁鸦片,谕令各省如有抵补良策,奏上备采。借着这个机会,端方与陈其泰联袂奏请将进口洋药实行专卖。他们建议在京师或通商便利之区设立总公司,各省设立分公司,钦派烟膏专卖大臣督理其事,以各省督抚为帮办大臣,由此提出了颇具体系的专卖计划,并制定了详细的专卖规则。① 折上,摄政王载沣的态度是"甚以为然,当批该衙门妥议具奏"②。阅看此折的部门有度支部、外务部和禁烟大臣,三方协商时间较久,历时一个月,6月13日才拟折入奏,仍以度支部的意见为主。所列反对专卖的理由与度支部2月23日、24日的质询电基本相同。③ 有媒介称,度支部已将鸦片专卖列为最不认可的问题之一。④

继端方等人之后,吉林巡抚陈昭常也无视度支部的意见,郑重提出本省要举办鸦片专卖,"先行试办,俟有成效再行推及各省"。度支部官员大为光火,虽调取该省专卖章程详细查核,⑤ 最终并未同意。鸦片专卖必能为地方省份带来财源,封疆大吏甚至甘愿冒得罪度支部的风险,屡屡以此为请,但却不断遭到该部的议驳,说明各省督抚对专卖事务的影响力日渐式微。度支部从禁吸入手,反对洋药专卖的主张引起舆论的一片讨伐,有言论称度支部"莠言乱政"、居心叵测,并对该部所列的五个反对专卖的理由,逐一驳斥,义正词严。⑥ 这种看法与各省督抚的主张颇为契合,似乎是为某些督抚申诉怨气,与一般清议闲谈有较大区别。

禁烟大臣对度支部也颇有微词。各省督抚的专卖建议多以禁烟相标榜,度支部对专卖主张一再议驳,最终引起京师禁烟大臣的不满。

---

① 《遵办禁烟情形折》,《端忠敏公奏稿》卷14,文海出版社1967年版,第1688—1701页。
② 《续志江督奏陈烟膏专卖办法》,《申报》1909年5月2日。
③ 《度支部会奏议覆江督奏遵办禁烟各节并筹拟情形折》,《申报》1909年6月30日。如有不同,仅仅是所列问题的序号由原来的四个问题变为五个,将最后一句话列为第五个问题。
④ 《泽贝子不认可之三事》,《盛京时报》1909年3月18日。载泽不准各省举办三事:开办实官捐、举办官膏专卖和轻易借洋债,该部咨行各省不得以此为请。
⑤ 《官膏专卖之难行》,《大公报》1909年4月3日。
⑥ 《论度支部议驳烟膏专卖事》,《申报》1909年6月28日。

1909年7月下旬禁烟大臣溥伟在其禁烟例会上表示，禁售和查吸"非由官膏专卖办起无以挈其纲要，因与度支部商定办法，实行试办，以促禁烟之进步"①。次年2月中旬，该大臣仍催促度支部必须实行专卖办法，②度支部的态度可想而知。国内的禁烟成效屡遭人们指责，钦派禁烟大臣面临巨大的压力。恭亲王溥伟极力主持官膏专卖及强迫禁烟，但载泽强调从禁吸入手，反对禁运，致使禁烟大臣不得不对其质询，③矛盾十分尖锐。1909年后鸦片专卖或为筹款之术，或侧重禁烟，只有少数地区得以贯彻实施，④全国范围内因度支部梗阻，未能举办。

鸦片专卖是一面镜子，从中既可窥见清末内臣与疆吏在政治经济等方面的纠葛，又展示出督抚干政的一般方式和影响力度。为了干预中央对鸦片专卖的决策，各省督抚、要员处心积虑，飞章奏报，彼此之间声气应求，与朝臣同道相互援引，造就声势，对朝廷决策构成一定的压力。他们公开的说辞是以专卖良策推行鸦片禁政，背后的意图则是谋求筹款，扩张地方财政。鸦片专卖虽然是禁烟的要策，但财政利益的协调却是一个关键问题，在中央利益与地方利益互分畛域的背景下，这一矛盾颇难调处。事关财政利益，度支部的态度既不可绕越，更不能忽视。该部尚书载泽等新兴权贵因圣眷优隆，根基深厚，又不为浮言所动，坚毅而且固执，鼎力维护中央财政利益，完全能够抗衡来自各方的压力。地方督抚虽以各种方式干预决策，影响朝政，终究敌不过载泽一派，督抚干政确有其难以逾越的限度。各方围绕专卖决策输攻墨守，背后目的与公开说辞之间的关系十分微妙，值得深入探究。

---

① 《主张官膏专卖》，《大公报》1909年7月21日。
② 《拟催办烟膏官卖》，《大公报》1910年1月15日。
③ 《鸦片烟之命运》，《大公报》1910年7月9日。
④ 就各省情形来说，四川省在禁烟后期实行了鸦片专卖，促进了禁烟的有效实施；其他省份的个别地区有所实行，例如奉天、吉林、山东的部分地区等。另外，官膏专卖的替代形式则有多种多样，例如，土药公行制度就在较多地区获得实行。洋药情况相对特殊，真正的专卖制度未见实行，替代性的措施也导致中外鸦片商人和英国使领人员的干预，较为曲折，容另文专论。

清末外省的鸦片专卖

清末禁烟时期，鸦片专卖作为筹款和稽核吸食的要策被朝臣和各省督抚所重视。作为掌控中央财政大权的中枢机构，度支部基本上主张维持土产鸦片（土药）统税制度，反对各省推行专卖的要求。各省极力推崇专卖做法，希望借此暗中抵制中央主办的鸦片统税制度。京师地区受控于度支部，运作空间较狭，难以有所展布。而各省则高举禁烟旗帜，或侧重筹款，或注重禁烟，或兼涉两端，规划的形式多种多样，在度支部否决专卖之前，① 纷纷筹划实施鸦片专卖计划。正当各省规划实施之际，英国驻华公使和各地领事横加干预，度支部、外务部再三阻挠，各省的鸦片专卖行动不得不偃旗息鼓，只在个别地区得以实施。这一事件折射出的信息非常复杂，值得解读和研究。

根据目前掌握的资料，进行鸦片专卖筹备或部分实施的有 15 个省份：江苏（苏、宁两属）、广东、四川、山东、奉天、浙江、吉林、福建、湖北、贵州、黑龙江、湖南、江西、安徽、直隶。② 各省在筹备中互有联络，专卖方式各有千秋，英人干预的力度、筹备或实施的方式也不相同，成效自然大相径庭。

本文选择省份，首先根据鸦片专卖筹备、实施、结局和阻力等各种主要因素的综合作用来分类；其次，限于史料，对被选省份的分析

---

① 关于度支部否决鸦片专卖以及京师地区筹划专卖事宜的详细论述，参见刘增合《鸦片税收与清末新政》第三章，生活·读书·新知三联书店 2005 年版。
② 依据的史料主要是当时出版的报刊以及时人的记述，报界对各省关于鸦片专卖的报道较多，本文统计各省情况多依据这类报道。毋庸讳言，这种统计方法遗漏必然较多，但在没有占据直接有效的史料前，选择这种方法大致可以对据以考察的历史对象的轮廓做出描述，应是可行的。

详略有别,唯求将主要的特征作大略分析;最后,鉴于有关省份目前研究的实际情况,本文采取不同的对待办法,以求详人所略。① 根据上述设想,本文着重分析江苏、福建和山东省3个专卖形式不同的省份,以管窥清末地方与中央财政关系的复杂状况以及英国顽固维护本国鸦片利益的本质,亦可揭示清末鸦片禁政时期社会改良与财政需求之间的紧张和对立。

一 江苏:两种专卖模式的波折

江苏省包括苏属和宁属两部分,江苏巡抚衙门设在苏州,两江总督衙门则设在江宁,形成两个不同的行政区域,两者在很多方面差别较大。就鸦片专卖来说,尽管两属互有联系,但由于种种原因,双方还是实行了不同的政策。

江苏省的鸦片专卖筹备在各省中属于较早的地区。1905年5月,两江总督周馥就曾派郑世璜等人赴印度考察鸦片专卖事宜,11月周馥向清廷奏请专卖鸦片。② 当直隶省开始进行专卖的具体筹备时,江苏也开始进入宣传筹备阶段,③ 1906年2月上旬,舒继芬向江督提出专卖筹款的方案,要言之,就是采取"款由商集,权自我操"的办法,并申明这一方案的优势在于"既易稽查,又便周转,不筹本而利自厚"④。但该省较长时间内专卖的筹备活动并无实质性进展。端方督两江后,在接受日本大阪访员采访时,对鸦片专卖颇感兴趣,认为"山西、陕西地方,童稚且有嗜好,骤行禁绝实不容易,拟仿贵国治台湾之法,一归政府专卖"⑤。于是,江苏两属分别在各自的区域内,

---

① 关于广东省以及四川省鸦片专卖的情形,已有学者做过相当深入的论述,见王宏斌《清末广东禁烟运动与中英外交风波》,载氏编《毒品问题与近代中国》,当代中国出版社2001年版;秦和平《四川鸦片问题与禁烟运动》,四川民族出版社2001年版。
② 中国第一历史档案馆藏,政务处第2794号档案,政务处档案,此档无标题,形成时间大约是1905年12月;《江督咨户商两部请将鸦片归官专卖》,《申报》1905年12月4日。
③ 《南省鸦片官卖先声》,《申报》1906年2月1日。
④ 《舒继芬观察条陈江督拟官收洋药筹备资本办法》,《申报》1906年2月11日。
⑤ 《最近要政之真相》,《华字汇报》第469号,1906年10月23日。

探讨鸦片专卖的不同做法。

1907年2月初,江苏巡抚陈启泰出于禁烟需要,决定在省城设立官膏局(负责稽征官膏事宜),委派卢懋善为该局提调,进入具体筹备阶段。① 苏抚对香港专卖做法极为重视,迭次电令上海道台调查香港专卖的有关章程,② 以求对本省的稽征官膏做法加以完善。1907年4月9日,苏省禁烟总局在苏州发出告示,对原来征收膏捐的做法进行改革,不但将其纳入官府控制,而且增加捐款数量,每膏1两收捐钱50文。③ 此令一出,土商立即酿出风潮,广帮土商带头坚决反对,迫使捐价减收10文,并免去卢懋善的提调职务,风潮始息。④ 苏属地区的专卖由此大受影响。7月初,苏省接到端方的札文,希望苏属也要按照宁属专卖办法,设立官膏局,以机器熬制烟膏推行专卖。⑤ 但由于筹款困难,专卖烟膏事宜迟迟未决。9月中旬,6位绅士联合起来,筹措巨款希望在省垣设立官膏总局,专门办理长、元、吴三县以及太湖厅四属的官膏专卖事宜,并许诺每年向官府报效10万两,⑥ 此事长期议论不决。11月初,英国驻上海总领事阻止苏属专卖鸦片,虽经数次交涉,英人仍依据条约不肯允诺,加之广帮土商对苏属鸦片专卖暗中阻挠,与洋人串通一气,导致中英双方争执不休。1908年2月下旬,苏省决定仍旧实行烟膏加捐的做法,并移交商办,实行包税制办法。⑦ 苏属实行逐步减少销量增加捐价的做法,更能与以往的鸦片征税机制相衔接,并带有"为禁烟而加捐"的气息。苏属在推行包税制的过程中曲折颇多,包税商唯利是图,致使征收膏捐的弊窦丛

---

① 《苏抚派员设立官膏局》,《申报》1907年2月6日。苏省设立的官膏局,在有关报道中有时被称为"稽征官膏总公所",该所兼管禁烟事宜。
② 《调查香港、台湾禁烟章程》《电催香港禁烟章程》,分别见《申报》1907年2月27日、4月13日。
③ 《禁烟示谕》,《申报》1907年4月11日。
④ 《烟馆大集会议之余闻》《议通烟膏加价办法》《烟馆聚众风潮已平》,分别见《申报》1907年4月16日、17日、18日。
⑤ 《江督札饬设立官膏局》,《申报》1907年7月6日。
⑥ 《苏省专卖官膏已有成议》,《申报》1907年9月13日。
⑦ 《英领诘问专卖官膏》《英领又请停办官膏》《催办官卖公膏公司》《膏捐移交商办》,分别见《申报》1907年11月12日、12月29日,1908年2月5日、23日。

生不绝,以致土商数度哄闹,风潮迭起;① 再加上候选道许珏向清廷条陈说,苏属膏捐由商办理,贻误地方禁烟,所以,6月29日以后不得不收归官办。② 从此以后,苏属对官办膏捐进行改革,"决议自本年起,每年减售烟膏一成,每两再加捐钱十文",即在原来40文的基础上加收至50文。③ 这种加捐方法实行了两个半月后,禁烟公所官员认为,膏捐增加10文,不足以达到禁烟的效果,于是决定从1908年11月9日起,每年减销2成,膏捐加至原来的2倍,计每两共征捐钱100文,④ 均由吸食者负担。这种变相的专卖办法一直延续下来。

江苏宁属地区的专卖事宜直接在两江总督端方的规划下进行。与苏属相比,专卖筹备的路径颇有区别,采取的是台湾鸦片专卖制度。端方饬令江宁府对本区的土药、土膏店经营情形详加了解,官府传集该商开会研讨,预计专卖经费至少需100万两。经与商人讨论,确定由土商承担2/3。关于专卖机构,两江总督决定在省城设立总公司,各府县镇设立分公司,各土商设立子店,由土商子店向总公司或分公司批发承销,零售给吸食者。⑤ 如上业务均由新成立的江宁官膏局管辖领导。该局制定了江宁鸦片专卖章程,仿照日本在台湾的专卖规章,注重招商承办,土药和土膏虽由官府负责专卖,但限于资本,只得征求"资本较充、众望素孚者"出款承办,由官府发给营业牌照,征取牌照费和营业税。⑥ 这一办法仅限于在江宁府试行。不久,端方又批准在徐州设立官府所办的烟店土行,并设立戒烟专卖官膏分局,委派翁德为该局坐办,截留徐州土药税款3万两作为开办经费,使土药生产区也可以推广专卖办法,⑦ 另外在镇江也批准设立官膏局,对

---

① 《各帮烟店反对包办膏捐》《拒烟会请撤膏捐董事》,分别见《申报》1908年3月25日、4月1日。
② 《苏省膏捐收归官办》,《申报》1908年7月2日。
③ 《苏省准加膏捐》,《申报》1908年7月16日。
④ 《禁烟公所加征膏捐》,《申报》1908年11月2日。
⑤ 《议行专卖烟膏政策》,《盛京时报》1907年5月4日。江宁官膏局的全称是"江南戒烟筹办专卖官膏局",负责收购鸦片、售卖烟膏和戒烟事务。见《江督示谕官膏专卖章程》,《申报》1907年8月2日。
⑥ 《江宁官膏专卖章程十条》,《申报》1907年4月29日、30日。
⑦ 《批准设立官办烟店土行》《截留膏捐以充官膏分局经费》,分别见《申报》1907年5月12日、8月16日。

烟膏进行专卖。① 至于江宁官膏局开办的经费，端方决定先从裕宁官银钱局筹备官本银50万两，② 又在筹赈局赈余项下拨借钱4万串，③ 此外，还从江宁运库借盐税款项10万两，"分六月初、七月初两次交清，俾官膏局可以立时开办，以应急需"，款进展顺利。④

正当筹款工作紧张进行时，扬州府属的清江等处却违背鸦片专卖归官府经理的原则，电请招商承办，被端方加以制止。⑤ 8月初，江宁土商老德记等10余家计划申请成立土药公司，由他们购进土药，供给官膏局使用，并建议按照成本加收7厘后批发给官膏局。端方鉴于官膏专卖的利润受到损害，对其建议和章程立予驳斥，⑥ 拒绝了这些土商的要求。通州禁烟会作为民间组织也曾计划办理"官膏"，同样被端方驳回。⑦ 这样一来，江宁经营专卖事宜得罪了不少绅商，阻挡了他们赚钱的途径，因此向度支部和民政部迭次控告。度支部不得不来电质询，均经端方妥善地加以解释，或阴相抵制，或坚持原案。⑧ 上海宝山县罗店镇绅士潘鸿鼎本想设立官膏公所，被苏省藩司拒绝，故上告民政部。该部追查后，端方指责说，该绅"实不知命意所在"，"未免误会，不足置辩"⑨。江宁方面基本扫清了国内各方势力的阻碍，专卖工作准备就绪。

恰在此时，英国使领馆人员认为江苏官府举办的鸦片专卖行动对洋药贸易构成侵害，由此横加阻拦，酿成中英外交事件。事情缘起，系上海、江宁的洋药商人中势力较大的潮帮、广帮对江苏鸦片专卖耿

---

① 《批准设立官膏局》，《申报》1907年5月23日。
② 《江督示谕官膏专卖章程》，《申报》1907年8月23日。
③ 端方札知藩司，首次先借钱12000串，陆续拨借4万串为止。《饬拨官膏经费》，《申报》1907年7月23日。
④ 《光绪三十三年五月二十日复扬州赵运台电》《光绪三十三年五月二十日给汉口督销局范道台电》，中国第一历史档案馆藏，端方档案全宗，专34号，禁烟去电。
⑤ 《光绪三十三年五月二十四日给清江杨道台电》《卅三年五月二十四日给苏州陈抚台电》，中国第一历史档案馆藏，端方档案全宗。
⑥ 《批驳开办土药总公司之章程》，《申报》1907年8月7日。
⑦ 《卅三年六月二十九日给通州恩直牧电》，中国第一历史档案馆藏，端方档案全宗。
⑧ 《光绪三十三年五月初四日电度支部》《卅三年五月二十七日给度支部电》《卅三年六月初二日给北京度支部电》《卅三年五月二十七日给柯逢时电》，中国第一历史档案馆藏，端方档案全宗。
⑨ 《卅三年七月二日给北京民政部电》，中国第一历史档案馆藏，端方档案全宗。

耿于怀，勾结老、新沙逊洋行，试图借英国官方力量干预专卖事宜，并私下达成攻守协议，决不向江宁官膏局售运洋药。① 上海老沙逊洋行更是对中国推行鸦片专卖怀恨在心，他们不但饶舌英国驻上海总领事，而且向英国政府要人提出控诉，之后又奔走串联于各个土行。在发给各个土行的传单中，老沙逊洋行声称，驻华英使决不让中国人的鸦片专卖得逞，"常马雷君已有信给本行爱德华·沙逊君，云渠已与伦敦外务部合办鸦片之问题，于专卖之事自当更加仔细留意，断不能使其设立也"②。

事情发生后，中英双方立场对立，各自依据有关条约据理力争。英方意见在英国驻华参赞黎枝（斯蒂芬·利奇）所作《中国禁烟事宜说帖》一文中有所反映。该文援引《南京条约》和1858年的《中法条约》说，"英国商民在粤贸易，向例全归额设行商亦称公行者承办，今大皇帝准其嗣后不必仍照向例，凡有英商等赴各该口贸易者，勿论与何商交易均听其便"，"将来中国不可另有别人联情结行、包揽贸易，倘有违例，领事官知会中国设法驱除，中国官宜先行禁止"。根据上述约章，英方认为，中国举办鸦片专卖"固非尽力禁烟，殆欲藉以谋己利耳"，声称："中国若未得有约各国之承诺，断不能使洋药付之官卖。"③ 英国驻华公使朱尔典亲自到外务部官署，称中国方面实行专卖显系违约之举，英国政府决不承认，"前有答复洋药十年减尽之办法，于贵国禁烟之举足有把握。倘两国尚未商定，南京即于八月初一日开办专卖，系贵国自行破坏，所有以前答复各节概须另议，务电嘱南京停缓办理"④。

中国外务部与英国驻华公使多次交涉，并致函端方了解有关情况。端方此前尚有侥幸，因为英国驻宁领事已经阅看江宁专卖章程。

---

① 《光绪三十三年七月廿一日致外务部电》，中国第一历史档案馆藏，端方档案全宗。
② 《英国对于中国专卖鸦片之函牍》，《申报》1907年8月28日。
③ 《驻华英使朱尔典致英外部大臣葛雷公文（附：使馆参赞黎枝："报告中国禁烟事宜说帖"）》，1907年11月27日由中国北京发，英国蓝皮书（为中国禁烟事）》，《外交报汇编》第29册，台湾广文书局1964年影印版，第49—51页。
④ 《光绪三十三年七月二十七日外务部来电》，中国第一历史档案馆藏，端方档案全宗，专31号，禁烟事来电。

并未提出异议。① 接到外务部咨文后,方知事态严重。1907年8月29日专门致电外务部,也据有关条约驳斥英人的要求。端方援引《中英善后条约》的第五款规定"洋药准其进口,惟该商止准在口销卖,一经离口即属中国货物,只准华商运入内地,外国商人不得护送";《天津条约》第九条中规定的英民持照前往内地通商以及二十八条规定内地关税之例也与洋药无涉;《烟台条约》第三条也规定"洋药一宗准为另定办法,与他项洋货有别,令英商于贩运洋货入口时,由新关派人稽查,封存栈房或趸船,俟售卖时,洋商照则完税,并令买客一并在新关输纳厘税,以免偷漏";制定较晚的《烟台条约续增专条》第三节明确规定:在完纳正税、厘金之后,货主可在海关将洋药拆改包装,如果此时请领运货凭单,海关即当照给,这类运货凭单只准华民持用,而洋人牟利于此项洋药者,不许持用凭单运寄洋药,不许押送洋药同入内地。端方认为,洋药向来自有专门规定,与他项洋货不能并论。英使所引《江宁条约》第五款、法约第十四款皆系指各项洋货而言,与洋药无涉。具体到江宁的专卖,端方称:江宁专卖官膏局规定,各土商凡是自行贩运药土者,应一律准其承办官膏用土,由局给予营业牌照,不收照费,以后所运之土专由官膏局向其收买,门市不准擅售,这一规定目的在于配合禁烟,"江宁现在办法实与条约无悖,英使所称不无误会。求钧部将以上所陈婉商英使,乞其赞成,以敦睦谊,中国幸甚"②。

但清廷外交疲软无力,仰人鼻息,③ 惮惧英人,又怕英国毁约,只好阻止江宁方面暂停专卖,端方也就只得暂时放弃,静待外务部与

---

① 《卅三年六月二十九日给上海瑞道台电》,中国第一历史档案馆藏,端方档案全宗,专34号,禁烟去电。
② 《光绪三十三年七月廿一日致外务部电》,中国第一历史档案馆藏,端方档案全宗;《照复官膏办法无碍土商》,《顺天时报》1907年9月13日;《江督力争实行官膏专卖》,《顺天时报》1907年9月15日。端方派官膏局总办孙诃臣赴汉口与张之洞议商此事,张之洞也认为"此事并无违约,不容外人干涉,尽可先由江宁试办,无庸过虑"。
③ 《申报》专门刊文痛斥外务部对英交涉无力,见《综论中国之外交》,《申报》1908年3月21日;类似的批评也见《论中国外交家有八诀》,《盛京时报》1908年4月8日;胡思敬《国闻备乘》卷2,"教案","外务部媚夷"等各部分,荣孟源、章伯锋主编《近代稗海》第1辑,四川人民出版社1985年版,第253、250页。

英人谈判。① 此后端方对外务部不无微词,一年之后,他对人说:"外务部电以专卖烟膏一事正拟与英使妥商,现当未定办法之际,江南专卖之举务希缓办等语,因此停办。驻沪英领曾有照会来询,取设局章程,尚无明阻之语,徒因部电不允施行,因而作罢。"②

中英议商专卖迟迟不见结果,度支部又对各省专卖加以阻拦,江宁只能借鉴苏属办法,以税捐增浮来筹措款项,并达到禁烟目的。1908年5月江宁财政、官膏、自治3局协商后决定:"每售烟膏一两,酌定捐钱三十文,按旬收缴,解交财政局,充作戒烟及省垣要政之用,系为寓禁于征、藉资稽考起见。"③ 为了进一步对鸦片吸户、土膏经营者控制,后来宁属又发放牌照,增加监控力度。1909年7月底8月初,英方对这种限制性的禁烟措施提出抗议,蛮横声称这是"有意抑勒","难昭平允,并有违条约","应请贵部院转饬该管局,明白晓谕军民人等,此项新章不过仅为中国土膏而设,与印度鸦片决不相干,以保例准通商之自由"④,英人这次抗议的对象虽是针对苏属地区,由于江宁实行同样的控制办法,自然也受到英方的干预。

江苏鸦片专卖在全国的呼声最高,最终未能按照既定方案实行。度支部、外务部的阻拦是专卖流产的要因,英国政府刻意保护印度鸦片利益则是关键。国内鸦片商帮(以广帮、潮帮为首领)与英国鸦片商人相勾结,英国驻华使领受其唆使,力为保护,专卖之举最终放弃。江苏省的专卖起因、阻力和结局,在东部各省份中较有代表性,成为东部地区洋药消费省份鸦片专买曲折历程的一个缩影。

二 福建:绅商积极介入

根据度支部1905年、1906年、1907年三年对福建省鸦片出产的

---

① 《光绪三十三年七月二十一日致外务部电》,中国第一历史档案馆藏,端方档案全宗。
② 《光绪三十四年九月四日致广州张制台电》,中国第一历史档案馆藏,端方档案全宗。
③ 《江督批定各州县膏店收捐办法》,《申报》1908年5月5日。
④ 《驻沪英领干涉禁烟执照》,《申报》1908年8月3日。

调查统计来看,该省出产的鸦片分别有1500担、1514担、1324担,产量远远低于鸦片主产省份,土药消费主要来自外省。3年期间,洋、土药销售量对比如下,6600∶6000;7007∶6324;7064∶5334,①相比而言,洋药消费数量较大。福建省若要跟随全国兴起的鸦片专卖潮流,洋药问题的处置是一个较为敏感的问题,英方的阻挠难以绕越,面临的风险仅次于广东和江苏两省。②

1907年8月前后,各省遵照清廷谕令先后禁闭本省的烟馆,多数省份提出用专卖方式来控制烟土和烟膏的销售。福建省在这种情况下开始酝酿鸦片专卖问题。

该省专卖的重要特点是官府处于被动状态,巨绅富商则积极主动,极愿包揽,多次参与专卖事宜。1907年5月,福建禁闭烟馆任务基本完成。③闽省商人认为,官府虽欲行专卖,但资金不足,所以"善营利者均挥其敏腕运动官场,以冀博得专卖之利益",随后本省时有商人招股承办的传闻。厦门某巨绅提出,愿出巨资包办全省的烟膏专卖,许诺每年向政府交款30万元,以取得对专卖的控制权。④虽经不断钻营和磋商,最终成为泡影。10月,又有厦门某富绅计划集资50万元,包办漳、泉二府的烟膏,成立烟膏专卖局。并且对官膏的等级和定价也有所计划,"局价分为上、中、下三等,上等一两二元,中等一元六角,下等一元二角,烟灰仍由官局收回,每两约计三、四角,无论华洋人等均不得私煮私卖"⑤,这一计划准备提请福建巡抚批示,但却未见下文。

---

① 《(度支部)丞参厅九月初十日具奏复奏查明各省洋药进口、土药出产及行销数目酌拟办法折》,中国第一历史档案馆藏,会议政务处档案,编号61—89。
② 1911年年初广东禁烟总局官员许珏根据洋药消费的数量,对有关省份作了一个排序,"查向来洋药销数,广东与江苏为最多,闽浙次之,沿江赣皖各省又次之",见许珏《上督院禀交卸禁烟局差并请赴江苏将牌照捐联络开办》,许珏撰《复庵遗集》,清末民初史料丛书第49种,(台北)成文出版社1970年影印本,第486页。专卖鸦片的风险是一个模糊不清的概念,从大的方面来看,有清廷及本省的政策风险、本省洋土药商人的反对或支持的力度、外人介入反对的程度、禁烟风险的程度等,此处判断考虑了上述因素的综合作用,系相对而言,资料所限,无法进行量化比较。
③ 《闽督奏报禁烟成绩》,《申报》1909年5月28日。
④ 《闽商愿缴巨款包办烟膏专卖》,《申报》1907年8月31日。
⑤ 《包办专卖官膏之办法》,《申报》1907年10月24日。

1907年冬季，福建省财政机构决定仿照苏省办法，对售卖烟膏的业主加收膏捐，每个业主每天缴纳膏捐银6角，计划于1908年2月7日起实行加捐，并刊发传单广为宣传。该项计划实施后，绅商巨贾见有利可图，积极运动其中。某巨富准备募集巨款承包烟膏官局，许诺的条件是"每年所得息银以五成充铁路经费，三成充学堂及去毒社之用，二成为该局用费"①，要求财政机构刊给谕文，这份申请报到财政机构批示，却不见结果。7月，又有泉州人李秉仪等5人联合起来运动于官府，要求包办本省的鸦片专卖，并称获得该省藩司的准许。在筹资计划中，日本的三井洋行积极提供资金支持，"随时垫付，议定额限五十万至一百万，以洋药作抵，九八折收银，四十日内不计利息，逾期则按日计息"②。章程确定鸦片专卖的方针是"官督绅协商办"，并将专卖机构命名为"福建全省洋药专卖公司"。正当举办之际，李秉仪却因假冒商号名义到处招股筹款，被福建省商会查处，三井洋行也借端收回投资，③该专卖计划又不得不夭折。

福建省的禁烟成绩在各省中颇为卓著，官设戒烟局与民间去毒社互为支持是一个主要的原因。各地广设戒烟局，每县多有去毒分社。尽管去毒社的经费多数由官府筹款补助，④但时有困绌之虞。这是某些州县筹议专卖鸦片的主要背景。福安县的专卖筹划就是其中的代表。1909年3月初，该县以绅商集资承包的方式办理烟膏专卖，由在城的4家殷商富户集股，首先在县城设立专卖局，然后在各乡镇设立分局，原有的烟膏店随后一律闭歇，售卖烟膏的业务由专卖局统一经营，"烟户须持所给购烟牌照，逐日赴官膏局，按数填买"，规定每两官膏的售价在原定价基础上增加200文。专卖的收入，除了支付局用开销和上交官府原定的膏捐数额外，其他盈余，拿出7成用于支付去毒社、戒烟局的经费，其余3成用于酬谢股东及办事人的辛劳。⑤限于史料，此项专卖的具体情形不详。

---

① 《禀请包办清膏官局》，《申报》1908年2月15日。
② 《鸦片专卖之怪现状》，《申报》1908年7月6日。
③ 同上。
④ 《闽督奏报禁烟成绩》，《申报》1909年5月28日。
⑤ 《试办专卖清膏官局》，《申报》1909年3月9日。

由于福建省属于洋药消费大省，不管以何种方式举办专卖，英人一般会持反对态度，折中的办法是仿照苏省运作的模式，烟膏经营由官府加以控制，并增加膏捐价格。就全省来看，这一做法各地实行的时间不同，福州办理较早，厦门较晚才实行此项烟膏加价，每年的收入约计千元，数量不大。即便如此，英国驻厦门领事仍对此项措施耿耿于怀，1910年12月底，该领事照会厦门官府，指责有关措施违背《烟台条约》，要求撤销此项膏捐。主管官员郭月楼在答复英领的公文中说，"福州已抽膏捐多年，且所抽在膏已成熟之后，并不背约"，严词拒绝英人的无理要求。英国领事仍强烈反对，① 估计此项膏捐也化为泡影。

三 山东：筹款导向的专卖行动

山东省系鸦片产区，在北方省份中，产量居于前列。从行销比例来看，土药与洋药相差悬殊。根据度支部对1905—1907年三年各省鸦片行销状况的调查，山东省的洋土药之比分别是440∶5217，627∶6319，375∶2489，洋药数量约占土药的1/10。

该省筹备和设立专卖鸦片机构始于1907年9月。为了控制烟膏销售的数量，省垣首先成立土膏专卖局，按照巡抚衙门的统一部署，各地州县也派遣委员会同地方官逐步开办，烟膏销售业务由官膏局加以控制，土药销售则由各地分设的土行来管理。原来的土庄在此以后或承办官土，或承销官膏，分别纳入官方控制的范围之内，在筹备过程中，官府希望增加牌照费数额，而土商则希冀尽量节省费用，双方相持不下，个别土商甚至有抗不遵办者，② 后来不得不变通处理。

官膏局是专卖鸦片的机构，京师和其他省份多将其置于禁烟总局的控制之下，以配合禁烟稽查的实施。山东省的官膏局多数却以盈利为目的，时人讽刺说，"官膏局之设立，不过以寓禁于征之善名藉筹巨款，于杜绝烟害绝未注意"，"惟恐吸烟者之日少而巨款难筹，乃

---

① 《英领事续请撤销膏捐》，《申报》1910年12月31日。
② 《土膏官卖尚难就绪》，《盛京时报》1907年9月10日。

为掩耳盗铃之计"①，该省以专卖为盈利的做法，主要表现在以下几个方面：

其一，烟馆改为官膏店，换汤不换药。省城济南在禁闭烟馆之前，全城有烟馆五六百家，闭歇之后多数改为官膏店，名义上是推行鸦片专卖，实际上则是以筹款为目的，私人烟商借此继续营业，私吸私贩的现象司空见惯。

其二，禁烟总局与官膏局互相配合，为盈利大开方便之门。专卖开始阶段，禁烟总局将吸食牌照分为4等，上等纳洋银10元，然后依次是8元、6元、2元，希图对烟膏吸食的数量加以限制，这项高额的收费由于受到烟民的抵制，官府也担心官膏销量受到影响，因此收费额度不得不调低，以迎合筹款需要。

其三，官膏店与官营土行章程形同具文。该省的官膏店章程规定，每店每年缴纳牌照费5两，后来担心领取牌照者太少，影响官膏销路，就改为几个人可以合伙领取1个经营牌照；官府虽有稽查之责，但莱州府属的官膏分局并不稽查，官膏店与烟馆无异。各地官土行的章程规定，售烟土1两，缴制钱240文，比江宁多3倍，致使土商抵制这一规定。后来不得不加以变通，改为每县每日缴纳制钱50千文。按照此数来计算，全省每年可得200万串巨款。② 这种暗中取利的专卖办法迭遭世人诟病，报界也大加痛斥，开办不足1年，恰逢度支部勒令各省停办，③ 该省的专卖事业亦随之停办。

停办官膏之后，该省财政大受影响。巡抚袁树勋早在1908年9月下旬就上奏清廷，要求在各省实行包买洋药、专卖官膏，"于禁烟之中仍寓筹款之意"。该折比较详细地论述了这两种专卖的设想。关于包买洋药，奏折分析说，前驻墨参赞梁询曾论及这一办法，④ 现在洋药进口已经定额，每年包买经费需银2000余万两，担心经费困难，

---

① 《山东（禁烟要闻汇志）》，《盛京时报》1907年10月16日。
② 同上。
③ 《阻止官膏专卖》，《大公报》1909年3月8日。
④ 见《申报》于1905年12月28日刊发的《商部咨各省督抚文（为晓谕赴墨华工及官卖鸦片）》，中国驻墨西哥参赞梁询提议官膏专卖中，有包买洋药之说，商部的意见是基本同意，要求各省督抚讨论研究。

"或由国家举行公债票,仿照北洋办法,令官商一律认购;或暂借洋款,按年认真分期归偿"①。关于专卖官膏的做法和效益,该折更有深入的分析,"国家在上海或汉口设立专卖官膏总局,用外洋机器熬膏,装箱分发各省,设所专卖,酌定价值,递年加增。售膏须参商法,多用司事,少用委员,以免浪费。购烟之人必须领牌,报明吸数,方准卖给维时","土药既绝,洋药又复由官包收,舍官膏无可购吸,而又递昂其值,不独贫民无力吸食,穷乡僻壤无从购买,即殷实之户亦必力难持久,计必日少一日,将不及十年,而吸烟之户不禁自绝,倘恐十年限满,销售不完,即以余土留配药料,化无用为有用";至于专卖的效益,他说:"烟膏专卖余利必巨,不但可以弥补借款利息,且可稍补洋土药税厘之阙。"② 9 月 25 日,会议政务处与度支部研究后,做出答复:"至包买、专卖,迹近争利,窒碍甚多,度支部奏牍可稽,与臣等意见相同,应请无庸再议。"③

京城内外对专卖鸦片皆有不同的看法,禁烟大臣从其职责出发,极愿各省举办专卖,此且不论,即便各省对度支部反对专卖的立场亦啧有烦言。不顾上层反对禁令,硬行举办专卖者也大有其人,山东巡抚袁树勋即是其一。1908 年 11 月下旬,该省禁烟总局与筹款总局秉承袁树勋的旨意,共同研究新的土药专卖规章,决定省城内外共保留土庄 11 家,官为控制,城内 8 家,每家各缴底税 1200 两,城外 3 家,每家各缴 800 两,共计 12000 两。吸烟者必须购办执照,使用期为 3 个月,届满必须换领新照,购买烟膏必须登记,并逐步递减。专卖的初步计划是试办 1 年,④ 并准备向各州县推广。在扩大这一专卖

---

① 《山东巡抚袁树勋电奏禁种罂粟包买洋药专卖官膏折》,中国第一历史档案馆藏,会议政务处档案全宗,编号民政 155。

② 又见《袁中丞奏称禁烟政见》,《盛京时报》1908 年 10 月 11 日;《禁烟问题汇志》,《申报》1908 年 10 月 6 日。

③ 按:这种答复系官样文章,实际上,会议政务处多数大臣较为赞同袁树勋的看法,但度支部反对甚力,不得不如此;袁世凯和鹿传霖的介入,更使得事情复杂化,会议政务处各大臣本来已经将折件拟就,被袁和鹿两人大加驳斥后,诸臣六神无主,不得不延缓上奏,后因度支部坚持原议,不可动摇,袁树勋的建议最终被否决。见《政务处议复禁烟折件之波折》,《申报》1908 年 11 月 1 日。

④ 《实行禁烟之新政策》,《盛京时报》1908 年 11 月 28 日。

的实施范围时,也有的州县不准备推行专卖制度,而愿意采取对土店一律关闭的政策,袁树勋反对这种激进的政策,他解释说,这次专卖与以前不同,"并不以销数多寡为各牧令考成,业经札饬筹款局通饬遵办在案。仰仍分饬所属,善体此意,分别情形斟酌办理,毋得但图省事为要"①。所以各地州县很快即开始举办。

专卖计划开始后,各州县原来的官营土店改成官膏店,允许商人参与经营,只准卖膏,不准卖土。全省在省城济南、青岛和烟台3处设立公行,"藉公行以为总汇,而后外土、本土皆有归属,不能私行买卖"②。这种设立土药公行的做法,与江宁所定专卖规章相类似,该项规章即含有土药公行的相关规定。③ 并且,山东所推行的官膏专卖做法,也是遵循民政部1908年确定的各省禁烟政策,在该部确定的禁烟方法中,实行专卖官膏是一个最重要的政策。④

在上述所列的3个省份中,山东省的情形较为特殊,作为土药消费大省,受控于英人较少;⑤ 但因靠近京师,必然会受到度支部的牵制,专卖举措动辄为中央所知,难有隐瞒。正是由于袁树勋对专卖极为热心,积极擘画,该省的专卖才时断时续,较之前述两省的专卖历程,风波较少,但最终为度支部所阻遏。其他省份的专卖情况,与此3省间或有所不同,但有关情形大致类似。此处特别就3省专卖进行描述,意在以点窥面,约略能够反映出各地固守本省利益,以对抗中央土药统税政策的控制,中央控制与各省疏离的特征较为明显。

鸦片专卖是清末财政领域纠纷较多的一个问题,从中既可窥见清末内臣与疆吏在政治经济等方面的纠葛,又展示出督抚干政的一般方

---

① 《官膏开办之先声》,《申报》1909年4月10日。
② 《山东巡抚孙宝琦奏山东禁烟成绩暨办理土药营业凭照情形折》,《清朝续文献通考》(一),第8072页。
③ 《江南变通禁烟章程》,《东方杂志》第5卷,第11期,1908年12月18日。
④ 《各直省禁烟办法大纲》,中国第一历史档案馆藏,禁烟总局档案。
⑤ 外人干预专卖事宜,山东一省相对较少,但也有例外。1907年年底,烟台设立售烟公所被法国公使所干预,据英人叙述,"凡入口之洋药、土药均归公所办理,而公所且设有堆栈,为之存货,若欲提出销售,必得公所允许而后可。久之,以此等办法之有违一千八百五十八年中法约条第十四款,法使出而结(诘)问,公所章程于是重加修改,申明洋药不在此例,是年三月公所亦闭"。参见《外交报汇编》,第29册,广文书局1964年影印,第95页。

式和影响力度。他们公开的说辞是以专卖良策推行鸦片禁政,背后的意图或与谋求筹款、扩张地方财政有关。鸦片专卖虽然是禁烟的要策,但财政利益的协调却是一个关键问题,在中央利益与地方利益互分畛域的背景下,这一矛盾颇难调处。事关财政利益,度支部与英国人的态度既不可绕越,更不能忽视。度支部推行的是财政集权政策,而英国政府则坚决捍卫本国鸦片商人的利益,这两个障碍构成了地方省份鸦片专卖能否实施的关键因素。各方围绕专卖决策输攻墨守,背后目的与公开说辞之间的关系十分微妙,值得深入探究。

原刊于《历史档案》2006年第4期,收入本书时有修改。

征引文献

中文文献

中国第一历史档案馆(以下简称"一档馆")藏,赵尔巽档案全宗。

一档馆藏,财政处全宗档案。

一档馆藏,总理练兵处档案全宗。

一档馆藏,军机处录副,光绪朝,财政类,财政杂税。

一档馆藏,会议政务处档案全宗。

一档馆藏,端方档案全宗。

上海图书馆藏:《财政部民元档案》,民初稿本。

钟叔河:《走向世界》,中华书局1985年版。

《郭嵩焘日记》第1册,湖南人民出版社1981年版。

阿英编:《鸦片战争文学集》,中华书局1957年版。

《鸦片战争档案史料》第1册,天津古籍出版社1992年版。

齐思和等编:《鸦片战争》,神州国光社1954年版。

《马克思恩格斯选集》第1卷,人民出版社2012年版。

"中研院"近代史研究所编:《近代中国对西方及列强认识资料汇编》,"中研院"近代史研究所1984年版。

魏源:《海国图志》,岳麓书社1998年版。

梁启超:《清代学术概论》,复旦大学出版社1985年版。

杨家骆主编:《鸦片战争文献汇编》第4册,(台北)鼎文书局1973年版。

冯桂芬:《校邠庐抗议》,广仁堂1885年版。

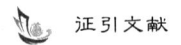

郑观应：《易言》，中华印务总局1880年版。
马建忠：《适可斋记言》，中华书局1960年版。
郑观应：《盛世危言》，华夏出版社2002年版。
"中研院"近代史研究所编：《海防档》，"中研院"近代史研究所1957年版。
闵尔昌辑：《碑传集补》，燕京大学国学研究所1932年版。
王炳燮：《勿自欺室文集》，津河广仁堂1885年版。
文庆等纂：《筹办夷务始末》，上海古籍出版社2008年版。
周光培编：《清代笔记小说》，河北教育出版社1996年版。
王韬：《弢园尺牍》，中华书局1959年版。
李鸿章：《李文忠公朋僚函稿》，上海古籍出版社2002年版。
郭嵩焘：《郭侍郎奏疏》，（台北）艺文印书馆1964年版。
曾国藩：《曾文正公书札》，传忠书局同治刻本。
齐思和辑：《洋务运动》，上海人民出版社2000年版。
薛福成：《筹洋刍议》，辽宁人民出版社1994年版。
夏东元编：《盛世危言后编》，中华书局2013年版。
齐思和辑：《中日战争》，上海人民出版社、上海书店2000年版。
曾纪泽：《曾惠敏公使西日记》，江南制造总局光绪十九年刻本。
蒋湘南：《七经楼文钞》，西安1920年铅印本。
梁章钜：《浪迹丛谈、续谈、三谈》，中华书局1981年版。
夏东元：《郑观应集》，上海人民出版社1982年版。
陈忠倚辑：《皇朝经世文三编》，文海出版社1969年版。
喻岳衡编：《曾纪泽遗集·日记》，岳麓书社1993年版。
中国第二历史档案馆、中国社科院近代史所编：《中国海关密档——赫德、金登干函电汇编（1874—1907）》，中华书局1995年版。
王彦威编：《清季外交史料（光绪朝）》，清季外交史料编纂处1931年版。
顾廷龙主编：《李鸿章全集》，安徽教育出版社2008年版。
李必樟编译：《上海近代贸易发展概况：1854—1898年英国驻上海领事贸易报告汇编》，上海社会科学院出版社1993年版。
骆惠敏编：《清末民初政情内幕》（上），知识出版社1986年版。

李文治等：《中国近代农业史资料》，生活·读书·新知三联书店1957年版。

渔隐编：《时务经济策论统宗》，文贤阁1908年版。

孙中山：《孙中山全集》第1卷，中华书局1981年版。

齐思和编：《第二次鸦片战争》（四），上海人民出版社1978年版。

贾桢等：《文宗实录》，中华书局1986—1987年版。

杨坚校补：《郭嵩焘奏稿》，岳麓书社1983年版。

刘坤一：《刘坤一遗集》，中华书局1959年版。

汪康年：《汪穰卿笔记》，上海书店1997年版。

何良栋辑：《皇朝经世文四编》，文海出版社1972年版。

汪敬虞：《中国近代工业史资料》第2辑下册，中华书局1962年版。

《大清光绪新法令》，商务印书馆1909年版。

李贽：《藏书》，中华书局1959年版。

王夫之：《四书训义》，岳麓书社2011年版。

钱麟书：《潜皖偶录》卷9，宣统元年铅印本。

政协广东省文史资料委员会：《孙中山与辛亥革命史料专辑》，广东人民出版社1981年版。

《吉林全省地方自治筹办处第一次报告书》，吉林省图书馆藏宣统二年铅印本。

《浙江省地方自治筹办处文报》，浙江省图书馆藏。

张海鹏、王廷元：《明清徽商资料选编》，黄山书社1985年版。

李国祥、杨昶主编：《明实录类纂》，武汉出版社1993年版。

刘光禄：《刘光禄（锡鸿）遗稿》，文海出版社1988年版。

唐力行：《商人与中国近世社会》，中华书局（香港）有限公司1995年版。

归有光：《震川先生集》，上海古籍出版社1981年版。

杨琥编：《中国近代思想家文库 李大钊卷》，中国人民大学出版社2015年版。

严中平：《中国棉纺织工业史稿》，科学出版社1955年版。

王云五：《云五社会科学大辞典》，台湾商务印书馆1971年版。

［英］哲美森：《中国度支考》，广学会，1897年版。

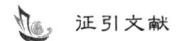

陈华珊：《交代款目》，清末稿本。
佚名：《苏藩政要》卷上，道光丁亥年刊本。
王延熙：《皇清道咸同光奏议》，文海出版社1969年版。
奎斌：《杭阿坦都统奏议》，光绪铅印本。
全国图书馆文献缩微复制中心：《户部奏稿》，全国图书馆文献缩微复制中心2004年版。
朱寿朋编：《光绪朝东华录》，中华书局1958年版。
林达泉：《自强要略奏牍》，光绪铅印本。
佚名：《福州府禀奏稿》，光绪稿本。
苑书义等主编：《张之洞全集》，河北人民出版社1998年版。
许同莘编：《张文襄公年谱》，商务印书馆1946年版。
翁同龢：《军机处日记》，《翁同龢日记》第6册，中华书局1998年版。
世续等：《大清德宗景皇帝实录》，华文书局股份有限公司1970年版。
钱实甫：《清代职官年表》第2册，中华书局1980年版。
佚名：《奉部宪驳查交代案》，韵梅手抄本。
全国图书馆文献缩微复制中心：《狄道县禀稿汇编》，全国图书馆文献缩微复制中心2005年版。
刘声木：《苌楚斋随笔续笔三笔四笔五笔》，中华书局1998年版。
盛康辑：《皇朝经世文续编》，文海出版社1972年版。
潘霨：《绋园自定年谱》，光绪稿本。
谭钧培：《谭中丞奏稿》，清末铅印本。
冯煦主修：《皖政辑要》，黄山书社2005年版。
招商局总管理处：《招商局总管理处汇报》，招商局总管理处1929年版。
国家档案局明清档案馆编：《戊戌变法档案史料》，中华书局1958年版。
陈炽：《续富国策》，慎记书庄1897年刊本。
盛宣怀：《愚斋存稿》，文海出版社1975年版。
曾国藩：《曾文正公奏稿》，湖南传忠书局1876年刊印。

广东清理财政局编订：《广东全省财政沿革利弊说明书》，清末铅印本。

山东清理财政局编订：《山东清理财政局编订全省财政说明书》，清末铅印本。

徐珂：《清稗类钞》第2册，中华书局1986年版。

《江南筹款总局整顿税契章程》，清末铅印单行本。

谢俊美编：《翁同龢集》，中华书局2005年版。

杜翰藩编：《光绪财政通纂》，蓉城文伦书局清末铅印本。

佚名：《宪政编查馆奏遵办民政财政统计编订表式酌举例要折并单四件》，宣统元年铅印单行本。

刘锦藻：《清朝续文献通考》，浙江古籍出版社1988年版。

刘岳云：《光绪会计考》，教育世界社1901年刊印本。

中国近代经济史资料丛刊编辑委员会编：《帝国主义与中国海关》，科学出版社1959年版。

张守中编：《张人骏家书日记》，中国文史出版社1993年版。

广西省清理财政局编：《广西财政沿革利弊说明书》，清末铅印本。

熊希龄：《熊希龄先生遗稿》第5册，上海书店1998年版。

奉天省清理财政局编：《奉天省划分国家地方两税说明书》，清末铅印单行本。

张之洞：《劝学篇》，上海书店2002年版。

王树枬辑：《张文襄公（之洞）全集》，文海出版社1980年版。

杨道霖：《日本统计类表要论》，宣统元年三月铅印单行本。

林志道：《日本财政考略》，宣统二年铅印本。

孙德全编纂：《理财考镜》，清末刊本。

昌言报馆编：《财政丛书》，上海会文学社光绪刊本。

姚东木：《日本会计录》，光绪前期石印本。

何煜：《日本财务行政述要》，宣统三年铅印本。

友古斋主译述，［日］石冢刚毅原著：《财政丛书·地方自治财政论》，商务印书馆1903年版。

吕策：《财政要论》，清末油印本。

寄盦：《时务宏括》，研露石屋光绪辛丑石印本。

孟昭常：《公民必读初编》，预备立宪公会光绪丁未八月版。

奉天清理财政局编订：《奉天财政沿革利弊说明书》，清末铅印本。

四川清理财政局编：《四川全省财政说明书》，清末铅印本。

湖北清理财政局编订：《湖北财政说明书》，清末铅印本。

浙江清理财政局编订：《浙江财政说明书》，清末铅印本。

江北清理财政局编：《江北清理财政局编送江北所辖局库仓说明书》，清末铅印本。

广东清理财政局编：《广东财政说明书》，清末铅印本。

［日］大内兵卫、土屋乔雄：《明治前期财政经济史料集成》，改造社1931年版。

岑学吕：《三水梁燕孙（士诒）先生年谱》，文海出版社1972年版。

伊能嘉柜：《台湾文化志》，台湾省文献委员会1991年版。

蒯光典：《金粟斋遗集》，文海出版社1969年版。

上海图书馆编：《汪康年师友书札》（一），上海古籍出版社1986年版。

郑嘉谟撰：《鸦片专卖条陈》，1908年铅印本。

李文治编：《中国近代农业史资料》第一辑，生活·读书·新知三联书店1957年版。

李振华辑：《近代中国国内外大事记》，文海出版社1979年版。

劳祖德整理：《郑孝胥日记》第2册，中华书局1993年版。

端方：《端忠敏公奏稿》，文海出版社1967年版。

赵尔巽等撰：《清史稿》，吉林人民出版社1995年版。

中国第一历史档案馆编：《光绪朝上谕档》第25册，广西师范大学出版社1996年版。

《钟秀函稿》第3册，中国社科院近代史研究所图书馆特藏，甲254。

佚名：《清理财政奏牍章程条款规则汇编》下册，苏城毛上珍清末刻本。

沈桐生辑：《光绪政要》第21册，宣统元年铅印本。

魏秀梅编：《清季职官表（附人物录）》，中华书局2013年版。

陈璧：《望嵓堂奏稿》，文海出版社1967年版。

缪荃孙：《艺风堂友朋书札》，上海古籍出版社1981年版。

恽毓鼎：《恽毓鼎澄斋日记》上册，浙江古籍出版社2004年版。

孙宝瑄：《忘山庐日记》，上海古籍出版社1989年版。

傅时骏：《清季时事闲评》，民国七年铅印本。

屈蟠：《屈主政上度支部论整顿财政书》，清末铅印本。

佚名：《清理财政章程讲义》，出版地不详，清末铅印本。

《山东调查局公牍录要》下册，济南日报馆清末铅印本。

《度支部奏为酌拟臣部清理财政处各省清理财政局办事章程缮单折》，安徽官纸印刷局清末铅印单行本。

佚名：《度支部清理财政处档案》上册，清末铅印本。

佚名：《度支部清理财政处同官录》，清末铅印本。

郭崑焘：《云卧山庄尺牍》，文海出版社1967年版。

全国政协文史资料委员会编：《文史资料存稿选编·晚清、北洋》上册，中国文史出版社2002年版。

绍英：《绍英日记》第2册，国家图书馆出版社2009年版。

《福建咨议局第二议会速记录》，清末铅印本。

佚名：《覆陈妥酌清理财政章程折》，清末铅印单行本。

赵炳麟：《赵柏岩集》，文海出版社1969年版。

政协浙江省萧山市委员会文史工作委员会：《汤寿潜史料专辑》，浙江省萧山政协文史委员会1993年。

《清理财政奏牍章程条款规则汇编》（上），江苏苏属清理财政局清末排印版。

［日］多贺秋五郎：《近代中国教育史资料》清末篇，日本学术振兴会，1972—1976年。

胡思敬：《退庐全集》，文海出版社1970年版。

佚名：《清理财政章程讲义》，清末铅印本。

金蓉镜：《瘶气集》，光绪三十四年铅印本。

佚名：《江南筹款总局整顿税契章程》，清末铅印单行本。

《设立审计院意见书》，民国初年稿本。

高凌霄、胡为楷：《中国预算要略》，京师门框胡同裕源石印局清末刻本。

周秋光编：《熊希龄集》第2册，湖南人民出版社2008年版。

河南省清理财政局编：《河南财政说明书勘误表》，清末刻本。
陕西省清理财政局编：《陕西清理财政说明书》，清末铅印本。
直隶省清理财政局编：《直隶清理财政局说明书》，清末铅印本。
山西省清理财政局编：《山西全省财政说明书》，清末铅印本。
贵州省清理财政局编：《贵州省财政说明书》，清末铅印本。
国家图书馆分馆编选：《清末时事采新汇选》，北京图书馆出版社 2003 年版。
《马克思恩格斯选集》第 4 卷，人民出版社 1995 年版。
钱应清：《会计学要论》，浙江官报兼印刷局宣统三年七月铅印本。
《宪政编查馆奏遵办民政财政统计编订表式酌举例要折》，宣统元年铅印单行本。
日本东邦协会编纂：《中国财政纪略》，吴铭译，广智书局 1902 年版。
苏同炳：《中国近代史上的关键人物》下册，百花文艺出版社 2000 年版。
杨寿枏：《苓泉居士自定年谱》，文海出版社 1974 年版。
荣孟源、章伯锋主编：《近代稗海》第 1 辑，四川人民出版社 1985 年版。
许珏撰《复庵遗集》，成文出版社 1970 年影印本。
李希圣，《光绪会计录》，上海时务报馆清末石印本。
赵椿年：《整理财政条陈》，民国初年铅印单行本。
刘寿林等编：《民国职官年表》，中华书局 1995 年版。
张静庐辑注：《中国近代出版史料》第 2 编，中华书局 1957 年版。
上海通社编辑：《上海研究资料续集》，上海书店 1992 年版。
姚公鹤著，吴德铎标点：《上海闲话》，上海古籍出版社 1989 年版。
徐雪筠等：《上海近代社会经济发展概况》，上海社会科学院出版社 1985 年版。
杨光辉等：《中国近代报刊发展概况》，新华出版社 1986 年版。
傅德华编：《于右任辛亥文集》，复旦大学出版社 1986 年版。
丁文江：《梁启超年谱长编》，上海人民出版社 1983 年版。
梁启超：《梁启超选集》，上海人民出版社 1984 年版。

张之洞：《奏定学堂章程·各学堂管理通则》，文海出版社1973年版。

《天道溯原直解》，中国基督教圣教书会印行。

汤志钧：《康有为政论集》（上），中华书局1981年版。

舒新城：《中国近代教育史资料》下册，人民教育出版社1979年版。

刘禺生：《世载堂杂忆》，中华书局1960年版。

报刊文献

《史料旬刊》

《国家学会杂志》

《湖北学生界》

《大公报》

《万国公报》

《北华捷报》

《外交报》

《商务官报》

《东方杂志》

《京报（邸报)》

《时报》

《政治官报》

《江汉日报》

《申报》

《东方杂志》

《集成报》

《四川官报》

《近代史资料》

《选报》

《两广官报》

《盛京时报》

《大中华》杂志

《政艺通报》

《正宗爱国报》
《北华捷报》
《顺天时报》
《华字汇报》
《吉林官报》
《集成报》
《大陆》
《甘肃官报》
《清议报》
《广西官报》
《陕西官报》
《政治官报》
《北洋官报》
《内阁官报》
《中国日报》
《国民日日报》
《警钟日报》
《有所谓报》
《上海新报》
《俗话报》
《演义白话报》
《蒙学报》
《无锡白话报》
《启蒙通俗报》
《苏州白话报》
《童子世界》
《智群白话报》
《宁波白话报》
《绍兴白话报》
《中国白话报》
《白话日报》

《吴郡白话报》
《福建白话报》
《直隶白话报》
《预备立宪官话报》
《竞业旬报》
《西藏白话报》
《竞立社小说月报》
《岭南白话报》
《滇话》
《白话新报》
《民立报》
《童子世界》
《东浙杂志》
《苏报》
《黄帝魂》
《庸言》
《新世界学报》
《江苏》
《女子世界》
《文史资料选辑》
《中华基督教会年鉴》

外文文献

美国陆军部岛国事务局：《菲律宾鸦片调查委员会报告》（*Report of the Philippine Opium Investigation Committee*），华盛顿特区：政府出版局，1905年。

Chinese Repository, III. 8, Dec. 1834.

Eliza G. Bridgman, ed., *The Life and Lobors or Elijah olemanBridgman*, New York, 1864.

H. B. Morse, *The Trade and Administration of the Chinese Empire*, Kelly and Walsh, Ltd., Shanghai, 1908.

Recdords of Cenera Conferenct of Protestant Missonaries of China Shanghai, 1877.

W. A. P. Martin, *The Awakening of China*, New York, 1707.

前人研究文献

专著

韩兆奇：《〈史记〉解读》，中国人民大学出版社2008年版。

陈旭麓：《陈旭麓学术文存》，上海人民出版社1990年版。

赵宗正、李曦等编：《中国古代著名哲学家评传·续编三（唐宋元部分）》，齐鲁书社1982年版。

孟森：《明清史讲义》下册，商务印书馆2011年版。

郭廷以等编：《郭嵩焘先生年谱》第1册，"中研院"近代史研究所1971年版。

王汎森：《古史辨运动的兴起：一个思想史的分析》，（台湾）允晨文化出版有限公司1987年版。

张隆栋：《大众传播学总论》，中国人民大学出版社1993年版。

[美]费正清、[英]崔瑞德：《剑桥中国史》第11卷，中国社会科学院历史研究所编译室译，中国社会科学出版社1985年版。

[英]爱德华·波罗：《横向思维》，金佩琳等译，东方出版社1991年版。

王绳祖：《中英关系史论丛》，人民出版社1981年版。

[美]马丁·布思：《鸦片史》，任华梨译，海南出版社1999年版。

[美]陈锦江：《清末现代企业与官商关系》，中国社会科学出版社2010年版。

马敏：《过渡形态：中国早期资产阶级构成之谜》，中国社会科学出版社1994年版。

张鸿翼：《儒家经济伦理》，湖南教育出版社1989年版。

吕思勉：《理学纲要》，江苏文艺出版社2008年版。

余英时：《士与中国文化》，上海人民出版社1987年版。

费孝通：《乡土中国》，生活·读书·新知三联书店2013年版。

[美]V.奥斯特罗姆等编：《制度分析与发展的反思》，王诚译，商

务印书馆1992年版。

费孝通:《乡村中国》,生活·读书·新知三联书店1947年版。

[日]依田憙家:《日中两国现代化比较研究》,卞立强等译,北京大学出版社1997年版。

刘秉麟:《中国财政小史》,商务印书馆1931年版。

吴廷燮:《清财政考略》,1914年。

周志初:《晚清财政经济研究》,齐鲁书社2002年版。

万峰:《日本资本主义史研究》,湖南人民出版社1984年版。

杜恂诚:《民族资本主义与旧中国政府(1840—1937)》,上海社会科学院出版社1991年版。

许大龄:《清代捐纳制度》,燕京大学哈佛燕京学社1950年版。

陈锋:《清代盐政与盐税》,中州古籍出版社1988年版。

陈锋:《清代军费研究》,武汉大学出版社1992年版。

陈锋:《中国俸禄制度史》,武汉大学出版社2005年版。

陈锋:《清代财政政策与货币政策研究》,武汉大学出版社2008年版。

何烈:《清咸、同时期的财政》,"国立"编译馆中华丛书编审委员会1981年版。

胡钧撰:《中国财政史讲义》,商务印书馆1920年版。

罗运炎:《中国烟禁问题》,大明图书公司1934年版。

贾士毅:《民国财政史》(上册),商务印书馆1919年版。

刘炳麟:《现代中国财政史》,国立武汉大学1934年铅印本。

周育民:《晚清财政与社会变迁》,上海人民出版社2000年版。

[日]山本进:《清代财政史研究》,汲谷书院2002年版。

夏国祥:《近代中国税制改革思想研究》,上海财经大学出版社2006年版。

胡寄窗、谈敏:《中国财政思想史》,中国财政经济出版社1989年版。

湛贵成:《幕府末期明治初期日本财政政策研究》,中国社会科学出版社2005年版。

[日]小林丑三郎、北崎進:《明治大政财政史》,巌松堂1927年版。

于恩德:《中国禁烟法令变迁史》,中华书局1934年版。

蒋秋明、朱庆葆:《中国禁毒历程》,天津教育出版社1996年版。

秦和平:《四川鸦片问题与禁烟运动》,四川民族出版社2001年版。

台湾省行政长官公署统计室编:《台湾省五十一年来统计提要》,台湾行政长官公署统计室1946年版。

尚小明:《学人游幕与清代学术》,社会科学文献出版社1999年版。

孔祥吉:《晚清佚闻丛考——以戊戌维新为中心》,巴蜀书社1998年版。

[美]戴维·F.马斯托:《美国禁毒史:麻醉品控制的由来》,周云译,北京大学出版社1999年版。

王宏斌主编:《毒品问题与近代中国》,当代中国出版社2001年版。

秦和平:《云南鸦片问题与禁烟运动》,四川民族出版社1998年版。

刘增合:《鸦片税收与清末新政》,生活·读书·新知三联书店2005年版。

王晓秋、尚小明主编:《戊戌维新与清末新政》,北京大学出版社1998年版。

[日]岩井茂树:《中国近代财政史研究》,付勇译,社会科学文献出版社2011年版。

刘增合:《"财"与"政":清季财政改制研究》,生活·读书·新知三联书店2014年版。

王建朗、栾景河主编:《近代中国、东亚与世界》上册,社会科学文献出版社2008年版。

[美]任达:《新政革命与日本——中国,1898—1912》,李仲贤译,江苏人民出版社2010年版。

张光直:《中国青铜时代》第二集,联经出版公司1990年版。

梁方仲:《中国社会经济史论》,中华书局2008年版。

钱实甫:《北洋政府时期的政治制度》上册,中华书局1984年版。

李定一、包遵彭、吴相湘编纂:《中国近代史论丛》第2辑第5册,正中书局1973年版。

[意]安东尼奥·葛兰西:《狱中札记》,葆煦译,人民出版社1983年版。

[美] N. Z. 戴维斯：《近代法国早期的社会与文化》，钟孜译，斯坦福大学出版社1975年版。

[法] 菲利普·阿里耶斯、[法] 乔治·杜比编：《私人生活史》第3卷，宋薇薇、刘琳译，哈佛大学出版社1989年版。

秦绍德：《上海近代报刊史论》，复旦大学出版社1993年版。

谭汝谦：《中国译日本书综合目录》，香港中文大学出版社1980年版。

陈万雄：《五四新文化的源流》，生活·读书·新知三联书店1997年版。

谭彼岸：《晚清的白话文运动》，湖北人民出版社1956年版。

林毓生：《热烈与冷静》，上海文艺出版社1998年版。

[英] 丹尼斯·麦奎尔、[瑞典] 斯文·温德尔：《大众传播模式论》，祝建华、武伟译，上海译文出版社1987年版。

[美] 威尔伯·施拉姆、[美] 威廉·波特：《传播学概论》，何道宽译，中国人民大学出版社2010年版。

秦绍德：《上海近代报刊史论》，复旦大学出版社1993年版。

北京市中日文化交流史研究室编：《中日文化交流史论文集》，人民出版社1982年版。

桑兵：《晚清学堂学生与社会变迁》，学林出版社1995年版。

[美] 吉尔伯特·罗兹曼主编：《中国的现代化》，国家社会科学基金比较现代化课题组译，江苏人民出版社1988年版。

[美] 费正清等：《剑桥中国晚清史》下卷，中国社会科学院历史研究所编译室译，中国社会科学出版社1985年版。

谢国桢：《明清之际党社运动考》，商务印书馆1967年版。

中华书局编辑部编：《辛亥革命与近代中国——纪念辛亥革命八十周年国际学术讨论会文集》下册，中华书局1994年版。

张玉法：《清季的立宪团体》，"中研院"近代史研究所1985年版。

汤志钧：《戊戌变法史》，人民出版社1984年版。

林治平：《近代中国与基督教论文集》，（台湾）宇宙光出版社1981年版。

[美] 马士：《中华帝国对外关系史》第2卷，张汇文译，商务印书

馆1963年版。

苏惠廉：《李提摩太传》第6册，上海广学会1924年版。

顾长声：《从马礼逊到司徒雷登》，上海人民出版社1985年版。

王树槐：《外人与戊戌变法》，上海书店1998年版。

王宏斌：《禁毒史鉴》，岳麓书社1997年版。

慕恒义：《清代名人传略》（下），青海人民出版社1995年版。

论文

郝延平：《由守旧到革新》，《大陆杂志》卷20第7期，1960年4月。

林满红：《财经安稳与国民健康之间：晚清的土产鸦片议论（1833—1905）》，《财政与近代历史》，台北"中研院"近代史所1999年版。

林满红：《清末本土鸦片之代替进口鸦片（1858—1906）》，《"中央研究院"近代史研究所集刊》1980年第9期。

王先明：《中国近代绅士阶层的社会流动》，《历史研究》1993年第2期。

陈其南：《明清徽州商人的职业观与家族主义》，《江淮论坛》1992年第2期。

虞和平：《清末民初经济伦理的资本主义化与经济社团的发展》，《近代史研究》1996年第4期。

章开沅：《论张謇的矛盾性格》，《历史研究》1963年第3期。

方军：《制度伦理与制度创新》，《中国社会科学》1997年第3期。

[日] 土居智典：《从田赋地丁看晚清奏销制度》，《北大史学》第11辑，北京大学出版社2005年版。

[日] 土居智典：《晚清官欠和民欠对策》，《广岛东洋史学报》第7号，2002年。

吴廷燮：《论光绪朝之财政》，《文献论丛》，故宫博物院1936年版。

贾允河、李瑛：《清朝吏治与钱粮亏空》，《河北师范大学学报》（社会科学版）1998年第4期。

庄吉发：《清世宗与钱粮亏空之弥补》，《食货月刊》（复刊）第7卷第12期，1978年3月。

刘德美：《清代地方财政积弊个案探讨——嘉庆年间安徽钱粮亏案》，

《师大学报》第 27 卷, 1982 年 6 月。

罗玉东:《光绪朝补救财政之方策》,《中国近代经济史研究集刊》第 1 卷第 2 期, 1933 年。

彭雨新:《清末中央与各省财政关系》,《社会科学杂志》第 9 卷第 1 期, 1947 年。

魏光奇:《"主奴集团"统治: 从清代州县制度看"秦制"的本质与特征》, 第二届"近代知识与制度体系转型"学术研讨会, 广州, 2008 年 11 月。

杨国强:《太平天国的起落和清代国家权力下移》,《中华文史论丛》第 57 辑, 上海古籍出版社 1998 年版。

高月:《清末东北新政改革论——以赵尔巽主政东北时期的奉天财政改革为中心》,《中国边疆史地研究》2006 年第 4 期。

刘增合:《制度嫁接: 西式税制与清季国地两税划分》,《中山大学学报》2008 年第 3 期。

魏光奇:《清代后期中央集权财政体制的瓦解》,《近代史研究》1986 年第 1 期。

[日] 山本进:《清代后期四川地方财政的形成》,《史林》第 75 卷第 6 号, 1992 年。

[日] 山本进:《清代后期湖广的财政改革》,《史林》第 77 卷第 5 号, 1994 年。

夏国祥:《清末民初西方财政学在中国的传播》,《江西财经大学学报》2004 年第 6 期。

石楠:《略论港英政府的鸦片专卖政策: 1844—1941》,《近代史研究》1992 年第 6 期。

周宪文:《日据时代台湾鸦片史》,《台湾经济史十集》, 台湾银行 1966 年版。

[美] 托马斯·D. 莱因斯:《改革、民族主义与国际主义: 1900——1908 年中国的禁烟运动与英美的影响》, 收入中国社会科学院近代史研究所《国外中国近代史研究》第 25 辑。

刘光华:《殖民地财政政策的特殊性》, 国立中山大学法科社会科学论丛编辑委员会《社会科学论丛》第 2 卷第 8 号, 民国十八年六月十五日。

刘增合:《预算制度与清季财政改制》,《历史研究》2009年第2期。

刘增合:《由脱序到整合:清季外省财政机构的变动》,《近代史研究》2008年第5期。

何汉威:《从清末刚毅、铁良南巡看中央和地方的财政关系》,"中研院"《历史语言研究所集刊》第68本第1分,1997年3月。

刘增合:《八省土膏统捐与清末财政集权》,《历史研究》2004年第6期。

刘增合:《清季中央对外省的财政清查》,《近代史研究》2011年第6期。

王尔敏:《刚毅南巡与轮电两局报效案》,《近代史研究》1997年第4期。

赵思渊:《清末苏南赋税征收与地方社会——以光绪二十五年刚毅南巡清理田赋为中心》,《中国社会经济史研究》2011年第4期。

宫玉振:《铁良南下与清末中央集权》,《江海学刊》1994年第1期。

彭贺超:《清末铁良南下再研究》,"清末新政·边疆新政与清末民族关系:第六届晚清史研究国际学术研讨会"论文集,2014年7月,兰州。

周育民:《刚毅南方搜刮小考》,《上海师范大学学报》1984年第4期。

刘增合:《清末禁烟时期的鸦片统税纠纷》,"中研院"《近代史研究所集刊》第45期,2004年9月。

何汉威:《从银贱钱荒到铜元泛滥——清末新货币的发行及其影响》,《中央研究院历史语言研究所集刊》第62本第3分,1993年4月。

任智勇:《清末各省财政监理官人员考》,"清末新政·边疆新政与清末民族关系:第六届晚清史研究国际学术研讨会"论文集,2014年7月,兰州。

刘增合:《前恭后倨:清季督抚与预算制度》,《中央研究院近代史研究所集刊》第66期,2009年12月。

孙圣民、徐晓曼:《经济史中制度变迁研究三种范式的比较分析》,

《文史哲》2008年第5期。

张志东:《中国学者关于近代中国市民社会问题的研究:现状与思考》,《近代史研究》1998年第2期。

[美]罗威廉:《晚清"市民社会"问题》,《国外中国近代史研究》第27辑。

何增科:《市民社会概念的演变》,《中国社会科学》1994年第5期。

刘家峰:《朱英著〈转型时期的社会与国家——以近代中国商会为主体的历史透视〉》,《历史研究》1998年第5期。

李倬宇、钱培荣:《晚清报刊的发展历程》,《杭州大学学报》1996年第4期。

闵杰:《戊戌学会考》,《近代史研究》1995年第3期。

赵淑雍:《人往风微录》,《古今》第19期,1943年3月。

[英]玛格丽特·利姆:《英国与印中鸦片贸易的终结(1905—1913)》,未刊博士论文,伦敦大学,1969年。

夏敬观:《唐绍仪传》,《国史馆馆刊》第1卷第2号,1948年3月。

Arthur O. Lovejoy, *The Chinese Origins of a Romantism*, in idem, *Essays in the History of Ideas*, New York, 1960.

Chung-li Chang, *The Income of the Chinese Gentry*, Seattle: Washington University Press, 1955.

Mary Clabaugh Wright, *The Last Stand of Chinese Conservatism: The T'ung-Chih Restoration, 1862–1874*, New York: Atheneum, 1965.

Chiming Hou (侯继明), *Foreign Investment and Economic Development in China, 1840–1937*, 1965.

Franz Micheal, "Introduction", in Stanley, Spector, *Li Hung-chang and the Huai Army*, Seattle: Univ. of Washington Press, 1964.

Marianne Bastid, "The Structure of the Financial Institutions of the State in the Late Qing", in Stuart R. Schram ed., *The Scope of State Power in China*, London and Hong Kong: School of Oriental Studies, University of London and Chinese University Press, 1985.

何汉威:"A Final Attempt at Financial Centralisation in the Late Qing Period, 1909–11", *Far Eastern History*, 32, 1985.

Stephen R. Mackinnon, *Pover and Politics in Late Imperial China: Yuan Shikai in Beijing and Tianjin, 1901 – 1908*, Berkeley, Los Angeles & London: University of California Press, 1980.

Hon-wai Ho, "A Final Attempt at Financial Centralization in zhe Late Qing Period, 1909 – 11", *Far Eastern History*, Department of Far Eastern History, The Australian National University, 32, September 1985.

Mary Backus Rankin, "Some Observations on a Chinese Public Sphere", *Modern China*, Vol. 19, No. 2, April 1993.

William T. Rowe, *Hankow: Conflict and Community in a Chinese City, 1796 – 1895*, Stanford, 1989.

Mary B. Rankin, *Elite Activism and Political Transformation in China: Zhejiang Province, 1865 – 1911*, Stanford, 1986.

David Strand, *Rickshaw Beijing: City People and Politics in 1920s*, Berkeley, 1990.

Mary B. Rankin, "The Origins of a Chinese Public Spbere: Local Elites and Community Affairs in the Late Imperial Period", *Etudes Chinoises*, 9, 1990.

N. S. Vay, *A Volume Connenorating the Coldem Jubilec of Chritian Literature Society in China, 1887 – 1937*, Shanghai, 1938.

［日］土居智典：《清代財政の監察制度研究——交代制度含中心として》，《史学研究》第247期，东京，2005年5月。

［日］新村蓉子:《清代四川ァヘンの商品生产》，《東洋學報》1979年3月。

［日］岸本（中山）美绪：《"租覈"市場論の經濟思想史的位置》，载《中国近代史研讨会》（第2集），东京，1982年。